国家语言资源高精尖创新中心项目
"语言资源知识产权法律保障研究"成果

从"语言+"到"知识产权"

语言资源知识产权法律保障研究

董涛 著

北京大学出版社
PEKING UNIVERSITY PRESS

图书在版编目(CIP)数据

从"语言+"到"知识产权":语言资源知识产权法律保障研究／董涛著. —北京:北京大学出版社,2023.12
ISBN 978-7-301-32815-6

Ⅰ. ①从… Ⅱ. ①董… Ⅲ. ①语言学—知识资源—知识产权—研究—中国 Ⅳ. ①D923.404

中国版本图书馆 CIP 数据核字(2021)第 274330 号

书　　　名	从"语言+"到"知识产权"——语言资源知识产权法律保障研究 CONG "YUYAN+" DAO "ZHISHICHANQUAN" ——YUYAN ZIYUAN ZHISHICHANQUAN FALÜ BAOZHANG YANJIU
著作责任者	董　涛　著
责 任 编 辑	柯　恒　王建君
标 准 书 号	ISBN 978-7-301-32815-6
出 版 发 行	北京大学出版社
地　　　址	北京市海淀区成府路 205 号　100871
网　　　址	http://www.pup.cn　http://www.yandayuanzhao.com
电 子 邮 箱	编辑部 yandayuanzhao@pup.cn　总编室 zpup@pup.cn
新 浪 微 博	@北京大学出版社　@北大出版社燕大元照法律图书
电　　　话	邮购部 010-62752015　发行部 010-62750672 编辑部 010-62117788
印 刷 者	三河市北燕印装有限公司
经 销 者	新华书店
	880 毫米×1230 毫米　A5　17.75 印张　347 千字 2023 年 12 月第 1 版　2023 年 12 月第 1 次印刷
定　　　价	79.00 元

未经许可,不得以任何方式复制或抄袭本书之部分或全部内容。
版权所有,侵权必究
举报电话:010-62752024　电子邮箱:fd@pup.cn
图书如有印装质量问题,请与出版部联系,电话:010-62756370

目 录

第一章 绪 论 / 001

一、语言与语言资源 / 001

二、语言相关法律与政策 / 011

三、"当语言遇到知识产权" / 026

四、本书研究方法与主要框架 / 044

第二章 表达形式:语言资源中的版权保护 / 058

第一节 语言资源版权保护的一般原理 / 060

一、作品的概念 / 060

二、版权客体与内容 / 070

三、版权的侵权 / 080

第二节 翻译与翻译权 / 091

一、版权法中的翻译权 / 092

二、翻译作品侵权 / 097

三、机器翻译 / 104

第三节　改编与改编权 / 117

　　一、改编权的边界 / 118

　　二、改编权与编剧产业 / 128

　　三、角色化权与同人作品 / 134

　　四、改编与摄制权 / 146

第四节　汇编与汇编权 / 152

　　一、汇编权与数据库权 / 152

　　二、语料库构建中的版权 / 159

　　三、语言博物馆建设中的版权 / 177

第五节　表演权与表演者权 / 183

　　一、概念辨析 / 183

　　二、相声、小品 / 188

　　三、曲艺、评书 / 195

　　四、配音、播音 / 204

第六节　字体、字库与字幕 / 213

　　一、字形作品 / 214

　　二、字幕保护 / 242

第七节　语言能力培训、测试与康复 / 249

　　一、课堂教学 / 250

　　二、教材与试卷 / 260

　　三、语言障碍克服 / 270

第八节　其他一些具体情形 / 277

一、出版发行中的版权管理 / 277

二、民间文学艺术表达 / 279

三、速记稿与短标题 / 282

四、古籍点校与档案整理 / 288

第三章　科技赋能：语言技术中的专利布局 / 296

第一节　语言与专利的一般原理 / 298

一、专利中的语言 / 298

二、语言中的专利 / 314

第二节　语言技术中的专利布局 / 336

一、语言技术的演进路径 / 336

二、语言处理技术中的专利布局 / 343

第三节　语言技术中的专利大战 / 370

一、五笔字型专利侵权纠纷案 / 370

二、微软郑码输入法专利侵权案 / 374

三、搜狗诉腾讯拼音输入法案 / 378

四、百度搜狗输入法专利大战 / 382

五、小 i 机器人与苹果语音助手 Siri 专利大战 / 385

第四节　语言专利行业生态研究 / 389

一、重点语言企业专利实力分析 / 389

二、专利语言服务行业研究 / 399

第四章　形象认知：语言市场中的商业标记 / 406

第一节　语言符号商标保护的一般原理 / 407

一、商标法的机理 / 407

二、商标的要素与条件 / 412

三、商标权的保护 / 418

第二节　几种特殊类型的语言商标纷争 / 426

一、姓名权与姓名商标 / 426

二、商标与字体 / 432

三、节目名称的商标之争 / 435

四、字号与商标 / 439

五、域名与商标 / 443

第三节　语言符号与特殊标志管理 / 446

一、特殊标志管理规定 / 446

二、奥林匹克标志 / 452

三、世博会、亚运会与进博会标志 / 461

四、其他一些特殊标志 / 468

第四节　广告用语及专名管理 / 476

一、广告用语规范 / 476

二、人名管理 / 479

三、企业名称管理 / 480

四、地名管理 / 480

五、域名管理 / 483

第五节 语言企业商标分布态势 / 486

一、语言企业商标总体分布 / 486

二、重点语言企业商标实力分析 / 488

第五章 语言知识产权保护与监测体系 / 492

第一节 标准健全的知识产权管理体系 / 492

一、知识产权管理标准 / 492

二、知识产权管理体系 / 497

三、知识产权管理内容 / 503

第二节 高效及时的知识产权监测体系 / 512

一、"线上、线下"两个维度 / 512

二、市场监测的"三只眼" / 526

三、从"获权到维权"的四个环节 / 533

四、保护知识产权的五种手段 / 539

结语 / 545

图表索引 / 555

第一章 绪 论

一、语言与语言资源

(一) 作为知识的语言

语言是思想之舟,是人类交流的媒介。语言是按照一定的语法构成的符号系统,包括语音、词汇和语法三大系统。语言是一种社会现象,是人类进行思维逻辑和信息交互传递的有力工具。语言同思维联系密切,是人类认知成果的载体,人类借助语言保存和传递文明。语言是一种指令系统,以声音和符号作为其主要表现形式。语言具有传承性,在一定条件下由公众传播并保存。语言具有群种性,一个群种进化出的特殊交流符号为一个群种所独有,国家、地域的不同,导致交际语言也会有所差异。语言对一国政治、经济、科技与文化都有着重要影响。根据语音、语法和词汇等方面的异同,可将世界上的语言分成不同的语系。每个语系包含数量不等的语种。语言是文化的重要组成部分,没有语言就不会有文化。语言是一种保持生活方式的重要手段,人类几乎每一种文明都拥有自己独特的语言。

语言同时也是知识的载体,是构建知识的基本单位。知识是人类在实践中对客观世界认知的总和,包括事实、信息的描述与实践中获得的技能。知识的获取涉及感觉、交流、推理等一系列较为复杂的过程。从汉字词源来看,语言与知识是紧密相连的。"知识"的"知"字,据《说文解字》,"从口从矢。""口"指"说话","矢"指"箭"。"矢""口"联合,表示"说话一语中的",此即知识。根据福柯的观点,这个由话语实践按其规则构成的并为某门科学的建立所不可缺少的成分整体,尽管它们并不是必然会产生科学,我们可以称之为知识。知识是在详述的话语实践中可以谈论的东西……知识是由话语所提供的使用和适应的可能性确定的。[1]

波普尔则认为,人类社会最重要的创造,包括对我们本身,尤其是对我们大脑最重要的反馈作用,就是语言。这不是语言的一般功能,而是语言的高级功能,即其中描述与论证的功能。人类与动物一样,都具有两种比较低级的语言功能:(1)自我表达;(2)发出信号。这两种功能常常用于"表现"或"交流"信号。语言的高级功能则具有更为重要的意义。语言的描述功能,即描述符合于事实的观念,出现了真理的调节性观念。通过语言的描述功能,形成一个客观的知识世界。随着描述语言(书写语言)的发展,就可能出现

---

[1] 〔法〕米歇尔·福柯:《知识考古学》,谢强、马月译,生活·读书·新知三联书店1998年版,第203页。

一个语言的第三世界。①语言的论证功能,则是以描述功能为前提。论证基本上是从真理的调节性观念、内容和逼真性观念上对描述加以批判。语言的论证功能使得客观的知识世界成为一个科学的知识世界。随着语言的论证功能的进化,批判成为进一步发展的主要工具。较高级语言功能的自主世界成为科学的世界。② 语言、问题的阐述、新的问题情境的凸显、竞争的理论、以论证方式相互批判,所有这些是科学发展不可缺少的手段。③

(二) 作为权利的语言

语言作为权利,体现在三重意义上:

首先,使用某种语言的权利,即语言人权。语言人权是与语言霸权相对而言的。在保障世界各地语言人权的各种措施中,以单向发展的双语教育为特征,其中少数民族既学习强势语言,也保持自己的母语。语言既可以把社会各领域的人们团结起来,也可以使他们分裂。对语言权利的保障可以把不同社会的人群团结起来,而对语言权利的侵犯则会引发冲突。可以说,语言权利(linguistic

---

① 参见〔英〕卡尔·波普尔:《客观的知识:一个进化论的研究》,舒炜光等译,中国美术学院出版社 2003 年版,第 123 页。
② 参见〔英〕卡尔·波普尔:《客观的知识:一个进化论的研究》,舒炜光等译,中国美术学院出版社 2003 年版,第 123 页。
③ 参见〔英〕卡尔·波普尔:《客观的知识:一个进化论的研究》,舒炜光等译,中国美术学院出版社 2003 年版,第 124 页。

rights)已经成为人权社会的一个新的追求。① 语言人权包括两个方面:一方面,人们需要用语言人权来防止语言成为一种问题,或者给人们带来问题;另一方面,为了使语言被认为或成为一种积极的资源,人们需要能够行使语言权利。②

其次,语言本身成为权利,具有财产权的正当性依据。黑格尔认为,人之所以为人,是因为人具有意识到自己存在的人格性。③ 人为了作为理念而存在,必须给它的自由以外部的领域。④ 这个自由的外部领域就是权利。人有权把他的意志体现在任何物中,因而使该物成为我的东西;人具有这种权利作为他的实体性的目的,因为物在其自身中不具有这样的目的,而是从我的意志中获得它的规定和灵魂的。这就是人对一切物据为己有的绝对权利。⑤ 学问、科学知识、才能等固然是自由精神所特有的,是精神的内在的东西,而不是外在的东西,但精神同样可以通过表达而给它们以外部的定在,这样就可以把它们归在物的范畴了。只有通过

---

① 参见〔匈〕米克洛什·孔特劳等编:《语言:权利和资源——有关语言人权的研究》,李君、满文静译,外语教学与研究出版社2014年版,第1页。

② 参见〔匈〕米克洛什·孔特劳等编:《语言:权利和资源——有关语言人权的研究》,李君、满文静译,外语教学与研究出版社2014年版,第5—6页。

③ 参见〔德〕黑格尔:《法哲学原理》,范扬、张企泰译,商务印书馆1961年版,第46页。

④ 参见〔德〕黑格尔:《法哲学原理》,范扬、张企泰译,商务印书馆1961年版,第50页。

⑤ 参见〔德〕黑格尔:《法哲学原理》,范扬、张企泰译,商务印书馆1961年版,第52页。

精神的中介把内在的东西降格为直接性和外在物,才成为直接的东西。① 语言就是这种体现人的精神的中介。我们每个人日常对话中的语句结构和内容几乎都是独一无二的,没有哪两个人的语言风格完全相同。对一段文字进行科学分析后,能够得到的信息也许跟从人的指纹或 DNA 得到的信息一样清晰明了。从这个意义上说,语言就是一个人精神品格的"基因",对其享有权利具有明确的正当性。

最后,语言是权利的基础,权利需要语言来建构。在现代社会,权利几乎都是由法律设定的,很少有不经法律确定的自然权利。对边沁而言,法律是若干表现意志的符号之集合,一条法律是由一个句子或一组句子组成的。凯尔森认为,法律本质上就是一套用语言文字构建起来的不同层次、不同位阶的符号规范体系,告诉人们什么当为,什么不当为。一个规范表达了这样的观念,即某事应该发生,特别是个人应该依照某种方式行为。权利,则是在这种语言规范体系下衍生出来的概念。权利是作为一般行为规范的法律授予某人实现一定期望的可能性。② 权利的赋予需要法律用语言的形式表示出来。实际上,从维特根斯坦、奥斯汀以及塞尔等人对语言活动之于社会生活的重要作用

---

① 参见〔德〕黑格尔:《法哲学原理》,范扬、张企泰译,商务印书馆1961年版,第52页。

② 参见〔德〕马克斯·韦伯:《论经济与社会中的法律》,张乃根译,中国大百科全书出版社1998年版,第99页。

的阐释中,我们可以领悟到,语言不仅对维系一个民族群体和保存一种民族文化具有非常重要的作用,而且在一个社会和国家法律制度的形成过程中也发挥着不可或缺的作用。法律必须要有语言的维度。法律必须经由言说宣布或书面话语界定下来。可以说,失去了语言,就失去了法律,权利因此也就失去了基础。

(三)作为资源的语言

在现代社会,语言不仅是人类重要的文化资源,更是一种稀缺的经济资源。80%的人类信息是以语言文字为载体,没人能离开语言文字。语言作为人类经济活动中不可缺少的工具,具有与其他资源一样的经济特性,即价值、效用、费用和收益。语言作为社会交际的工具,依附于人类社会,为社会服务。语言既是物质的,也是社会的。语言以它的物质结构系统,承载着丰富、厚重的社会文化气息,为社会所利用,能够产生社会效益和政治、经济、文化、科技等效益,是一种特殊的社会资源。语言资源价值的高低,与语言功能、语言活力、社会需求、国力状况等密切相关。① 通过各种运作方式和技术手段来开发、利用语言资源,可以同时产生经济效益和社会效益,有利于发展经济、传承文化、提升国家地位。

语言资源能够带来巨大的红利。与语言相关的经济活动不断增多,逐步形成经济增长中一个新的重要因素,并催生出语言

---

① 参见陈章太:《论语言资源》,载《语言文字应用》2008年第1期。

产业这一新的经济形态。① 日内瓦大学弗朗索瓦·格林教授的研究表明,由于瑞士语言的多样性,每年创造了约500亿瑞郎收入,约占瑞士国内生产总值的10%。有人估计,全世界翻译市场年产值可达1万亿元人民币;全球英语教育市场,除大学和政府培训机构外,仍约有600亿美元的规模。2009年《欧盟语言行业市场规模报告》指出,2008年欧盟成员国语言市场总产值达84亿欧元。报告预测,欧盟2015年语言行业的实际产值可达200亿欧元。② 世界上每年有1800万母语非西班牙语的人学习西班牙语,与此相关联的产业年产值可达1500亿欧元。③ 2005年访问中国的英国财政大臣戈登·布朗曾指出,随着中国崛起为主要市场,出口英语及相关教学方法可能很快就会成为第一外汇来源,超过金融服务。

根据调研机构Common Sense Advisory(CSA)发布的语言服务行业报告,2009年至2019年,全球语言服务的整体规模仍在持续扩大。2018年,全球语言服务总产值达465.2亿美元,2019年的总产值首次接近500亿美元(见图1-1)。

---

① 参见张卫国:《推动语言产业加速发展》,载《人民日报》2017年5月12日。
② 参见杨书俊:《语言产业:新的经济增长点》,载《中国教育报》2015年5月21日。
③ 参见贺宏志主编:《语言产业导论》,首都师范大学出版社2012年版,第7页。

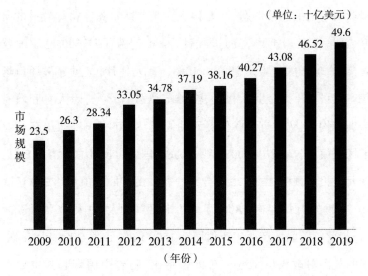

图 1-1 2009—2019 年全球语言服务业产值情况图

各地区市场的占比与经济发达程度有关。欧洲、北美经济发达,语言服务需求更高。欧洲市场占比最高,份额接近整体市场的一半。

中国翻译协会从 2012 年开始组织实施行业调查。根据中国翻译协会《2019 中国语言服务行业发展报告》显示,截至 2019 年 6 月底,中国营业范围含有语言服务的在营企业约 37 万家,比 2018 年 6 月底增加了近 5 万家;截至 2018 年岁末,语言服务为主营业务的在营企业近 1 万家,比 2018 年 6 月底增加了 82 家。语言服务总产值约 370 亿元。截至 2019 年 8 月底,已有 136 个国家和 30 个国际组织与中国签署了 195 份共建"一带一路"合作文件。各国官方语言及通用语言种类繁多。

由此可见,语言不仅是涉及精神文化层面"软实力"的文化资源,更是涉及物质收益层面"硬实力"的经济资源,因此有必要大力发展语言产业,赚取语言红利。① 语言经济所涉行业多、范围广,覆盖科技、经济、社会生活等众多领域。语言产业不破坏自然环境,不产生工业污染,是一种绿色环保的经济形式,符合国家经济调整的大趋势。发展语言产业带来的经济效益是无法用数字衡量的。② 细分而论,语言产业既包括满足语言内容需求的产业,也包括满足语言能力需求的产业。语言产业的形态大致包括:语言培训、语言翻译、语言测试、语言出版、字幕编辑、语言速录师、语言创意(广告、品牌命名)等。随着信息技术和互联网时代的到来,以字体标准和设计、语义和模态分析、语音识别、人机对话、机器翻译、大数据处理、手机语言辅助软件、特殊群体辅助器具等围绕语言开发为主的技术和产业正在兴起。一些与民生有关的新兴语言产业(如语言康复、语言会展、语言"话疗"等)陆续出现,一个覆盖较为全面的语言产业领域已经形成(见表1-1)。③

---

① 参见李宇明:《语言也是"硬实力"》,载《华中师范大学学报(人文社会科学版)》2011年第5期。
② 参见张卫国:《语言经济与语言经济学:差异与互补》,载《学术月刊》2015年第3期。
③ 参见陈鹏:《语言产业经济贡献度研究的若干问题》,载《语言文字应用》2016年第3期。

表 1-1 语言产业的主要产业形态

语言产业形态	语言产品	非语言产品
语言出版	针对提升语言能力的语言出版产品,比如语言学习类、语言研究类出版物,包含所有的翻译类图书产品	非语言类和非翻译类图书产品
语言培训	所有针对提升语言能力的培训	
语言翻译	包括笔译、口译等所有的翻译和本地化服务	
语言技术和设备	所有针对自然语言的处理技术和设备(包括硬件和软件)	
语言创意、语言艺术	命名、书法艺术、字体设计等	以语言表现为主的各类艺术(如脱口秀、相声、话剧)、广告语言创意等
语言测试	所有作为产品形态的语言能力测试	
语言资源整理和保护	辞典、语言数据库、语言规范、语言标准、语言政策等	
其他专业的语言服务	语言速录、语言会展、语言咨询等	

从我国的语言资源来看,已经确认的本土语言有130种,还有数量众多的方言,本土语言资源较为丰富,但外语资源较为贫乏。① 根据2008年国家语言文字工作委员会(以下简称"国家语

---

① 参见赵世举主编:《语言与国家》,商务印书馆2015年版,第97页。

委")主持的研究,全世界五六千种语言,较为全面地介绍到中国的语言不过百种。因此,国家应当大力推动相关语言产业的发展。① 实际上,随着全球化带来的多语种需求与信息化带来的语言技术进步,中国的语言产业走过了一个快速发展的历程。从二十世纪九十年代算起,中国语言产业大体上经历了三波浪潮。第一波浪潮始于二十世纪九十年代。这一波发展中,外语需求最为显著。基于当时打开国门后的出国热潮所开展的传统语言产业业态(包括语言培训、语言翻译、语言测试等)获得了快速发展。第二波浪潮始于2000年前后,主要由语言信息技术所引领。这一波发展基于计算机普及带来的软件"汉化"过程,中文信息处理技术进入万"码"奔腾的时代,推动了语言产业的大发展。第三波浪潮则大体从2010年开始,此时已进入全方位语言信息技术时代。当互联网技术与智能手机终端深度整合,形成新的应用平台时,便催生了语言产业发展的第三波浪潮。这一波浪潮将长期引领语言产业的发展。②

二、语言相关法律与政策

(一)我国语言立法与政策

语言立法的目的在于确定官方语言和标准语及其使用,规范各

---

① 参见唐瑾:《制定国家语言产业发展战略规划》,载《世纪行》2014年第3期。
② 参见陈鹏:《当代中国语言产业发展的三次浪潮》,载《语言战略研究》2017年第5期。

民族语言的关系,确保公民语言权利,减少与预防语言矛盾和冲突,规定语言规范的原则,促进语言健康、有序地发展,为社会进步和各项事业的发展更好地服务。中华人民共和国成立以来,中央及地方针对语言的各种法规相继出台,包括《中华人民共和国第一届全国人民代表大会第五次会议关于汉语拼音方案的决议》《普通话异读词审音表》《现代汉语常用字表》《现代汉语通用字表》《汉语拼音正词法基本规则》《标点符号用法》《现代汉语通用字笔顺规范》等。据不完全统计,仅 2000 年之后颁布的各种语言法规就有上百项。其中最重要的是 2001 年 1 月 1 日正式实施的《国家通用语言文字法》,它标志着我国语言文字事业走上法治化的轨道。据国家语言文字政策研究中心统计,截至 2016 年,我国与语言文字有关的法律法规总计近 2200 项,覆盖宪法、法律、法规、规章和规范性文件。① 可以说,我国语言文字法律体系已初步形成。

我国语言文字法律体系从层级框架来看,可以分为五层:

第一层,《宪法》中的语言文字条款。我国《宪法》中有 4 条关于语言文字问题的条款规定,分别是第 4 条、第 19 条、第 121 条和第 139 条。内容涉及各民族使用和发展本民族语言文字的自由、国家推广全国通用的普通话、民族自治地方自治机关的语言使用,以及各民族公民用本民族语言文字进行诉讼的权利。

---

① 参见国家语言文字工作委员会组编:《中国语言文字事业发展报告(2017)》,商务印书馆 2017 年版,第 123 页。

第二层,语言文字法律。目前,在全国人大制定的基本法律中还没有专门针对语言文字的基本法律,但是有6部基本法律包含相关的语言文字法条规定。法条内容主要涉及诉讼中的公民语言权利保障、学校教学语言及学校应当推广使用全国通用的普通话和规范汉字,以及特别行政区可自行规定学校的教学语言。①

在全国人大常委会制定的一般性法律中,《国家通用语言文字法》是目前我国唯一专门针对语言文字的法律,也是目前我国层级最高的语言文字专项法律。《国家通用语言文字法》共四章,28条,调整对象是语言文字使用中的政府行为和大众传媒、公共场合的用语用字(即国家机关、学校、新闻出版、广播影视、公共服务行业以及公共设施、信息技术产品、招牌、广告、企业事业组织名称和在境内销售的商品包装、说明等方面应该使用的国家通用语言文字)。《国家通用语言文字法》规定普通话、规范汉字是国家通用语言文字;国家推广普通话,推行规范汉字;各民族语言文字平等共存,禁止任何形式的语言文字歧视;各民族都有学习、使用和发展本民族语言文字的自由;民族自治地方和少数民族聚居地方,国家通用语言文字和当地通用的少数民族语言文字可以同时使用。

值得一提的是,我们应当认识到,方言是客观存在的,有其自身的使用价值。国家在推广全国通用的普通话的同时,方言将在一定

---

① 参见国家语言文字工作委员会组编:《中国语言文字事业发展报告(2017)》,商务印书馆2017年版,第124页。

领域或特定地区内长期存在。①

截至 2016 年,我国共有 11 部一般性法律包含语言文字法条规定,包括《中华人民共和国民族区域自治法》《中华人民共和国人民法院组织法》《中华人民共和国著作权法》《中华人民共和国广告法》《中华人民共和国义务教育法》等,内容涉及诉讼中公民语言权利保障、少数民族语言文字使用规范要求、残障人士语言权利保障等。

第三层,语言文字法规。目前我国还没有专门针对语言文字的行政法规,但是有 20 部行政法规包含语言文字法条规定,包括《地名管理条例》《广播电视管理条例》《出版管理条例》等,法条内容主要涉及推广普通话、诉讼中的公民语言权利保障、少数民族语言教育与能力要求等。

截至 2016 年,我国共有 49 部语言文字地方性法规。其中,国家通用语言文字地方性法规 23 部,主要为《国家通用语言文字法》实施办法,部分是关于国家通用语言文字使用管理的条例;少数民族语言文字地方性法规 23 部;同时针对国家通用语言文字和少数民族语言文字的综合性地方性法规 3 部。少数民族语言文字地方性法规及综合性地方性法规涉及的语种主要有蒙古文、藏文、彝文、哈萨克文和朝鲜文,这些法规包括《西藏自治区学习、使用和发展藏语文的规定》《新疆维吾尔自治区语言文字工作条例》《黑龙江省汉

---

① 参见魏丹:《语言立法与语言政策》,载《语言文字应用》2005 年第 4 期。

语言文字应用管理条例》等。

据不完全统计,截至2016年,我国包含语言文字法条的其他地方性法规有280多部。立法事项主要涉及教育和未成年人保护、少数民族权益保护、妇女儿童和残疾人权益保护、地方志和民间文化保护等。其他关于语言文字的法条主要涉及普通话推广、规范汉字推广、少数民族语言权利保障及规范管理等。[①] 此外,地方语言文字立法中还涉及的问题包括:机构、编制、经费问题;执法主体问题;处罚力度问题;注重制度建设,纳入常规管理问题;社会用字管理问题(诸如招牌手书字问题,地名牌使用外文问题,广告、商标用字问题等)。

第四层,语言文字规章。截至2016年,教育部等部委颁布了6部语言文字部门规章,我国各级地方政府共发布了21部语言文字政府规章;此外,我国包含语言文字法条的其他部门规章有100多部,包括《普通话水平测试管理规定》《汉语作为外语教学能力认定办法》《广播电视广告播放管理暂行办法》等。

第五层,语言文字规范性文件。据不完全统计,截至2016年,国务院及其各组成部门、各地方政府制定的涉及语言文字的规范性文件多达近1500部,其中专门针对语言文字问题的有1100多部,针对其他事项而包含语言文字规定的有350余部;内

---

① 参见国家语言文字工作委员会组编:《中国语言文字事业发展报告(2017)》,商务印书馆2017年版,第125—128页。

容主要涉及推广普通话、推行规范汉字、少数民族语言权利保障及使用场合要求、规范使用外文、外语能力要求、职称外语考试等。①

此外,2012年教育部与国家语委联合印发的《国家中长期语言文字事业改革和发展规划纲要(2012—2020年)》(以下简称《纲要》)是语言文字工作方面一个比较重要的政策文件。《纲要》是二十一世纪我国第一个中长期语言文字事业改革和发展规划,是指导全国语言文字工作改革和发展的纲领性文件。《纲要》明确了未来相当一段时期内语言文字工作的总体目标,规定了大力推广和普及国家通用语言文字,推进语言文字规范化、标准化、信息化建设,加强语言文字社会应用监督检查和服务,提高国民语言文字应用能力,科学保护各民族语言文字,弘扬传播中华优秀文化,加强语言文字法制建设七方面的主要任务,以及推广普及、基础建设、督查服务、能力提升、科学保护、文化传承六方面的重点工作。通过建立和完善语言文字工作"政府主导、语委统筹、部门支持、社会参与"的管理体制,推动地区各级政府切实担负起对语言文字工作的主导责任,积极争取相关部门和社会组织的支持,建立和完善分工协作、齐抓共管、协调有效的工作机制。②

---

① 参见国家语言文字工作委员会组编:《中国语言文字事业发展报告(2017)》,商务印书馆2017年版,第128—130页。

② 参见教育部、国家语委关于印发《国家中长期语言文字事业改革和发展规划纲要(2012—2020年)》的通知(教语用〔2012〕1号)。

(二) 他国语言规划与政策

语言是把双刃剑。一方面,它是维系特定群体的纽带,是沟通不同群体的桥梁,是社会运行的规程,具有凝聚力、正能量;另一方面,它也容易酿成矛盾甚至冲突,成为各种利益诉求的旗号和借口,成为社会纷争的导火索和政治斗争的工具,从而演化为离心力、负能量。[①] 语言冲突是第二次世界大战之后日益突出的国际问题。在新独立国家的国语选择过程中,在多语多方言国家发展到一定阶段时,各种语言矛盾频发。这些语言矛盾倘若处理不当,就会演化为语言冲突,引发语言战争。比如,巴基斯坦因"双国语"之争导致的国家分裂,苏联地区、南斯拉夫地区延续至今的语言冲突,比利时因语言问题而不断爆发的政府危机等。因此,语言管理能力与管理成效如何,至关重要。世界上许多国家都异常重视本国的语言规划,纷纷出台各种语言法律与政策,对国家语言的发展方向进行管理和指引。

2001年的"9·11"恐怖袭击事件给美国以沉重的打击。"9·11"事件调查显示,语言资源不足是美国未能预见并阻止恐怖袭击的一个重要原因。美国深刻地感受到恐怖袭击、文明冲突对美国未来发展的影响,国家安全成为新世纪美国关注的重点。新世纪以来,美国的安全观已从传统安全走向非传统安全,语言战略也成

[①] 参见赵世举:《全球竞争中的国家语言能力》,载《中国社会科学》2015年第3期。

为美国国家战略的重要组成部分。为保证美国的国家安全,美国推出了安全语言教育战略,即"关键语言"教育战略。"关键语言"就是对美国国家安全有着重要影响的外国语,直接关系着美国的政治稳定、军事强势、外交畅通、信息安全、经济发展、民族团结、文化交流、教育合作。美国教育部公布的"关键语言"有 78 种。2006年,布什总统推出了美国"国家安全语言计划"(National Security Language Initiative),主攻的关键语言是阿拉伯语、汉语、俄语、印地语和波斯语等语种。主要目标有三个:一是让更多的美国人掌握关键语言,让更多的美国人更早地学习关键语言;二是培养高水平的语言人才,尤其是关键语言人才;三是培养更多能教授关键语言的教师。美国实施的"国家安全语言计划",通过让各机构设立一些新项目和扩展项目,大幅增加掌握阿拉伯语、汉语、俄语、印地语及波斯语等关键语言的美国公民数量,以满足美国在未来全球竞争的需要。①

就波罗的海国家来说,从 1991 年独立以来,语言政策问题就成为当地政治的一个关键问题。由于苏联时期的人口和语言政策给波罗的海国家带来的广泛的俄罗斯化,已对各国的文化安全构成了严重的威胁。面对人口和文化的威胁,语言与拯救族群认同紧密联系在一起。二十世纪九十年代,这些国家通过了国家语言法,使得当地的语言重新成为国家的官方语言。这些国家的语言法没有规

---

① 参见徐英:《冷战以来美国的语言战略变迁》,载《美国研究》2018 年第 1 期。

定在个人交流中必须使用哪种语言,但是规定了所有从事公共岗位的人必须能够使用本国语言进行交流,同时要求所有在商店或者与客户直接接触的商业领域工作人员必须能够使用本国语言进行交流。不过,这些语言法受到不同方面的攻击,使得这些国家的语言政策不仅是一个国家的内部事务,而且开始演变为外部事务,受到莫斯科和西欧国家的干预、谴责以及警告。尽管受到外部的严厉批评,但是这些国家的语言政策得到了国家内部人民的支持。实际上,近年来波罗的海国家社会和谐的不断发展、种族紧张关系的缓解以及经济状况的好转,都体现出这一趋向。①

在加拿大,法语与英语之争持续已久。从二十世纪初开始,魁北克地区说法语的激进运动持续出现。说法语的少数族群形成联盟或压力集团,以增强对本省或本地区政府的影响力。二十世纪六十年代,随着魁北克自由党的获胜,联邦政府正式承认加拿大语言的二元性,并开始制定尊重语言二元性的国家政策。1969 年联邦颁布了《官方语言法》,明确指出加拿大的双语特点,宣布法语与英语均为国家官方语言。不过,在 1977 年,魁北克省出台的《法语宪章》[The Charter of the French Language,即《101 法案》(Bill 101)]确定了法语是魁北克唯一的官方语言,规定生活、工作、学校、政府

---

① 参见乌尔迪斯·奥索林斯:《语言与种族地位的分离——波罗的海国家严格的语言政策与社会和谐之间的悖论》,载〔匈〕米克洛什·孔特劳等编:《语言:权利和资源——有关语言人权的研究》,李君、满文静译,外语教学与研究出版社 2014 年版,第 183—195 页。

使用法语的规则。《法语宪章》引发了说英语人群的不安,造成了一定程度的社会动荡。加拿大1982年颁布的《加拿大权利和自由宪章》,其中涉及语言权利的内容,最关键的一点是在法律上明确规定英语和法语是加拿大的官方语言。1988年,加拿大对1969年《官方语言法》作了大幅修正,主要目的在于管制联邦公务员及由联邦政府控制的其他机构的语言问题,支持全国的英语或法语少数民族社区的发展。《官方语言法》规定就职于某些岗位的高级公务员及其他公务员必须具有不同程度的双语能力,仅掌握一种官方语言的人员只可就职于无"语言命令"的职位。该法可以看成对魁北克分裂势力敌对情绪的回应。①

在比利时,语言纷争变成一个严重的社会乃至政治问题。在欧洲,由于政治、历史和地理原因,一个国家多语种共存并不稀奇。与比利时一样处于"欧洲十字路口"的瑞士有四种官方语言;卢森堡更是因为语种多样,被誉为"人人都是语言学家"的国家。但在比利时,能说几种语言不是最重要的事,关键是你主要讲什么语。这个问题就像身份证一样,成为比利时人区别彼此甚至"分裂"彼此的特殊标签。由于冲突频繁,语言问题变得非常敏感,比利时不得不采取法律手段解决这个问题。该国制定的语言政策法规数量堪称世界之最,希望以此寻求不同语言之间的平衡。按规定,法语、荷

---

① 参见高霞、Paul S. Maxim:《加拿大语言政策对其民族语言教育的影响》,载《民族教育研究》2014年第3期。

兰语和德语都是比利时的官方语言,政府按语种划分公务员,除首相外,法语与荷兰语两个语言集团的大臣名额必须相等,甚至有的军队也按语言分编。最直观的"分裂"是行政区,看似与政治不沾边的语言在比利时却是划分标准。该国大体以法语与荷兰语为准,南北分为瓦隆地区和弗拉芒地区。首都布鲁塞尔位于南北语言分界线北侧中部,讲双语。另外,在该分界线南侧的东部,还有一小块地区为德语区。语区境界的变化须经议会两院的语言集团投票通过。这些语言纷争给比利时带来了极大的问题,甚至在相当长的时间里,该国因不同语言政党之间的分歧而无法组建新的政府。①

欧盟是介于一般国际组织和主权国家之间的超国家性质的主权国家联合体。在这个政体里,成员国将部分国家主权让渡给组织,以实现政治、经济、法律等领域由协调走向趋同。但是,文化主权仍在各成员国手中。从1958年欧洲经济共同体成立时的《罗马条约》到当前欧盟,对成员国多样化的语言的尊重和保护自始至终位于欧洲工程建设的中心位置。欧盟认为,欧洲语言多样性是重要的财富。语言承载并传递着思想观念和社会习俗,是民族文化的重要组成部分,欧盟必须尊重每一种文化。基于这一政治基础,欧盟实施多语制的语言政策。《欧共体第一号语言规定》(1958年颁布,又被称为《欧盟语言宪章》)第1条明确规定,各成员国的官方语言地位平等,都是组织的官方语和工作语。欧盟多语制在尊重各

---

① 参见郭芳:《比利时人有张"语言身份证"》,载《人口文摘》2016年第5期。

成员国的文化特征,保障各成员国人民运用自己的语言参与欧洲建设及维护自身民主权利等方面无疑起到了十分重要的作用。然而,欧盟的多边性和各成员国语言背景的多样性决定了欧盟语言环境的复杂性和特殊性,也使得欧盟多语政策在施行中存在较大的问题和压力。①

(三)国际语言人权发展

在许多国际、地区和多边条约中,基本上都包含了语言的权利。1945年以后联合国的文件中涉及人权问题,语言已经成为人类最重要的特征。《世界人权宣言》第2条、《公民权利和政治权利国际公约》第2.1条及《联合国宪章》第13条都明确规定了语言权利。

除此之外,支持语言权利的国际人权文件还包括:

《消除一切形式种族歧视国际公约》(1965);

《经济、社会和文化权利国际公约》(1966);

《儿童权利公约》(1989);

《保护所有移徙工人及其家庭成员权利国际公约》(1990);

《在民族或族裔、宗教和语言上属于少数群体的人的权利宣言》(1992);

《世界文化多样性宣言》及其行动计划(2001);

---

① 参见国家语言文字工作委员会组编:《中国语言政策研究报告(2018)》,商务印书馆2019年版,第328—333页。

《保护非物质文化遗产公约》(2003);

《关于普及网络空间及提倡和使用多种语言的建议书》(2003);

《保护和促进文化表现形式多样性公约》(2005);

《残疾人权利公约》(2006);

《联合国土著人民权利宣言》(2007)。

尽管国际社会对于语言人权给予了关注,但是,根据联合国教科文组织2010年发布的全球濒危语言地图显示,随着全球化大进程的发展,越来越多的语种濒临灭绝。目前全世界有6000多种语言,但60亿人中大约80%的人讲的是主要的83种语言,40%以上的语言已经"濒危",差不多每两周就会有一种语言消失。这2500种濒危语言分为五个级别,程度从轻至重(见图1-2)。

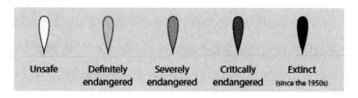

图1-2 濒危语言的程度

以上从左至右分别为:

(1) Unsafe——不安全的;

(2) Definitely endangered——危险(明确将要灭绝的);

(3) Severely endangered——濒危(严重濒临灭绝的);

(4) Critically endangered——垂危(极度濒临灭绝的);

(5) Extinct(since the 1950s)——从1950年以来,已经灭绝的。

在全球近2500种濒临灭绝的语言中,绝大多数甚至没有任何的文字记载;有199种语言严重告急,即该语言的使用者可能已经不到10人。其中,更有18种语言被列入"极度濒危"名单,这意味着它们几近消失。

语言是文化的载体,是传播的工具。语言的多样化,意味着人类多元的文化和人文生态得以保持和传承。相反,一种语言的消亡,意味着人类失去了一种文化、一个信息的源头,或者说,一份珍贵的历史遗产。

保护世界语言的多样性,加强世界不同语言之间的交流互鉴,推动不同语言及文化间的平等对话、和谐共荣,并以此促进人类发展,这正是推动构建人类命运共同体的重要方式。保护语言的多样性是保障人权实现的重要基础。1996年,西班牙"世界语言权利会议"通过了《世界语言权利宣言》,即《巴塞罗那宣言》。该份宣言是制定专门处理语言权利问题通用文件的首次尝试。它支持语言权利,特别是濒危语言的语言权利,试图在《世界人权宣言》等普遍性人权文件的基础上高扬语言平等理念,消除语言歧视,以集体语言权补充个人语言权,实现语言权利上的平等。但它对语言平等的追求过于理想化,实际上设计出的是权利等级制。它以语言社区而不是国家为出发点,对国家持怀疑态度,企图改变以国家为基础的当代国际体系。在语言问题上,它主张加强国际机构的干预,这将直接限制国家主权,实际上是否定各国人民的政治主体性,具有反民主倾向。在基本精神上,它是"语本主义"和人本主义的混合。但是,无论如何,《世界语言权利宣言》都是国际社会对语言平等和语言权利法典化的伟大探索。①

欧洲历来重视语言权利。1992年欧洲委员会通过的《欧洲区域或少数民族语言宪章》(以下简称《宪章》),旨在保护和发展欧洲文化遗产,保障每个公民在公共和私人生活中使用自身语言的普遍人权。宪章仅适用于签署国的国民传统上所使用的语言,这不同于大多数语言或官方语言。宪章规定了签署国采取大规模和不同的行动来保护和促进历史性方言和少数民族语言的发展。保护程度分为两级:较低层次的保护是所有签署国必须呈交合格的语言;较高层次的保护则是签署国须宣称合格的语言会从高度保护中得益。随着欧洲委员会主要成员国纷纷签署并批准《宪章》,标志着对少数族裔语言文化权利的保护已经成为欧洲共识。② 除此之外,欧洲安全与合作组织于1996年发布的《关于少数民族教育权利的海牙建议书》及之后的《关于少数民族语言权利的奥斯陆建议书》等,都对语言权利的多样性进行了比较详尽的规定。

---

① 参见郭友旭:《〈世界语言权宣言〉研究》,载《云南大学学报(法学版)》2016年第6期。

② 参见庄晨燕:《〈欧洲区域或少数民族语言宪章〉与法国多样性治理:对西方选举政治的反思》,载《世界民族》2018年第5期。

2014年中国政府与联合国教科文组织共同举办了世界语言大会,在会议上形成了《苏州共识》。该文件认为语言是人类文明世代相传的载体,作为推动历史发展的重要力量,语言对于激发个体潜能、实现2015年后全球发展新目标至关重要。促进人民、机构、国家之间的交流和学习是提升语言能力的重要途径。满足国家、土著居民以及移民社区需要的语言政策和实践,可以促进全球社会和平共处与有效交流。2018年,联合国教科文组织与中国政府共同举办了"世界语言资源保护大会",并以"保护语言多样性"为主题发布了一份重要文件——《保护和促进世界语言多样性岳麓宣言》。《岳麓宣言》强调,保护语言多样性就是要"保障各语言使用者在教育及其他基本的公共服务、就业、健康、社会融入、参与社会决策等方面机会均等"。尊重语言的多样性,就可以在教育、就业、就医等领域更好地避免歧视及其他不公平现象的发生。《岳麓宣言》充分体现了加强语言交流互鉴、推动构建人类命运共同体的理念,倡导各国制定语言资源和语言多样性保护事业行动计划及实施方案,提供了中国开展语言资源保护的经验、模式和路线图。《岳麓宣言》的发布增进了国际社会对构建人类命运共同体理念的理解和认同,进一步提升了中国语言文字的国际影响力。

三、"当语言遇到知识产权"

(一)知识产权的一般基础

"知识产权"这一术语产生于十八世纪的德国。知识产权,顾名思义,指的就是人类对智力劳动创作的成果所享有的财产权。但是,对于知识产权的范围,有着不同的界定方法。知识产权的范围主要包括工业产权与版权(著作权)两大类。那些人类征服自然的技术方案与在商业生活中使用的标记属于工业产权的范畴。那些涉及人类审美范畴的文学艺术作品则归属于版权的范畴。这主要体现在《保护工业产权巴黎公约》和《保护文学和艺术作品伯尔尼公约》这两个早期主要的国际知识产权条约中。1992年,国际保护工业产权协会东京大会将知识产权分为"创作性成果权利"与"识别性标记权利"两大类。前一类包括七项,即发明专利权、集成电路权、植物新品种权、Know-How 权(即"技术秘密")、工业品外观设计权、版权、软件权。后一类包括三项,即商标权、商号权(也称"厂商名称"权)、其他与制止不正当竞争有关的识别性标记权。①

《建立世界知识产权组织公约》第 2 条规定,知识产权应当包括下列权利:

(1)与文学、艺术及科学作品有关的权利。这主要指作者权,或一般所称的版权。

(2)与表演艺术家的表演活动、与录音制品及广播有关的权利。这主要指一般所称的邻接权。

(3)与人类一切创造性活动领域内的发明有关的权利。这主要指就专利发明、实用新型及非专利发明享有的权利。

---

① 参见郑成思:《知识产权法》,法律出版社 1997 年版,第 6 页。

(4)与科学发现有关的权利。

(5)与工业品外观设计有关的权利。

(6)与商品商标、服务商标、商号及其他商业标记有关的权利。

(7)与防止不正当竞争有关的权利。

(8)一切其他来自工业、科学及文学艺术领域的智力创作活动所产生的权利。

在世界贸易组织(WTO)《与贸易有关的知识产权协议》(TRIPs)中,第二部分第一节至第七节划出了知识产权的范围,包括:

(1)版权与邻接权;

(2)商标权;

(3)地理标志权;

(4)工业品外观设计权;

(5)专利权;

(6)集成电路布图设计(拓扑图)权;

(7)未披露过的信息专有权。

在我国,知识产权法采用了一种单行法的模式,并没有一部名字叫"知识产权法"的部门法,而是由《中华人民共和国专利法》《中华人民共和国商标法》《中华人民共和国著作权法》三大法及其实施细则为主干,其他一些相关法律、条例以及司法解释与判例等为补充的知识产权规范体系构成。因此,我国的知识产权主干法没有对"知识产权"这一术语进行界定。我国于2020年通过的《中华人

民共和国民法典》第 123 条中,虽然对"知识产权"这一术语没有进行界定,但对其范围进行了规定:

知识产权是权利人依法就下列客体享有的专有的权利:

(一)作品;

(二)发明、实用新型、外观设计;

(三)商标;

(四)地理标志;

(五)商业秘密;

(六)集成电路布图设计;

(七)植物新品种;

(八)法律规定的其他客体。

传统民法物权保护的是有形物,而知识产权保护的是智力成果的产物。这一产物是借助以语言文字为主体的中介形式表达和构建起来的。从十九世纪后半期开始,知识产权开始借助有关交易与流通的功能化语言进行建构。在这个意义上,现代知识产权的产生从一开始就与语言发生了难以剥离的交集。同时,以语言为主体的各种思想表达,如作品、技术方案、商业符号等,又是知识产权最主要的保护对象。随着互联网的崛起,知识经历了从"知识"到"信息"的转变。所有技术元素,以及思想观念的存储、交换、发表、征引等,都进入一个全球循环的网络之中,其基本单元就是以语言为主体的信息沟通。近几十年的主要尖端科技都和语言、信息与沟通有关,如音位学与语言学理论、交流问题与控制论、现代数学与信息学、计算机与计算机语言、语言翻译问题与机器语言兼容性研究、存储问题与数据库、通信学与智能终端的建立等。① 如果说工业时代法律处理的是物质与能量交换过程中的产权问题,那么当代知识产权处理的则是如何通过产权的区分形式,以及如何通过法律系统的代码化机制,介入并形塑以语言文字为主体的信息生产、传播与交易的过程。可以说,知识产权法是影响并控制语言文字生产与流动的最为重要的法律部门之一。

知识产权是通过产权形式,将政治法权的力量配置到以创新为手段并在市场中寻求新经济机会的创新者手中的制度。从十九世纪后期开始,知识产权制度演变为一个自我封闭的系统。知识以"著作权—专利—商标"这样一个智力含量递减的位阶,渐次进入知识产权法律系统内部运作领域,转化为可以进行不同分类、标签、交易和流通的讯息。如果说传统知识产权的对象是"大师杰作"(Masterwork),那么当代知识产权的对象则是"索引符号"(indexicality),它不仅使以语言文字为主的信息变成排他性的权利,同时也成为可营销(marketable)的对象。在现代知识产权的控制下,以语言文字为主体的信息被更为精准地进行挖掘、提取、确认与控制,演变为系统化、结构化、网络化的商品。第二次世界大战以

---

① 参见〔法〕让-弗朗索瓦·利奥塔尔:《后现代状态:关于知识的报告》,车槿山译,南京大学出版社2011年版,第12页。

来,创新型信息与通信技术(ICT)在全球产业结构中取得了压倒性的优势,信息的组织、处理、储存、捆绑与销售成为各大跨国企业的重要职能。实际上,现代全球竞争已经演变为通过知识产权以及加密信息的代码排除技术,将全球市场划分成高低端有别的区分性销售体系来进行的竞争。① 从这个意义上,可以说,现代信息企业主要依赖以语言文字、符号经济与网络技术为主体的快速流动特征,并借助知识产权的力量来影响、控制、分割全球产业链条与市场空间。

(二)语言与知识产权的接口

1. 保护:确认语言成果产权的归属

知识产权是确认智力成果产权归属的制度,从诞生之初就与语言有着紧密的联系。一方面,知识产权的客体是需要使用语言来建构的。作为知识产权保护客体的智力成果需要借助以语言为主的载体来表现。另一方面,各种语言形式的成果是知识产权保护的一个主要对象,语言成果也需要借助知识产权制度明确其产权归属,成为可交易的商品。在一定程度上,知识产权甚至表现为语言文字的产权。同时,作为智力活动的主要思维工具与表达形式,语言产业的发展更是离不开知识产权法律制度所提供的保护。

语言产业是以语言为内容、材料,或以语言为加工、处理对象,生产出各种语言产品或提供各种语言服务的产业形态。语言产

---

① 参见余盛峰:《知识产权全球化:现代转向与法理反思》,载《政法论坛》2014年第6期。

业基本上可以分为两大类:一是生产语言内容,以语言本体为直接产品的语言产业;二是处理语言内容,以语言设备和技术为直接产品的语言产业。①

由于语言文字是信息的主要载体之一,具有较强的传递性与共享性特征,体现出在一国产业之中的基础性、全局性、社会性和全民性的"语言+"的特点,知识产权也借助语言文字这一特点开始渗透到社会关系的各个角落。

知识产权对语言文字形式的成果提供相应的法律保护,但是,并非对所有的语言文字形式的成果都会提供保护,而只是对那些符合知识产权法律规定之条件的语言文字形式的成果才会提供保护。归纳起来,对语言成果形式进行保护的知识产权包括以下几类:

(1)对语言文字等作品进行保护的版权

版权法保护的客体是作品。所谓"作品",就是利用一定的形式,将内心世界的思想、感情或其他信息借助语言、艺术或科学符号体系加以表达,由此形成的具有文艺或科学美感和独创性的智力成果。② 我国《著作权法》第3条对"作品"进行了定义:"本法所称的作品,是指文学、艺术和科学领域内具有独创性并能以一定形式表现的智力成果。"版权法中所秉持的是一种"思想/表达"二分

---

① 参见贺宏志主编:《语言产业导论》,首都师范大学出版社2012年版,第43页。

② 参见王迁:《著作权法》,中国人民大学出版社2015年版,第16—17页。

法的基本原理。这一原理指的是版权保护只及于作品的表达形式而不及于作品的思想。例如,美国1976年《版权法》第102条规定:"对某一作品的著作权保护,在任何情况下都不能延伸到该作品所描述的任何思想、程序、过程、操作方法、概念、原理或发现上,不论在这种作品中,这些是以什么形式描述、说明、图示或体现的。"也就是说,美国《版权法》并不保护作品的思想、程序、过程、操作方法、概念、原理或发现——这些足以体现作者对客观世界的认识或思想观点。思想认识虽然不是著作权客体,但是其表达方式却受著作权的保护。美国在1976年国会司法委员会报告中指出,版权不保护计算机程序中包含的方法,但保护表达编程者思想的"文字",即编程者采用的表达形式。①

1995年TRIPs协定第9条第2款明确规定,版权保护仅仅只能及于表达的形式,而不能延伸到思想、程序、操作方法或数学概念本身。我国《计算机软件保护条例》第6条规定,本条例对软件著作权的保护不延及开发软件所用的思想、处理过程、操作方法或者数学概念等。由于语言文字是一种最主要的思想表达形式,因此,世界上几乎所有国家的版权法都将语言文字作品作为版权保护最重要的客体之一。根据我国《著作权法》第3条的规定,文字作品、口述作品,以及戏剧、曲艺等作品属于版权保护的主要客体之一。同

---

① 参见吴汉东等:《西方诸国著作权制度研究》,中国政法大学出版社1998年版,第45页。

时,随着新技术的发展,一些新的语言文字形式也成为版权保护的客体,包括计算机软件、计算机字体字库、影视配音字幕等。现代版权法的保护还延及语言文字相关作品的演绎权,包括翻译权与汇编权。翻译权对于语言产业来说相对比较重要,因为翻译本身就构成了一个庞大的语言文字产业。此外,汇编权也具有同样重要的意义。现代语言产业中有不少部分(如数据库、语料库等的建设)都离不开汇编权的保护。

(2)对语言技术进行保护的专利

语言技术不仅是语言产业发展的强大动力,同时本身也是语言产业的重要组成部分。语言技术是指运用或处理语言的技术,除了软性的语言软件、语言教学法等,大部分体现为硬性的语言设备或语言工具。从内容上看,语言技术大致可以分为:

——语料(字词、语段、语篇、语义群)技术,用于对语言材料进行收集、分类、整理、检索、贮存等;

——语形技术,如文字输入、语形识别、文字复制等;

——语音技术,如语音识别、语音合成等;

——语义技术,如机器翻译、自动文摘、人机对话等,如何让机器能理解自然语言,从而实现自如的人机对话,语义技术是其中的关键技术,也是人工智能的关键;

——语言记录技术,如速记、复制等;

——语言显示技术,特别指用电子屏幕显示语言的技术;

——语言传输技术;

——语言测评技术;

——语言生理、语言机能技术,如人体语言机能的康复、人体语言技能的机器模拟等。①

现代语言技术是高新技术,又常常被"渗透"在各种产品当中。语言技术产品包括传统产品和现代产品。传统产品是以声波、光波作为依托的语言技术产品,如通过印刷、雕刻、书写而成字的技术产品。现代产品是以电波作为依托的语言技术产品,如与广播、电视、电影相关的语言技术,与网络、计算机相关的现代语言技术,特别是与计算机软件、计算机硬件和各种运行配件相关的现代语言技术产品,是经济属性最强的"硬产品"。② 不管是语言技术,还是语言产品,只要符合专利法规定的标准,都可以获得专利权的保护。语言技术或产品通过专利权可以占据一定时期的独占性垄断地位,从而获得市场竞争优势。

所谓"专利",是指发明人就自己的发明创造向国家专利管理机构进行申请,专利管理机构受理申请后按照法定的程序进行审查,对于符合条件的发明创造授予专利权证书,则该发明创造被称为专利,申请人就该发明创造享有的排他性权利被称为专利

---

① 参见贺宏志主编:《语言产业导论》,首都师范大学出版社2012年版,第51—52页。

② 参见李宇明:《语言产业研究的若干问题》,载《江苏师范大学学报(哲学社会科学版)》2019年第2期。

权。① 并非所有的发明创造都能受到专利的保护,专利保护的客体仅限于有限的法定类型。我国专利法上的专利分为三种类型:发明、实用新型与外观设计。《专利法》第 2 条规定,发明创造是指发明、实用新型和外观设计。发明,是指对产品、方法或者其改进所提出的新的技术方案。实用新型,是指对产品的形状、构造或者其结合所提出的适于实用的新的技术方案。外观设计,是指对产品的整体或者局部的形状、图案或者其结合以及色彩与形状、图案的结合所作出的富有美感并适于工业应用的新设计。

因此,如果语言技术或语言技术产品属于新的技术方案,可以申请发明专利。如果是涉及具有形状或构造特征的技术方案,则可以申请实用新型。如果是形状、色彩、图案结合作出的具有美感并适于工业应用的新设计,则可以申请外观设计。但是,并非所有的发明创造都可以申请专利,只有满足相应的条件才可以。根据《专利法》的规定,授予专利权的发明和实用新型必须具备"三性",即新颖性、创造性和实用性。授予专利权的外观设计,应当不属于现有设计;也没有任何单位或者个人就同样的外观设计在申请日以前向国务院专利行政部门提出过申请,并记载在申请日以后公告的专利文件中。语言技术或语言产品申请人在获得专利权后,将享有制造、使用、销售、进口该专利产品的权利,其他人未经权利人许可使用该专利的,将承担侵犯专利权的责任。

---

① 参见崔国斌:《专利法:原理与案例》,北京大学出版社 2012 年版,第 1 页。

(3)对具商业价值或其他特殊语言符号标记进行保护的商标等权利

对于一些具有区别性的文字与标记符号,在满足条件的情况下,可以注册为商标,受到商标权的保护。所谓"商标",指的是在商业上使用的种种文字、图形或符号的统称。在物品上刻以标记的做法,古已有之。相关研究及考古文献表明,在世界各地的早期文明中——如古埃及、古希腊、古罗马和古代中国等——均发现有在有关物品上标注各种文字、图案或符号的做法。后人推断,古人在物品上刻以标志,意在表明该物品的所有权归属。标记用于贸易之中,多见于古罗马。当时经济发达,贸易扩张,导致商品在更大地理范围内销售,于是商人开始在其商品上使用固定标志,以方便购买者识别和区分商品的来源。①

根据《商标法》第 8 条的规定,任何能够将自然人、法人或者其他组织的商品与他人的商品区别开的标志,包括文字、图形、字母、数字、三维标志、颜色组合和声音等,以及上述要素的组合,均可以作为商标申请注册。因此,商标申请人可以将具有识别性的语言文字符号申请注册为商标,从而享有商标的专用权。注册商标的专用权,以核准注册的商标和核定使用的商品为限。任何人未经商标注册人的许可,不得在同一种商品上使用与其注册商标相同的文字符

---

① 参见黄海峰:《知识产权的话语与现实——版权、专利与商标史论》,华中科技大学出版社 2011 年版,第 218—219 页。

号标记,也不得在同一种商品上使用与其注册商标近似的文字符号标记,或者在类似商品上使用与其注册商标相同或者近似的文字符号标记,或者伪造、擅自制造他人注册商标标识或者销售伪造、擅自制造的注册商标标识。

除了《商标法》以外,还有其他一些法律法规对特定的语言文字符号进行保护。比如对特定地名进行保护的《地名管理条例》,某些地名甚至还可以注册为地理标志,以便获得相应保护。在我国,奥运会标志以及世博会、亚运会等特殊标志也有专门的条例进行规范。同时,我国还有相关的姓名登记管理的规定,以及企业法人名称登记管理等规定和条例,对公民姓名及企业名称等语言文字的使用进行保护、规范与限制。不过,这几类语言文字标记的管理规范还不属于典型意义上的知识产权法的范畴。

(4) 其他

一些特殊的语言文字形式的成果与资源如果满足法律规定的条件,还可以受到商业秘密法与不正当竞争法的保护。所谓"商业秘密",是指不为公众所知悉、具有商业价值并经权利人采取相应保密措施的技术信息、经营信息等商业信息。根据1998年修订的《关于禁止侵犯商业秘密行为的若干规定》,技术信息和经营信息包括设计、程序、产品配方、制作工艺、制作方法、管理诀窍、客户名单、货源情报、产销策略、招投标中的标底及标书内容等信息。这些信息大多数会表现为语言文字形式。如果以盗窃、利诱、胁迫等不正当手段获取利益人的这类商业机密信息,或者披露、使用或允许他人使用盗窃等手段获取权利人的商业机密信息,或者违反约定或者违反权利人有关保守商业秘密的要求,披露、使用他人的商业机密信息的,都属于侵害他人商业秘密的行为。有关法律从不同角度对这类商业机密信息予以了保护。

此外,我国《反不正当竞争法》对一些使用他人标志性文字符号标记且足以产生混淆的行为进行了规范和保护。

2. 规范:提供语言商品交易秩序

波普尔认为,存在一个独立于人类世界之外的人类知识的客观世界,即"世界3"。这一客观世界的形成很大程度上是由语言功能的发展所推动的,同时又体现为一个语言的世界。① 罗纳德·哈里·科斯则把精神创造的生活领域定位为思想市场。他认为,在当今知识密集型经济发展的时代,思想市场与资本市场、劳动力市场一样,都是一个生产要素市场。在思想市场里,知识能得到开拓、分享、积累和应用。新企业成立的速度、新产品开发的速度和新行业创立的速度,都依赖于一个思想市场的运作。思想市场直接决定着商品市场和服务市场的发展。② 这一思想市场在很大程度上体现为语言文字的市场。

---

① 参见〔英〕卡尔·波普尔:《客观的知识:一个进化论的研究》,舒炜光等译,中国美术学院出版社2003年版,第122—125页。
② 参见〔美〕罗纳德·哈里·科斯、王宁:《变革中国——市场经济的中国之路》,徐尧、李哲民译,中信出版社2013年版,第254—255页。

一个社会的核心是规范性的秩序,通过它,人们的生活才得以共同组织起来。语言市场的发展同样需要秩序,知识产权通过为语言成果提供明确的产权归属,起到定分止争的效果,进而为波普尔笔下的"世界3"与科斯笔下的思想市场提供一个规范有序的交易秩序。恰如古语所云:今一兔走,百人逐之,非一兔足为百人分也,由未定。由未定,尧且屈力,而况众人乎! 积兔满市,行者不顾。非不欲兔也,分已定矣。分已定,人虽鄙,不争。故治天下及国,在乎定分而已。①

知识产权主要从以下两个方面为语言商品市场提供秩序:

一方面,知识产权决定着语言技术与语言技术产品更迭的节奏、频率、方向与规律。这主要体现在专利与版权之中。依据专利法,获得专利权的条件之一是发明技术方案要具备一定的新颖性与创造性。而版权法规定,获得版权的条件是要具有一定的"独创性"。这一条件将禁止他人未经许可进行简单模仿竞争的行为,以此来激励市场主体绕过在先权利人的权利范围,以向消费者提供新产品的方式进行替代竞争。这种潜在的替代竞争效应对知识产权人形成外部压力机制,迫使其将利润投入到创新活动,以便生产更好的产品给消费者。市场主体一旦参与市场竞争,从事创新活动,就必须服从"红桃皇后"规则,即只有投入尽可能多的资金参与竞赛才能保持与竞争对手同步而不被淘汰。在这种竞争压力下,市场主体不断投入资金从事技

---

① 参见《吕氏春秋·慎势》。

术创新,如潮水一般周而复始,逐级向上攀升。

另一方面,知识产权内部又有一种"行为净化"机制,可以对语言市场的竞争秩序进行净化。这主要指的是商标。商标虽然只是一些具有标识性的语言文字符号,但其背后蕴含的机理是经商者应当公正诚实地对待竞争对手和消费者,对自己的经营行为负责。这些标识性的语言符号背后隐含的是商誉。商誉的形成可以为拥有商誉的人带来巨大的收益,商标是商誉的标识。通过商标的保护进而对商誉进行保护,可以促使当事人将经营眼光放在未来的收益之上,降低履约过程中的度量、监督和实施成本,有利于克服和减少履约中的机会主义。这不仅将创新与诚实经营当成一种道义上的价值判断,更重要的是使这类活动本身就成为有利可图的事情,将从仿冒、盗版、侵权等行为中获得收益的消极动力转化为从技术创新和诚实经营中获得收益的积极动力的机制。当每个人只能从技术创新与诚实经营中获得收益的时候,社会竞争秩序自然就会变得干净。

同时,人类社会进入工业时代后,大众传媒和广告业的发展为扩大商标知名度和效应提供了基础。就现代市场经济来看,基本上可以称得上是品牌经济。所谓品牌经济,是以品牌为载体,统筹整合各类科技创新资源、经济、社会和文化等要素,牵引经济集约化发展的一种经济形态。在这种经济形态下,市场上的竞争都展现为品牌的形式,要么是品牌间的互相竞争,要么是品牌内部的竞争。一个简单的品牌符号蕴含着巨大的财富,所代表的不仅是信用与质量的保证,同时还是身份、地位与品位的象征。借助知识产权的保护,品牌这种简单的语言文字符号展现出巨大的威力,不仅对一个国家内部的市场,而且对全球范围的市场进行区分和切割。也正是看到了这些语言文字符号所具有的作用,人们如今更加注重对这些文字符号的使用,从而催生了与之相关的产业(如广告业、品牌命名业等)。

3. 需求:开创语言服务新的市场

知识产权不仅为语言成果提供产权保护,为语言市场提供交易秩序,同时,知识产权本身也创造了巨大的语言服务需求,开创了新的语言市场。这个市场除了一些比较传统的行业(如语言测试、语言培训),也包括如赵本山小品、郭德纲相声等语言艺术的表演市场。版权对口头作品、曲艺、小品等艺术形式的保护不仅使他们成为名人,也给他们带来了如广告代言和巡回演出等巨大的经济收益。

此外,随着经济与技术的发展,越来越多以知识产权为核心的语言产业涌现出来。以品牌命名产业为例,这个产业几乎就是依赖商标法而产生的。美国命名公司出现于二十世纪七十年代末,在二十世纪九十年代中后期得到迅猛发展。据调查显示,1999年全美所有品牌命名总量约600万次,年产值总计高达150亿美元,命名公司完成其中12%,广告公司完成27%,占同时期美国广告业总产值的6%。美国《财富》杂志认为命名业是美国增长最快的新兴产业之一,相关业务甚至已经延伸到了国际市场。[①]

[①] 参见赵世举主编:《语言与国家》,商务印书馆2015年版,第84页。

再以计算机字体字库为例。随着计算机技术的发展,对于输入法和字体字库要求越来越高。目前世界上最好、最大的中文字库在日本。我国大陆仅有421款中文字库,我国香港特别行政区有106款,我国台湾地区有296款,三者相加不及日本字库总数(2973款)的零头。同时,我国数字键盘汉字输入法的技术基本上都被专利所覆盖。可惜的是,90%以上的手机嵌入汉字输入法技术的专利权是由外国人拥有,我国使用的每台手机都必须付给外国公司超过0.3美元的专利费,每年仅此一项就要支付数亿元。①

现代语言信息处理产业密布着计算机软件与信息处理技术,属于完全依赖于专利与版权保护的专利密集型与版权密集型产业。此外,由于专利申请必须提供一个标准格式的技术背景说明书与权利要求书,往往需要聘请专门的代理人员进行撰写。这种撰写不仅需要有相当的技术背景知识,还得具备扎实的专利法知识,同时需要较深厚的语言功底。仅2018年,全球专利申请总量就高达670万件。这实际上构成一个庞大的语言撰写市场。由于各国专利具有地域性特征,一国专利仅在本国生效,离开主权国家,将不再受到保护。因此,为了能够在他国生效,还需要向国际组织申请,并指定欲生效国家,或者直接向特定国家申请。但是不管哪种方式,都需要将专利文件翻译成指定的他国语言。如果在多国申请,还需要翻

---

① 参见贺宏志主编:《语言产业导论》,首都师范大学出版社2012年版,第4页。

译成多个国家的语言。这样一来,专利文件的翻译又构成了一个庞大的语言翻译市场。由此观之,知识产权又为语言服务开创了一个独特的新市场。

四、本书研究方法与主要框架

(一)语言知识产权研究现状

就目前的总体研究状况来看,关于语言资源与知识产权的研究在数量上是比较多的,但呈现出研究点比较分散的特征。这些研究散布在以"语言产业""语言资源""数据库""语料库""字体""字库""字幕""语言技术""翻译""汇编""品牌""广告""试题"等主题词为主的版权、专利、商标保护问题讨论中,少有从整体的语言产业或语言资源知识产权保护的角度进行深入讨论。一方面,从事知识产权理论的研究者多从具体法律规范角度进行研究,研究视角集中在作品的法律定义、思想/表达二分法、字体字库的版权保护、语言技术专利分布等法律技术层面;另一方面,从事语言资源与语言产业理论的研究者,则更多是从产业宏观发展的需要,呼吁对知识产权制度的整体关注。

对知识产权制度的呼吁是跟产业发展与市场需求密切关联的。2009年,时任国家语委副主任李宇明指出,我国语言产业发展的桎梏之一就是在法律层面缺乏对语言高新技术(特别是信息产业)的知识产权保护。计算机字库的知识产权问题、语料库的知识产权问题、输入法的知识产权问题等都是比较典型的事例。① 对于这些问题,国内学者不乏关注。贺宏志、陈鹏对我国大陆和港台地区与日本中文字库的分布情况,以及我国数字键盘汉字输入法技术专利90%以上被外国厂商所垄断的现状表达出担忧,认为知识产权有效保护是语言产业健康发展的重要保证,要推进语言产业的发展,必须加快语言产业领域知识产权的立法,加大执法力度,依法惩处侵权行为。② 赵世举也认为我国语言资源开发目前面临的一个很大难题是知识产权保护问题。由于社会整体的知识产权意识薄弱,字体字库产业面临生存危机。二十世纪九十年代,我国字体字库设计研发企业有大大小小几十家,如今10人以上规模的研发企业仅剩5家,且处于勉强维持状态。这已严重影响语言科技与语言经济的发展。③ 张卫国则从推动语言科学技术的研发应用角度出发,指出要努力加强语言数字化、信息化技术研发,建立和完善语言技术知识产权保护法律法规体系。④ 实际上,在2012年全国两会上,不少人大代表提交了多项有关字体字库著作权的议案,诸多专家学者、法律界人士呼吁通过法律保护字体字库产业。

因袭知识产权法版权、专利、商标三位一体的体系结构,知识产

---

① 参见张伟:《语言文字:信息化时代的国家"硬实力"——专访国家语委副主任、教育部语言文字信息管理司司长李宇明》,载《中国经济周刊》2009年第31期。
② 参见贺宏志主编:《语言产业导论》,首都师范大学出版社2012年版,第4、75页。
③ 参见赵世举主编:《语言与国家》,商务印书馆2015年版,第103页。
④ 参见张卫国:《推动语言产业加速发展》,载《人民日报》2017年5月12日。

权理论对语言的关注也基本上从各自的视角进行。语言文字天然地与版权结合在一起,成为版权法关注的焦点,但是传统版权理论研究者更多是从语言文字所构造的作品而非从语言文字本身进行研究。作者为了对其观念成果享有所有权,必须找寻、构造或者拟制一种财产权支配的对象。这种对象只能是作者所创造的,若无作者劳动则不会产生的产物——"作品"。作品由书面文字表达构成。关于这一文字产权的范围,早期法院认为作者权利仅是对"特定文字组合"构成的图书版本的复制权利,这样的观点是不对的,这一做法实际上将作品的翻译权排除在外。但是,文字的财产权不能仅限于语言本身,语言表达的内容构成了文字作品的精髓,体现了作者的劳动与才识,可以用不同的语言来表达,因此翻译作品从内容看并非新作,只是以新的形式复制原作。随着作品的概念成熟起来,反盗版开始向反抄袭过渡,将表演权、翻译权与改编权等内容纳入进来。沿着这个思路,学术界的研究逐渐围绕"思想/表达二分法""独创性标准""剽窃与抄袭""形象化权"等问题展开。这一进路虽然没有将语言问题单列,但通过对作为作品主要表达媒介的语言文字应当满足的条件、覆盖的范围等问题的分析表现出来。

因此,在我们以"语言产业""知识产权""language service""language industry""intellectual property"等为关键词在中国知网、北大法意、HeinOnline、Westlaw、ScienceDirect、JSTOR 等期刊数据库上进行联合检索时,发现极少有进行专门研究的文章。不过,随着研究的领域愈加深入细化，研究的资料逐渐开始增多。例如，关于语料库的保护模式，有不同的主张。有的主张基于著作权法，以汇编作品或数据库权利进行保护①，有的建议建立特殊权利保护模式②，也有的主张以"版权+特殊权利"的双轨制模式，或版权法结合反不正当竞争法的模式。③与将版权问题纳入"作品"和"数据库"等概念之中研究的进路不同的是，进入二十世纪之后出现的几次关于字体字库的诉讼，引发了知识产权学界的高度关注，出现了一大批关于字体字库版权保护的研究成果。④ 由于新东方试题案引发的争议，学界也对这类问题有所关注。⑤ 除此之外，学术界对近年来引发争诉的电影字幕侵权、书法作品的版权保护、配音产业版权问题以及网络中版权侵权行为（如同人作品、洗稿等）纠纷也都予以

---

① 参见董爱华：《外语语料库版权保护问题探究》，载《北京印刷学院学报》2017年第8期。
② 参见李扬：《数据库法律保护研究》，中国政法大学出版社2004年版；郭丹、高立忠：《数据库法律保护方式论争分析》，载《学术交流》2007年第11期。
③ 参见刘葵波：《特色数据库多元化版权策略研究》，载《图书情报工作》2009年第11期。
④ 参见崔国斌：《单字字体和字库软件可能受著作权法保护》，载《法学》2011年第7期；张平、程艳：《计算机字体及字库的法律保护》，载《电子知识产权》2013年第5期；陶鑫良：《中文印刷字体及其单字、字库与软件的著作权辨析》，载《中国版权》2011年第4期；王坤：《论美术字组的法律问题》，载《知识产权》2011年第5期；孙那：《论计算机字库的法律保护——"方正诉暴雪娱乐公司"案例评析》，载《电子知识产权》2013年第5期。
⑤ 参见张玲、王洪慧：《试题的著作权保护与限制——"新东方"案的启示》，载《法学家》2005年第5期；马宁、杨晖：《新东方案件的透视与反思》，载《电子知识产权》2003年第11期；陈洁：《ETS诉新东方侵权案评析》，载《人民司法》2005年第5期。

了相应的关注。①

与语言中的版权研究相比,语言产业中的专利制度显得较为简洁明了,主要集中在以下三条路径:

第一,研究关于专利制度发展过程中的语言变迁特征。谢尔曼和本特利对十九世纪英国专利制度的变迁史进行研究后发现,专利制度的发展动力开始从"神圣的主体"转向"封闭的系统"。十九世纪中叶之后,一整套标准化的现代专利制度陆续诞生。这套制度规范、塑造、整合并引导现代技术知识的生产与流通秩序,它不再是针对特定问题作出专门回应,而是变成一个运作封闭、认知开放的自我指涉系统。这一系统的变化使得专利从一个发明技术的事业变为一个语言文字的事业。通过对权利要求的起草方法施加更多的控制,以及控制文字撰写的方式、纸张的大小、边距以及图纸的格式、大小和比例,法律限制了用来说明该发明的方法。经由这种方式,法律也限制了所保护的客体的范围。②

第二,研究关于语言处理技术的特殊性,以及与此相关的专利适格性要求,也即相关的专利实质条件要求。这主要包括《专利审查指南》关于语言技术(如汉字编码类型等技术)的新颖性、创造

---

① 参见甘明等:《论言语类传统艺术知识产权保护》,载《传播与版权》2018年第11期。
② See Brad Sherman & Lionel Bently, *The Making of Modern Intellectual Property Law: The British Experience, 1760-1911*, Cambridge University Press, 1999;其他一些学者对这一问题也有比较详细的研究。

性、实用性的判断标准等。①

第三,研究与语言产业中的语言技术专利诉讼纠纷以及与之相关的专利布局态势等。2019年,国家知识产权局组织专家,从人工智能关键技术的角度,针对与语言处理有关的技术,分析了专利分布态势。这主要从两个视角——计算机视觉技术与自然语言处理技术——来进行分析。通过对技术进行分解,确定检索策略,展开(推进)专利检索、数据分析等流程,对两个领域中的专利分布态势进行了相对全面的分析与研究。② 语言技术专利之争在百度与搜狗关于输入法专利的诉讼之后引发了热议。③

与语言有关的标识中的知识产权研究主要沿着以下几条进路展开:

1. 与语言文字有关的商标保护研究

与语言文字有关的商标问题研究主要散布在这样几个领域:一是商标语言文字结构、美学、特征、语义等方面的研究,这类研究的目的主要在于提高商标设计、使用方面的美感,从而提升商标的价值。这是商标的语言文字符号学研究进路。④ 二是商标语言文字

---

① 《专利审查指南》"关于涉及计算机程序的发明专利申请审查的若干规定"部分引起的困惑与争议,参见王艳坤:《汉字输入法及其专利保护》,载《中国发明与专利》2011年第7期等。

② 参见国家知识产权局学术委员会组织编写:《产业专利分析报告(第68册)——人工智能关键技术》,知识产权出版社2019年版。

③ 参见刘晓春:《2017年知识产权热点案件盘点》,载《中国对外贸易》2018年第1期。

④ 参见彭学龙:《商标法基本范畴的符号学分析》,载《法学研究》2007(转下页)

的法律进路,重点研究商标语言文字能够覆盖的现实商品的范围、商标用语与姓名权的冲突、域名与商标权的冲突、商标语言的可识别性、禁用性、通用化、淡化、混淆、联想等方面的问题。① 三是对商标广告用语中的规范问题进行研究。规范广告用词行为可以视为是规范商标行为,在这个意义上,广告用语措辞与商标具有紧密的联系。②

2. 与语言文字有关的特殊标志管理研究

与语言文字有关的特殊标志管理的研究主要集中在奥运会、世

(接上页)年第 1 期;陈榴:《文字商标的语言特征》,载《辽宁师范大学学报》1996 年第 3 期;卢小群:《商标语言探略》,载《中国包装工业》1996 年第 8 期;王淼、王英丽:《专名学视域下商标词研究——以汉语电视广告语篇为例》,载《现代语文》2018 年第 7 期;张莉萍等:《商标命名名义的语义特征、语义指向与诉求模式》,载《外语研究》2018 年第 2 期;胡伟静、李筱平:《日本品牌名称语言结构之印象考察》,载《佳木斯职业学院学报》2015 年第 5 期;杨知微:《商标中的语言美学特征》,载《语文学刊(外语教育教学)》2015 年第 10 期;陈莹、朱亚军:《商标名的语义样态及其相互关系》,载《外语研究》2016 年第 4 期。

① 参见李士林:《论姓名商标》,载《法治研究》2014 年第 7 期;杨巧:《域名与注册商标辨析》,载《电子知识产权》2003 年第 3 期;郝玉强:《论中文域名与商标的冲突及其解决》,载《知识产权》2001 年第 4 期;崔建远:《姓名与商标:路径及方法论之检讨——最高人民法院(2016)最高法行再 27 号行政判决书之评释》,载《中外法学》2017 年第 2 期;孔祥俊:《姓名权与姓名的商品化权益及其保护——兼评"乔丹商标案"和相关司法解释》,载《法学》2018 年第 3 期;邓梦甜、傅蕾:《简析老字号知识产权权利归属纠纷》,载《人民司法》2015 年第 13 期;谢晴川:《地名商标中"其他含义"的法律解释》,载《法商研究》2019 年第 1 期;张少敏:《对臆造类商标专名通用化的哲学思考》,载《广东外语外贸大学学报》2016 年第 1 期。

② 参见郑琦:《行政裁量基准适用技术的规范研究——以方林富炒货店"最"字广告用语行政处罚案为例》,载《政治与法律》2019 年第 3 期;钟之静:《广告传播视域下网络语言的运用手法及规范研究》,载《新闻研究导刊》2015 年第 9 期;张扬:《商标、广告标题用语中的外来词研究——由文化翻译到语言规范》,载《宝鸡文理学院学报(社会科学版)》2009 年第 2 期;刘明、吕长凤:《电视广告用语的规范问题浅议》,载《新闻传播》2005 年第 7 期。

博会、亚运会这类大型会展标志之上。各国基本上都会对特殊标志予以专门管理,国际组织(如奥委会等)对于自己的标志也有自己的管理政策。我国对奥运会、世博会、亚运会等标志出台了专门的管理规定。此外,还有一些对地理标志等特定类型的标志中语言用词的法律意义进行的研究。①

3. 与语言文字有关的专名管理研究

有一些对于专名管理的研究值得一提,例如姓名登记、地名管理、企业名称登记管理等。② 当然,这些专名的管理,主要属于民法姓名权等范畴,还不属于典型的知识产权规范的范围。不过,当姓名权与其他知识产权(如商标权)发生冲突的时候,又开始与知识产权纠葛在一起。尤其是"乔丹案""邓紫棋案"之后,学术界掀起

---

① 参见吕炳斌:《知识产权的私权属性和奥林匹克标志的官方属性:一个冲突及其解决》,载《广州体育学院学报》2006年第3期;余其刚、汤群:《我国保护奥林匹克标志的局限性及法律对策》,载《上海体育学院学报》2007年第4期;刘利:《世博标志保护的上海经验》,载《检察风云》2008年第11期;刘秋芷:《会展标志侵权表现与法律保护探析》,载《广西民族大学学报(哲学社会科学版)》2014年第4期;崔汪卫:《我国奥运特殊标志权的检视与完善》,载《武汉体育学院学报》2019年第4期;王磊:《"恶搞"奥运标志行为的法律分析——网络环境下的戏仿作品著作权侵权问题研究》,载《信息网络安全》2009年第2期;韦之:《论〈奥林匹克标志保护条例〉》,载《科技与法律》2004年第4期。

② 参见胡建淼:《如何以法治方式清理整治不规范地名》,载《中国地名》2019年第8期;钟民:《地名更名引发诉讼 更显国民法治精神》,载《中国地名》2019年第5期;民政部地名研究所课题组、闫雪怡:《浅谈地名特殊用字的规范》,载《中国地名》2019年第3期;邱玲等:《浅谈加强地名档案的管理》,载《档案天地》2019年第6期;向长水:《浅析旅游地名翻译的范式、管理与文化生态意涵》,载《中国地名》2019年第8期;谢天长、卓慧松:《论权利满足与秩序维护中的姓名登记管理》,载《警学研究》2018年第5期;王涛:《再论中国的姓名管理制度——兼评〈姓名登记条例(初稿)〉》,载《世纪桥》2008年第3期。

了关于姓名权与商标权问题的热议。① 当然,这一热点研究还涉及企业名称权与商标权之间的冲突。②

(二)研究思路、方法与框架

1. 研究思路

我国拥有悠久的历史文化,语言资源丰富,但是语言产业不算十分发达。本书根据语言资源与产业中的特殊性,就不同类型知识产权的保护原理、知识产权分布态势与诉讼状况等问题进行研究,既涉及语言中的版权、专利、商标等不同类型,又涉及语料库、语

---

① 参见张素华:《论姓名权纠纷的裁判乱象与类型梳理》,载《四川大学学报(哲学社会科学版)》2018年第3期;韩擎男:《体育明星姓名权在商标注册领域的保护》,载《中华商标》2019年第5期;刘扬:《从邓紫棋与其公司解约一事浅析名人姓名权的保护》,载《中华商标》2019年第5期;刘志翎:《从邓紫棋上热搜看名人姓名权与商标权的冲突》,载《中华商标》2019年第5期;孙国瑞:《由"邓紫棋"商标事件谈姓名权与商标权冲突的解决》,载《中华商标》2019年第5期;张素华、宁园:《论姓名权与个人信息利益保护的区分》,载《河北法学》2019年第7期;张红:《民法典之姓名权立法论》,载《河北法学》2019年第10期;曹新明:《姓名商标与姓名权客体冲突及合理避让研究》,载《甘肃政法学院学报》2019年第5期;刘练军:《姓名变更及其规范再造:类案的考察与启示》,载《西部法学评论》2019年第6期。

② 参见张晔、蔡永民:《论企业名称权和商标权冲突的法律适用》,载《时代法学》2019年第2期;杨学红:《关于完善企业名称字号保护制度的思考》,载《中国市场监管研究》2017年第3期;陈璐旸:《企业名称与商标冲突疑难问题解决路径探讨》,载《电子知识产权》2016年第2期;李友根:《论企业名称的竞争法保护——最高人民法院第29号指导案例研究》,载《中国法学》2015年第4期;张肖钦、王国强:《企业字号权构成商标在先权利的条件》,载《中华商标》2013年第12期;王赞雄、杨昊:《企业名称权侵权认定与保护制度的思考——湖北红旗电缆企业名称权纠纷案评析》,载《科技与法律》2010年第3期;李宗辉:《企业名称权与商标权冲突的法律适用》,载《中华商标》2010年第4期;郭晓莉:《商标权与企业名称权的冲突及立法解决》,载《行政与法》2008年第6期。

言博物馆、语言翻译技术等不同领域,以期为语言产业提供周密、严格的知识产权保护,进而帮助充分挖掘我国语言资源的内在价值、推动语言产业的快速、良性发展。因此,全书的总体思路可以归纳为"一套体系、两个层面、三只眼睛、四个环节、五大手段"。

所谓"一套体系",指的是力图构建一个语言资源中的知识产权保护体系。这一保护体系可以概括为:"四阶层"(自力救济措施、民事法律制度、经济法律制度、刑事法律制度)、"七维度"(合同法保护、版权法保护、专利法保护、商标法保护、商业秘密法保护、反不正当竞争法保护、刑法保护),同时,我们意图据此建立起一套语言产业中的知识产权保护与监测体系。

所谓"两个层面",指的是语言资源中知识产权保护体系应当着重从"线上线下"两个层面进行构建。随着现代数字信息技术的发展,越来越多的语言资源与成果开始以数字化的形式在网络空间流动,越来越多的语言处理技术都是数字网络技术,包括语料库建设、机器智能翻译等。因此,语言产业中的知识产权保护与监测体系必须同时从"线上线下"两个层面进行关注。

所谓"三只眼睛",指的是语言资源中的知识产权保护体系要注重建立"监测之眼""分析之眼""保护之眼",通过加强对信息源的实时数据流进行收集和分析,帮助和发现来自公开市场以及国内外的不可见风险,如侵权、盗版、灰色语言产品市场等。在加强"三只眼睛"的同时,还应当建立"三盏灯",亦即监测过程中的"红黄绿"三盏灯。对于一般社会大众，采用正常"绿"灯模式，即正常的网上数据收集监测模式；对于与知识产权人同行业的语言产业，则采用"黄"灯模式，即关注程度高于绿灯模式的监测与数据收集；而对于与知识产权人有竞争关系的对手或产品，则采用"红"灯模式，予以重点关注和监测。

所谓"四个环节"，指的是语言资源知识产权保护体系构建的核心重点在于构建"获权—监测—预警—维权"四个环节的流程。语言资源要求所有人定期对自己拥有的语言成果进行检视，根据需要及时申请注册商标、专利证书，进行版权登记；要密切关注与监测语言产品市场，及时发现市场产品的需求变化，以及竞争对手的发展动向；紧贴语言产品动向与语言技术发展态势，设立预警标杆，既防止自己在语言资源利用与语言产品开发过程中侵犯他人的知识产权，又防止他人侵犯自己语言成果与产品的知识产权；在遭遇侵权行为时，采取正确的策略和措施，积极维权。

所谓"五大手段"，指的是在语言成果与产品遭遇他人侵权时，应当充分利用五大手段进行维权。在数字技术高度发达的今天，越来越多的信息产品所有人开始采用技术措施来保护自己的知识产权。随着美国《千禧年数字版权法》对技术措施合法性的认可，技术措施也成为一种最重要的保护知识产权的方式。我国亦认可技术措施保护知识产权的合法性，因此，权利人要充分利用技术措施保护自己知识产权的优势。此外，还可以通过合同或侵权之诉,以民事诉讼的手段进行救济;申请版权、商标、专利行政主管部门对侵权行为进行制止;对于严重侵害知识产权构成犯罪的行为,则寻求刑事措施救济。同时,在特定情形下,也可以通过合同约定进行仲裁,或者是寻求相关部门调解解决争议。知识产权人应当根据具体情形,充分利用这些手段,构建最佳的保护策略。

2. 研究方法

本书主要使用了以下几种具体的研究方法。

规范研究法。针对语言资源与语言成果的特殊性,研究利用不同知识产权分支(专利、商标、版权等)进行保护的法理上的一般原理及法律规范的适用性问题,并对其中语料库、语言博物馆、机器翻译、自然处理技术、语音识别技术等特定领域进行专门研究。

实证研究法。建立针对语言企业及语言产业相关的知识产权数据库,包括主要语言企业的版权数据库、商标数据库以及专利数据库。同时,还建立与语言产业相关的法律数据库、知识产权法律数据库以及一些主要国家知识产权法律数据库,建立语言产业知识产权诉讼纠纷案例数据库。

案例研究法。进入二十一世纪以来,出现了一系列与语言产业有关的知识产权纠纷与诉讼。这些诉讼的出现引发了业界对语言资源与语言成果知识产权保护的关注。本书将研究分析重要的争诉案例,以探索并揭示语言资源知识产权保护的特殊性。

调查研究法。本书也采用实地走访、田野调查的方法,对主要的语言类企业，包括语言服务类企业及语言处理技术类企业进行调研，同时也对从事知识产权保护与监测的机构进行调研，力图了解语言企业对知识产权制度的真实需求，以及知识产权机构研发出来的最新保护、监测手段与措施。

比较研究法。本书还将采用比较研究法：一方面对比不同类型知识产权之间在语言资源与语言成果保护方面的特殊性，另一方面也对不同国家的相关知识产权法律规定进行比较研究。

此外，本书还采用语言结构与语义分析等方法。语言结构与语义分析不仅是语言专业所关注的对象，同时对于知识产权保护也具有十分重要的意义。因为知识产权保护的对象很大一部分就是语言产品。这些不仅是语言专业分析的对象，同时也是决定专利权、商标权保护范围大小强弱的关键因素。可以说，这些也是影响知识产权对语言产品和语言成果保护能力强弱的关键因素。

3. 研究框架

本书采用六章式体例，主要包括以下内容：

第一章，绪论。本章首先对语言与知识、语言与权利、语言与产业的发展进行了讨论；然后介绍了我国与其他一些主要国家关于语言的相关法律与政策，以及最新的国际语言人权发展概况；之后对语言与知识产权之间的关系接口进行了讨论，力图构建起全书的论证基础。

第二章，表达形式，即语言中的版权保护。本章集中对语言中的版权问题进行了研究，讨论了语言版权保护的一般原理，其中包括对语言版权保护中的思想/表达二分法、翻译权、汇编权等问题的研究。此外,本章也将对语料库、语言博物馆、字体与字库、语言测试、语言康复业中的版权问题进行专门研究。本章对目前一些典型的与语言有关的版权纠纷案进行讨论,并对重点语言企业的版权分布情况进行分析。

第三章,科技赋能,即语言中的专利布局。本章主要对语言中的专利问题进行研究,讨论语言技术专利实质条件及语言技术专利审查的特别规定,同时对专利侵权中的语言结构、语义分析等方面的技术进行讨论。本章还对语言产业中典型的专利诉讼案例进行分析,并对语言处理技术进行分解,从中选取若干主题词进行专利检索,同时对若干重点语言企业的专利态势进行分析。

第四章,形象认知,即语言中的商业标记。本章集中讨论语言中的商业标记权。本章首先对语言文字商标保护的基本原理进行研究,并对一些特殊标志进行专门研究,同时对专名管理(包括人名、地名、企业名称的管理)也进行了研究,尤其是探讨了这些专名与商标权、域名等知识产权产生冲突时的解决方案。

第五章,语言知识产权保护与监测体系。本章力图构建语言资源与语言产业中的知识产权保护与监测体系。

最后一部分是结语。本章对全书进行了总结,并针对语言产业的特殊性提出进一步完善我国语言知识产权相关法律法规的政策建议,主要包括完善知识产权相关立法、加强监管、提高自身防范能力等。

第二章 表达形式：
语言资源中的版权保护

版权，指的是权利人享有的控制自己作品并禁止他人未经许可任意复制与传播的权利。在知识产权的不同类型中，语言作为思想表达形式，天然地与版权结合在一起。这一方面可以从版权法的历史起源看出。早期的版权法主要是对文字作品的保护。文字作品的出版主要是通过印刷来完成的，因此，版权法又表现为版权与印刷的关系。世界上第一部版权法在英国颁布时，也被归入英国安妮女王时期的"印刷法律"之中，该法律的标题是"保护已印刷成册之图书法"的意思。① 另一方面也可以从版权法最重要的制度支柱"思想/表达"二分法中看出。根据"思想/表达"二分法的规定，版权只保护作品的表达形式，而不保护作品的思想。语言文字是作品表达的最重要的形式之一，因此成为版权保护的主要客体。

本章选择版权法中与语言文字资源发展密切相关的制度进行

---

① 参见郑成思：《知识产权法》，法律出版社1997年版，第309—310页。

研究,包括"作品"概念的形成、思想/表达二分法、翻译权、汇编权、语言类作品等,同时,还对一些重要的语言产品或服务,包括语料库、语言博物馆、字体字库字幕、语言测试业与语言康复业等中涉及的版权问题进行研究。

第一节 语言资源版权保护的一般原理

一、作品的概念

"作品"是版权制度中最基本的一个概念。只有符合版权法要求的作品,才能得到版权法的保护,整个版权制度才能得以运行,而作品的概念则经历了一个从形成到成熟,再到逐步扩展的过程。

由于思想本身没有边界,仅在人们的头脑中存在,除了精神的占有和理解外没有其他的取得和享有方式,因此也不具备财产权的特点和属性。为了使作者对其文字享有财产权具备可能性,必须寻找、构造或拟制一种作者财产权利支配的对象。这一任务就落在了"作品"这个概念之上。对于何为"作品",不少学者有过专门的论述。福柯就认为,作品,就是专有名词符号表示出来的文本。① 海德格尔则认为,作品不仅是一个物,而且还有别的东西附着于这个物之上。② 不过,在古典时代,作品很少被视为物,而只被看成是一种行为,一种为实现特定目的的书写行为。通过一种从"写者"

---

① 参见〔法〕米歇尔·福柯:《知识考古学》,谢强、马月译,生活·读书·新知三联书店1998年版,第23页。
② 参见〔德〕马丁·海德格尔:《林中路》,孙周兴译,上海译文出版社2004年版,第5页。

向"作者"转变的过程,作品这一概念才从复杂的社会关系中抽象出来,成为一种独立可支配的物。①

　　写者自有文字以来便有之,但作者则是随着写作本质被重新界定之后才出现的。文艺复兴时期,写作与两种不同的技能联系在一起:一是匠才,即技能,写作被视为利用前人所用之写作规则组织传统或现实素材以实现某种效果的过程;二是天赋,即灵感,写作中那些高于纯粹技能的东西来源于缪斯甚至上帝的启迪。随着1710年英国《安妮法案》将作者的概念纳入,作品的概念也同时确立起来,并从十九世纪开始在英国版权法中逐渐成熟起来。② 此前,关于版权的争诉仅关注的是图书的重印和盗版问题,而在作品观念兴起后,则开始关注作品本身的使用与抄袭问题。版权也从原来意义上的版本增印权发展到作品的复制使用权。1807年的"罗沃斯诉威尔克斯案",涉案图书使用了相似但不完全相同的文字和示图,尽管被告对图书进行了较大幅度的修改,但法院仍然认为被告参考了原告的图书,从而认定为侵权。在1822年的"威斯特诉弗朗西斯案",法官则把"拷贝"(copy)明确界定为后一作品与原作是如此接近以至于任何人都能看出它是原作者的思想。③ 可以说,作品概念

---

　　① 参见李雨峰:《从写者到作者——对著作权制度的一种功能主义解释》,载《政法论坛》2006年第6期。
　　② 参见《安妮法案》的全称是"为鼓励创作而授予作者及购买者就其已经印刷成册的图书在一定时期内享有权利的法案"。
　　③ 参见黄海峰:《知识产权的话语与现实——版权、专利与商标史论》,华中科技大学出版社2011年版,第37—38页。

的本质就是从具体载体中抽象出来,从文字形式扩展到文字内容,也即海德格尔所说的附着于这个物之上的别的东西。

根据美国宪法的规定,国会应当保障作者在有限的期间内就他们各自的作品享有专有权利。其中"作品"一词,英文原文用的是"writtings",其本意指的是用文字写作的东西,尤其是指手稿。不过,在这之后的立法与司法实践中,这一概念逐渐得到扩展。美国1790年颁布的第一部版权法中,将受保护的客体界定为地图、图表与书籍。在1884年的"平版印刷案"中,最高法院对宪法中的"writtings"做了广义的界定,"尽管'writtings'一词被用来指称作者可以获得权利的客体,但现在没有人主张宪法这一条款中的'writtings'一词仅仅限于作者的真正手稿,从而排除了书籍和其他所有的印刷品。在该条款中,'writtings'是指那些作者的文学产品,而且国会已经非常正确地宣称,这包括所有形式的手稿、印刷品、雕刻和蚀刻等。通过这些形式,作者头脑中的观念得以表达出来。"在1973年的"戈德斯坦案"中,最高法院对宪法中的"writtings"作了更为广泛的界定:"尽管'writtings'一词可以局限于手稿或印刷品,但它可以被解释为包括了所有的,体现了创造性的智力劳动或美学劳动成果的表达。"这就是说,"writtings"一词已经转变为指所有思想观念的表达形式了。[1]

---

[1] 参见李明德:《美国知识产权法》(第2版),法律出版社2014年版,第230—231页。

深入研究"作品"的概念,主要目的在于了解清楚哪些语言文字成果可以得到版权的保护,而哪些则不能。根据相关国家及我国著作权法的有关规定,作为著作权客体的作品通常应当具备这样的特点:通常是文学、艺术和科学领域中的一种表达形式,能以有形形式进行复制;存在于作者内心的创新思想无法让他人阅读、欣赏和感知,无法被复制和传播,也就没有什么社会价值,因此,也就不能成为著作权法意义上的作品。这种外在表达形式主要是语言、艺术或科学的符号等形式。除了具有一定的外在表达形式,可以复制以外,作品需要满足具有一定的独创性高度且不属于思想的范畴("思想/表达"二分法)等条件。

(一)独创性高度

作品独创性,指的是有关的作品是由作者独立创作的,来自某一个或者某一些作者。作品的独创性意味着作者在创作作品的过程中投入了某种智力性劳动,而非抄袭;作品体现了作者的精神劳动和智力判断,而非简单的摹写或材料的汇集。独创性是作品获得版权保护的必要条件,只有具有独创性的作品才能获得版权法的保护。当然,根据这一要求,也就意味着一部后来的作品,即使与在先作品相同,只要是独创的而非抄袭的,就可以获得版权。① 而独创性较低的作品则通常可能被排除在版权保护之外。

---

① 参见李明德:《美国知识产权法》(第2版),法律出版社2014年版,第243页。

对于作品的独创性,英美法系与大陆法系两大法系各自的要求又有所不同。大陆法系强调作者创作作品的事实,强调作品是作者的精神产物,因而要求作品应当体现作者的人格和精神。与此相应,大陆法系对于作品独创性的要求较高,那些没有体现作者人格或精神的作品,就不能获得著作权的保护。而英美法系则强调对于作品的经济性利用,强调作品只要来自作者就可以获得版权保护,对于作品是否体现作者的人格或精神没有太多要求。与此相应,作者只要在作品创作的过程中付出了劳动、技能和判断,就可以获得版权保护。①

在作品独创性问题上,美国法院采取了一个较低的标准。在1954年"贝尔案"中,法院重新定义了版权法上的独创性标准。版权作品的独创性系指特定作品的来源归之于作者,并不要求新颖性;只要作者所作改动并非微不足道,而是确有归之于作者自己的东西,法律所要求的独创性即可满足。因此版权法中的独创性即是有别于完全复制的额外改动,只要这种改动属于作者,不论其审美价值如何,即足以构成独创。② 根据这个标准,只要作品是由作者创作,或者来自作者而非抄袭他人,就满足了独创性的要求。与此相应,只要作者在创作作品的过程中,付出了一定劳动、技能和判断力,就可以获得版权的保护。

---

① 参见李明德等:《欧盟知识产权法》,法律出版社2010年版,第138—145页。
② Alfred Bell & Co. *v.* Cataldo Fine Art, Inc., 191 F. 2d 99(2d Cir. 1951).

我国《著作权法》对"作品"所下的定义是:"著作权法所称作品,是指文学、艺术和科学领域中具有独创性并能以一定形式表现的智力成果"。根据这一条的规定,作品需要具有独创性才能获得版权保护,如果只是一些简单的不具有独创性的语言和文字是不能成为作品的,因而也就不能享有版权保护。美国版权局《注册规则》列举了一些不受版权保护的客体,包括:字词和短语,诸如姓名、称号和口号;印刷装饰、字母和颜色的简单变化;成分或内容的简单列举;空白表格,诸如时间卡、图标、账簿、日记本、银行支票、记分表、地址簿、报表、订货便签等,其设计仅是为了记载信息,而非传达信息;仅仅含有属于公共领域内的信息,而不含有独创性创作活动的文字,例如标准历法、高度和宽度表、卷尺和尺子、体育活动计划表、从公共文件或其他共有资料中抽取出的一览表或表格;作为字体模板的字体等。我国《著作权法》还规定,历法、通用数表、通用表格和公式等不受著作权法的保护。①

(二)"思想/表达"二分法

版权法仅保护作品之表达,而不保护此种表达所表达的思想。这就是版权法上的"思想/表达"二分法原则。版权法上的思想,指的是想法、概念、原则、客观事实、创意、发明和发现、程序、工艺和方法等。版权法上的思想观点,在含义上比通常所说的思想观念宽泛得多,甚至包含了属于专利法保护的发明、程序、工艺和方法等。版

---

① 参见《著作权法》第5条。

权法中的表达,则是指对于上述思想观念的各种形式或方式的表达,如文字的、音符的、数字的、线条的、色彩的、造型的、形体动作的表述或传达等。①

版权法只保护表达形式,不保护思想观念,这意味着作者不能将自己作品中所体现的思想观念据为己有。对于同样的思想观念,他人可以自由使用,也可以进行独创性的再表达。这一观念最早阐述在美国最高法院1879年判决的"贝克案"中。在该案中,原告塞尔登出版了几本书,解释了一种新的簿记记法,并附有一些使用该簿记记法的表格。被告贝克出版了使用相似簿记方法的书籍,但对表格栏目和标题做了一些修改。原告以此为由诉被告侵犯版权。双方争议的焦点集中在图书的版权保护是否及于该书所展示的方法。原审法院认定被告侵权,最高法院则否定了原审判决。最高法院认为,尽管记述某种特定记账方法的图书可以获得版权保护,但版权人并不能对该方法本身主张排他性权利,否则将不合理地扩大版权保护的范围并模糊版权与专利的界限。法院因此区分了两个不同的概念:使用方法和表述方法。

这两个概念后来逐渐被表述为思想与表达的分界,从而确立了"思想/表达"二分法的原则。"思想/表达"二分法作为一项原则,承担了限定版权范围的功能,区分了哪些可为版权人独占的范

---

① 参见李明德:《美国知识产权法》(第2版),法律出版社2014年版,第232页。

围,哪些则为他人可以自由使用的范围。贝克案是美国《版权法》上的重要案例,被广泛引用和参考。美国国会后来接受了这一做法,美国《版权法》第102条第2款规定,在任何情况下,对于作者独创性作品的版权保护,都不延及于思想观念、程序、工艺、系统、操作方法、概念、原则和发现,不论它们在该作品中是以何种形式描述、解释、说明或体现的。

版权法只保护思想观念的表达形式,不保护思想观念本身。不过当思想观念与表达形式重合在一起,密不可分的时候,或者说某种思想观念只有一种或有限的几种表达形式时,那么版权不仅不保护思想观念,甚至连表达形式也不保护。因为在这种情况下,他人为了表述同样的思想观念,只能使用在先使用过的基本相似的表达。在这种情况下,如果保护该思想观念的唯一的或有限的表达形式,等于在事实上保护了该思想观念。这就是思想观念与表达形式的混同原则(merger doctrine)。在1967年"莫里斯案"中,上诉法院指出,当要求版权保护的客体非常狭窄,以至于只有"主题"时,如果只有一种或最多几种有限表达方式的时候,允许版权保护意味着一方或几方可以就有限表达方式获得版权,从而穷尽将来使用该客体的所有可能性。在这种情况下,说某种特定的表达方式来源于该客体,似乎并不准确。应该说,允许就该客体的表达形式获得版权,该客体就会被占有。版权保护不应当成为使公众陷入表达僵局的游戏。

除了混同原则以外,思想表达二分法还涉及"客观史实"(historical facts)与"情景"(scenes)的例外情形。根据这一理论,文学作品中的某些要素,如事件、人物的特性与背景等,不应受到版权保护。因为这些要素是特定主题或思想观念的必然衍生物,或者说是作者在处理同一主题时不可避免会使用到的要素。这些主要包括主题、构思、叙事方法、人物关系、情节、故事主线、角色等。在"霍林案"中,原告和被告的作品都描述了1937年德国飞艇"兴登堡号"爆炸的故事。原告通过研究相关历史资料,提出了爆炸原因的假设。被告采纳了原告的假说,并自行创作了一部作品。法院认为,相关事实以及由此得出的假说无论是否来自原告,都不能获得版权保护。此外,法院还讨论了文学艺术创作中的"情景理论",认为在文学艺术等文字作品中都有一些相同的词语与场景,如纳粹德国时期人们见面打招呼的用语"hi, Hitler",以及啤酒馆暴动等,都属于场景,即人们在处理一个特定主题时必须使用的资料。

在"米勒案"中,则涉及客观事实与版权保护的关系。该案中涉及的是一个绑架的案例。原告根据受害者的许可创作了一部作品。被告在读了原告作品之后,创作了一部电视剧。原告诉被告侵权,地方法院判被告侵权,被告提起上诉。上诉法院认为,版权法只保护作者对于事实的表达,而非事实本身。根据宪法和版权法的规定,只有作者的独创性表达才可以获得版权。从这个意义上讲,独创性的表达可以来自作者,而事实则不可能源于作者。在本案中,法院判决指出,事实不是起源于作者,尽管作者的书描述了事实。事实也不会源于发现了事实的人。发现者仅仅是发现和记载而已,他不能以此为由主张事实是起源于他。由于事实不是起源于任何人,因此它们是不受版权保护的,是处于公共领域可供每个人使用的。

版权法不保护思想观念,只保护思想观念的表达形式。两者的界限看上去似乎很清晰,但在实际中却并非如此。这是因为,表达形式不可能与思想观念截然分离,不体现任何思想观念的表达形式几乎可以说是不存在的。在什么程度上某一思想观念还停留在不受保护的层次,在什么程度上已经具体化为受保护的表达,并没有一个统一的尺度。尤其是在具体的司法实践中,当涉及被告的作品是否侵犯了原告的作品时,什么是不受版权保护的思想观念,什么是受版权保护的表达,或者说被告抄袭的是原告作品中的思想观念还是原告作品中的表达,就成了判定侵权与否的关键。受保护的表达与不受保护的思想观念之间的临界点,必须依据作品的种类、性质特点等进行个案化处理。正如汉德法官所说,从来也没有人确立过,而且也没有人能够确立那条分界线。①

TRIPs协定第9条第2款规定,版权保护应延及表达,而不延及思想、工艺、操作方法或数学概念之类。我国《著作权法》对于这一区分没有进行明确的规定,不过这一区分在司法实践中却得到普

---

① 参见李明德:《美国知识产权法》(第2版),法律出版社2014年版,第22页。

遍认同。我国《计算机软件保护条例》第6条针对计算机软件的著作权保护规定：本条例对软件著作权的保护不延及开发软件所用的思想、处理过程、操作方法或者数学概念等。这一规定体现了著作权法只保护表达形式不保护思想的精神。①

二、版权客体与内容

根据我国《著作权法》的规定，作品包括以下列形式创作的智力成果：

——文字作品；

——口述作品；

——音乐、戏剧、曲艺、舞蹈、杂技艺术作品；

——美术、建筑作品；

——摄影作品；

——视听作品；

——工程设计图、产品设计图、地图、示意图等图形作品和模型作品；

——计算机软件；

——符合作品特征的其他智力成果。②

---

① 参见王迁:《著作权法》,中国人民大学出版社2015年版,第39页。
② 参见《著作权法》第3条。

(一) 以语言文字为主的作品

在著作权法所保护的作品中,大多包含有语言文字的要素。不过,相对而言,其中有几类与语言文字的关系尤为密切。或者说,就是以语言文字表达为基础的作品。这些语言文字作品类型有的在现实生活中甚至可以指代一类特定的语言产业形态。

概括而言,主要包括:

1. 文字作品

文字作品,主要指的是以书面语言形式作为表达工具的作品。文字作品应当是著作权法最基本也最古老的保护客体了。文字作品与文学作品之间存在一定的差别。文字作品范围比文学作品要广。没有上升到"文学"的水准,但是具有独创性的文字组合仍然是文字作品,包括产品说明书、目录等。同时,文字作品不仅包括我们熟悉的汉字、英文等人类自然语言写成的作品,也包括数字、符号等表示的作品。著作权法虽将计算机软件单独列为一类作品,但在国际上,计算机软件属于文字作品。这主要是因为计算机软件仍然是以语言作为表达工具的,其中源代码是能够为程序员所理解的语言,而目标代码则是能够为计算机所读取的语言。基于同样的原因,用盲文撰写的文字也可构成文字作品。[①]

计算机软件,可以看成是包含了二进制机器代码的文字作品。所谓计算机软件,主要包含计算机软件及有关文档。计算机程

[①] 参见王迁:《著作权法》,中国人民大学出版社2015年版,第79页。

序,是指为了得到某种结果而可以由计算机等具有信息处理能力的装置执行的代码化指令序列,或者可以被自动转换成代码化指令序列的符号化指令序列或者符号化语句序列。同一计算机程序的源程序和目标程序为同一作品。文档,是指用来描述程序的内容、组成、设计、功能规格、开发情况、测试结果及使用方法的文字资料和图表等,如程序设计说明书、流程图、用户手册等。

2. 口述作品

口述作品指的是作者以口头语言表述形成的作品,如即兴演讲、老师授课、法庭辩论等。在《伯尔尼公约》第2条第1款所列举的作品类型中,也包括了"授课、演讲、布道和其他性质相同的作品"。由于口述作品被限制在"口头语言形式表现"的范围内,这实际上使得它在大部分情形下与文字作品有一一对应关系。一旦口述作品被书面记录以后,区分它是口述作品还是文字作品就没有太大的必要了。换句话说,"口头形式"只不过是一种传播媒介,传播的内容本质上可以按照文字作品来对待。①

一般来说,任何受著作权法保护的作品都必须符合独创性要求。人们日常交流的口头表述,如果较为简短或简单,往往源于社会生活中长期重复的表达,很少能够符合独创性要求。只有口头表述达到一定长度和复杂度,才有可能融入个性因素,展示个人聪明

---

① 参见崔国斌:《著作权法:原理与案例》,北京大学出版社2014年版,第126页。

才智。① 口述作品与口头形式的表演或者朗诵文字作品等活动存在着差别。教师讲课时，如果是事先未形成讲稿的情况下即兴讲授，属于口头作品。如果是已有讲稿，讲课时又基本上照本宣科，那么受保护的则是文字作品——讲稿。如果口述作品以录音录像形式固定下来，记录该口述作品的录音或录像，则有可能成为著作权法意义上的录音、录像制品或作品。

3. 音乐作品

音乐作品，指的是歌曲、交响乐等能够演唱或者演奏的带词或者不带词的作品。音乐作品可分为两部分，即曲和词。曲是乐符的组合，其核心在于旋律、音调等要素，不属于文字作品，而歌词部分则可单独看作文字作品。不过，一般来说，还是把它们列入音乐作品。正如歌唱家虽然在绝大多数情况下按歌词（及曲谱）进行演唱，但人们只说他们在"唱歌"，而不是说他们在"唱字"。② 不过，对这两者进行区分的意义不大，因为两者受到的著作权保护基本相同。

4. 戏剧作品

戏剧作品，指的是话剧、歌剧、地方戏等供舞台演出的作品。戏剧作品主要是指剧本，而不是指以舞台演出形式存在的综合艺术。因为在戏剧演出中，一台戏的不同参与人享有各自不同的权利。参

---

① 参见王迁：《著作权法》，中国人民大学出版社2015年版，第79页。
② 参见郑成思：《知识产权法》，法律出版社1997年版，第336页。

加的演员可以就其表演活动享有表演者权;布景制作者可将布景作为美术作品享有版权;灯光师、化妆师进行的则是技术性劳动而非创造性劳动因而不享有版权;舞蹈设计等则享有舞蹈作品的版权。① 具体说来,戏剧作品是指由对话、旁白、音乐、配词等构成的剧本,而不是指在舞台上呈现出来的表演。例如,曹禺的《雷雨》、老舍的《茶馆》,都是剧本,属于我们所说的戏剧作品。由不同演职人员班子将《雷雨》或《茶馆》搬上舞台,则属于对剧本的表演。我国《著作权法实施条例》所说的"供舞台演出的作品"正是这个含义。因此,可以说,戏剧作品与文字作品存在一定的交叉。除了哑剧和没有文字记载的戏剧作品以外,可以说,以剧本形式体现的戏剧作品是一类特殊的文字作品。

5. 曲艺作品

曲艺作品是指相声、快书、大鼓、评书等以说唱为主要表演形式的作品。曲艺作品是比较典型的中国传统文艺创作成果,也是一种口头语言艺术展现得比较充分的作品。曲艺作品大体有两种情形。一种是以底本或脚本为基础,由演员加以表演,这相当于戏剧作品。在这种情况下,底本或脚本基本上通过文字作品的规定就足以保护。另一种则是相声演员、说书者作为表演者享有表演者权。同时,有的演员进行即兴创作,则可以享有口述作品的版权。②

---

① 参见郑成思:《知识产权法》,法律出版社1997年版,第337页。
② 参见李明德:《著作权法概论》,辽海出版社2005年版,第56页。

6. 书法作品

书法作品是一种带有美感的、传统的中国文字表现形式。在著作权法中,书法作品是作为美术作品加以保护的。所谓美术作品,根据我国《著作权法实施条例》的规定,是指绘画、书法、雕塑等以线条、色彩或者其他方式构成的有审美意义的平面或者立体的造型艺术作品。书法作品的独创性常常引发争议。一般来说,含有较多汉字的个人书法比较容易被认定为具有独创性。如果是对造型优美的文字外形进行比较精确的再现,如临摹等,则属于复制的美术作品。如果并非精确地再现精美的文字造型而是再现文字的内容,如遣词造句等,则属于复制文字作品。但是,在单个或少数几个字组成的书法作品情形下,认定独创性则比较困难。不过,在司法实践中,有不少单个字或少数字的书法作品被认定为具有独创性。因为,书法作品中文字造型适度夸张,就与普通绘画中的线条无异了,完全可以被视为是绘画作品。当然,不应过分降低单个字书法的独创性标准,否则有可能将社会公众置于动辄被追究版权侵权指控之下。①

7. 演绎与汇编作品

演绎作品,是指基于现有作品通过重新创作或改编而形成的作品。我国《著作权法》及其实施条例中没有出现演绎作品的字样。

---

① 参见崔国斌:《著作权法:原理与案例》,北京大学出版社2014年版,第135页。

《著作权法》第13条规定:"改编、翻译、注释、整理已有作品而产生的作品,其著作权由改编、翻译、注释、整理人享有,但行使著作权时不得侵犯原作品的著作权。"对已有的作品进行改编、翻译、注释、整理并由此产生的作品,就是所说的演绎作品。由于演绎作品有很大一部分是基于原作品进行文字上的再加工,例如对原作品的翻译、注释、整理等,因此,演绎作品也是文字作品的重要组成部分。而即便演绎作品中的改编,也多是从文字作品中改编而来,例如,根据他人文字作品改编为戏剧、小说、曲艺、电影、电视系列剧本、各种文学作品的压缩本、改编本、节略本等。① 因此,包括改编权在内的演绎权也可以看作是对文字作品转化为语言文字产业的重要法律保障。

汇编作品,指的是将多个作品或作品片段汇集在一起。《著作权法》第15条规定,汇编若干作品、作品的片段或者不构成作品的数据或者其他材料,对其内容的选择或者编排体现独创性的作品,为汇编作品,其著作权由汇编人享有,但行使著作权时,不得侵犯原作品的著作权。汇编作品大体分为两大类:集合作品和事实汇编。所谓集合作品是指汇编若干作品或作品的片段而形成的作品,如期刊、选集、百科全书一类的作品;事实汇编,又称数据汇编,是将不受著作权保护的事实或数据汇集在一起而形成的作品。② 汇编作品对于语言文字产业的发展具有比较重要的意义,其

---

① 参见李明德:《著作权法概论》,辽海出版社2005年版,第63页。
② 参见李明德:《著作权法概论》,辽海出版社2005年版,第64页。

中数字图书馆、语料库、语言博物馆等的建设都涉及汇编作品的法律地位问题。

(二) 与语言文字作品密切相关的权利

著作权的权利内容指的是著作权人享有的各项权利的总和。著作权人权利可以分为人身权和财产权两类。著作人身权,又可称为精神权利,指的是作品不仅具有经济价值,同时还体现作者自身的精神品格,因此,应当享有要求保持其作品作者身份的权利,并反对对其作品的任何有损声誉的歪曲、割裂和其他损害行为。根据我国《著作权法》的规定,著作权包括下列人身权:

——发表权,即决定作品是否公之于众的权利;

——署名权,即表明作者身份,在作品上署名的权利;

——修改权,即修改或者授权他人修改作品的权利;

——保护作品完整权,即保护作品不受歪曲、篡改的权利。①

著作财产权,指的是作者或其他著作权人享有的利用作品并获取经济利益的权利。各国著作权法对著作财产权的划分有所不同。美国《版权法》只规定了5种财产权,而我国《著作权法》则规定了十多种。但是这并不意味着我国著作权人享有的著作财产权多于美国,而是我国《著作权法》将美国《版权法》中的一项权利拆分成了好几项权利。②

---

① 参见《著作权法》第10条。
② 参见王迁:《著作权法》,中国人民大学出版社2015年版,第163页。

根据我国《著作权法》的规定,著作权包括下列财产权:

——复制权,即以印刷、复印、拓印、录音、录像、翻录、翻拍、数字化等方式将作品制作一份或者多份的权利;

——发行权,即以出售或者赠与方式向公众提供作品的原件或者复制件的权利;

——出租权,即有偿许可他人临时使用视听作品、计算机软件的原件或者复制件的权利,计算机软件不是出租的主要标的的除外;

——展览权,即公开陈列美术作品、摄影作品的原件或者复制件的权利;

——表演权,即公开表演作品,以及用各种手段公开播送作品的表演的权利;

——放映权,即通过放映机、幻灯机等技术设备公开再现美术、摄影、视听作品等的权利;

——广播权,即以有线或无线方式公开传播或者转播作品,以及通过扩音器或者其他传送符号、声音、图像的类似工具向公众传播广播的作品的权利;但不包括本款第(十二)项规定的权利;

——信息网络传播权,即以有线或者无线方式向公众提供作品,使公众可以在其个人选定的时间和地点获得作品的权利;

——摄制权,即以摄制视听作品的方法将作品固定在载体上的权利;

——改编权,即改变作品,创作出具有独创性的新作品的权利;

——翻译权,即将作品从一种语言文字转换成另一种语言文字的权利;

——汇编权,即将作品或者作品的片段通过选择或者编排,汇集成新作品的权利;

——应当由著作权人享有的其他权利。

著作权人可以许可他人行使其财产权利,并依照约定或者《著作权法》有关规定获得报酬。著作权人可以全部或者部分转让财产权利,并依照约定或者著作权法的有关规定获得报酬。① 同时,我国《著作权法》第四章还专门规定了与著作权有关的邻接权,即出版、表演、录音录像、播放等相关权利。

这些众多的权利束对于语言文字作品的保护来说都相当重要。其中,有几项对于语言文字产业的发展尤为重要,包括复制权、发行权、广播权、网络传播权与翻译、改编、汇编权等。在版权当中,复制权是一项最古老的权利,也是控制文字作品流动的最重要的一项权利。实际上,版权制度就是随着印刷技术的发展使得文字作品被大量复制而产生的。早期的版权,就是作者控制文字作品复制本的权利(copy-right)。同时,复制权也是一项最为广泛的权利。随着作品传播技术的发展,发行、表演、展览和演绎作品,都与作品的复制

---

① 参见《著作权法》第10条。

有关,甚至可以被称为是广义的复制。①

除了复制权以外,对语言文字作品来说,另一个比较重要的权利是网络传播的权利。随着数字技术的发展,语言文字作品尤其容易被数字化后在网上传播。这虽然大幅度降低了著作权人传播作品的成本,提高了作品传播的速度和范围,使得作品能够传播给更多的受众,但是由于互联网大幅提升了单个主体传播和分享作品的能力,使得著作权人控制和阻止作品传播的能力下降。因此,各国著作权法都采取了相应的措施来应对网络技术带来的冲击。我国《著作权法》第 10 条第 1 款第(十二)项规定了著作权人享有信息网络传播权,即以有线或者无线方式向公众提供,使公众可以在其个人选定的时间和地点获得作品的权利。此外,2006 年通过、2013 年修改的《信息网络传播权保护条例》对于信息网络传播权也做了较为详细的规定。

正如前面所说,演绎权中的翻译、改编等权利,以及汇编权,对于语言文字作品来说也非常重要。这几类权利我们在后文还要进行研究。除此之外,邻接权中的表演权、出版者权等,都与语言文字产业的发展息息相关。

三、版权的侵权

一般来说,版权的侵权可以分为直接侵权与间接侵权。直接侵

---

① 参见李明德:《美国知识产权法》(第 2 版),法律出版社 2014 年版,第 304 页。

权,指的是未经版权人的许可实施了著作权法禁止使用作品的行为;间接侵权,是相对于直接侵权而言的,指的是本身并没有实施直接侵权行为,但是为直接侵权行为提供诱因或帮助的行为。间接责任是以直接责任为基础的,因此研究著作权的侵权责任首先要研究直接侵权形式。确定著作权法上文字作品的侵权,实际上就是确定著作权法对文字作品保护的范围与力度。这一保护范围与力度反过来又会对语言文字产业发展的方向与速度产生影响。

(一)侵权行为的界定

我国《著作权法》第52条和第53条详细列举了具体的著作权侵权行为的形式。根据第52条的规定,有下列侵权行为的,应当根据情况,承担停止侵害、消除影响、赔礼道歉、赔偿损失等民事责任:

——未经著作权人许可,发表其作品的;

——未经合作作者许可,将与他人合作创作的作品当作自己单独创作的作品发表的;

——没有参加创作,为谋取个人名利,在他人作品上署名的;

——歪曲、篡改他人作品的;

——剽窃他人作品的;

——未经著作权人许可,以展览、摄制视听作品的方法使用作品,或者以改编、翻译、注释等方式使用作品的,本法另有规定的除外;

——使用他人作品,应当支付报酬而未支付的;

——未经视听作品、计算机软件、录音录像制品的著作权人、表

演者或者录音录像制作者许可,出租其作品或者录音录像制品的原件或者复制件的,本法另有规定的除外;

——未经出版者许可,使用其出版的图书、期刊的版式设计的;

——未经表演者许可,从现场直播或者公开传送其现场表演,或者录制其表演的;

——其他侵犯著作权以及与著作权有关的权利的行为。

依据《著作权法》第53条,有下列侵权行为的,应当根据情况,承担停止侵害、消除影响、赔礼道歉、赔偿损失等民事责任;同时损害公共利益的,由著作权行政管理部门责令停止侵权行为,予以警告,没收违法所得,没收、无害化销毁处理侵权复制品以及主要用于制作侵权复制品的材料、工具、设备等;违法经营额5万元以上的,可以并处违法经营额1倍以上5倍以下的罚款;没有违法经营额、违法经营额难以计算或者不足5万元的,可以并处25万元以下的罚款;构成犯罪的,依法追究刑事责任:

——未经著作权人许可,复制、发行、表演、放映、广播、汇编、通过信息网络向公众传播其作品的,本法另有规定的除外;

——出版他人享有专有出版权的图书的;

——未经表演者许可,复制、发行录有其表演的录音录像制品,或者通过信息网络向公众传播其表演的,本法另有规定的除外;

——未经录音录像制作者许可,复制、发行、通过信息网络向公众传播其制作的录音录像制品的,本法另有规定的除外;

——未经许可,播放、复制或者通过信息网络向公众传播广播、电视的,本法另有规定的除外;

——未经著作权人或者与著作权有关的权利人许可,故意避开或者破坏技术措施的,故意制造、进口或者向他人提供主要用于避开、破坏技术措施的装置或者部件的,或者故意为他人避开或者破坏技术措施提供技术服务的,法律、行政法规另有规定的除外;

——未经著作权人或者与著作权有关的权利人许可,故意删除或者改变作品、版式设计、表演、录音录像制品或者广播、电视上的权利管理信息的,知道或者应当知道作品、版式设计、表演、录音录像制品或者广播、电视上的权利管理信息未经许可被删除或者改变,仍然向公众提供的,法律、行政法规另有规定的除外;

——制作、出售假冒他人署名的作品的。

《著作权法》第52条和第53条加起来将近20项,内容既详细又烦琐。区别在于第53条除了要承担第52条中所列的"停止侵害、消除影响、赔礼道歉、赔偿损失等"民事责任外,在同时侵害公共利益时,还需要承担行政责任和刑事责任。这些侵害行为可以大致概括为复制、出版、发行、改编、翻译、广播、表演、展出、摄制影片等。这些侵害行为除个别外,大多数都适用于对语言文字作品的侵害。

(二) 侵权作品的认定

对语言文字作品来说,《著作权法》第52、53条列举的侵权行为大多都比较清晰明了,容易判断,唯有第52条第(五)项的"剽窃他人作品的"行为,相对而言比较难于判断。这个"剽窃"应当是"抄袭"的意思。所谓的抄袭,就是被控侵权人的作品来源于受保护的作品,并非自己的独立创作,而是将他人写作的段落、章节,或者观点、语言冒充成自己的东西。但是,要证明被控侵权人存在抄袭或剽窃的行为,比较困难。因此通常采用间接证据证明的方式,即在通常情况下,如果版权作品发表在先,侵权作品出现在后,作品之间出现惊人的相似,足以让人确信两者之间存在着挪用行为(比如作品之间存在相同的错误、长篇文本之间毫厘不爽等实质性的相似),就推定具有抄袭或剽窃等行为。

因此,这种实质性的相似体现在两部作品的比较过程当中。两部作品的比较可能会出现两种情况:

第一种是"字面相似性"(literal similarity)。例如被告原封不动地复制了原告的作品,或者在文字、音乐、戏剧等作品中逐字逐句地大量抄袭了原告的作品。在这种情形下,判断两部作品是否具有实质性相似,相对比较容易。法院一般从复制或抄袭的数量或质量进行判断。

第二种是"非字面相似性"(nonliteral similarity)。即被告不是原封不动地复制原告的作品,不是逐字逐句地抄袭原告的作品,而是对原告的作品改头换面。例如在文学作品中,与原告的作品相比,被告的作品使用了相似的人物、相似的场景和相似的情节等。

在这种情形下,判定实质性相似比较困难。被告对原告作品的改头换面,或者对原告作品中某些因素的使用,如果是在一定范围之内,应当属于侵权。但如果超出一定的范围或界限,则不仅不是侵权,还有可能构成一种新的创作。①

关于文字作品实质相同的判断方法,汉德法官在"尼科斯案"中构建的抽象层次法(level of abstract)有着比较大的影响。"抽象层次法"采用一种思维抽象的方法,将文字作品(本案中是戏剧剧本)一层一层地进行抽象。居于底层的是具体的字面文本,然后是对话、氛围、节奏、场景、顺序、角色等等,再之后可能是情节、主题等,再之后是故事梗概,抽象到最后可能就只剩下一个标题了。在这逐渐往上抽象的过程中,总有这么一个点,超过这个临界点之上的内容就应当归属于思想的范畴而不再属于表达。在此之下则属表达的范畴,应当受到版权法的保护。在这个范围里,如果他人复制或抄袭作品的对话、片段、部分,对这种使用要做判断。如果这种使用只是一小部分,微不足道的话,或者可以认定为合理使用的话,就以合理使用论。如果这种使用是实质性的,那么就应当认定为侵权。因为对于文字作品来说,权利不应当局限于逐字逐句的文本之上,否则抄袭者将因略作变化而逃脱责任。当文字上的对比不再是标准时,对比的标准需要涉及整体的作品架构。

尼科斯案是一个最初用于文字作品的案例,但汉德法官发展出

---

① 参见李明德:《美国知识产权法》(第2版),法律出版社2014年版,第366页。

来的"抽象层次法"广泛用于其他种类作品的案件中,如文学、音乐等。后来的"阿尔泰"案将其扩展到计算机程序侵权判定,并将其进一步归纳为一种"抽象—过滤—比较"三步走的方法。

第一步抽象(abstraction)就是如尼科斯案一样,将被侵权作品的独创性部分一步一步地分解成各个抽象层次的组成部分,包括情节、主题、对话、氛围、节奏、场景、顺序、角色等部分。

第二步过滤(filtration)就是将受保护的表达从不受保护的部分中分离处理。这一步类似于界定原告版权保护的范围。通过这一步,将最终可以获得版权保护的核心内容保留下来。过滤时,需要考虑效率所要求的因素、外部原因决定的因素,以及取自公共领域的因素等。

最后一步是进行比较(comparison)。在剔除不受保护的部分之后,剩下的就是受版权保护的核心内容。进行比较时,就是要将关注重点放在这一部分,关注被告是否将原告这些受保护的表达进行了盗用。

当然,在判断是否相似的时候,需要注意的一个问题是从谁的视角来进行观察,是从一个"专家证人"的角度来进行观察,还是从"普通旁观者"的角度来进行。一般说来,专家证人更加关注作品内部的细节,如写作技巧、情绪氛围等技术性的环节,可能对独创性的要求更高。而普通观察者则更多关注作品的整体观感,可能对作品的独创性要求偏低。相应地,如果独创性要求过高,导致保护范围降低,则难以认定侵权,或侵权范围偏小。而独创性要求过低,则会导致保护范围扩大,涵盖太多被告并未侵权的部分。

(三)侵权行为的抗辩

侵权行为的抗辩是指被告承认存在使用原告作品的行为,但是拒绝承担责任的原因和理由。著作权法与侵权责任法规定了不同的抗辩事由。本节将从法定抗辩事由与其他抗辩事由两个方面来进行讨论。

1. 法定抗辩事由

法定的抗辩事由主要包括著作权法规定的对权利的限制与例外,包括合理使用与法定许可等。

(1)合理使用

合理使用,指的是在某种使用作品的情况下,可以不经著作权人许可,不向其支付报酬,但应当指明作者姓名或者名称、作品名称,并且不得影响该作品的正常使用。根据《著作权法》第24条的规定,下列情形属于合理使用:

——为个人学习、研究或者欣赏,使用他人已经发表的作品;

——为介绍、评论某一作品或者说明某一问题,在作品中适当引用他人已经发表的作品;

——为报道新闻,在报纸、期刊、广播电台、电视台等媒体中不可避免地再现或者引用已经发表的作品;

——报纸、期刊、广播电台、电视台等媒体刊登或者播放其他报纸、期刊、广播电台、电视台等媒体已经发表的关于政治、经济、宗教问题的时事性文章,但著作权人声明不许刊登、播放的除外;

　　——报纸、期刊、广播电台、电视台等媒体刊登或者播放在公众集会上发表的讲话,但作者声明不许刊登、播放的除外;

　　——为学校课堂教学或者科学研究,翻译、改编、汇编、播放或者少量复制已经发表的作品,供教学或者科研人员使用,但不得出版发行;

　　——国家机关为执行公务在合理范围内使用已经发表的作品;

　　——图书馆、档案馆、纪念馆、博物馆、美术馆、文化馆等为陈列或者保存版本的需要,复制本馆收藏的作品;

　　——免费表演已经发表的作品,该表演未向公众收取费用,也未向表演者支付报酬,且不以营利为目的;

　　——对设置或者陈列在公共场所的艺术作品进行临摹、绘画、摄影、录像;

　　——将中国公民、法人或者非法人组织已经发表的以国家通用语言文字创作的作品翻译成少数民族语言文字作品在国内出版发行;

　　——以阅读障碍者能够感知的无障碍方式向其提供已经发表的作品;

　　——法律、行政法规规定的其他情形。

(2) 法定许可

法定许可，指的是无须经过版权人的许可，依据版权法在支付合理报酬后直接获得的作品的使用许可。合理使用与法定许可的区别在于，合理使用无需支付报酬，而法定许可需要支付报酬。《著作权法》规定了法定许可的几种情形：

一是编写出版教科书。《著作权法》第25条规定，为实施义务教育和国家教育规划而编写出版教科书，可以不经著作权人许可，在教科书中汇编已经发表的作品片段或者短小的文字作品、音乐作品或者单幅的美术作品、摄影作品、图形作品，但应当按照规定向著作权人支付报酬，指明作者姓名或者名称、作品名称，并且不得侵犯著作权人依照本法享有的其他权利。

二是报刊与网络转载。《著作权法》第35条规定，作品刊登后，除著作权人声明不得转载、摘编的外，其他报刊可以转载或者作为文摘、资料刊登，但应当按照规定向著作权人支付报酬。

三是录音录像制品制作。《著作权法》第42条规定，录音制作者使用他人已经合法录制为录音制品的音乐作品制作录音制品，可以不经著作权人许可，但应当按照规定支付报酬；著作权人声明不许使用的不得使用。

四是电视台与电台播放。《著作权法》第46条规定，广播电台、电视台播放他人已发表的作品，可以不经著作权人许可，但应当按照规定支付报酬。

2. 其他抗辩事由

除了以上述法律规定的著作权限制与例外为由进行抗辩外,当事人还可以一些其他事由进行抗辩。例如,否认抄袭事实的存在。这可以通过证明自己作品是独立创作的,或者源于公共领域,从而对侵权进行反驳;也可以否认原告作品的权利基础,例如原告作品本身不属于著作权法所保护的范围,或者原告对诉讼作品不享有权利,或权利有瑕疵等。

第二节　翻译与翻译权

翻译是一种语言活动,是把一种语言文字转换成另一种语言文字而不改变其意义的语言活动。在我国,翻译早在《周礼》中就有记载。最早的翻译官被称为"象胥"。《礼记·王制》说:"五方之民,言语不通,嗜欲不同。达其志,通其欲。"所谓"达其志",就是表达其意思;"通其欲",就是要沟通他们的想法。我国有文字记载的翻译,始于汉通西域之后的佛经翻译,即古印度梵语的翻译。至明清西学东渐时,开始较多地转向欧洲的天文、几何和医学等新科学技术方面的翻译。近代中国新文学运动的兴起,也与翻译密不可分。

翻译活动既可以是口头翻译,也可以是书面翻译,还可以是手语翻译、机器翻译。翻译权是版权的一种类型,是就翻译活动及其成果享有的权利。由于翻译几乎是专属于语言文字的一项活动,翻译权也可看成是主要适用于语言文字作品的著作权项。鉴于翻译活动在语言服务产业中所占据的地位,可以说,翻译权是影响翻译产业的重要因素。因此,我们在此处对翻译权进行专门的研究。

一、版权法中的翻译权

1. 翻译权的变迁

目前,各国版权法基本上都规定了翻译权,将翻译归入到作品演绎的范畴,翻译权属于版权中的演绎权之一。不过,作者有权控制其作品译本的权利产生的历史并不算太长。翻译不仅是一个传播异域文本的过程,更重要的是再现异域文化的过程。因此,这就要求翻译者不仅要具有熟练把控原文语言的能力,还要具有翻译对象语言的能力,同时,还应该对有关国家的历史文化、经济政治、风俗习惯等方面都有着较为深刻的理解。要将原作的精神准确地传达出来,需要译者具备相当的学识、才思与判断力。在版权制度的早期,甚至将翻译作品视为独立于原作品的单独的作品。在斯托诉托马斯案(*Stowe v. Thomas*)中,被告未经许可将《汤姆叔叔的小屋》一书翻译成德文,法院认为德文版并未侵犯英文版原著的版权。两位法官主张版权是保护作品的表达形式,也就是保护穿在思想之上的那件外衣。一部作品一旦公之于众后,其中的思想就变成了人类知识保护的公共财富。将这些思想转换成另外一种语言,就像穿上了另外一件外衣,当然应当视为另外一部单独的作品。一部作品如果无法理解,将没有人会去阅读,因此,翻译并没有侵占、掠夺或伤害原作品的市场,反而是为其开拓了一个新的市场。

不过即便如此,相对而言,翻译权几乎算是继复制权之后最先出现在经济权利中的,是版权国际保护中一项极其重要的权利。① 在《安妮法案》中,出于保护英国作者和书商考虑,仅规定作者享有的权利就是"印刷,和再次印刷图书的权利",对于翻译权并未提及。外国人及其作品基本上是排除在《安妮法案》之外的。当时欧洲其他国家也流行这种做法。所以十八、十九世纪的欧洲,翻译界出现了一片混乱的状态。英国 1842 年的版权法案也没有提及翻译权,直至 1911 年的版权法案,才将翻译权纳入其中。在美国 1790 年《版权法》中,保护的对象仍然是"图书"再版的权利。直到 1870 年再次修订版权法时,才推翻了斯托案的做法,授予了作者对其作品的翻译权和戏剧改编权。而 1909 年版权法中,则进一步保持并扩展了这一权利,规定作者享有将版权作品翻译成其他语言或地方方言的权利。

翻译权在《伯尔尼公约》中比复制权更早地受到重视,随着国际交往的进一步展开,翻译权在国际著作权保护中的位置越来越重要。因为,在版权国际保护中以及版权贸易中,翻译权的行使是第一道关。在应用不同语种的国家,来源于一国的原著,若不先译成另一国的通用文字,则无论复制权、表演权、改编权等,都很难进一步行使。② 在 1886 年版的《伯尔尼公约》中,开始对翻译权进行规定,赋予作品 10 年期的翻译专有权。1896 年版的《伯尔尼公约》

---

① 参见郑成思:《知识产权法》,法律出版社 1997 年版,第 404—405 页。
② 参见郑成思:《知识产权法》,法律出版社 1997 年版,第 410 页。

规定,如果作者在 10 年内出版授权翻译的版本,翻译权则可延及版权作品保护的整个期间。1908 年版本的《伯尔尼公约》中,翻译权基本上与复制权处于同等地位了。《伯尔尼公约》第 8 条规定:受本公约保护的文学艺术作品的作者,在对原作享有权利的整个保护期内,享有翻译和授权翻译其作品的专有权利。我国《著作权法》明确规定,翻译权是将作品从一种语言文字转换成另外一种语言文字的权利。① 未经著作权人许可以翻译方式使用作品的,应当认定为版权侵权行为。②

2. 翻译中的法律关系

由于经翻译的作品是从原作派生出来的,这些作品与原作品一样应当受到版权法的保护。因此,翻译活动中涉及原作品与演绎作品等不同的权利主体,需要理清其中的法律关系。《伯尔尼公约》第 2 条规定,翻译等演绎作品的作者在行使其版权时,不得损害原作的版权。我国《著作权法》也明确规定,翻译已有作品而产生的作品,其著作权由翻译人享有,但行使著作权时不得侵犯原作品的著作权。③ 这也就是说,翻译权人虽有权禁止他人未经许可使用自己的作品,但无权在不经原作品版权人同意的情况下,单独许可他人使用自己的作品。④

---

① 参见《著作权法》第 10 条第 1 款第(十五)项。
② 参见《著作权法》第 52 条第(六)项。
③ 参见《著作权法》第 13 条。
④ 参见郑成思:《知识产权法》,法律出版社 1997 年版,第 410—411 页。

(1) 翻译权的取得

由于翻译权属于原作品的权利人,因此应由原作品版权人行使。但是,在现实生活中,又很少由原作者自己来进行翻译。毕竟,精通一门其他国家的语言并不是件非常容易的事情。所以,翻译权一般由其他精通翻译、具有翻译能力的人来行使。翻译权的取得可以有以下的方式:

①合同许可。译者可以通过合同约定的方式从原作品权利人处取得翻译权。根据我国《著作权法》第10条的规定,著作权人可以许可他人行使其财产权利,并依约定或者本法有关规定获得报酬。翻译权理所当然包含在作品这种财产权之内,许可他人行使。

②合理使用或法定许可。译者如果是出于教学、科研等目的,也可以翻译原作品,只是这种使用应当受到限制。根据《著作权法》第24条的规定,为教学或科研目的,可以翻译已经发表的作品,供教学或者科研人员使用。当然,这种使用不应是大规模的,并且不得是以牟利为目的的。此外,将中国公民、法人或者其他组织已经发表的以汉语言文字创作的作品翻译成少数民族语言文字作品在国内出版发行,或将已经发表的作品改成盲文出版的,都属于合理使用的范围。

根据《著作权法》第25条的规定,为实施义务教育和国家教育规划而编写出版教科书,除作者事先声明不许使用之外,可以不经著作权人许可,在教科书中汇编已经发表的作品片段或者短小的文字作品等。这里没有明确提到翻译权的问题。但是为了编写教材目的,汇编进外来材料,如果不允许翻译,将失去此条规定的意义。因此,从法律规范合目的解释的角度来看,应当允许为教材编写目的进行翻译,但是应当按规定支付报酬。

上述情形,都不得损害原作品权利人的精神权利。这里包括应当指明作品的来源,表明作者姓名、作品名称等署名的权利,也包括不得侵犯著作权人依照本法享有的其他权利。此处主要指的是保证作品的完整权与修改权等。如果在翻译过程中对作品进行歪曲和篡改,损害作者声誉的,如果不是通过约定取得翻译许可的,那么不仅是违约行为,同时也是侵权行为。如果不是法定许可或合理使用的,那么可以认定为侵权行为。

(2)与第三方的关系

翻译作品是演绎作品,其作者的法律地位有点类似于共同作者,或合作作者。因此,如果出版商要出版发行翻译作品,不仅需要取得原作品权利人的许可,同时还要取得翻译作品权利人的许可。同时,如果翻译作品涉及多种语言转译的时候,可能会更为复杂一点。例如,一部德文作品译成中文,如果从德文直接翻译,只需要找该作品版权人许可即可,但如果从该作品的日文译本转译成中文,则不仅需要取得日文译本版权人的许可,而且还要取得德文原作版权人的许可。[①] 不过,要证明译者是从日文本而不是从德文本

[①] 参见郑成思:《知识产权法》,法律出版社1997年版,第411页。

翻译而来的,涉及一个比较复杂的提供证据与证明的过程。同时,在现实生活中,可能多是出版社与作品版权人进行约定,将权利统一授予出版社。在这种情况下,可以直接与出版商而非作者进行洽谈。当然,即便如此,也不得损害原作品作者署名权等精神性权利。

二、翻译作品侵权

随着全球化进程的深入进行,我国与国外的文化交流也越来越多。不少的优秀翻译作品都面临不同类型和程度的侵权,侵权形式由简单到复杂展现出不同的特点。我们以"翻译权"为关键词对北大法意网进行检索,截至2020年5月检索日,共检索到7711条记录,其中判决书7660个、裁定书34个、调解书17个。当然,可能存在案件重复检索的情形,但总体可见,涉及侵犯翻译权的案例不在少数。

早期的翻译侵权形式还比较清晰、简单,比较典型的形式就是未经许可将他人作品翻译出版,或者是未经许可出版他人翻译作品。前者侵犯了原作版权人的权利,后者侵犯了译作版权人的权利。如"樊祥达诉张宏、富敏案"。小说《上海人在东京》的作者樊祥达将作品交付中国作家出版社出版,之后发现日文版的《上海人在东京》在书店销售;该日文版虽标明其为作者,但译者、发行者却分别是神畸龙志和日本东方书店株式会社。樊祥达向上海市第二中级人民法院诉请停止侵权、致歉、赔偿损失。法院经过审理后认定侵权事实成立,判决出版商停止侵权、公开道歉、赔偿损失。① 又如"漓江出版社诉中国物价出版社案"。漓江出版社分别与《大盗巴拉巴》《魔术师》《特雷庇姑娘》《邪恶之路》等外国文学作品的中文译作者签订了图书出版合同,拥有在中国大陆以图书形式出版相关中文译本的专有权。中国物价出版社却在未得到翻译作品著作权人许可的情况下,擅自在其出版的《诺贝尔文学奖大系》中收录漓江出版社享有版权的部分翻译作品。漓江出版社向北京一中院提起诉讼,诉请法院判令停止销售侵权图书、公开赔礼道歉、赔偿损失等。法院审理后认定侵权事实成立,依法判决中国物价出版社立即停止出版、发行侵权作品,以及公开赔礼道歉、赔偿经济损失。②

不过,随着时代的发展与新技术的介入,外国文学翻译作品侵权手段也有所变化,原封不动的翻译盗版逐渐减少,开始由翻译盗版向翻译抄袭、剽窃转变。数字时代的文本处理技术使得可以便捷地提供多个知名译本进行比较,进行文本剪切与粘贴。侵权者可以外国文学名著的一个优秀译本为底本,针对每个段落的每个语句,用其他中文说法变换原译本的译语,常见变换手法是替换近义

---

① 参见樊祥达与张弘、富敏等知识产权与竞争纠纷案,上海市第二中级人民法院(1996)沪二中民初(知)字第28号一审民事判决书。

② 参见漓江出版社与中国物价出版社侵害出版者权纠纷案,北京市第一中级人民法院(2001)京一中知初字第76号一审民事判决书。

词、增减字词、调整语序、改变句式、删减内容等。① 同时，将外文作品摘译或全文译成中文后，不署原作者姓名，也不将自己标示为"译者"，而以"作者"通常的署名方式在翻译成果上署名，这种属于"抄袭"或者"剽窃"的方式，不仅侵犯了外国版权人的翻译权，而且侵犯了外国作者的署名权和复制权。②

比如马爱农诉中国妇女出版社等案。原告马爱农是我国著名翻译家，翻译过大量外国名著，包括《绿野仙踪》《地海巫师》《哈利·波特》系列（合译）等。早在1987年，马爱农就翻译出版了加拿大女作家露西·蒙哥马利的小说《绿山墙的安妮》一书。1999年，马爱农授权人民文学出版社再次出版该书（人文版）。2013年，马爱农发现世纪卓越公司、当当网等均在销售中国妇女出版社出版的、署名周黎翻译的《绿山墙的安妮》（妇女版）一书。马爱农发现两者文字基本相同，部分段落文字完全相同，相同字符所占比例为97.32%。马爱农认为"妇女版"抄袭、剽窃了其作品，侵犯了其署名权、修改权、保护作品完整权、复制权、发行权、获得报酬权等著作权，向北京市朝阳区人民法院提起诉讼。被告辩称《绿山墙的安妮》原著是公版书，有权自行翻译。同为译作，内容难免雷同。法院经审理认为，虽然翻译会受原著文字及文意限制，但翻译不是机械

---

① 参见李云龙：《基于实质性相似的侵权主张与证据支持——对外国文学翻译作品侵权问题的分析》，载《知识产权》2014年第2期。
② 参见郑成思：《知识产权法》，法律出版社1997年版，第410—411页。

地将原著文字与中文一一对应。不同译者会根据自己的理解,选择不同的中文措辞与表达方式,因此翻译结果必然会具有翻译者个性,不同译者翻译结果很少雷同。本案中涉案作品绝大部分句子和段落所用中文字词、句式完全一致,表达方式相同字数高达约97%。后者显然不是独立翻译的结果,而是抄袭在先作品,属于侵权行为。中国妇女出版社在出版过程中存在明显过错,应为此承担侵权责任。因此,法院判决中国妇女出版社败诉。①

此外,还有一些"编译""摘译""译写"等模式,存在较大的争议,比较难以界定。"编译"多见于文章集,编译者对于整体汇编作品享有其自己的版权,但是对于里面收集的翻译文章,仍要服从版权法保护的一般原则,既要获得原作权利人的许可,亦要获得翻译者的许可。"摘译"就是选择原作中的部分进行翻译。这个就要具体情况具体分析了,如果摘译的量小,微不足道,则可以归入到合理使用的范畴。如果只是类似于故事梗概一样的介绍,则可以归属思想的范畴。如果摘译比例过大,则不具有摘译性质,应当归入侵权的范畴了。

至于"译写",则比较难于界定,引发了较大的争议。所谓"译写",实际上可以看成一种自由度比较大的翻译,或者是一种以原作品为基础的改写。但是,就版权作品来说,这种自由度的边界在哪

---

① 参见马爱农与中国妇女出版社、北京世纪卓越信息技术有限公司著作权权属、侵权纠纷案,北京市朝阳区人民法院(2013)朝民初字第28007号一审民事判决书。

里则是一个非常难以确定的问题。

昆德拉的成名作《玩笑》一书的法译本中,昆德拉发现译者"没有翻译小说,而是把它改写了"。昆德拉认为《玩笑》的第一个法译本译者起码从三个方面作了"再创造":①引进了上百个隐喻以增饰辞藻;②原作使用的是一种简洁、明晰的语言,译文中变得装腔作势,混用俚语切口、文绉绉的词和古词古语以哗众取宠;3.原文想法的表达极为精确,译文过于雕琢,变得难以理解。而对于英译本,则更为夸张。"英文本使我大为吃惊。章节数目变了;章节的顺序也改变了;许多段落都被删掉。我在《泰晤士报文学副刊》上发表了一封抗议信,要求读者不要接受《玩笑》的英译本,不要把它看成我的小说;出版商向我道歉,并认可了一本恢复了章节顺序的平装本。与此同时,英译本却在纽约出版,但更加简略,更加残缺不全,我无能为力。"①这种改写的结果之一就是影响了读者对文本意义的理解,使得昆德拉的符号变得模糊。

在蔡骏翻译的谭恩美(Amy Tan)作品《沉没之鱼》中,译者采用了一个更为自由的翻译模式,或者被称为是改写的模式。蔡骏在《沉没之鱼》的封面甚至直接注明的就是"蔡骏译写",而不是翻译。② 蔡骏认为,除了语言上的改写之外,还对书中部分情节做了删减,对原著一些较为冗长的内容进行了精简。此外,还增加了

---

① 参见施康强:《被改写的昆德拉》,载《读书》1996年第1期。
② 参见〔美〕谭恩美:《沉没之鱼》,蔡骏译写,北京出版社2006年版。

一些部分，比如关于兰那王国简史的杜撰等，还重新编排了章节，对原著进行了更为细化的分割，拟定了中文版各章节名称。总之，尽最大可能让《沉没之鱼》中文版更适合国人阅读，让更多中国读者喜爱这部作品。对于一部外国作品不是采用翻译而是采用译写模式，能否较好地反映作品原貌，引发了比较激烈的争论。经过蔡骏译写的《沉没之鱼》从销量上得到了读者的肯定，但是，这种方式似乎没有得到原作品作者的肯定。"美国有三种翻译方式：一种是逐字逐句原文翻译，一种是根据大意改写，还有一种是连风格都改掉。如果一个人改变我的英文原著，我真的不高兴，我绝不允许它们修改一个字。拿这本《沉没之鱼》来讲，我想我可能会让出版社、读者失望，因为我不可能控制翻译，我能控制的只是我讲述的故事。到现在，我从来都没有找到过一种最满意的方式来翻译一本书，无论是我的书，还是别人的书。"①

在这种类似于改写的"译写"模式下，如果原作品作者不认可的情况，是否侵犯了原作品的翻译权呢？这种情况比较难以认定，不过根据版权法理来说，这种行为似乎并不是侵犯了原作品的翻译权，而是更接近于侵犯了原作品的保持作品完整权。但是，判断保持作品完整权的标准一般是对作品进行歪曲和篡改，损害了作者的声誉。这就涉及一个价值上的判断，或者说涉及一个艺术性的判断了。以《沉没之鱼》为例，虽然原作者对译者的译写不甚满

---

① 张英：《谭恩美：为母亲而写作》，载《南方周末》2006年11月3日。

意,但似乎读者却更愿意接受。谭恩美虽在美国是一线畅销女作家,但其知名度在中国相对较低,其作品在中国的销量并不理想。但经过蔡骏改写后,让该书在中国似乎有了"来生"。① 这种改写可以说是大大提升了作者声誉而非损害了作者声誉。

因此,将版权(保护作品完整权)的边界判断,转化为一种创作自由度判断,或者说是一种艺术价值性上的判断,交由法官定夺,也是件缺乏稳定性的事情。在"布莱斯坦案"中,美国最高法院就认为,让仅受法律培训的人,充当艺术作品的判定者,是件危险的事情。实际上,某些天才作品不一定在当代就能得到广泛的欣赏。这些作品的新奇之处就在于旷世惊俗,公众可能在很久以后才能了解其传达的意境。同时,一些虽然在社会大众中能够得到广泛流传的作品,但是由于法官品位过于高雅,可能导致其艺术性被否定。因此,在这个问题上,同时也需要重视构建翻译行业的行业标准与行业规范。

另外还有一种情形,著名的武侠小说作者古龙曾写过一本小说——《流星·蝴蝶·剑》。这部小说虽然架空于中国古代某个朝代,但是前面几个章节的框架结构、人物设置与故事情节等,与世界名著《教父》有一定的相似之处,只不过是时代、国别、背景不同而已。不过两部作品的后半部分,从人物命运走向、故事情节等方面

---

① 参见杨玲:《"译写":文学翻译的新尝试——从"格式塔理论"看蔡骏对〈沉没之鱼〉的译写》,载《新乡学院学报(社会科学版)》2010年第1期。

就大相径庭了。据说古龙本人是《教父》的粉丝，以某种形式向世界名著致敬也是完全有可能的。这种情况在版权法上该如何认定？这里实际上还是需要回到尼科斯案中的"临界点"问题的判断上。如果这些东西在临界点之上，则应认定为属于公共领域的东西，不能认定为侵权；如在临界点之下，才需要进一步比对和判定。这种情形与现时炒得比较热闹的"同人作品"现象有一定的相似之处。对于这一问题，我们将在后面"改编与改编权"部分进行进一步的讨论。

三、机器翻译

机器翻译（Machine Translation），又称自动翻译，是利用计算机将一种自然语言（源语言）转换为另一种自然语言（目标语言）的过程。机器翻译是计算语言学的一个分支，一直与计算机技术、信息论、语言学等学科的发展紧密相随。机器翻译的发展从早期的词典匹配，到词典结合语言学专家知识的规则翻译，再到基于语料库的统计机器翻译。[1] 随着深度学习的研究取得较大进展，基于人工神经网络的机器翻译逐渐兴起。随着以神经网络为基础的翻译模型准确度不断提升，交互式机器翻译概念逐渐开始被业界接受，人机协作模式正在加速发展。语音翻译应用开始增多，从翻译机到翻译

---

[1] 参见冯志伟：《机器翻译研究》，中国对外翻译出版公司2004年版，第40—50页。

耳机,再到各类智能机器人。语音翻译模式也由原先的语音识别、机器翻译、语音合成三部曲,升级到"语音—语音"的训练模式。在日常交流和科技领域,机器翻译以便捷和高效的特点得到越来越广泛的应用,并展现出多种多样的形式,包括免费在线软件、跨语言信息检索、多语对话直译等。①

机器翻译引发了版权法上的争议,主要争议包括以下几个问题:

1. 机器翻译生成物的作品资格问题

机器翻译生成物是否是版权法上的翻译作品?这一问题实际上又可以换个提问方式,即这种使用机器进行翻译的方式是著作权上的翻译行为,还是复制行为?翻译是将一种语言文字转换成另外一种语言文字的活动,但是享有翻译权的作品则是需要体现翻译者独创性劳动的演绎活动,而不是机械的转化。翻译者通常对其翻译后的成果享有独立的著作权,但若翻译的过程没有独创性的劳动,只是机械地转化,则可能不是著作权法上的翻译,而是复制。例如利用通用的翻译工具将计算机程序代码由计算机程序编译成目标代码、将简谱记录的音乐作品转化成五线谱等,就可能是复制。这时,行为人侵害的是作品的复制权,而不是翻译权。② 所以,有学者认为将汉语写成的小说改成供盲人阅读的盲文并非翻译行为,这

---

① 参见〔法〕蒂埃里·波贝:《机器翻译》,连晓峰等译,机械工业出版社2019年版,第202—220页。

② 参见崔国斌:《著作权法:原理与案例》,北京大学出版社2014年版,第424页。

是因为汉语文字与盲文符号之间存在着严格的一一对应关系。任何懂汉语和盲文的人只要按照规则正确地进行转换,都会得到相同的结果。在这种情况下,个人的智力创造没有发挥的余地,转换行为缺乏起码的智力创造性,不符合独创性的要求。因此,这种转换只是复制行为,而非翻译行为。①

作品要求具有独创性,翻译作品同样如此。在 1981 年的"戈登案"中,被告是一家电子翻译器制造商。原告替被告将一份含有 800 多个英语单词和 40 多个词组的单词表翻译成阿拉伯文,然后以罗马字母进行注音。当原被告商业关系终止后,被告出版了原告的翻译与注音。原告以侵犯翻译权为由提起诉讼,被告则主张原告的翻译和注音不能获得版权保护。法院最后进行裁定,认为该翻译和注音缺乏足够的独创性而不属于版权法上的作品。法院指出,使翻译作品获得版权的,不是单个字词的翻译,而是体现在翻译过程中的独创性,例如将细微变化表达到整体译作之中。原告对单个单词和短语的翻译缺乏这样的独创性。翻译单词表,基本上就是机械性的劳动。因此,法院得出结论,就任何一种语言来说,让某人就一个单词或常见的短语获得版权,是不可思议的事情。

按以上观点,计算机自动翻译的成果是否算是作品?或者说在人工智能高度发达的今天,机器翻译行为是否算是创作行为?这是值得怀疑的。实际上,就机器或动物等创作的作品是否能满足独创

---

① 参见王迁:《著作权法》,中国人民大学出版社 2015 年版,第 203 页。

性要求的争论早已有之。例如,经过特别训练的大象可以完成绘画作品,将摄像机固定在海豚或猩猩身上可以拍摄照片,这些是否算作品?不过,从理论上,摄影者自己取景的触及范围有限,但是将摄影器材固定到海豚或者猩猩身上,所取到的景色往往是摄影者自己难以触及的。这的确从独创性上超过了普通取景范围能够达到的高度。我们以前观看影片,看到妖怪变身,往往是一两个塑料道具,给人产生的想象与观感大受减损。今天在计算机技术帮助下,这一切都能完美展现出来。难道与之前相比不更具有独创性吗?

这一问题在计算机软件生成作品中也存在同样的争论。2017年,微软"小冰"创作的诗集《阳光失去了玻璃窗》正式出版,这部诗集是"小冰"在学习了 500 多位诗人的现代诗,训练超过 1 万多次后创作完成的。谷歌开发的 DeepDream 可以生成绘画作品,并成功拍卖;腾讯的 DreamWriter 可以自动生成新闻稿件,并及时推送。理论上说,从外观形式上看,这类创作物与人类创作的成果没有区别,有的甚至超过普通作者或诗人,能够满足版权法上的独创性。但是,对于这一问题,司法实践中尚未形成统一的认识。

2018 年,北京互联网法院公开宣判了"北京菲林律师事务所诉百度网讯侵害署名权、保护作品完整权、信息网络传播权纠纷案",判决认定计算机软件生成的涉案文章的内容不构成作品。该案原告菲林律所诉称,自己为《影视娱乐行业司法大数据分析报告——电影卷·北京篇》的著作权人,该报告首次在其微信公众号上发表,涉案文章由文字作品和图形作品两部分构成,系法人作品。2018年9月10日,百度网讯经营的百家号平台上发布了该文。由此引发争议。百度网讯辩称,涉案文章含有图形和文字两部分内容,但均是采用法律统计数据分析软件获得的报告,报告中的数据并不是菲林律所经过调查、查找或收集获得,报告中的图表也不是由其绘制所得,而是由分析软件自动生成,因此涉案文章不是由菲林律所通过自己的智力劳动创造获得,不属于著作权法的保护范围。北京互联网法院认为,据现行法律规定,文字作品应由自然人创作完成。虽然随着科学技术发展,计算机软件生成的此类"作品"在内容、形态,甚至表达方式上日趋接近于自然人,但据现实的科技及产业发展水平,现行法律权利保护体系已经可以对此类软件的智力、经济投入给予充分保护,不宜再对民法主体基本规范予以突破。因此法院认定,自然人创作完成仍应是著作权法领域文字作品的必要条件,该计算机软件生成的文章不构成作品。

但是,在另外一个案例中,法院则持不同观点。2018年8月,由腾讯机器人Dreamwriter写作助手创作完成的《午评:沪指小幅上涨0.11%报2671.93点 通信运营、石油开采等板块领涨》一文在腾讯证券网站上首次发表后,上海盈讯科技有限公司在该文章发表当日通过其经营的"网贷之家"网站向公众传播。腾讯公司因此向广东省深圳市南山区人民法院提起诉讼。法院审理后认为,从涉案文章的外在表现形式与生成过程看,此文的特定表现形式源于创作者个性化的选择与安排,并由 Dreamwriter 软件在技术上"生成"的创作过程均满足著作权法对文字作品的保护条件,属于我国著作权法所保护的文字作品。被告未经许可,在其经营网站上向公众提供被诉文章,供公众在选定时间、选定地点获得的行为,侵害了原告享有的信息网络传播权,应承担侵权责任。因此,在本案中,法院认定计算机软件生成的文章可以构成版权法上的作品。

两个案子两种判决结果。腾讯是深圳企业,百度是北京企业,不知最后结果与这个地域性有无关系。不过单从法理来分析,仅仅因作品是由计算机生成就认定其不属于"作品"的观点恐怕是值得商榷的。但是版权法理论上显然不是如此。计算机软件作品绝对不应认为不具有独创性,准确来说,其独创性体现为两个方面:

第一,从计算机软件来看,其通过算法的形式将设计者及众多前人的独创性思维嵌入其中,同时,在现在大数据时代,计算机还具有极强的自我学习能力,在这个意义上说,虽然计算机可能还无法触及人类最深沉的意识、最微妙的感情,计算机作品的独创性也不敢说大大超过常人,但就版权法上的"人"这一标准来说,满足版权法所要求的独创性应当不成问题。

第二,就"百度案"而言,百度网讯辩称,涉案文章含有图形和文字两部分内容,但均是采用法律统计数据分析软件获得的报告,报告中的数据并不是菲林律所经过调查、查找或收集获得,报告中的图表也不是由其绘制所得,而是由分析软件自动生成,因此涉案文章不是由菲林律所通过自己的智力劳动创造获得,不属于著作权法的保护范围,该理由是站不住脚的。在今天大数据产业快速发展的态势下,绝大多数数据报告都是这样生成的。如果菲林的数据报告不能算是版权作品的话,那么这一行业中几乎所有的报告都不能算是版权作品了。今天的很多作品,都需要依靠技术的帮助。最典型的就是摄影作品,仅仅只需要按一下快门就生成的作品,同理也不应当成为版权作品。

  摄影作品的独创性显然不仅仅只是按快门那几下简单的动作,而是摄影者在其中传递的理念、品位与情绪。同理,但凡做过数据分析的人都知道,这种数据报告的独创性并不主要在于其通过法律分析软件从网上选择了什么数据进行分析,而在于其选择了什么样的立意,选择了什么样的主题,围绕主题和立意选择了什么样的分析工具,其通过工具收集了什么数据来进行分析。如果其不具有独创性,按百度所说的只是法律分析工具所为,那么其自己为什么不去做呢?这对于一个专门从事网络的公司来说,本是不费吹灰之力的事情。这说明其自己没有构想出这样的创意。更进一步,如果说别人的工作没有创造性不能成为版权作品的话,自己完全可以利用软件重新做一下分析。如果这么一丁点工作都不愿意去做,却一定要去使用别人的成果,这个行为除了定义为复制以外,实在不好有什么其他的定性了。

知识产权法中一个比较大的困惑就是"事后诸葛亮"的问题。这种"事后诸葛亮"的标准很容易摧毁知识产权法的基石。许多当时困惑一代人的技术难题,往往在别人解决后,回头一看,恍然大悟,原来如此,也没有什么了不起的嘛。如果以这种标准来判断版权作品或专利技术,难免将知识产权保护置于任性之中。蒸汽机不过是用水来推动机器而已,电话机不过是用电子信号来传递声音而已,这些最伟大的发明都可以通过事后简单的一句话否定其创造力。"百度案"中,将软件上的版权保护替代软件产生成果的版权保护已是不妥。进而,认为自然人创作完成仍应是著作权法领域文字作品的必要条件,该计算机软件生成的文章不构成作品,更是不妥。此案中,菲林律所主张的是归其所有的法人作品,而不是该软件主张的作品,所以认为缺乏主体条件的理由肯定是站不住脚的。正如前面所说,计算机软件就在那里,网上的数据就在那里,为什么那么多人都想不起来去做特定领域的分析,而菲林律所却能想起来?这里面与其长期的观察、思考与知识的积累不无关系。如果认为其使用了计算工具就不能算作品,那么使用相机拍摄照片、使用摄影机录制录像等恐怕都将面临无法被认定为作品的困境。

回到机器翻译问题。机器翻译与计算机软件作品又有一定的区别。机器翻译跟计算机创作作品的区别在于计算机创作作品会尽力地去展现其创造性,而计算机翻译则必须遵守翻译的规则,即

"信""达""雅"准则。其中,"信"又是排在第一,也即需要准确地传递源语言的含义。为了满足这样的要求,机器翻译很多时候受到表达方式的束缚更大,导致其独创性显得不足。的确,机器翻译运用语言学原理,自动识别语法,调用存储的词库,进行对应翻译,为了达到准确性目的,自然要最大限度地避免发生语法、词法、句法变化或者不规则。这也就使得机器翻译更为适合规范性的翻译领域。所以,更多的时候,机器翻译在技术文献类翻译领域大显身手,而在文学、艺术等创造性、自由度比较大的领域则显得比较局促。预设的程序毕竟只是程序,无法具备人对语言的特殊感情,无论如何也感受不到"大江东去浪淘尽"的雄壮,更感受不到"最是那一低头的温柔,像一朵水莲花不胜凉风的娇羞"的韵味。汉语因其词法、语法、句法的变化以及语境的更换,意思便会大相径庭。"如果来晚了,你就给我等着吧。""如果来晚了,你就给我等着吧。"完全相同的一句话,却蕴含着完全不同的两种意思,即便换成一个学了多年中文的外国人,对这里面含义的差异可能都是一头雾水,更别说机器了。

不过,技术改变版权。在未来社会,随着机器翻译技术的稳定与普及,出现这样的情况亦未可知:一种语言标准化地、可重复性地、没有个性地、机械性地转化成另一种语言,不同语言转化的翻译转变为复制。不过,就目前阶段来看,从人们可接受的观念来看,机器翻译仍然处于被认为是翻译而非复制的阶段。在这一点上,与计算机作品相似,采用一种与"图灵测试"类似的标准,即如果从外观判断满足翻译作品的条件的,应当认定为翻译作品。如果因不具备足够的独创性而不能认定为翻译作品,那么侵犯的就不是原作品的翻译权,而是复制权。

2. 机器翻译生成物的归属问题

机器翻译的生成物应当归谁？这个问题在人工智能作品上也有争论。学者们提出了不同的解决方案。有人主张应归属于设计或创制人工智能的创制人(或开发人)。因为,从机器学习的训练角度来看,创制人首先是向翻译软件中注入其意志的主体,翻译软件也体现了其意志。因此,可参照《著作权法》关于职务作品或雇佣作品的规定,由人工智能的创制人而不是机器人去享有和行使权利。还有人主张应归属于人工智能的所有人。当翻译软件设计人与投资人区分开的时候,如雇员为公司开发程序,依照职务发明创造或特殊职务作品的规定,应归属于雇主。例如谷歌提供的在线翻译服务应当属于谷歌而不是软件设计者一样,该翻译软件翻译的成果自然应属于谷歌而非软件设计者。这一主张似乎与现行版权法上的法人作者制度相协调,即使没有参与作品创作,法律也可以拟制投资者和组织者成为作品的版权人。

还有人主张应当属于使用人。因为是使用人触发机器翻译系统,直接导致翻译生成物的产生。传统版权法将作品首次固定在有形载体上的主体作为作品的作者。不过,也有人认为,如果仅从使用人角度来看,其对机器翻译生成物的产生往往只进行了"开关"

操作,或者仅仅提出了诱发请求,其创作参与度几乎可以忽略不计。使用人也不应该因其单纯地使用了翻译软件,就具有了获得机器翻译作品版权的合法性基础。如果使用人向翻译服务提供者支付对价,获得对机器翻译服务的使用权,进而获得了机器翻译作品的版权,应是基于合同的约定。如合同未有版权归属的约定,或者使用人合约之目的也非获得翻译作品的所有权,此时可以将相关版权归属于服务提供人,但使用人在使用范围内有优先或免费使用该作品的权利。换言之,使用人并不当然拥有翻译作品之版权,其权利是否取得仍然依赖于所有人的意思。①

3. 机器翻译的侵权问题

随着社会的快速发展,机器翻译在实现任意时间、任意地点、任意语言无障碍自由沟通的人类梦想中扮演着越来越重要的角色。从国内市场来看,机器翻译产品主要包括四大类:全文翻译(专业翻译)、在线翻译、汉化软件和电子词典。随着网络的深入普及,尤其是语音识别技术与移动设备的发展,在线翻译具有无比广阔的市场。

但正如前文所谈到的那样,虽然机器翻译产生的产出物可能因不具备足够的独创性而不能被认定为翻译作品,但是,这一翻译行为如果翻译的是他人的版权作品,却有可能侵犯他人作品的翻译权。在这里,要分两种情况:一种是翻译服务提供者未经他人许可

---

① 此处参考了袁真富《人工智能作品的版权归属问题研究》(载《科技与出版》2018年第7期)一文中的观点。

翻译他人版权作品并进行传播。这种属于侵犯他人作品翻译权的直接侵权行为,应当承担相应的责任。另一种则是其他人使用翻译网站(如 Google、Bing、Systron 等),将他人的版权作品未经许可翻译后进行传播。这种情况下,怎么认定侵权责任?这里面使用人应当承担直接侵权责任,但提供翻译服务的网站是否需要承担共同侵权责任?毕竟,提供翻译服务的网站从中获得了利益。例如,使用者可能会为使用机器翻译服务支付费用。同时,有更多的人使用翻译服务,网站能够获得更多的广告。这一情形类似于美国《版权法》规定的间接侵权中的帮助侵权。

1984 年"索尼案"是一个间接侵权的典型案例。在此案中,被告索尼公司是制造和销售录像机的厂商。原告是一些电视节目的版权所有人。原告起诉公众购买录像机后对电视节目进行了录制,以便在下班以后等其他时间观看。原告提起诉讼,认为被告制造和销售录像机的行为构成帮助侵权。地方法院认为,公众录制原告作品更换时间观看,属于合理使用。被告制造和销售录像机的行为不属于帮助侵权。上诉法院则认为,公众录制原告作品更换时间观看,不属于合理使用,被告构成帮助侵权。美国最高法院又推翻了上诉法院的判决,认定公众录制原告作品以后观看,构成合理使用,被告行为不属于帮助侵权。此案中,为了论证版权侵权中的帮助侵权,美国最高法院借用了专利法的规定。根据专利法的规定,帮助侵权是故意出售特殊的、与使用某一特定专利有关的零部件。对于那些可以用于其他目的的产品,专利权人无权阻止其销售。美国最高法院认为,虽然专利法与版权法有差别,但是在帮助侵权问题的认识上应当是一样的。在销售复制设备时,应当与销售其他商品一样,只要该产品可以广泛用于合法的目的,就不应当构成帮助侵权。①

在"格罗斯特案"中,美国最高法院对"索尼案"中确立的原则进行了补充,其主张,销售可能侵犯他人版权作品的设备销售商,如果有清楚的证据显示有鼓励他人用于侵权,或有其他帮助性的措施,则应当认定为应当承担侵权责任。这些帮助性措施包括:向其他业内均知的经常侵犯版权作品的网站进行链接;或者进行了容易引发他人侵权性使用版权作品的广告、宣传;采用了容易产生侵权性使用的商业模式;未曾采取预防侵害版权作品行为的防护性措施等。② 换言之,提供机器翻译服务的网站如果未能采取相应的防护性措施,例如未采用对版权作品进行过滤的筛查机制,以及进行不当的营销策略(诸如使用"跨语言无障碍阅读《哈利·波特》""用母语浏览全球任何网站"等宣传用语),都有较大的可能导致侵权。③

---

① Sony Corp. of America v. Universal City Studios, Inc., 464 U.S. 417, 220 US-PQ 665(1984).

② Metro-Goldwyn-Mayer Studios, Inc. v. Grokster Ltd., 545 U.S. 913,919 (2005).

③ Erik Ketzan, *Rebuilding Babel: Copyright and the Future of Online Machine Translation*, Tul. J. Tech. & Intell. Prop. Vol.9. 2007.

第三节　改编与改编权

改编行为,是对语言文字作品进行加工处理的一种重要的形式,也是影响语言文字产业发展的一种重要的权利。所谓"改编",指的是改变作品,创作出具有独创性的新作品的权利。虽然我国《著作权法》对此没有明确规定,但是根据这一定义可以看出,改编行为涉及原作品与在原作品之上创作出的具有独创性的新作品之间的关系。不过,如果只是根据原作品的思想创作出的新作品,则应当算是就同一主题独立创作的新作品,而不应当算是改编。只有在保留原作品基本表达的前提下,改变原作品某些部分,并创作出新作品,这才是著作权法意义上的改编行为。通常,改编表现为在不改变作品基本内容的前提下,将作品由一种类型改变为另一种类型,例如将戏剧改编为电影,将小说改编为漫画等。

改编权是文字作品能够获得收益从而控制语言产业链条的最重要的权利。著作权法中的改编权,范围比较广,甚至可以将改变介质的行为(如摄制电影等)囊括在内。虽然我国《著作权法》规定了专门的摄制权,即以摄制视听作品的方法将作品固定在载体上的权利。但是,这个摄制权可以归到一个大的改编权的范畴。因为,将小说、戏剧、舞蹈、音乐、美术等作品以演绎或改变、加工的方式拍摄成电影,或者拍摄在电影里,都属于对原作品的改变。事实上,《伯尔尼公约》中就是将摄制电影权作为改编权的一种。《伯尔尼公约》第14条第1款规定,文学和艺术作品的作者享有许可把这类作品改编或复制成电影,以及发行经改编或复制的作品的权利。① 因此,本书也将摄制权放在改编权部分讨论。当然,这一部分的重点主要集中于讨论为摄制而进行的作品改编。

一、改编权的边界

根据我国《著作权法》第10条的规定,改编权属于原作品版权人,作者享有控制改编行为的权利。改编权与翻译权类似,一般是由其他人来对原作品进行改编。《著作权法》第13条规定:"改编、翻译、注释、整理已有作品而产生的作品,其著作权由改编、翻译、注释、整理人享有,但行使著作权时不得侵犯原作品的著作权。"根据这一条的规定,改编作品的著作权由改编人独立享有,不过不得侵害原作品著作权。在他人发表改编作品或对改编作品以其他方式加以利用之前,著作权人是无法阻止他人出于兴趣对作品加以改编的,例如画家在自己家中将小说绘制成连环画。因此,可以说,只要未发表改编作品或未对其进行后续利用,该行为完全可以构成"个人学习、研究的合理使用"②。

---

① 参见李明德:《著作权法概论》,辽海出版社2005年版,第101—102页。
② 王迁:《著作权法》,中国人民大学出版社2015年版,第206页。

改编权与修改权、保护作品完整权以及新的创作之间的界限如何划分？换句话说就是，改编权的边界位于何处，这是非常难以界定的。在"《胭脂盒》案"中，法院认为，根据《著作权法》的规定，改编权是改变作品，创作出具有独创性的新作品的权利。相较于在先作品，改编作品具有独创性，构成了新作品。同时，改编作品与在先作品之间又必须具有表达上的实质相似性。只有在保留在先作品基本表达的情况下，通过改变在先作品创作出新作品，才是著作权法意义上的改编行为。否则，该改编完成的作品即属于独立创作完成的新作品，与在先作品不存在关联，亦不涉及对在先作品的侵权。而对于基本表达实质性相似的判断①，从此案以及其他一些类似案例的判决中可以看出，包括以下两方面：

一方面，改编作品必须要有一定的独创性。如果是没有独创性的简单细节的变化，则应当归属于修改权的范畴。修改权是指修改或者授权他人修改作品的权利，通常只是对措辞、语言表达、标点符号等在原作品上进行小范围修改，并不改变原故事内容和原作者的思想内容。比如，一般在图书出版过程中，编辑会要求作者就修改权作出授权，允许对作品的语言、文字进行润色、修改，这就属于修改权的范畴。

如果未经原版权人的许可将其作品进行简单的改动以后再发

---

① 参见上海华某文化艺术有限公司与上海某剧院、罗怀某、陈某宇侵害作品改编权纠纷案，上海市第一中级人民法院（2012）沪一中民五（知）终字第112号民事判决书。

表,没有独创性的变化,则属于抄袭,侵害的不是他人作品的改编权,而是复制权。目前自媒体中常出现的"洗稿"现象,基本上可以归属于这一范畴。所谓"洗稿",并非一个版权法上的术语,而是社会生活中的俗语,指的是将别人原创作品的内容进行篡改、删减、拼凑,弄出来的作品看起来与原作品区别不小,但其实最有价值的部分均为抄袭。"洗稿"的形式大体有以下几种:用同义词替代,用近义词、否定+反义词替换;调整句子顺序,变化词语顺序,变化句式、颠倒句子;用自己的话复述他人作品的观点等。与搬运式的抄袭相比,"洗稿"更加隐蔽,更加高级。目前,自媒体行业已形成了庞大的"洗稿"产业链。一些公众号后面存在的是"洗稿"工厂,"洗稿"行为开始呈现流水线作业的形式,越来越产业化、规模化。这些通过抄袭、"标题党"等方式进行"洗稿"、赚取点击量的行为,大大损害了原创者的利益。

"洗稿"行为因"差评网"投资事件而引发了广泛的关注。"差评网"是杭州麻瓜网络科技有限公司2015年成立的围绕科技热点与互联网生活打造的新科技媒体。在科技领域,"差评网"以专业的角度和诙谐的语言,对商家和产品进行点评。从"怼天怼地怼空气"开始,"差评网"以"差评"为武器,声称以揭黑打假、去伪存真为宗旨,因此积累了大量的粉丝。2018年,"差评网"获得了腾讯旗下某基金3000万元的投资。然而,此事引发了业内媒体人士的强烈反响,众人纷纷指责"差评网"从事"洗稿",以及腾讯投资支持"洗稿"者。为此,腾讯网专门进行了调查。此事最终以"差评网"发布公告,退回腾讯基金投资而收场。不过,尽管投资事件看上去结束了,但"洗稿"远未结束。如何解决现在网络媒体中"线上采编"之类的采编与撰稿模式,始终是个问题。2018年,国家版权局等单位联合开展"剑网2018"专项行动,这一专项行动打击重点之一,就是整治自媒体通过"洗稿"方式抄袭、剽窃、篡改、删减原创作品的侵权行为。

另一方面,这种独创性又不能走得太远,改编作品必须与在先作品之间具有表达上的实质性相似。如果走得太远,该改编完成的作品则属于与在先作品不存在关联的独立创作完成的新作品了。不过,这一边界的认定难度极大,可以说仅仅存在于理论之中,而在司法实践中则非常不统一,不同的法院常常作出不同的判定。

在温瑞安诉北京玩蟹科技有限公司案中,原告温瑞安是武侠系列小说《四大名捕斗将军》《四大名捕震关东》《四大名捕会京师》等的作者。贯穿这一系列小说的灵魂人物是"四大名捕",即朝廷中正义力量"诸葛正我"各怀绝技的四个徒弟:轻功暗器高手"无情"、内功高手"铁手"、腿功惊人的"追命"和剑法一流的"冷血"。玩蟹公司开发的网络游戏中,将"无情""铁手""追命""冷血"和"诸葛正我"等人物改编成游戏角色,并使用与"四大名捕"近似的名称——"四大神捕"——进行宣传。温瑞安以侵害作品改编权为由向北京市海淀区人民法院提起诉讼。法院审理后认为,理解改编权需考虑三个方面:一是改编权的行使应以原作品为基础;二是改编行为是进行独创性修改而创作出新作品的行为;三是改编涉及的独创性修改可以是与原表达方式相同的再创作(如将长篇小说改编为短篇小说),也可以是与原表达方式不同的再创作(如将小说改编为美术作品或电影)。本案中,玩蟹公司开发的《大掌门》游戏,通过游戏界面信息、卡牌人物特征、文字介绍和人物关系,表现了温瑞安"四大名捕"系列小说人物"无情""铁手""追命""冷血"及"诸葛先生"的形象,是以卡牌类网络游戏的方式表达了温瑞安小说中的独创性武侠人物,满足了以上三个方面的要求。玩蟹公司的行为属于对温瑞安作品中独创性人物表达的改编,该行为未经作者许可用于游戏商业性运营活动中,侵害了作品改编权。①

在最高人民法院发布的"2019年中国十大知识产权案件"中,"《武侠Q传》游戏案"则是涉及作品游戏改编权的典型案例。此案中,明河社出版公司是查良镛(金庸)《射雕英雄传》等几部知名武侠小说在中国境内的专有使用权人。经明河社同意,查良镛(金庸)将上述作品部分区域和期间内移动终端游戏软件改编权独家授予了完美世界公司。被诉侵权的《武侠Q传》游戏是由北京火谷网开发、昆仑乐享公司运营的游戏。涉案游戏共有人物卡牌、武功卡牌、配饰卡牌和阵法卡牌等四类卡牌。游戏卡牌在人物描述、武功描述、配饰描述、阵法描述、关卡设定等多个方面与涉案武侠小

---

① 参见温瑞安诉北京玩蟹科技有限公司侵害作品改编权及不正当竞争案,北京市海淀区人民法院(2015)海民(知)初字第32202号民事判决书。

说中的相应内容存在对应关系或相似性。北京市高级人民法院在二审中认为,虽然被诉侵权卡牌游戏对权利人作品的改编方式不同于通常形式上的抄袭剽窃,侵权人在改编时也并未完整使用权利人作品中的故事情节,但是被告对人物角色、人物特征、人物关系、武功招式以及武器、阵法、场景等创作要素进行了截取式、组合式的使用。在游戏改编过程中,未经许可对他人作品中人物角色、人物特征、人物关系、武功招式以及武器、阵法、场景等具体创作要素进行截取式、组合式使用,且由此所表现出的人物特征、人物关系以及其他要素间的组合关系与原作品中的选择、安排、设计不存在实质性差别,未形成脱离于原作品独创性表达的新表达,构成对他人作品改编权的侵犯。①

从上述两案中,似乎可以看出,整体情节、主要人物、主要的线索脉络等构成作品的基本框架,在这些主体框架之上进行的与原表达方式相同的再创作,基本上都可以归属于改编权的范畴。不过在"《胭脂盒》案"中,法院似乎又持不同的主张。香港作家李碧华于二十世纪八十年代创作了小说《胭脂扣》,作品此后被搬上银幕。时隔二十年,上海沪剧院排演了名为《胭脂盒》的沪剧,引发小说《胭脂扣》著作权人上海华严文化艺术有限公司与上海沪剧院以及

---

① 参见明河社出版有限公司、完美世界(北京)软件有限公司与北京火谷网络科技股份有限公司、昆仑乐享网络技术有限公司、昆仑万维科技股份有限公司侵害改编权及不正当竞争纠纷案,北京市高级人民法院(2018)京民终 226 号民事判决书。

剧本创作者之间的侵害作品改编权诉讼。原告认为,小说《胭脂扣》与某剧剧本《胭脂盒》存在的相似之处有:

(1)作品名称相似,均为信物,一为胭脂扣,一为胭脂盒;

(2)主人公名称相同,均为陈振邦和如花,剧本中的美眷替代小说中做鬼的如花;

(3)人物关系相同,陈振邦和如花均为恋人关系;

(4)场景有所改编,原为香港,改为上海;

(5)情节相似。小说中陈振邦赠送如花"如梦如幻月,若即若离花"的对联花牌,某剧有"如梦如幻水底月,若即若离镜中花"的对联。小说中陈振邦父母反对其与如花交往,如花与陈振邦分手,并与其一起吞服鸦片殉情,陈振邦被家人救活,剧本中陈母反对陈振邦的恋情,报警砸场子并拆散他们,如花与陈振邦同饮鸦片酒殉情,陈振邦被父母救活;小说中如花死后,陈振邦在一间制片厂当群众演员,剧本中陈振邦是书场杂役;小说中如花将胭脂扣丢弃,剧本中陈振邦打开胭脂盒时剧终。①

如果按照前述两个案例中确立的改编权的边界来看,此案主要情节、角色、主线等似乎都属于改编权的范围。但此案主审法院审理后认为,故事主线上的相似过于抽象和普通,身份地位不同的两人相遇相爱,因家庭阻挠而为爱殉情的故事是众多爱情题材小说的

---

① 参见上海华某文化艺术有限公司与上海某剧院、罗怀某、陈某宇侵害作品改编权纠纷案,上海市第一中级人民法院(2012)沪一中民五(知)终字第112号民事判决书。

流行主题,很难说该主线具有独创性。而在故事具体情节的开展、关键情节的设置、各个情节之间的逻辑关系等方面,两部作品存在显著区别,已构成两个完全不同的故事。因此,被告行为不构成侵犯改编权。二审法院认可这一观点,维持了原判。

但是,从著作权法原理来看,本案并非历史事实,其中的人物形象、故事主线、情节发展都是独创出来的。对于这种作品,应当予以最有利的解释和最强的保护,而不是相反。本案中,主审法院以"故事主线上的相似过于抽象和普通,身份地位不同的两人相遇相爱,因家庭阻挠而为爱殉情的故事是众多爱情题材小说的流行主题,很难说该主线具有独创性"为由,予以否定,似乎不妥。这与前文提及的"百度案"一样,用一种"事后诸葛亮"的方式来进行否定。如果以这种推论展开的话,那么金庸《射雕英雄传》中所描写的穷小子与美少女的故事,也可以抽象为两个身份悬殊的人相遇相爱,反抗父亲阻挠及恶势力迫害的故事,从而不应具有独创性。其他文学作品亦如此。这显然会使著作权失去稳定的判定标准而陷入"虚无主义"状态。

在一个相似的名称与主题之下,主人公的名称完全相同,情节也大体相同,给外部观众的感觉就是在后作品系由在前作品改编而来的。而此案中,法院用了大量的篇幅来论证该作品在情节发展中所具有的独创性,但这恰恰符合改编作品需要一定独创性的标准,否则就属于抄袭而非改编的范畴了。就如"百度案"里需要思考的问题一样,如果在后作品是独立的作品,为什么连作品名称、主人公名称这些最简单的创造性劳动都不愿意去做,而是要使用与在前作品完全相同或者相似的名称呢?此处,无非是想"傍名牌",搭便车,除此之外,实在找不出别的理由。正如"四大神捕"与"四大名捕"、"康师傅"与"康帅傅"、"鳄鱼"与"鳄龟"、"特仑苏"与"特仓苏",能够想到这些近似词语也是需要创意的,甚至这些产品质量也相当不错,但这都不能否定其"傍名牌"的性质。一方面低判在前作品独创性,另一方面高判在后作品独创性,以此将其脱离在前作品范围而认定为新的作品,这种做法似乎与其他几个判例对改编权的界定标准不一致。

实际上,在另外一个案件里,因创作过度而脱离在前作品的做法,被法院认定为损害了在前作品的保护作品完整权。在"电影《九层妖塔》案"中,原告张牧野(笔名"天下霸唱")创作了《鬼吹灯》系列文字作品(共二部八卷)。小说以盗墓为题材,讲述的是几名"摸金校尉"利用祖传的风水方术知识到处探险寻宝的故事。小说运用了大量的文学史诗和丰富的民间传说,包含对地理、风水、异域风情的介绍等,具有极高的文学价值,引发了"盗墓文学"的热潮。小说自2006年发表以来,吸引了数千万读者。该系列小说出版后总销量逾千万册。基于《鬼吹灯》系列小说的良好口碑和庞大的读者基础,被告将《鬼吹灯之精绝古城》改编为剧本,拍摄成电影,并于2015年9月以《九层妖塔》之名在全国各大影院上线放映。原告认为电影内容对原著歪曲、篡改严重,在人物设置、故事情节等方面均与原著差别巨大,侵犯了原告的保护作品完整权,遂于2016年向北京市西城区人民法院提起诉讼。一审法院审理后认为,涉案电影《九层妖塔》的改编、摄制行为并未损害原著作者的声誉,不构成对原告保护作品完整权的侵犯,遂驳回原告诉求。①

原告对一审判决结果不服,向北京知识产权法院提起上诉。二审中,法院认为,即便把盗墓及风水等相关因素以审查为由予以改动,也应当尽可能地采取不偏离原著的方式,而不是任意改动。被告将涉案小说主人公的身份从盗墓者改成外星人后裔并具有超能力,这一点与原著内容相差甚远。涉案电影中把外星文明直接作为整体背景设定,并将男女主人公都设定为拥有一定特异功能的外星人后裔,严重违背了作者在原作品中的基础设定,实质上改变了作者在原作中的思想观点,足以构成歪曲篡改。此外,涉案电影增加的749局、王馆长、沙漠打怪兽等内容,其体量也远远大于涉案小说被改编的部分,且内容与被改编的部分基本没有关联。结合涉案电影对涉案小说主要人物设定及故事背景的根本性改动,法院认为,涉案电影中改动的部分偏离原作品太远,且对作者在原作品中表达的观点和情感进行了本质上的改变,构成对原作品的歪曲、篡改。② "《胭脂盒》案"中,法院主张高

---

① 参见张某与乐某影业(北京)有限公司等著作权权属、侵权纠纷案,北京市西城区人民法院(2016)京0102民初83号民事判决书。
② 参见电影《九层妖塔》侵害著作权纠纷案,北京知识产权法院(2016)京73民终587号民事判决书。

度创造性的变动可以成为一部独立的作品,而本案中,高度创造性的变动则成为侵犯保护作品完整权的依据。类似的案情,不同的判决,让人对改编权与合理借鉴之间本来就非常模糊的界限产生了更大的困惑。

二、改编权与编剧产业

影视作品与文学作品有着不同的叙事模式,因此,文学作品要在影视媒介上播放时,必须进行转化改编。编剧就是完成这一转化的关键人物。所谓编剧,就是说故事的人,是说故事大传统中的分支之一。编剧主要以文字的形式来完成对节目的整体设计与表述,这就是剧本。对于一部影视作品来说,剧本扮演着重要的角色,决定着影视戏剧的逻辑、内容与走向。剧本和小说、散文、报告文学一样,是文学作品的一种载体。但剧本与其他文字作品的创作目的还不太一样,小说、散文或报告文学等文字作品的创作目的是供读者阅读,而剧本则不一样。剧本本身是为戏剧演出或电影、电视剧拍摄所用的文字依据,往往不是为了读者阅读所用。因此,剧本的组成与一般文字作品相比,主要由人物的对话(或唱词)和舞台指示组成。由于剧本具有的特殊性,使之成为沟通文字作品与戏剧和影视作品之间的媒介和桥梁。

正是存在这种"小说—剧本—影视"不同载体间的演变与过渡,所以《著作权法》规定了作者享有的作品"改编权",即改变作品,创作出具有独创性的新作品的权利。从其他文学作品到剧本这种形式的过渡,就是"编剧"的过程,也是产生出新作品的过程。编剧当然可以进行故事原创,但更多是对已有作品的改编。小说、舞台剧、回忆录、传记、电视剧甚至是前人拍摄过的电影都可以被改编。原作品作者可以自己进行改编,也可由他人改编。据不完全统计,奥斯卡最佳影片中,约80%是改编自小说。而在电视剧中,改编而来的更是占据重要地位。但是,要改编一部作品,意味着需要从错综复杂、纷繁混乱的素材中挑选出有用的东西。改编者要把不属于戏剧性的东西凿掉,把藏在另一种媒介之中真正的戏剧性的东西展现出来。这就要求一个合格的编剧不仅得具备文字功底,还应熟谙影视剧的拍摄流程,优秀的作家不一定是合格的编剧。

改编会牵扯到改编权,因此,改编权对编剧行业的发展至关重要。改编权是编剧维生的手段,因为改编者对改编后的剧本之著作权是构建改编者在编剧行业中的地位的基础。但是,如果没有处理好改编剧本与原作品的关系,又往往可能导致侵权。北京市高级人民法院2018年发布的《侵害著作权案件审理指南》对"侵害改编权的责任主体"进行了明确规定:被诉侵权作品的编剧对侵害改编权的行为承担侵权责任;制片者直接参与剧本创作,或者虽未参与剧本创作但具有主观过错的,可以认定构成共同侵权,承担连带责任,但有相反证据的除外。

除了前面介绍的案例外,"琼瑶诉于正案"是近年来影响较大的案子。琼瑶(真名陈喆)于1992年至1993年间创作完成了电视剧剧本及同名小说《梅花烙》,该作品在中国大陆多次出版、发行,拥有广泛的读者群与社会认知度、影响力。2012年至2013年间,被告于正(真名余征)未经陈喆许可,擅自采用涉案作品核心独创情节进行改编,创作电视剧剧本《宫锁连城》,湖南经视公司、东阳欢娱公司、万达公司等共同摄制了电视剧《宫锁连城》(又名《凤还巢之连城》)。该剧将琼瑶的《梅花烙》全部核心人物关系与故事情节几乎完整套用。为此,琼瑶提起侵犯改编权之诉。法院审理后认定,剧本《宫锁连城》虽在故事线索上更为复杂,但是陈喆主张的上述情节的前后衔接、逻辑顺序均可映射在剧本《宫锁连城》的情节推演中,即使存在部分情节的细微差别,并不影响剧本《宫锁连城》与涉案作品在情节内在逻辑推演上的一致性。如以剧本《宫锁连城》中的所有情节来计算,虽然所占比例不高,但由于基本包含了涉案作品的故事内容架构,也就是说其包含的情节设置已经占到了足够充分的比例,以致受众足以感知其来源于涉案作品。因此,剧本《宫锁连城》与涉案作品在整体上仍然构成实质性相似,足以构成侵权。余征作为编剧应承担侵权责任,其他电视剧的制片人、出品人等构成共同侵权,承担连带责任。①

与"琼瑶诉于正案"中琼瑶在内地具有的超高知名度不同的

---

① 参见余征等与琼瑶侵害著作权纠纷上诉案,北京市高级人民法院(2015)京高民(知)终字第1039号民事判决书。

是,在"《锦绣未央》抄袭事件"中则表现出一种自下而上的抗争。小说《锦绣未央》(又名《庶女有毒》)由周静所写,自2012年6月起陆续对外发表,一度成为当时的热文。2016年,由《锦绣未央》改编的同名古装电视剧正式播出,但随之而来的是该剧原著抄袭了200余部小说的质疑声音,引发社会广泛关注。2016年岁末,沈文文等十多位作家将《锦绣未央》原著作者周静诉至法院,称其未经许可在《锦绣未央》中大量抄袭自己的文字,且在大量作者和读者的抗议之下仍未停止侵权行为,反而将侵权作品授权第三方改编为电视剧、手机游戏和漫画,造成恶劣影响。原告要求《锦绣未央》原著作者及销售商停止侵权并道歉,并索赔200万余元。随后,知名武侠小说作家温瑞安也加入了诉讼的行列。据统计,该案共涉及《身历六帝宠不衰》《胭脂泪妆》《一世为臣》《重生之药香》等18部作品。

此案被称为国内规模最大的著作权侵权案,共有9位律师、12位作者、60位编剧、上百位志愿者参与,涉及12个系列案件。在2000多万字的文字比对过程中,不仅要阅读被侵权的纸质版小说,还要阅读网络版小说,将语句、情节、人物设置等进行对比、排查。60位编剧进行了众筹,为后续诉讼提供经费支持。2019年5月,北京市朝阳区人民法院在审理后认定,《锦绣未央》的抄袭虽然分散于书中不同段落,但在语句表达、人物塑造、情节结构、故事核心等方面都采用了沈文文作品《身》中具有独创性的背景设置、出场安排、矛盾冲突和具体的情节设计,二者已构成实质性相似,属于对《身》著作权的侵害,遂判处被告周静赔偿原告13.65万元,被告周静于判决生效之日起停止对小说《锦绣未央》的复制、发行及网络传播,被告当当网于判决生效之日立即停止对小说《锦绣未央》的销售。①

这只是《锦绣未央》被诉抄袭系列案中的一起,后面还有11个案件在等待审判。但从目前业界的态度来看,大多比较认可,认为这对于保护原创、打击剽窃、守护语言家园、维持文字尊严起到了积极作用。但是,也有编剧认为,本案投入不菲,历时达两年半,而判赔金额仅十余万元,与《锦绣未央》小说在网络上的广泛传播程度及获利额相比,相差悬殊。这凸显了国内如今版权保护力度不足,编剧维权艰难的现状。

随着数字网络技术的发展,近年来,影视改编行业出现了新的动向。其中影响最大的当属网络文学(IP)改编剧的兴起。所谓IP,是一语双关,既可理解为Intellectual Property(知识产权,可以是一个故事,一种形象,一件艺术品,一种流行文化),也可理解为Internet Protocol(即网络传递协议,指的是越来越多的网络影视文学、游戏动漫等作品被二次或多次改编、开发)。IP剧,是指在有一定粉丝数量的国产原创网络小说、游戏、动漫等基础上创作改编而成的影视剧。网络文学作品因其庞大的粉丝群体及其消费能力,已经

---

① 参见沈文文诉周静等侵害著作权纠纷案,北京市朝阳区人民法院(2017)京0105民初932号民事判决书。

成为影视 IP 最重要的来源。《花千骨》《琅琊榜》《仙剑奇侠传》《鬼吹灯》《甄嬛传》《欢乐颂》《何以笙箫默》《三生三世十里桃花》《长安十二时辰》《庆余年》等,近年来影响较大的影视作品几乎都是由网络文学作品改编而来。

在短期内,IP 影视化改编的大趋势仍将持续,其中网络文学仍占较大比重,游戏和漫画作品改编热度提升。IP 改编题材更加多元化,宫廷、奇幻、都市生活、校园小清新、体育等都是爆款大剧的重点题材。随着互联网巨头的介入,IP 改编开始从游戏界逐步扩展到动漫、影视、文学等多个文化创意产业领域。IP 是基础资源,具有"种子功能",利用 IP 的影响力,在动漫、手游、话剧、玩具甚至主题公园之间转化,可衍生出文学、动漫、影视等领域的精品,形成丰富的产业链条。这一链条包括从版权交易到影视内容的制作发行,再到游戏、电商、实景娱乐、玩具等实体物品的销售,以及艺人经济、粉丝经济等一系列衍生产品的开发。其实质是通过对影视产业版权的保护,充分挖掘 IP 具有的丰富内涵和巨大潜力,由过去单一粗放的模式走向系统化、全产业化的模式,"游戏软件—书籍出版—影视作品—其他衍生产业"全面辐射,进而实现市场盈利最优解和最大化,构建一个整体优化升级的生态体系。

IP 作为企业的无形资产,是一种有效构建商业壁垒的手段,具有巨大的商业价值。百度、阿里、腾讯最早基于优质 IP 领域谋划布局,同时涉足文字作品与影视传媒两大领域。腾讯旗下的阅文集团是国内最大的 IP 授权出口集团,在原创文学市场优质内容产出端已占了过半的市场。阅文集团下辖中文网、创世中文网、小说阅读网、潇湘书院、红袖添香等著名品牌。百度也形成了纵横中文网、91熊猫看书、百度书城等子品牌构成的宏大架构。阿里在 2015 年推出阿里巴巴文学,将与书旗小说等组成阿里移动事业群移动阅读业务的主要部分。此外,阿里成立阿里影业之后,腾讯成立了两家影视公司——企鹅影业、腾讯影业。腾讯指出,在未来,电影将不再是一种孤立的体验,它的价值不再局限于票房,而将通过影视、文学、动漫、游戏、衍生品等多元 IP 运营方式的协同,实现全面的释放,形成远超当下的娱乐消费规模。网易也成立了网易影视传媒公司,并提出针对影视业务的三大战略:将游戏影视化的"树计划"、把影视游戏化的"桥计划"、着力源头孵化新 IP 的"光计划"。互联网产业围绕 IP 布局并建立实体工事和营盘,将是影响以 IP 为核心的文创产业未来的走向。① 所有这一切,都是以改编权为基础的表达形式转换,是通过 IP 的授权产生盈利,通过完整的知识产权体系构筑起稳固的专属商业堡垒来实现的。

三、角色化权与同人作品

作品中的角色形象常常会被改编性地或二次创作性使用,从而获得巨大的商业价值。一部伟大的文学作品,往往会通过文字描述

---

① 参见张怡、达旭瑶:《IP 概念的前瞻性意义分析》,载《新闻战线》2018 年第 9 期。

成功地塑造出许多生动活泼、感动心灵的角色形象。这些角色形象虽然是虚拟的,但是对于读者来说,却具有极强的亲和力,使其能在商品或服务宣传中拥有优势,得到市场的认可,从而构成一个价值巨大的产业核心。一般说来,文学角色是作者在作品中塑造的艺术形象,这些形象可以是书籍、戏剧、漫画中的形象,也可以是电影中出现的人物、动物,它们由声音、形体、人格、个性、言谈举止等要素构成。但是,与动漫、游戏等塑造出来的卡通形象不一样,小说、剧本等文学作品塑造出来的形象是个更加抽象的概念。由于文字对角色的描述散布于整部作品的不同位置,很难以固定的视觉形象展现出来。这一形象具有较大的不确定性,依存于作者的文字描述和读者的心理意象,而非直观的语言排列与文字堆砌。不同的人在阅读过程中会有不同的想象,当与语言文字描述相分裂,脱离其他作品元素时,这种想象难以确立起来。

(一)域外司法实践与做法

角色形象是由作品中多个要素集合起来的,同时离不开读者阅读作品时的体验与再创造。人物情节用文字来表达时,由于在读者脑海中浮现的印象是过去体验的反映,可能千差万别(《飘》的主人公斯嘉丽,对于那些没有看过费雯丽表演的人,可能有不同的印象)。[①] 读者的参与,不仅塑造了角色形象的艺术价值与审美价

[①] 参见〔日〕田村善之:《日本知识产权法》(第4版),周超等译,知识产权出版社2011年版,第438页。

值,更是给角色形象带来了商业价值。所以狄更斯有言:"文学已幸福地从个别恩主转向读者大军。在那里,文学发现了自己的最高宗旨、自己的用武之地及最高奖赏……作者摆脱了餐桌侍从席位的邪恶而获得解放。"①最典型的就是 J. K. 罗琳,借助自己创造出来的哈利·波特这一形象,成功地登上了福布斯的富豪排行榜。角色形象的出现使得语言资源的范畴也得到了极大的拓展。语言资源开始由按照语法规则排列堆砌的冰冷文字转化为一个个深入人心的鲜活灵魂。正是由于角色形象具有如此巨大的商业利益,作者们都希望利用作品是自己精神与心智的孩子这一层"血缘关系"来对角色形象进行法律上的控制。因此,世界各国法律基本上都对角色形象提供法律保护。

在 1993 年 WIPO 国际局公布的角色商品化权研究报告中,将角色商品化权定义为:为了满足特定顾客的需求,使顾客基于与角色的亲和力而购进这类商品或服务,虚构角色的创造者在不同的商品或服务上加工或利用该角色实质人格特征的权利。这一保护体系主要通过版权法、商标法与反不正当竞争法等法律构成。其中,最主要、最直观的仍然还是版权保护。但是,角色形象并不是理所当然地就能得到版权法的保护,而是要满足一定的条件。实际上,角色形象要得到版权保护,还面临一些问题。这些问题主要包括:

---

① K. J. Fielding ed., *The Speeches of Charles Dickens*, Clarendon Press, 1960.

其一,角色形象的属性问题。根据"思想/表达"二分法原理,版权只保护表达形式,而不及于思想。那么,角色形象究竟属于思想范畴,还是表达形式?这一问题需要区别分析。严格地说,角色形象只是作品的要素之一,并非在任何情况下都能成为作者的独创性思想表达形式。实际上,如果只是一个角色特性、一个情景或事件,那么角色形象可以看成是一个概念或思想的象征。但如果一个角色形象已经不再停留于某种类型的笼统层面,而是发展为一个独具特征的表达个体,那么这一角色形象就可以被视为一种思想表达的形式,而不再被划入思想观念的笼统范畴。

其二,角色形象的固定问题。正如前面所述,同一作品,不同读者可能获得不同的阅读体验,导致对作品的理解也不同。角色形象,作为单独的作品要素,依赖于叙述者讲述的故事情节和背景设定而存在。读者唯有通过作品的风格氛围和情感态度,才能体验到这些文学要素,形成自己对该文学角色独特的心理意象。因此,文学作品中,作者直接或间接描绘的角色形象,不管是扁平抑或圆润,都并非一个静态的、单一的、固定的形状相貌,而是随故事的发展而发展,随作者的铺陈叙述和读者的理解想象而逐渐构建起来的相貌神情、语言动作、认知情感、行为反应的集合。[1]

其三,角色形象的判定标准问题。不是所有文学作品中塑造出

---

[1] Jasmina Zecevic, *Distinctly Delineated Fictional Characters that Constitute the Story Being Told: Who are They and Do They Deserve Independent Copyright Protection?* Vanderbilt Journal of Entertainment & Technology Law, 2006.

来的角色形象都能获得著作权保护,只有某些符合标准的才可以。各国法院发展出了不同的标准,然而,与划分"思想/表达"的界限一样,要想确定一个明确无疑的标准,这是难以做到的。这甚至得要求法官充当起一个文学批评家的角色,来对作品进行较深层次的分析和理解。

在"尼科斯案"中,汉德法官在"抽象层次法"的基础上,提出了一种"充分清晰描述与展开"(Distinct Delineation Test)的测试标准。根据这一标准,一个人物形象在作品中越是得到充分独特的描述或展开,就越有可能被独立出来,获得特定的文学或戏剧作品之外的保护。汉德法官写道:"如果《第十二夜》享有版权保护,那么模仿托比·贝尔奇或马夫利奥爵士之人有可能会侵权。但是对于他塑造的其他人物来说,如整天只会纵酒欢闹扰乱左邻右舍的放荡骑士,或者痴迷情妇、浮夸自大的管家,这是远远不够的。这些不过是莎翁戏剧中的思想观念而已,是无法得到独占权的。正如爱因斯坦的相对论,或达尔文的物种起源理论无法取得任何垄断一样。可以说,作品角色的描述和展开越少,就越难获得版权法保护。这是作者将作品角色描绘得过于模糊而不具有独特特征所必须承担的惩罚。"

从汉德法官提出这一标准以来,大量关于形象角色的理论以此为基础进一步展开和构建,逐渐形成了所谓的"两步测试法"。

第一步,测试作者塑造的角色形象是否被充分描述和展开。在文学作品中,人格化角色形象和类型化角色形象要发展成为身份健全、形象饱满的个体化角色形象,需要借助作者的独创性表达,即对故事情节和人物形象的文字刻画。

第二步,进行"实质性相似"的检验。比较被指控的侵权人是否复制了这种人物形象的描述与展开,不仅限于一个宽泛且抽象的轮廓或类型,而是进行实质性的使用。

"充分清晰描述与展开"标准在适用中存在一些不足,最典型的就是依赖法官的主观性判断,随意性较大。在"巴勒斯诉米高梅公司案"中,法官认为"人猿泰山"这一角色得到了充分清晰的描述。这一角色可以抽象为:由猿猴养育长大,成长于森林之中,能够与自然界进行交流,年轻强壮,充满活力,风度翩翩。法官认为这一角色得到了充分清晰的描述。但是,问题在于,这样的角色可能在许多作品里都已存在,而且大体相似。因此,如果法官依赖这一标准,可能会导致保护的范围过大。

为了确定一个角色形象被描述到何种程度才能被认定为充分清晰,第九巡回法院在"华纳公司案"中提出了"构成被叙述故事"标准(The Story Being Told Test)。作家达希尔·哈米特创作了侦探小说《马耳他之鹰》,先以连载方式刊登,然后以书籍方式出版。随后,作家与出版社授权华纳公司该作品的电影、广播、电视版权。后来,哈米特又使用原作中的人物形象,创作了新的侦探小说,授权哥伦比亚公司摄制电影、广播与电视剧。该案中,法院提出了"构成被叙述故事"的测试标准。根据这一标准,只有当角色形象得到最充分的描述,以至于该人物形象不再仅仅是叙述故事的棋子或工具,而是直接构成了被叙述的故事本身时,才能获得版权保护。

在"构成被叙述故事"标准下不少角色形象可以得到较好的保护,如"007系列"中的"詹姆斯·邦德"、柯南·道尔笔下的"福尔摩斯"等。但是,"构成被叙述故事"标准要求作者叙述整个故事的目的就是要塑造出具有丰满形象的角色,这实际上使得角色形象在文学作品中的地位超过了故事本身。这从作品要素的角度来看,几乎是不可能做到的。因为作品角色的构建依赖情节的发展和故事的推进,读者通过文学角色在不同时境下的反应,累积经验,进而预判角色行动。如果作者只在角色上铺张笔墨,全然不顾情节叙述和故事架构,结果只会适得其反。很少会有作者愿意这么做,也很少有作品能达到这样的标准,故而,该标准几乎排除了所有角色形象的著作权保护,也因此受到了不少批评和拒绝。

对于作品中的角色形象,德国的著作权法及反不正当竞争法都给予了保护。德国司法界将作品角色的保护分为角色名称的保护及角色图像的保护。关于角色的名称,德国极少予以保护,因为角色名称几乎难以符合独创性要求。对于角色图像,只要后来作品使用了原作品中的角色图像,即构成侵权行为,即使模仿也在禁止之列。[①] 德国对虚拟角色的版权性标准体现了角色需要"能从作品中

[①] 参见吴汉东等:《西方诸国著作权制度研究》,中国政法大学出版社1998年版,第54页。

剥离并被单独识别和利用"。在 2013 年"Pipi Langstrumpf-Entscheidung 案"中,原告塑造了一个两条红色小辫上翘、满脸雀斑、大嘴巴、牙齿白的小姑娘,穿着一只棕色、一只黑色的长袜,以及比脚大一倍的鞋子,力大无比、善良热情、勇敢淘气。德国最高法院认为,文学角色要受版权保护,要求其外部、内部特征能从作品情节中剥离(但不要求与作品脱离),并且内外特征组合构成"独一无二的形象"。角色"Pipi"形象外观及性格特性已经符合这一条件,因而可以受到版权法保护。①

日本司法界认为,将作品中的人物画像原封不动地复制并用于服务中的行为侵犯了作者的著作权。② 在"Sazae 先生案"里,日本法院首次确认了虚拟角色能够获得版权保护,尽管这一案子涉及的是一个卡通版的人物形象。该案中,被告将原告三个卡通人物形象放在了汽车巴士广告上。法院认定该使用行为侵犯了原作品的著作权。在此后的"Popeye 案"中,涉及的是人们广泛熟知的大力水手形象。在该案中,日本最高法院将虚拟人物形象的名称也纳入保护范围,并引入了商标法和反不正当竞争法保护的模式。在这一系列司法实践的影响下,日本逐渐形成了以版权法、商标法和反不正当竞争法为主体的虚拟形象的综合保护模式。

---

① 参见陈琪、龙文懋:《文学作品中虚拟角色的著作权法保护》,载《科技与法律》2018 年第 3 期。

② 参见吴汉东等:《西方诸国著作权制度研究》,中国政法大学出版社 1998 年版,第 54 页。

(二)中国的司法实践

在我国,随着市场经济的发展,为了获得竞争优势,不少经营者使用知名的虚拟形象姓名、肖像、声音、作品等元素来包装自己的商品。因此,近年来,司法实践中,涉及作品形象的案件大量增加。影响比较大的案件包括:冯雏音等诉江苏三毛集团公司侵犯已故漫画家张乐平的作品"三毛"漫画形象案、蓝天野诉天伦王朝饭店有限公司等侵犯电影《茶馆》中"秦二爷"形象名誉权案、赵继康等诉曲靖卷烟厂侵犯"五朵金花"名称案、(日本)圆谷制作株式会社诉北京某商场侵犯"奥特曼"署名权纠纷案、霍寿金诉北京电影制片厂等在电影《霍元甲》中侵犯霍元甲名誉权纠纷案、广东某文化传播有限公司诉上海乐某儿童用品有限公司侵害动画作品《喜羊羊与灰太狼》发行权纠纷案、艾影(上海)商贸有限公司诉中路等股份有限公司侵犯《多啦A梦》著作权案等。但是,这些案件涉及的角色形象多数是动漫、美术作品等视觉形象,对于文字类作品中的角色形象的司法保护尚存不少分歧。

在前文提到的"温瑞安诉北京玩蟹科技有限公司案"中,法院认为温瑞安武侠小说中的五个典型人物及其名称、背景等作品元素,是原告精心设计的,都具有自己独特的背景和特点,是四大名捕系列小说的核心基石,是"温派"经典的重要纽带,是作者武侠思想的重要表达。原告对其作品中的独创性表达部分应当享有著作权,被告未经许可用于商业活动,侵犯了原告的改编权。而在"《武侠Q传》游戏案"中,法院认为,虽然被告卡牌没有完整使用权利人作品中的故事情节,但对人物角色、人物特征、人物关系等创作要素进行了截取式、组合式的使用,由此表现出的人物特征、人物关系以及其他要素间的组合关系,与原作品中的选择、安排、设计不存在实质性差别,未形成脱离于原作品独创性表达的新表达,构成对他人作品改编权的侵犯。不过,在"《鬼吹灯》案"中,法院则认为,经过比对,被控侵权图书虽使用了与原告权利作品相同的人物名称、关系、盗墓规矩、禁忌等要素,但被控侵权图书有自己独立的情节和表达内容,被控侵权图书将这些要素和自己的情节组合后形成了全新的故事内容。这个故事内容与原告作品在情节上并不相同或相似,也无任何延续关系。故原告主张其权利作品中的人物形象、盗墓规矩、禁忌受著作权法保护的依据不足。据此,法院否定了对原告诉求的支持。

"《鬼吹灯》案"与前面提到的"《胭脂盒》案"类似,法院认为,只要情节能够自我展开,使用他人作品中的人物名称是可以的,也即,所谓的"同人小说"是允许的。不过,在"金庸诉江南案"中,法院持有不同的意见。该案的起因是江南(真名:杨治)在2000年前后发表的小说《此间的少年》,小说中大量人物名称与金庸小说《射雕英雄传》《笑傲江湖》《天龙八部》等作品里的人物名称相同。金庸因此提起诉讼,认为江南及其出版公司构成侵权。一审法院审理后认为,《此间的少年》是江南重新创作的文字作品,并非根据金庸作品改编的作品。相关读者因故事情节、时空背景的设定不同,不会跟金庸作品中的人物形象产生混淆。但江南未经金庸许可,在其作品中使用金庸作品中的人物名称、人物关系等元素,且将其作品予以出版发行,确有借势获利之嫌,其行为构成不正当竞争,应承担侵权责任,对原告予以赔偿。①

本案中,法院虽然没有认定作品人物名称的版权保护,但是使用了《反不正当竞争法》的规定,明确了对"同人作品"的否定性态度。对于本案的审理,尚有几点有待探讨:

第一,作品人物名称的可版权性。二十世纪末、二十一世纪初武侠小说红极南北之时,郭靖、黄蓉、杨康这样的角色几乎是无人不知、无人不晓。根据角色形象被描述、被刻画的理论,已经可以纳入版权保护的范围了。这些名称并不仅仅只是名称,而是背后一个个鲜活的灵魂。郭靖,天资愚钝、朴实善良、勇敢无畏且又运气爆棚的憨厚少年;黄蓉,聪明绝顶、顽皮可爱、家学渊源的美少女;杨康,认贼作父、阴狠毒辣、不择手段的小王爷。这些形象在读者心中是根深蒂固的。本案中,法院以相关读者因故事情节、时空背景的设定不同,不会跟金庸作品中人物形象产生混淆为由,认为这些名称不具有可版权性,这是值得商榷的。试想一下,任何一位读者提到这些名称,第一反应均是这些形象,然后发现小说中的人物与原来心目中的形象大不相同,颇为有趣,才产生进一步读下去的兴趣。这

---

① 参见龚家勇:《"同人小说"涉及的法律问题》,载《检察日报》2020年3月11日。

也是仿者意图要达到的效果。实际上,根据"《九层妖塔》案"的推理,如果他人用了这些名称,按照完全不同的情节去发展,变化幅度过大,就应该归入侵害作品完整权的范畴了。

第二,诉讼时效问题。本案另一个需要考虑的问题是,江南的作品早在2000年就已流行,即便是出版成书,也是多年以前的事。根据诉讼时效理论,原告应当在已知或应知侵权行为的法定期间内提起诉讼,而本案在作品出版后多年才提起诉讼,是否还在诉讼时效期间,似乎需要考虑。

第三,可否适用合理使用中的"戏仿"？江南的小说是以一种戏谑的方式将金庸笔下的经典人物进行解读,从版权法理论来看,似乎可以归入合理使用的"戏仿"范畴。当然,根据合理使用理论,如果仿者没有牟利或牟利很少,归入合理使用应当是可以的。不过,此案中,由于江南从此书获利颇多,应当难以归入合理使用的范畴了。

本案属于比较典型的"同人作品"纠纷案,亦被称为"同人作品"第一案。2020年,网络上炒作得沸沸扬扬的"肖战事件",使得"同人作品"这个话题再度成为人们关注的热点。所谓"同人作品",主要是对其他现有作品中的人物形象进行二次创作,既包括改编,也包括全新的创作。"同人作品"的形式很多,包括同人游戏、同人音乐、同人漫画、同人小说、同人动画等。"同人作品"是近年来兴起的新鲜现象,网络中也有不少关于"同人小说"的专门网站。前几年红极一时的情景喜剧《武林外传》也应当归入此类。由于这类作品尚属新鲜事物,所以这一创作形式的法律边界究竟在何处,尚未有明确的认定。此案中,法院最终不是以版权法而是以反不正当竞争法为由进行判决,是选择了一种折中方式处理。① 不过,由于反不正当竞争法可以说是知识产权法的兜底法,也是知识产权法的生长点,因此,当有足够案例积累,行为类型化足以固定下来的时候,对这类行为由版权法来进行规制,应该是自然而然的事情。

四、改编与摄制权

文学和影视有着不可分割的关系。在网络小说充斥荧屏之前,除了电视剧的原创剧本,经典文学是被改编为影视作品的主要题材——从四大名著到古龙、金庸的武侠经典,从琼瑶言情作品到现当代严肃文学。二十世纪国内很多优秀的影视作品都是来自纯文学作品。即便在好莱坞,许多斩获奥斯卡奖的作品大多都是来自纯文学作品。从某种意义上说,文学作品是既定的,影视作品则是一种演绎方式。只要文学不朽,这种演绎的次数只会越来越多。在当代,源自文学作品的影视改编占了影视创作较大的比例,即使是原创的影视作品,也不可避免地受到文学叙事和人物塑造等文学经验的影响。由于影视作品一定是二次创作的产物,绝不只是把原作

---

① 2023年5月,该案迎来了二审终审判决。法院最终认定被诉侵权行为分别构成著作权侵权和不正当竞争。

品搬过去就顺理成章地变成优秀的影视作品,它需要改变、提升。可以说,作品的摄制权基本都是以改编权为基础的。

我国《著作权法》没有明确规定哪些作品享有摄制权。不过,文字作品,如小说、剧本等,是最典型的享有摄制权的作品。至于其他类型的作品,则存在争议。①《著作权法实施条例》第10条规定:"著作权人许可他人将其作品摄制成电影作品和以类似摄制电影的方法创作的作品的,视为已同意对其作品进行必要的改动,但是这种改动不得歪曲篡改原作品。"根据该规定,改编者获得了合法的改编权,即视为原作者允许对原作品进行必要的改动,但是这种改动依然不得歪曲、篡改原作品。因此,改编者的自由不是绝对的,而是有限度的。在"《九层妖塔》案"中,主审法院根据《著作权法实施条例》的规定,对"必要的改动"进行了限定,指出"必要的改动"应包括以下两种含义,即改动是必要的,以及改动应在必要限度内。

1. 改动是必要的

这种改动必须是因电影作品改编行为的需要而进行的改动,如果不进行改动,则原作品无法进行拍摄,或者将严重影响电影作品的创作和传播。为了符合电影审查制度而进行改动,一般是改编最主要的目的。例如,原作品中如果含有违反宗教政策、暴力、色情等不宜在电影作品中呈现的描写,则应当允许这部分描写不被拍摄为

---

① 参见崔国斌:《著作权法:原理与案例》,北京大学出版社2014年版,第422页。

电影场景或镜头。但是具体哪些改动是必要的,应当由改编者来证明,并根据具体案情综合考量。

我国实施电影审查制度。2006年施行的《电影剧本(梗概)备案、电影片管理规定》第13条规定,电影禁止载有下列内容:

(1)违反宪法确定的基本原则的;

(2)危害国家统一、主权和领土完整的;

(3)泄露国家秘密,危害国家安全,损害国家荣誉和利益的;

(4)煽动民族仇恨、民族歧视,破坏民族团结,侵害民族风俗、习惯的;

(5)违背国家宗教政策,宣扬邪教、迷信的;

(6)扰乱社会秩序,破坏社会稳定的;

(7)宣扬淫秽、赌博、暴力、教唆犯罪的;

(8)侮辱或者诽谤他人,侵害他人合法权益的;

(9)危害社会公德,诋毁民族优秀文化的;

(10)有国家法律、法规禁止的其他内容的。

第14条规定,电影片有下列情形,应删剪修改:

(1)曲解中华文明和中国历史,严重违背历史史实;曲解他国历史,不尊重他国文明和风俗习惯;贬损革命领袖、英雄人物、重要历史人物形象;篡改中外名著及名著中重要人物形象的;

(2)恶意贬损人民军队、武装警察、公安和司法形象的;

(3)夹杂淫秽色情和庸俗低级内容,展现淫乱、强奸、卖淫、嫖

娼、性行为、性变态等情节及男女性器官等其他隐秘部位;夹杂肮脏低俗的台词、歌曲、背景音乐及声音效果等;

(4)夹杂凶杀、暴力、恐怖内容,颠倒真假、善恶、美丑的价值取向,混淆正义与非正义的基本性质;刻意表现违法犯罪嚣张气焰,具体展示犯罪行为细节,暴露特殊侦查手段;有强烈刺激性的凶杀、血腥、暴力、吸毒、赌博等情节;有虐待俘虏、刑讯逼供罪犯或犯罪嫌疑人等情节;有过度惊吓恐怖的画面、台词、背景音乐及声音效果;

(5)宣扬消极、颓废的人生观、世界观和价值观,刻意渲染、夸大民族愚昧落后或社会阴暗面的;

(6)鼓吹宗教极端主义,挑起各宗教、教派之间,信教与不信教群众之间的矛盾和冲突,伤害群众感情的;

(7)宣扬破坏生态环境,虐待动物,捕杀、食用国家保护类动物的;

(8)过分表现酗酒、吸烟及其他陋习的;

(9)违背相关法律、法规精神的。

可见,我国的电影审查制度是以宪法和法律、法规为依据,以基本的公序良俗、善良道德标准为原则,是为了保障社会主义精神文明建设的健康发展。如果在电影作品中出现违反上述规定的相关内容,电影将可能不会被允许发行传播。如果原作品中存在违反上述规定的相关内容,则在改编为电影作品时,应当进行改动。此种改动即属于必要的改动。

2. 改动应在必要限度内

即便属于必要改动的范畴，也并非可以随意改动，而要有一定的限度。在判断过程中可以把原作品区分为核心表达要素和一般表达要素。以小说为例：小说中的核心表达要素包括主要人物设定、故事背景、主要情节；一般表达要素包括具体的场景描写、人物对白或者具体桥段。从文字作品改编到电影作品，并不是把文字进行镜头化的简单过程，其中包括剧本创作、美术、音乐、特效等各方面的工作。但通常来说，电影作品的拍摄还是会按照文学剧本以及相应分镜头剧本的安排，从电影作品内容可以直接反映出剧本的内容，进而应与原作品构成实质性相似。如剧本中对原作品的主要人物设定、故事背景、主要情节等核心表达要素进行了根本性的改动，则可能导致改编作品与原作品设计的人物性格、关系迥然不同，与原作品描述的主要故事情节差距过大，甚至改变了作者在原作品中所表达的思想情感、观点情绪，这种改动就超出了必要的限度。如剧本中对人物对白或场景描写等一般表达要素进行了改动，并且这种改动并不会导致原作品的核心表达要素发生变化，则这种改动可视为在必要限度内。

可以说，影视摄制权本质上就是一种广义的改编权。在《伯尔尼公约》中，也是作为改编权的一个特例来进行规定的。在当代，摄制电影权也包括摄制电视跟摄制录像制品权。[1] 只是这种改编要

---

[1] 参见郑成思：《知识产权法》，法律出版社1997年版，第412页。

服务于摄制,同时受摄制的特点所限。"《九层妖塔》案"为影视作品的改编设置了边界。电影作品的改编摄制是从一种形式的作品(文字、漫画)演绎为另一种形式的作品(影视),其中所使用的艺术创作手段大相径庭,同时受到电影时长、市场需求、资金多少、主创人员能力等诸多限制。文字能描述出来的内容,未必可以用摄像机拍摄出来,特别是在电脑特技尚不发达的电影产业发展初期。此时,法律应允许电影作者在改编电影的过程中对原作品进行必要的改动。但这个过程需要平衡考量原作者与电影作者甚至公众的综合利益,既要防止原作者过分敏感从而阻碍电影作者在合理创作范围内的改编拍摄行为,又要防止电影作者在新的演绎中歪曲篡改原作者在原作品中受到保护的精神利益,还要兼顾社会公共利益,包括电影审查、公共政策和广大观众的接受程度等。①

---

① 参见电影《九层妖塔》侵害著作权纠纷案,北京市高级人民法院(2016)京73民终587号民事判决书。

第四节　汇编与汇编权

所谓汇编,就是将作品或者作品的片段通过选择或者编排,汇集成新作品的行为。我国《著作权法》第10条明确规定了汇编权。因此,他人汇编作品或作品片段时,须经作品或作品片段原著作权人许可,否则即为侵权。汇编行为尽管并未对作品加以改动,也并非如演绎那样在原作品基础上进行二次创作性劳动,但其在选择与编排方面仍然具有独创性,从而形成新作品,行为人享有著作权。一般来说,汇编应当取得原作品著作权人的许可,但是否得到许可并不影响汇编作品自身的著作权。汇编过程如果创造了新的作品,则适用汇编权保护,否则适用复制权保护。汇编过程若只选择一个作品进行编排,则只能适用复制权保护。汇编作品作为一个整体,由汇编人享有著作权。汇编作品可以单独使用的部分,著作权归属于该部分的作者,汇编作品的作者或著作权人在行使汇编作品的权利时,不得侵犯可单独使用作品部分的著作权。

一、汇编权与数据库权

汇编作品的客体很多,除了立体美术作品之外的作品几乎都可以包括在内。当然,平时最常见的还是由文字作品的原作形成的汇编作品。① 不过,汇编权是否有必要存在? 在学界存在争议。有观点认为,从著作权立法技术的角度来看,立法者在设置著作权的权能时,只需要将所要保护的作品设想成最小的不可分割的单元,赋予权利人对该作品单元的控制权,就可以阻止他人汇编这些作品。从这个意义上讲,汇编权的确是多余的。② 还有学者指出,汇编权所控制的行为,无非是利用他人作品形成汇编作品并加以利用。这一过程涉及对他人作品的复制、发行或网络传播,完全可以由复制权、发行权或信息网络传播权加以控制,汇编权的存在,实无必要。③

对于文集之类的汇编作品来说,整体数量有限,且每个单元都构成独立的作品,各自享有著作权。在这些情况下,汇编权看起来的确没有太大的作用。但是,在其他一些情形下,例如被汇编的对象之中包括大量没有版权的素材,且收集、编排需要投入大量人力、物力(如科学数据,以及属于事实信息的电话号码簿、通讯录之类),对这类活动提供汇编权保护则是一个较好的选择——尤其随着现代数字技术的发展,各种音频库、视频库越来越多的情况下,更是如此。

---

① 参见郑成思:《知识产权法》,法律出版社 1997 年版,第 409 页。
② 参见崔国斌:《著作权法:原理与案例》,北京大学出版社 2014 年版,第 425 页。
③ 参见王迁:《论我国〈著作权法〉中"汇编权"的重构》,载《法学论坛》2008 年第 6 期。

(一)汇编作品的独创性

我国 1991 年《著作权法》中,"汇编作品"被称为"编辑作品"。该法第 10 条中,"编辑"即指"汇编"。在 1991 年《著作权法实施条例》第 5 条第(六)项关于出版规定中提到"编辑"时,似乎跟第 5 条第(十一)项的"编辑"又不太一样。第 5 条第(六)项中的"编辑"是指将作品编辑加工后经过复制向公众发行。此处所指是出版社工作人员对稿件的文字性修改或加工。而在第 5 条第(十一)项中,则规定"编辑,指根据特定要求选择若干作品或者作品的片段汇集编排成为一部作品"。这里的定义就更接近于汇编的含义。2001 年《著作权法》修正了这一问题。但是不管怎么样,"汇编"应包含"编辑、加工"与"汇集",两者构成一个整体的两部分含义。

美国《版权法》第 103 条在该法第 102 条列举的 8 种受保护作品基础上,又特别列举了另外两种受保护的作品,即汇编作品与演绎作品。汇编作品包括两类:一类是汇编事实或数据而形成的作品,可以叫事实汇编作品或数据汇编作品;另一类是汇编已有作品而形成的作品,可以叫集合作品。根据美国《版权法》第 101 条的规定,集合作品是指期刊、选集或百科全书一类的作品。其中有一系列来稿(本身就是单独的和独立的作品),编排成了一个集合的整体;汇编作品是收集和集合现有的材料或数据而形成的作品。其中,对现有材料或数据的选择、协调或编排是以这样的方式进行的,以至于最终所形成的作品在整体上构成了一部独创性的作品。

汇编作品的可版权性标准与一般作品有些不同。汇编作品关于创作者的贡献要求不在于已有的作品或数据材料本身,而在于对这些汇编内容的选择、加工与编排。

实际上,在早期,一些国家在汇编作品的独创性标准上甚至提出了"额头出汗"理论或"辛勤收集"理论,易言之,只要汇编者在收集相关事实、数据或资料的过程中付出了劳动,流了汗水,汇编作品就可以获得保护。关于"额头出汗"理论最典型的阐述,是1922年的"珠宝商案"。该案涉及原告的一本名录。法院在裁定原告名录享有版权的同时,就汇编作品的独创性问题阐释了"额头出汗"标准。法院在判决中论述,作者花费劳动准备了一本书,可以就此获得版权。至于他所收集的资料是否存在于公有领域,这些资料是否显示了文字技能或独创性(无论是思想上或者语言上的独创性,还是比辛勤收集更多的独创性),都与版权的获得无关。一个人走街串巷,记下每一位居民的姓名,以及他们的职业和门牌号码,他就是所获得的材料的作者。通过自己的劳动创作了有价值的作品,他可以就此获得版权,并由此而获得排他性的复制其作品的权利。①

可以看出,汇编作品"额头出汗"理论基本上就是基于洛克的"劳动理论"。智力劳动是劳动的一种。劳动行为是一种辛苦付出,应当就其成果享有财产权,因此智力劳动也应就其劳动成果享

---

① 参见李明德:《美国知识产权法》(第2版),法律出版社2014年版,第247—248页。

有财产权,不管其是否具有独创性。在"West Publishing Co. v. Mead Data Central 案"中,法院甚至支持对页码的版权保护。该案中,法院主张 West 公司的司法判例系统受版权法保护,不允许 Mead Data Central 公司将 West 公司的判例及页码纳入其 LEXIS 数据库。"额头出汗"理论具有两方面的正当性:一是经济上的正当性。汇集数据等工作是必要的,能为其他工作提供基础,如果对之不予以保护,将大大挫伤劳动者从事这类工作的积极性。二是道义上的正当性。如果不对这类成果进行保护,允许随便窃取他人劳动,对汇编者是不公平的。

不过,在 1991 年的"Feist Publications v. Rural Telephone Service 案"中,美国最高法院对"额头出汗"理论作了修正:关于汇编作品的版权保护标准,由以前只要付出了劳动,不管有没有独创性都可以获得,提高到还需要一丁点儿独创性(即"最低限度独创性"标准)。该案中,Rural Telephone Service 是一家提供社区电话服务的公司。该公司每年汇编更新发布电话号码簿,以字母排序公布用户的地址和电话号码。Feist Publications 公司向 Rural Telephone Service 公司提出使用其名录且遭到拒绝后,自行从后者电话簿上选取了接近 5000 个名录,并进行了修订。Rural Telephone Service 公司提起诉讼后,地区法院判定侵权成立。上诉巡回法院也维持了侵权的认定。美国最高法院则一致认定被告没有侵犯原告版权。

美国最高法院认为,作品应当具有独立创作要求与独创性要求。版权法中使用"原创性"这一术语,意味着作品必须是自己独立创作的,这是与复制他人作品相对应的。同时,这一术语还要求作品至少要具备某种最低限度的独创性。哪怕这种独创性要求是极低的,但至少还是要有那么一丝创造性的火花。版权法对事实及事实材料的汇编是有区别的。没有人可以对事实拥有版权。这是创造与发现之间的区别。但是对于事实材料的汇编则是可以满足这一要求的。汇编者需要考虑选取哪些素材?放置于何处?以什么顺序排列读者才能最快捷地获取?这些选择、安排与处理都可以满足版权法上"最低限度独创性"的要求。

(二)数据库权

随着网络时代的到来,各种信息数据库的需求激增。数据库的开发与利用已经形成一个巨大的产业:语料库、语言博物馆、股票信息、商品交易信息、交通运输信息、电视节目、电话号码、各行各业统计与预测,等等。人类已步入大数据时代。数据是力量的足迹和意志的留痕;数据是与劳动力、资本相平行的第三种生产资料;数据是与石油、电力相平行的第三种能源;数据是与物质和能量相平行的第三种世界的构成。实际上,现代的数据库基本上都是结构化的数据库,需要企业投入大量的经费和人力来收集、整理、加工、清洗数据。因此,对于数据库的产权保护势在必行。如果对数据库中的数据不能提供有效的保护,数据库建设者将会失去构建这些数据库的动力。

对于数据库来说,目前主要采用的保护方式有两种:

第一种方式是将数据库作为汇编作品加以保护。如果数据内容的选择、编排具有著作权法所要求的独创性,构成了汇编作品,就可以得到著作权法的保护。不过,即便在构成汇编作品的情形,对于汇编作品的保护仍不能及于数据库中的内容。这其实就是指以汇编作品的方式保护数据库,保护的对象是"汇编作品",而不是其中的数据或材料,即使数据库的制作者投入了大量的人力、物力或资金来获取、订正和编排数据、资料。这种保护方式远不能满足数据库的制作者保护自己投资的要求。

第二种方式则是"特殊权利"(sui generis right)的保护。这是针对数据库内容的保护。欧盟 1996 年发布了《关于数据库法律保护的指令》(以下简称《数据库指令》),对数据库采用专门法保护的方式。根据《数据库指令》,受到保护的数据库,不仅包括电子数据库,还包括非电子数据库;数据库的内容可以是文学、艺术、音乐或其他形式的作品,也可以是图像、数字、事实或数据等。有关的数据库应当以系统、有序的方式编排,让使用者可以通过电子或其他方式使用或者获取其中的数据。数据库的保护期是自编写完成后 15 年。数据库的任何一次更新,都可以使之获得重新计算的 15 年保护期。根据《数据库指令》,受保护的不是对于资料或数据的独创性选择和编排,而是数据库制作者的投资,如人力、物力和资金的投入等。正是由于上述的投入,数据库的制作者才得以收集、订正和编排相关数据。根据规定,数据库的制作者有权禁止他人全部或大量抽取数据库中的内容,有权禁止他人反复使用数据库中的全部或大量内容。或者说,他人要想实施上述两种使用方式,必须获得数据库制作者的授权。

二、语料库构建中的版权

随着计算机科学与网络技术的发展,语料库研究开始在国内外都呈现出快速发展的趋势。语料库的建库容量越来越大,建库种类逐渐增多,语料库涉及的知识产权问题开始变得突出。

(一)语料库建设现状

所谓语料库(corpus),指的是一套或一组书面语言或口头语言构成的集合,是用于进行语言分析或语言描述的基础方法。语料库一词源于拉丁语,引申为文本集的意思。语料库不仅是简单堆砌的文本集,而且是服务语言研究的文本资源库。[1] 换言之,语料库就是收集以真实语言文本或口语片段而建成的具有一定规模的大型电子数据文本库。语料库语言学即为在语料库的基础上对语言进行分析和研究的科学,主要研究机器可读自然语言文本的采集、存储、检索、统计、语法标注、句法语义分析,以及具有上述功能的语料库在语言定量分析、词典编纂、作品风格分析、自然语言理解和机器

---

[1] 参见熊文新:《语言资源视角下的语料库建设与应用研究》,外语教学与研究出版社2015年版,第10页。

翻译等领域的应用。① 语料库所收集的语言材料,无论是来自文学作品,还是日常交谈,都是自然语言。自然语言有别于人造语言。自然语言是随着文化自然而然演化而成的一套沟通符号、表达方式与处理规则,是构成人类交流与思维的重要工具。人造语言,则是通过人为创造出的一套符号系统来表达特定含义或用于特定场合的语言。②

语料库可以分为生语料库和熟语料库。一般来说,建设语料库首先需要将语料库经计算机处理成格式文本,构成电子文本库。生语料库就是指语料库中的文本未经过任何标注或标码。相对而言,熟语料库指的是经过清洗、标注、编码等加工后的文本。根据检索源,语料库可以分为存储型语料库和网络型语料库。存储型语料库是将语言材料直接复制存储而构成的语料集合,这是常见的语料库。网络型语料库,则是将以自然语言形式存在的整个 Web 电子文本作为一个庞大的语料库,通过调用现有主流搜索引擎的应用程序接口,获取搜索引擎的返回结果,再对其进行相应的语料库统计分析。③ 一般来说,存储型的语料库需要将文本下载,保存在数据库中,因此有可能会涉及版权作品的复制、传播等权利;而网络型的语料库多半使用网络上的现有语言材料进行分析,并不涉及太多的

---

① 参见冯志伟:《中国语料库研究的历史与现状》,载 *Journal of Chinese Language and Computing*,2002,12(1):43-62。
② 参见汤岩:《语料库语言学对作品自然语言处理的著作权问题》,载《辽宁行政学院学报》2013 年第 12 期。
③ 参见熊文新:《语言资源视角下的语料库建设与应用研究》,外语教学与研究出版社 2015 年版,第 88 页。

复制问题(不过也有可能会涉及一些临时复制、传输及侵害他人版权作品的技术措施或权利管理信息之类的版权行为)。此外,语料库还可以根据各自涉及的专业分类,划分为不同专业的专业类语料库。

语料库建设是在计算机技术推动下才逐渐发展起来的。纵观语料库发展史,最早的语料库始于二十世纪五六十年代。美国布朗大学建立的"当代美国英语标准语料库"(布朗语料库)是世界上首个具有代表性的平衡语料库。受到布朗语料库关于美国英语使用状况的影响,英国兰卡斯特大学与挪威奥斯陆大学及卑尔根大学联合建立了反映英国英语使用状况的 LOB 语料库。欧美各国学者利用这两个语料库开展了大规模的研究,对语料库进行语法标注。LOB 语料库的库容、结构及加工处理跟布朗语料库保持一致,使得不同语言变体的比较成为可能。二十世纪九十年代,牛津大学出版社等多家出版社和高校正式发布了英国国家大型语料库(BNC)。该语料库包括 1 亿个词汇,其中书面语词汇 9000 万个,口语词汇 1000 万个。BNC 是目前使用最广泛的英语语料库之一,成为推动语料库方法成功应用于语言研究的典范。当代美国英语语料库(COCA)是由美国杨百翰大学建立的,反映了当代美国英语使用现状。该语料库目前共有 4.5 亿个词汇。COCA 具有良好的用户检索界面,提供基于互联网的免费在线检索服务。[①] 国外其他主要的语

[①] 参见熊文新:《语言资源视角下的语料库建设与应用研究》,外语教学与研究出版社 2015 年版,第 44—48 页。

料库还包括London-Lund口语语料库、AHI语料库、OTA牛津文本档案库、ACL/DCI美国计算语言学学会数据采集计划、RWC日语语料库等。

在我国,从二十世纪二十年代开始,就有学者建立文本的语料库,采用统计方法来研究汉字的出现频率。自二十世纪八十年代,中国开始进行机器可读语料库的建设,当时的主要目标是汉语词汇统计研究。二十世纪九十年代末是语料库开发和应用的发展时期,除了语言信息处理和语言工程领域以外,语料库方法在语言教学、词典编纂、现代汉语和汉语史研究等方面也得到了越来越多的应用。语料库方法出现之前,在自然语言理解和生成、机器翻译等研究中,语言分析方法主要是基于规则形成的(Rule-based)。语料库出现后,利用大规模的自然语言调查和统计,建立统计语言模型,研究和应用基于统计的(Statistical-based)语言处理技术,在信息检索、文本分类、文本过滤、信息抽取等应用方面取得了进展。语言信息处理技术也为语料库的建设提供了支持。从字符编码、文本输入和整理、语料的自动分词和标注,到语料的统计和检索、自然语言信息处理的研究,都为语料的加工提供了关键性的技术。[①]

1991年,国家语委启动了国家级大型汉语语料库的建设,试图推进我国语言文字的信息处理,制定语言文字规范和标准,推动汉

---

① 参见冯志伟:《中国语料库研究的历史与现状》,载 *Journal of Chinese Language and Computing*, 2002, 12(1): 43-62。

语词法、句法、语义和语用的学术研究。最具代表性的北京语言大学语料中心（BCC）汉语语料库，总字数约150亿，包括报刊（20亿）、文学（30亿）、微博（30亿）、科技（30亿）、综合（10亿）和古汉语（20亿）等多领域语料，是全面反映当今社会语言生活的大规模语料库。北京大学中国语言学研究中心开发的CCL语料库、香港城市大学研制的LIVAC汉语共时语料库、我国台湾地区"中央研究院"研制的汉语平衡语料库等，也都是大型的中文语料库。此外，我国1986年建立了首个科技英语语料库JDEST。1999年的大学英语学习者语料库则是首个收集本国人英语学习材料的语料库。

2008年奥运会与2022年冬奥会的筹办大大推动了我国体育语料库的建设。2008年，北京奥运会的多语言服务系统就采用了面向奥运的中、英、日三语语料库进行系统训练。2018年，北京语言大学语言资源高精尖创新中心开发的冬奥术语库首个版本面世。第一期冬奥术语库涵盖北京冬奥会的15个比赛项目，收录近8万个词条，使用中、英、法、日、韩、俄共6个语种，每个词条都附有术语定义、使用场景、常用表达、资料来源等信息。2019年，"冬奥术语平台V2版"正式交付使用。该平台共收集整理冬奥术语数据12万多条，使用中、英、法、俄、日、韩、德等多个语种，是目前收集冬奥术语语种最多、准确性最高的平台。V2版又新增1000余条专业术语的7个语种版本及包括冬奥会语言服务规范手册在内的数百条专业词汇、千余条常用中英公示语等数据。V2版平台还开发了移动端 APP,实现手机对术语库的实时访问,同时扩充网站服务内容。该平台预约注册后可在网页和手机端直接进行术语查询。此外,与冬奥会首场测试赛相关的高山滑雪多语言竞赛术语也将于赛前上线。①

(二)语料库建设中的版权问题

语料库本身通常作为汇编作品或数据库进行保护,因此会涉及汇编内容的版权保护与汇编作品本身或数据库整体结构的版权保护两个方面的问题,也即包括如何获得许可与进行许可、如何防止侵犯他人版权及防止被他人侵害版权这两对关系。从流程看,语料库建设包括从设计规划到语料库应用等一系列环节,从取料到加工再到使用的不同阶段可能会涉及不同的问题。

1. 设计与规划

语料库的设计与规划包括对语料库的用途、类型、规模、实现手段、质量保证、可扩展性等方面的预先性与总体性的测算与安排。语料库在设计规划阶段应当妥善解决好语料库建设完毕后的权利归属问题,预估语料库在建设中可能涉及的版权争端并提前设计好版权问题的解决方案。

第一,若将语料库视为汇编作品或数据库,语料库建成后应归属谁所有,是首先必须解决好的问题。因为根据我国《著作权法》

---

① 参见汪涌、姬烨:《冬奥术语平台 V2 版交付》,载新华网,访问日期:2019 年 12 月 11 日。

的规定,不管是职务作品还是委托作品,如没有合同的明确约定,著作权由作者享有。在这种情况下,有可能引发投资者、项目承接方及具体实施者几方之间的权利归属争议。

第二,根据设计目标预估语料库建设中的版权风险。各国著作权法中均有合理使用条款,即允许从事教学、科研等非商业性活动时在合理范围内使用他人的版权作品。一般说来,语料库是为语言研究服务的,因此,其建设大多出于非商业性目的。不过,由于现代教育的产业化发展趋势,有时很难分清教育与产业的界限,再加上部分语料库是属于具有商业性目的的语料库,这就要求必须在解决好语料版权的前提下才能使用相关语料。因此,在语料库设计规划时,应预先对预备收集的语料进行摸底,掌握清楚语料库建设中的总体版权风险情况,针对不同情形采用不同对策。

第三,设计正确的版权解决方案。在对语料库建设中的总体版权风险进行预评估的前提下,要制定正确的版权风险解决方案。例如,根据不同语料中的版权情况制定不同的取料方案;制定最佳的语料搜索策略与展示方案,将侵权风险降到最低;制定正确的许可使用方案,既要最大限度地推动语言研究,又要确保将对他人版权产生的影响控制在合理范畴;为了维持语料库的正常运行,可以制定合理的费用收取方案,但是要限定在合理范畴;在有广告赞助等收入的情况下,如何给予语料库中受影响的版权人合理的补偿。

2. 语料的采集

语料采集中的问题主要包括语料获取、数据格式、字符编码、语料分类、文本描述以及各类语料的比例保持平衡性等。

(1) 有版权保护的语料

建立现代语料库,需要收集现代出版的报纸、杂志中的文章,或者各种专著、小说等。这些资料当中,有许多是受到著作权保护的作品。将此类材料转化为数字格式而存入语料库的行为可能会侵害作品的复制权,也可能会侵害作品的网络传播权。从理论上讲,数字化就是把记录在有形载体上的文字等表现形式的传统作品,以计算机转化成机器识别的二进制编码形式。我国《计算机软件保护条例》规定,复制是指把软件转载在有形物体上的行为。把作品的原有形式转换成二进制编码的形式,并将其固定在某个载体上的过程,与软件复制的情形相似,都是属于对作品创意表达的再现,所改变的是程序的载体或程序的存储形式,而不是对程序的新创作和演绎。因此,要将这些语料转化为数字格式以纳入语料库,应首先得到著作权人的许可。

2004年,网络搜索巨头谷歌开展了名为"数字图书馆"的计划。谷歌寻求与图书馆和出版商进行合作,通过大量扫描图书进行数字化,以便构建全球最大的在线图书馆,让用户可在线搜索并浏览阅读相关图书。这一计划得到哈佛、斯坦福、普林斯顿等美国名校图书馆的支持,被认为是数字革命带来的知识民主化趋势的体现。但是,这一计划遭到一些国家及出版界的抗议,并面临法律诉讼。其中,最大的担忧在于一国的文化资产被谷歌所垄断,同时,这一计划也会侵犯作品的版权,摧毁内容提供者(包括作者、出版者或生产商)所创造的价值。这一事件最后以谷歌与美国作家协会、美国出版商协会达成和解协议的方式得以解决。2009年,中国作家协会也就谷歌公司未经授权扫描收录中国作家的图书作品从而侵犯中国作家版权的事件提出异议。这些事件表明,在语料库建设中,如果把他人享有版权的作品进行数字化存储,将会因侵犯作品复制权而面临版权纠纷。因此,在语料库构建中,对于有版权保护的语料,要尽量先行解决其中的版权问题。

(2)调查获取的语料

一般来说,语料库中存放的语料应当是在语言的实际使用中真实出现过的语言材料。语料库只是以计算机技术为载体,给使用者提供语言学意义上的研究素材和分析结果,这个过程实质上不过是对自然语言在客观上的描述和分析而已。因此,语料库中的语料获取渠道,除了从报纸、图书、期刊等现有材料中提取以外,更多的是通过实地调查取得的。这种通过实地调查的方式得来的语料,一般来说是没有版权的。因为与本地人以调查为目的而进行的朗读或日常交流,这类谈话很难符合版权性标准从而成为版权作品。但是,这一调查结果往往又有可能成为版权保护的对象。因为要从事这些调查,需要事先设计调查规范与调查表格。例如,国家语委为规范语言生活调查,专门出版了《中国语言资源有声数据库调查手册·汉语方言》,其中包括"调查规范"与"调查表"两个部分。除了设计调查方案等需要投入大量的智力劳动以外,进行实地走访与调研、录音、摄像、照相、录入、整理等工作,都得投入大量的人力、物力与财力。这些成果如果符合汇编作品的要求,也可以获得版权保护。

(3)不受版权保护的语料

有大量的语料(例如古籍,或未达到版权独创性标准的作品,或已经超过版权保护期的作品等)处于版权保护范围之外,进入公共知识领域,构成人类可以共享的知识宝库。例如建设古代汉语语料库需要收集的《史记》《红楼梦》《资治通鉴》《三国志》等古代汉语资料。而建设现代汉语语料库,需要收集大量现代出版的报纸、杂志中的文章,一般来说,根据各国版权法的规定,新闻消息、事实报道等都不属于版权保护范围内的作品。对于这些属于公共领域的作品或语言材料,语料库在收录时并非完全不用担心著作权的问题,例如,在录入时不得随意篡改作者署名,或对作品完整性造成损害。

3. 语料的加工与维护

语料的加工就是对收集的语料进行加工、清洗、标注,包括标注项目标记集(如词语单位、词性、句法、语义、语体、篇章结构、标注规范和加工方式等)。语料库的维护包括数据维护(语料录入、校对、存储、修改、删除及语料描述信息、项目管理)、语料自动加工(分词、标注、文本分割、合并、标记处理)等。以 BCC 为例,该语料库对语料进行了多层次的加工,包括生语料、分词语料、词性标注语料和句法树。语料加工层次不同,支持的检索功能也不一样。[①]

语料的加工过程主要涉及对语言材料的剪辑、分析、标注与传播等活动。这一过程主要涉及的是单纯进行语言学意义上的标注与剪辑等行为。对文本的标注是语言学意义上的标注,而不是对作品内容的注释;对作品的剪辑也只是语法上的剪辑,而不是从表达形式或内容上对作品进行变动。因此,一般情况下,这些行为不太会引发著作权法上的争议。不过,有时在语料的加工过程中,如果对语料的剪辑与标注自由幅度过大,则有可能会侵害到作品的注释权、修改权或者保护作品完整权。此外,如果语料库同时提供双语语料或多语语料,还提供语言互译——以 BCC 为例,尽管目前该语料库以单语语料为主,但也包括双语平行语料(如英汉、英德),此外还提供 9 种语言的互译[②]——这种情况下,如果处理不好,也有可能会侵害到作品的翻译权。

当然,语料库的这一加工过程,实际上是数据的加工、清洗、整理过程,也可以看作一个数据产品的生产过程,或者数据财产权的获得过程。经过加工后的语料库,可以成为一个享有独立产权且进

---

① 参见荀恩东等:《大数据背景下 BCC 语料库的研制》,载《语料库语言学》2016 年第 1 期。
② 参见荀恩东等:《大数据背景下 BCC 语料库的研制》,载《语料库语言学》2016 年第1期。

行流通的数据库产品。这就涉及如何对具有特色的产品进行法律保护的问题,尤其是版权上的保护。同时,如果在语料库加工过程中生产出具有独创性的作品,则该产品也可以获得版权保护。例如,对古籍作品的点校、注释等,如果具有独创性,符合版权保护标准,也可以产生单独的版权作品。

4. 语料库的使用

语料库的使用包括为用户提供查询、检索、统计、打印等服务。由于语料库最大的特点就是使用现实语料进行语言学的研究,因此,语料库一般都将原汁原味的语料展示给用户,使其能够更好地体会语言使用的语境及其含义。在使用过程中,查看原文与下载结果等环节有可能会侵害他人作品的复制权与网络传播权。因此,结果在进行展示的时候,应在满足使用者研究需要的前提下呈现尽量少的文本。这样做一方面可以减少系统在查询检索上的压力,另一方面也能尽量符合《著作权法》关于"合理使用"的相关规定。国家语委的现代汉语语料库每次呈现出查询词汇所在的一个句子,不论该句子的长短。美国当代英语语料库对每条搜索结果最多可呈现约 162 个单词。[①] 而 BCC 语料库中,通过检索后,可提供在线统计、二次检索、下载结果、显示结果、查看原文等服务,其中查看原文部分最多可展示 500 多字的文本。

[①] 参见汤岩:《语料库语言学对作品自然语言处理的著作权问题》,载《辽宁行政学院学报》2013 年第 12 期。

为了降低版权风险,同时提高使用收益,语料库有必要采取一定的技术保护措施。美国《千禧年数字版权法》首次将技术措施与权利管理信息纳入版权保护的范畴。语料库应当采用的技术措施包括两类:一是控制访问的技术措施(如数字口令、IP 认证等,以限制未经授权的用户使用语料库);二是控制使用的技术措施(如电子签名、数字水印等,确保用户只能阅读而不能对语料库内容进行删改、复制等)。此外,语料库还应当表明版权管理信息,明确权利归属、利用方式等,提醒用户注意遵守著作权法的相关规定,避免在使用语料库过程中出现破解技术措施、恶意下载、传播、转让账号等损害语料库版权的行为。[①] 此外,语料库还应制定合理的许可使用政策。尽管自布朗语料库开始,语料库建设形成了不以营利为目的,在出售语料库时一般只收取语料库建设成本费用的基本原则[②],但是,为了确保语料库可持续、可循环发展,让更多的科研人员用户能够享用服务,制定正确的许可使用政策是相当必要的。

(三)Web 语料库的建设

Web 的出现,使得语料库的建设范围大大扩展。各种以 Web 为基础的语料库相继出现。这类语料库可以分为两种:一种是把

---

① 参见董爱华:《外语语料库版权保护问题探究》,载《北京印刷学院学报》2017 年第8 期。
② 参见王微、张宇飞:《语料库建设中的版权问题探究》,载《图书馆学研究(应用版)》2011 年第 14 期。

Web 上的文本看成语料库的建库基础,如同在线下搜集语言事实材料一样,只不过是把语言材料理解为网络上以自然语言表述的文本。另一种是把 Web 看作一个巨大的语料库系统,而不仅仅是文本的无序堆砌——因为有了搜索引擎的存在,对网络上的海量信息能够进行有效管理。这一切,与由文本和管理工具构成的语料库系统极其相似。① 以 Web 为基础的语料库有两方面涉及版权法上的问题,需要进行探讨:一是搜索引擎的版权责任问题;二是语料库在侵权责任法上应承担内容提供商还是管道服务商的责任问题。

一般来说,搜索引擎对搜索结果可能会提供一般链接、深层链接、视框链接、标题展示以及文前部分简短摘录等。搜索引擎所提供的服务不同,面临的侵权责任亦有所不同。② 就语料库搜索引擎而言,其所指向的对象是语言资料和数据,重点分析的是措辞、用语、语法、句法等,而不是文章内容的表达,大多不具有典型的版权侵权行为中的那种故意。但是,即便如此,原作者对这些文章的版权仍然存在,并且保有禁止使用者从语料库中获取超过语言研究以外更多的和连续性的文章段落的权利。另外,某些直接提供具体语料内容网页的网址而不是链接到语料网站主页的设链行为,可能会引发版权争议。例如,有些需付费才能阅读的内容存储在网站数据

---

① 参见熊文新:《语言资源视角下的语料库建设与应用研究》,外语教学与研究出版社 2015 年版,第 87 页。

② 参见刘学义:《搜索引擎侵犯媒体版权的行为与法律责任》,载《国际新闻界》2014 年第 3 期。

库中,若直接从数据库中抓取语料,实际上就绕开了语料内容的技术保护措施。

此外,提供网页快照、缩略图、标题、文前部分文字及深度链接等行为,均会不同程度地涉及版权侵权责任。网页快照,亦称网页缓存,指搜索引擎在收录网页时,对网页进行备份,存在自己的服务器缓存里,当用户点击网页快照链接时,搜索引擎即可将保存的网页内容展现出来。谷歌和百度等搜索引擎都提供网页快照选项。由于网页快照事实上会造成显著的版权作品替代性访问的后果,会影响授权网站中新闻作品的潜在市场价值。[①] 一些搜索引擎还采取"标题+文前部分摘录"的搜索结果展示方式,即不但将新闻标题以链接形式提供,通常还用一个小的段落提供新闻的文前部分文字。这一行为,有的国家认为属于合理使用范畴,也有的国家认为,如构成文章核心部分,即便篇幅短小,也有可能构成侵权(最典型的案例就是美国1988年的"哈勃案")。

从性质上说,语料库搜索引擎与普通搜索引擎基本类似,应当承担的是一种管道服务商责任而不是内容提供商责任,一般搜索引擎能够享有的"避风港"等保护待遇,语料库搜索引擎也应当享有。各国一般也对此类抗辩的技术中立原则持倾斜态度,管道服务商通常只要在收到权利人发出的侵权通知后于合理的时间内断开与非

[①] 参见孔祥俊:《网络著作权保护法律理念与裁判方法》,中国法制出版社2015年版,第170—171页。

法上传作品的网站之间的链接,就可不必承担侵权责任。

(四)主要语料库的版权方案

国内外知名的语料库,大多拥有自己的版权政策,一方面协调语料库与语料版权方之间的关系,另一方面也协调语料库与用户之间的关系。

1. 国外主要语料库

COCA 是由美国杨百翰大学创建的。其中,杨百翰大学提供软件与硬件支持,微软提供 SQL 数据库服务,其他一些语料库(如 Corpus del Español、Corpus do Português、Corpus of Historical American English 等)参与了构建。谷歌图书馆也提供了数据支持。由于 COCA 内包含了海量的版权语料,为了遵从合理使用的目的,不侵犯他人版权,COCA 采用有限"关键词展示"(KWIC)的方式,类似于谷歌的片段式展示(Snippet)方式。换言之,用户可以搜索数以亿计的语料,展示的却是数据的一个小片段。在 COCA 及与其相似的任何语料库(包括 iWeb、COHA、GloWbE、NOW、Wikipedia、SOAP、TV Corpus、Movies Corpus、Corpus del Español)中都不能进行全文下载。同时,COCA 也不提供应用程序接口(API)。如果用户需要全文拷贝,或者其他一些更详细的数据分析报告(如用词频率报告等),则需线下购买。此外,COCA 对研究人员(包括教师和学生)提供专门的学术许可账号,这类用户在查询和检索方面都能享有更大的自由度和权限。同时,COCA 对在学术刊物上发表文章应如何引注也进行了专门规定。

BNC是二十世纪九十年代牛津大学出版社等多家出版社和高校合作创建的,是目前世界上使用最广泛的英语语料库之一,也是在版权问题上处理得较好的语料库。由于拥有海量的版权语料,BNC基本上都与版权人达成谅解,允许其在合理范围内使用版权语料。同时,BNC也制定了详细的许可协议,用户只有在签署为期10年的许可协议的情况下才能注册使用。BNC的用户许可协议包含10个部分,分别是:定义、授权许可的条件、支付、协议期限、避免侵害的注意义务、责任限制、权利保留、协议终止、管辖及附录。该许可协议明确指出,BNC授予用户非独占的、不可转让的使用许可,用户未经许可,不得将BNC语料材料复制、发行、提供给第三方。BNC将在其提供的语料上打上BNC的标签,这些版权信息是BNC语料的组成部分,用户不能予以破坏。BNC不允许也不授予任何用户任何权利将BNC语料用于任何超过合理使用范围之外的商业产品与服务之上。BNC明确宣告,任何未授予用户的版权均由原著作权人保留。同时,BNC也对引注方式,包括引用文章与引用数据予以明确规定。

南丹麦大学语言和交流研究所的语料库资源corpuseys中提供十五种欧洲语言的语料库搜索。这一语料库采用网络上公开的欧洲议会平行语料库中的语料源,以及维基百科(Wikipedia)和El Diario Sur报纸中的文章。其中,El Diario Sur报纸中的文章仅对该研究所和研究员内部开放。corpuseys在语料库来源页将提供支持的语种语料库——列明,并在版权声明处明示,语料库搜索引擎所搜索的对象是语言资料和统计数据,而不是文章的文本——因此,原作者对其文章所享有的版权仍然保有——并禁止用户从语料库中提取超过为保证语言研究目的所必须之外的更多及连续性的文章部分。

2. 国内主要语料库

1991年,国家语委启动建立国家级大型汉语语料库。国家语委现代汉语通用平衡语料库全库约1亿字符,其中1997年以前的语料约7000万字符,均为手工录入印刷版语料;1997年之后的语料约为3000万字符,手工录入语料和取自电子文本的语料各半。该语料库的语料来源大体包括三类:一是人文与社会科学教材、自然科学(含农业、医学、工程与技术)教材和科普读物;二是1949年以后正式出版的由国家、省、市及各个部委主办的报纸和综合性刊物,兼顾1949年以前的报纸和综合性刊物;三是各类政府公文、文稿、书信、说明书、广告等应用文。这一语料库的语料来源基本上集中在公共领域中的材料,因此,没有专门处理版权事务的信息,只是网站底端标有"本网站所有资源仅限于用作学术研究目的,不得用于营利性开发等用途"的声明。该语料库也要求用户必须注册,非注册用户在材料下载方面受到限制。语料库对文章引用及资料数据引用也要求规范格式。此外,该语料库还声明:本网站可能提供第三方网站的链接,不对第三方网站的内容负责任等。这些举措表明该语料库力图将包括侵害版权在内的风险限制在可控的范围。

CCL 语料库是由北京大学中国语言学研究中心开发的，其间得到北京大学计算机语言学研究所、中科院计算技术研究所等单位的支持。CCL 语料库设定了基于 IP 地址的权限管理措施，并声明："CCL 语料库及其检索系统为纯学术非营利性的，不得将 CCL 语料库检索系统及其产生的检索结果用于任何商业目的。CCL 语料库不承担由此产生的一切后果。"CCL 语料库对文章的中英文引注格式也作了要求。

BCC 汉语语料库总字数约 150 亿，包含报刊、文学、古汉语等多领域语料，是全面反映当今社会语言生活的大规模语料库。该语料库是以汉语为主、兼有其他语种的语言大数据库，目标是为语言本体研究提供一个使用简便的在线检索系统，以及构建大数据的语言应用基础平台。该语料库支持云服务，通过 API 调用方式为开展知识抽取、模型构建等研究和应用工作提供便利。该语料库的检索为在单句范围内检索符合检索式的语言片段。BCC 没有规定专门的版权政策，不过，从语料来源看，大多属于公共领域，或者已经解决了版权归属问题。同时，BCC 有用户限制。登录用户可以下载 1 万条，非登录用户可以下载 1000 条。该语料库对文章的发表与出版格式也有要求。

三、语言博物馆建设中的版权

语言博物馆属于博物馆的一种。近些年来，语言博物馆逐渐兴起。英国伦敦于 2008 年建立了语言博物馆,用于探索和保存语言历史、语言影响力以及语言的艺术。2009 年,中国河南安阳建立了涵盖甲骨文、金文、简牍和帛书、汉字发展史、汉字书法史、少数民族文字、世界文字等多个领域的中国文字博物馆。2018 年,北京语言文化数字博物馆上线,这是国内首个面向语言文化而研发的开放式数字博物馆。2019 年,以世界语言多样性为主题的上海外国语大学世界语言博物馆开馆。但是,与普通博物馆的展品所具有的直观性、形象性的特征不同,语言博物馆的展品缺少具体的形迹。博物馆的陈列、展出,其难度比音乐、舞蹈等兼有听觉、视觉形象的艺术形式更大。河南安阳的中国文字博物馆最初的设想是建立一座中国语言文字博物馆,但是博物馆建成之后,只剩下文字而没有了语言。这同语言给传统博物馆在收藏、陈列的对象和方式等方面所带来的挑战不无关系。不过,随着数字化、网络化技术的进步和多媒体的普及,高科技手段越来越多地运用于博物馆建设,极大地拓展和延伸了实体博物馆的职能,语言成为博物馆收藏、展示对象的可能性逐步变为现实。①一般来说,博物馆分为艺术、历史、科学等不同类型。收藏和陈列的展品包括考古出土的文物、绘画、雕塑、服饰等,在适应社会发展的同时,博物馆形成了多职能的文化复合体,成为承继文化传统,给公众提供知识、教育资源的文化教育机构。由

---

① 参见徐世璇:《语言中的博物馆和语言博物馆——论濒危语言典藏和语言博物馆建设》,载许鲜明、白碧波主编:《语言资源的保护与传承》,民族出版社 2016 年版,第 35 页。

于博物馆是收藏、保护并向公众展示文物资源的主要场所,随着技术的发展,文物资源也开始经历数字化。文物数字化再现并完整保存了文物本体信息、档案记录等内容,形成了丰富的数字资源。不过,博物馆在进行数字转化以及在藏品展示的过程中,往往会涉及藏品的版权保护问题,尤其是对于语言博物馆中的展品来说,更是如此,因为语言相关展品不少都是享有版权保护的作品。尽管世界上不少国家的版权法对博物馆的藏品收藏与展示都有专门的特别规定,但是,如果处理不当,博物馆仍可能会陷入版权纠纷。

2013年至2015年间,WIPO专门发布了两份关于博物馆中涉及知识产权问题的报告,对博物馆建设中的各国版权法规定、版权的例外与限制、如何制定最佳知识产权政策、如何寻求最佳许可商机等问题进行了研究。我国《著作权法》第24条规定的合理使用就包括了博物馆收藏在内的情形。不过,对于语言博物馆来说,由于藏品多半是语言文字作品,其中较多涉及的一个问题就是藏品本身的所有权与作品的著作权之间的矛盾。换句话说,就是作品的所有权与作品的展览权、保护隐私权等之间的矛盾和冲突。我国《著作权法》第10条规定,展览权是公开陈列美术作品、摄影作品的原件或者复制件的权利。第20条规定,美术等作品原件所有权的转移,不改变作品著作权的归属,但美术作品原件的展览权由原件所有人享有。这一规定,实际上将作品原件所有权、作品展览权与作品的其他权利进行了区分。权利的划分易导致争议与纠纷的产生,这一点在"钱钟书书信手稿拍卖案"中表现得较为明显。

杨季康(杨绛)与钱钟书(已故)是夫妻,二人育有一女钱瑗(已故)。钱钟书、杨季康及钱瑗与李国强系朋友关系,三人曾先后致李国强私人书信百余封,该信件由李国强收存。2013年5月间,中贸圣佳公司发布公告,将于2013年6月公开拍卖上述私人信件。杨季康认为,钱钟书、杨季康、钱瑗分别对各自创作的书信作品享有署名权、修改权和保护作品完整权。发表权由杨季康行使。中贸圣佳公司及李国强即将实施的私人信件公开拍卖活动,以及其正在实施的公开展览、宣传等活动,侵害杨季康所享有和继承的著作权。故杨季康向法院提出申请,请求责令中贸圣佳公司及李国强停止公开拍卖、公开展览、公开宣传杨季康享有著作权的私人信件。北京市第二中级人民法院依据修改后的《民事诉讼法》关于行为保全的规定作出了禁令裁决:中贸圣佳国际拍卖有限公司在拍卖、预展及宣传等活动中,不得以公开发表、展览、复制、发行、信息网络传播等方式,实施侵害钱钟书、杨季康、钱瑗写给李国强的涉案书信手稿著作权的行为。

为了构建博物馆事业开放式发展格局,打通博物馆行业联系社会的道路,有序开放博物馆资源信息,合理开展博物馆资源授权使用工作,解决博物馆资源授权的制度瓶颈,2019年5月,国家文物局参照国际惯例以及相关国家的普遍做法,遵照中国知识产权保护以及著作权、商标权、博物馆管理等相关法律法规,组织人手,编制了

《博物馆馆藏资源著作权、商标权和品牌授权操作指引(试行)》(以下简称《指引》),专门指导包括语言博物馆在内的博物馆与知识产权相关的工作。

《指引》对博物馆的概念进行了界定。博物馆是指以教育、研究和欣赏为目的,收藏、保护并向公众展示人类活动和自然环境的见证物,经登记管理机关依法登记的非营利组织,包括国有博物馆和非国有博物馆。馆藏资源则指博物馆登记备案的所收藏、管理、保护的不可移动和可移动文物、艺术品等,以及在此基础上二次加工得到的以语言、文字、声像等不同形式记载的藏品状态、变化特征及其与客观环境之间的联系特征等藏品本身蕴含的原始信息,或者经过加工处理并通过各种载体表现出来的信息,包括与之相关的文件、资料、数据、图像、视频等信息资源(包括实物和数字化信息)。

《指引》对博物馆的授权原则进行了规定,主要包括以下三个原则:

一是尊重文物的原则。博物馆馆藏资源蕴含着民族精神、历史传承的文化理想与追求,具有极其重要的社会公共价值。博物馆及相关文博机构在对馆藏资源著作权、商标权和品牌进行使用和开发时,必须要加强审核与监督,要坚持社会效益与经济效益兼顾,社会效益为主的授权原则。

二是合理适用的原则。《指引》主要适用于全国各级各类国有和非国有博物馆开展馆藏资源著作权、商标权和品牌授权的具体工作，属于非强制性规定，各文博机构基于自身情况参照使用，并不强制各个博物馆都必须开放资源、必须开展授权。

三是因地制宜的原则。在使用《指引》开展授权活动时，博物馆需立足自身情况，围绕本馆资源特色，综合评估授权标的的商业价值、使用范围、经营方式等情况，因时制宜、因地制宜，妥善界定授权内容，妥善选择授权方式、授权对象、授权事项等。

《指引》主要包括以下四个方面的内容：

一是授权内容。《指引》首次就博物馆资源授权内容做出了清晰的界定，分为馆藏资源著作权授权、商标权授权和品牌授权等。

二是授权模式。《指引》详细介绍了直接授权和委托授权两种授权模式，还介绍了独占许可、排他许可、普通许可等三种授权方式的特点以及在操作中的优势和劣势，就一般授权期限等内容提出了实际操作建议。

三是授权流程。《指引》以直接授权为例详细说明了授权的一般流程，包括明确可授权的内容、发布授权合作信息、选择合适的被授权方、合作洽谈、签订合同、跟踪反馈与监督管理、授权档案管理与纠纷解决等。

四是权利义务。《指引》明确界定了博物馆在馆藏资源授权过程中应有的权利和义务、质量控制的要求、产权确权和归属，以及违约行为及其相关责任的具体内容。

第五节 表演权与表演者权

语言艺术是表演艺术的一种,是纯粹以语言为手段来创造审美形象的一系列艺术形式。语言类的艺术形式在中国获得了越来越多的关注,语言艺术产业也获得了越来越快的发展。实践证明,那些贴近百姓生活的相声、小品、评书、影视配音、播音主持等艺术作品,不仅能使观众的笑声穿透掌声,直抵心底,同时也能让大众领略到中国传统语言文字的魅力。以近年来的春晚为例,语言类节目的比例越来越大,人们的预期也越来越高。通过语言艺术的形式,一个又一个鲜活的人物形象呈现出来,成为真实生活的百态缩影。观众在观照这些人物的过程中也升华了人生感悟。对于语言类艺术产业的发展来说,表演权与表演者权是尤为重要的两项权利,需要进行专门研究。

一、概念辨析

(一) 表演权

所谓表演权,根据我国《著作权法》第10条的规定,指的是公开表演作品,以及用各种手段公开播送作品的表演的权利。一般说来,表演可以用舞台表演或机械表演的方式,将作品的内容传达给公众。表演权不像复制权与演绎权的涉及面那么广,它不是一切版权客体都可以享有的。《伯尔尼公约》第 11 条认为,这项经济权利主要体现在戏剧作品、戏剧与音乐混合作品及音乐作品中。① 美国《版权法》第 101 条则规定,表演一部作品是指:以朗诵、演奏、舞蹈或动作的方式,直接地或以设备或程序来表现该作品,或者在涉及电影或其他视听作品时,以连续的方式表现其形象并让人听到相关的伴音。可见,表演权应当属于文学、音乐、舞蹈、戏剧等能够在舞台上或者一些公共场合进行表演展示的作品,其他一些无法表演展示的作品,如美术等,则难以享有表演权。

戏剧或音乐等表演活动在人类历史上比印刷出版活动出现得早,但是作为版权内容的表演权,却落后于出版权、复制权。在第一部版权法《安娜法案》中,也看不到表演权的影子。但是,从十九世纪起,西欧及北美相继出现了代表音乐作品的作者行使表演权的"表演权协会"。相比而言,代表戏剧作品的作者行使表演权的协会却比较少。究其原因,在于戏剧作品可以归入文字作品一类(音乐作品却不可以),这种作品在经济上除以演出方式来利用外,还可以出版从而供人阅读。而音乐作品却很难作为读物供一般人阅读——为私人练习演奏,需要一定物质条件与设备,不像阅读剧本那样大多数人都能做到。表演权是音乐作品的一种主要版

---

① 参见郑成思:《知识产权法》,法律出版社 1997 年版,第 414 页。

权。① 当然，这也不妨碍文字作品的表演权，例如戏剧作品的表演权、朗诵活动等。有的国家版权法认为，朗诵应被视为文字作品的一种表演活动，甚至认为一切口头作品的发表活动实质上都可看成某种"表演"。②

表演权可以分为现场表演与机械表演两种方式。现场表演指通过语言、动作、表情、道具等现场方式再现的行为，如演奏、演唱、朗诵等。机械表演，指《著作权法》第10条规定的用各种手段公开播送作品的表演的行为。美国众议院关于1976年《版权法》的报告中也对于这一问题有所提及，即通过设施或工艺完成，包括所有种类的传输器械、所有种类的电子传送系统，以及其他所有现在尚未使用甚至尚未发明的技术和系统。机械表演的权利与信息网络传播权、广播权、放映权等很容易产生混淆。通过网络、电视、电台等方式向公众传输作品的表演的，应当归入信息网络传播权、广播权等范畴，电影播放等行为则应归入放映权的范畴。在这种情形下，机械表演权的范围几乎就缩小到演员在对作品进行现场表演后，通过"各种手段公开播送"的情形。

(二) 表演者权

所谓表演者权，则是指表演者对其表演活动所享有的权利。表演权是作品的作者或作品的其他版权人就有关作品享有的权利。

---

① 参见郑成思：《知识产权法》，法律出版社1997年版，第414页。
② 参见郑成思：《知识产权法》，法律出版社1997年版，第416页。

表演者权则是表演者就其表演形象、表演活动所享有的权利。这两种权利的主体与客体都不相同。① 《保护表演者、音像制品制作者和广播组织罗马公约》(《罗马公约》)、《世界知识产权组织表演与录音制品条约》(WPPT)、TRIPs 协定对表演者权利都予以了保护。为了加强对表演者的保护,在 WIPO 的主持下,2012 年,在北京外交会议上缔结了《视听表演北京条约》(以下简称《北京条约》)。根据各个公约及相关国家版权法的规定,只有表演作品的人才是著作权法上的表演者,享有作为著作邻接权的表演者权。《罗马公约》第3条规定,"表演者"是指演员、歌唱家、音乐家、舞蹈家和表演、歌唱、演说、朗诵、演奏或以别的方式表演文学或艺术作品的其他人员。我国《著作权法实施条例》第5条规定,表演者是指演员、演出单位或者其他表演文学、艺术作品的人。

表演者权的客体是表演活动。表演活动是指表演者通过自己对作品的理解和阐释,以声音、动作、表情等将作品的内容传递出来,或借助一定的工具(如乐器、道具等)将作品的内容表达出来。表演者权的客体是表演活动,但不是被表演的作品或"节目"。比如,话剧《雷雨》《茶馆》等都是作品,关于这些作品,不同的人表演过不同的版本。表演者对于每一个"表演版本"或每一次"表演活动"都享有表演者权。这种状况甚至发生在同一表演者对同一作品

---

① 参见郑成思:《知识产权法》,法律出版社1997年版,第416页。

的数次表演上。①

研究表演者权时,有两点需要注意:

第一,对作品进行表演的人就是表演者。作品是否超过著作权保护期,甚至作品是否曾经受到过著作权法的保护,都在所不论。例如,鲁迅先生的小说《阿Q正传》已经超过保护期,但是对《阿Q正传》进行表演的演员们仍是著作权法意义上的表演者,享有表演权。② 当然,如果表演者欲公开表演他人尚在版权保护期限的作品,除属于合理使用范畴的表演外,应当需要预先处理好与著作权人的关系,就是否可以公开表演以及是否可以后续转播、出版、发行等取得许可,否则有可能会侵犯他人作品的著作权。

第二,表演的对象一般应当是文学或艺术作品。尽管《罗马公约》第9条规定,任何缔约国均可根据国内法律和规章,将本公约提供的保护扩大到不是表演文学或艺术作品的艺人。不过,根据《罗马公约》第3条及我国《著作权法》的规定,表演者主要指表演文学、艺术作品的人。这就是说,模特的模特表演、运动员的体育比赛等难以作为表演者享有表演权。不过,有的国家有特别规定的除外。《北京条约》将表演者定义为对文学或艺术作品或民间文学艺术表达进行歌唱、演说、朗诵、演奏、表现或以其他方式表演的人员。《北京条约》附注3规定,表演者的定义也涵盖凡对表演过程中创作

---

① 参见李明德:《著作权法概论》,辽海出版社2005年版,第208—209页。
② 参见王迁:《著作权法》,中国人民大学出版社2015年版,第274页。

的或首次录制的文学或艺术作品进行表演的人。根据《北京条约》的规定,对于民间文艺、传说这类未能纳入版权法保护范畴的作品,表演者表演后也可以取得自己独立的表演权。

根据我国《著作权法》第 39 条的规定,表演者对其表演享有下列权利:

(1)表明表演者身份;

(2)保护表演形象不受歪曲;

(3)许可他人从现场直播和公开传送其现场表演,并获得报酬;

(4)许可他人录音录像,并获得报酬;

(5)许可他人复制、发行、出租录有其表演的录音录像制品,并获得报酬;

(6)许可他人通过信息网络向公众传播其表演,并获得报酬。

二、相声、小品

(一)相声

相声与喜剧小品是近年来人们尤为喜欢的两种语言艺术形式。相声古作象声,原意指模拟别人,是一种用笑话、滑稽的问答、说唱等形式引起观众发笑的民间说唱曲艺。相声以说、学、逗、唱为主要特点,采用口头表演的方式,并融入了口技等曲艺形式,主要道具有折扇、手绢、醒木等。相声演员既不像评书及其他曲艺演员那样以叙述者的身份进行表演,也不像戏剧演员那样以剧中角色的身份进行表演,而是以对话者的身份进行表演。相声的表演始终是一个对话者,而不是行动者。相声所使用的语言不是叙述性语言,而是对话性(即问答式)语言。相声主要靠对话,而不是依靠外部形象和形体动作塑造人物形象。相声通过语言的对话来组织一系列特有的喜剧性矛盾(俗称"包袱"),揭露矛盾的真相。通过"抖包袱",将作品中的可笑因素进行一定的铺垫和表演,然后充分展开,取得哄堂大笑的艺术效果。

相声属于民间说唱艺术,其演出内容、演出场所、演出形式都是亲民的。在语言艺术门类中,相声属于具有发展潜力的语言艺术业态之一。然而,二十世纪九十年代中期,相声艺术走入低谷。当时年轻的郭德纲认识到,相声艺术要生存发展,还是必须回归剧场。民间艺术离不开生存发展的土壤,演员必须走进观众中间才能得到水乳交融的互动。于是,他建立了"德云社"(全称"北京相声大会德云社"),并挖掘整理了600多段失传的曲艺节目。郭德纲成名后,德云社迅速扩张规模,增设剧场,优化硬件,在艺术追求上走亲民路线,调侃身边人和事,议论社会万象,形成了自己的特色和不可取代的核心竞争力。① 在陷入一系列版权纠纷风波后,郭德纲似乎成了相声行业最具版权意识的相声演员。经他整理的传统相声、评书、地方小曲小调数不胜数,很多都曾在德云社舞台上亮相。同

---

① 参见贺宏志主编:《语言产业导论》,首都师范大学出版社2012年版,第181—182页。

时，郭德纲也将自己改编整理的《小神仙》《隋唐演义》等近20部单口相声进行了版权登记。

  郭德纲、王玥波曾于1999年接受天津电视台的邀请，参加了《幽默、相声小段》的录制，供电视台作为电视节目播出。电视台授权飞乐影视公司将该节目录像制作成《非著名相声演员郭德纲对口相声》DVD和VCD出版。郭德纲等起诉飞乐影视公司侵犯其表演者权。法院审理后认为，郭德纲等作为涉案21段相声的表演者，享有许可他人复制、发行录有其表演的音像制品并获得报酬的权利。任何人未经其许可，不得擅自使用其表演复制、发行音像制品。郭德纲等只承认曾许可天津电视台使用涉案相声录制电视节目并在电视台播出，而否认许可天津艺术中心使用涉案相声出版音像制品。天津艺术中心出示的"稿费演播费通知单"仅证明郭德纲等领取稿费、演播费用的事实，不能证明其授权的行为。为此，天津艺术中心也就无权授权飞乐影视公司使用涉案21段相声出版音像制品。飞乐影视公司虽然与天津艺术中心签订了协议书，但其并不能通过该协议书取得使用涉案21段相声的合法授权。飞乐影视公司在获取授权时疏于履行审查义务，主观上存在过错，应当承担相应的侵权责任。①

  根据著名相声演员姜昆的观点，从总体状况来看，曲艺领域是

---

  ① 参见郭德纲、王玥波与广东飞乐影视制品有限公司、九洲音像出版公司表演者权权属纠纷案，北京市朝阳区人民法院(2006)朝民初字第18477号民事判决书。

版权侵权的"重灾区"。随着一些新传播技术的出现,许多人利用新兴的艺术形式,以时尚、先锋的动漫手法重新演绎了曲艺经典。这虽然对曲艺的传播有积极的推动作用,但是,作为提供作品母本和声音的曲艺作者和表演者没有获得合理报酬,甚至没有收到授权申请。① "奇志、大兵诉新浪案"就是典型的案例。杨其峄(艺名:奇志)、任军(艺名:大兵)是我国著名相声演员。曾创作双簧《检查卫生》和相声《戏说百家姓》等作品。二人发现从2004年起,新浪公司未经许可擅自将上述作品制作成Flash动画,在新浪网站提供在线观看和点击下载。同时涉案作品画面粗糙,声音与画面脱节。二人认为新浪不仅侵犯了其表演者权,同时由于粗糙的制作、丑陋的人物形象产生了对原作丑化的结果,侵犯了原告对作品及表演的修改权和保护作品完整权。于是,原告提起诉讼,请求判令被告立即停止侵权、赔礼道歉、赔偿损失。法院审理后认为,被告作品画面系根据原作品内容绘制,字幕使用原作品文字,构成对奇志、大兵作品的改编。声音系奇志、大兵的表演录音,系对原表演的复制。涉案Flash存储于新浪网站科技时代栏目,由新浪公司上传并编辑,可供用户点击浏览或下载,这侵犯了原告著作权与表演者权。②

---

① 参见姜昆:《维护曲艺版权 落实播放收费制度》,载《中国艺术报》2010年3月9日。

② 参见杨其峄等诉北京新浪互联信息服务有限公司侵犯著作权及表演者权纠纷案,北京市海淀区人民法院(2007)海民初字第6126号民事判决书。

(二)小品

喜剧小品,是通过形体和语言表现一个比较简单的场面或艺术形象的艺术表演形式。小品与相声不太一样。相声是中国的传统艺术,小品则是一种新型的艺术表现形式。在1984年春节联欢晚会上,陈佩斯、朱时茂表演的小品《吃面条》开创了小品表演的先河,使得小品正式成为一种独立的艺术表演形式。随着赵丽蓉、宋丹丹、赵本山、范伟、黄宏等一大批小品明星脱颖而出,小品这个新型演艺形式空前火爆。小品的题材也空前丰富,反映社会现象的深度、广度及其表演形式愈益多样化,成为文艺舞台上不可或缺的独特的文艺节目。小品与其他艺术作品和艺术表现形式的区别在于短小精悍,情节简单。小品是通过生动有趣、妙语连珠的语言技巧引人发"笑",让人在笑声中受到启发,得到教益。小品反映的小题材、小事件源于基层和百姓中间。人间冷暖、世相百态都是小品描写的对象,都可以通过小品这种形式在舞台上进行演出,在艺术上得到升华。同时,与相声相比,小品由于配合上了形体的动作,相对而言创作的自由度更大。优秀的小品深受广大群众的热爱,具有较大的市场,被侵权、盗版的概率也更大。

早在1999年,陈佩斯、朱时茂便就表演者权权属纠纷与中国国际电视总公司产生过诉讼。1994年,被告曾就非法出版发行原告创作及表演的小品一事向原告道歉并给予象征性的补偿,原告表示不再追究。但1999年3月至4月间,原告再次发现被告未经许可,擅自出版发行含有原告在历届春节联欢晚会上表演的并享有著作权及表演者权的 10 个小品在内的 VCD 光盘。同年 5 月,原告就被告的侵权行为向被告致函,要求被告停止侵权并赔偿损失,但被告没有答复。原告认为被告的行为违背了双方约定,带有明显的侵权故意,遂诉至法院,请求判令停止侵权、停止出版销售所有侵权产品、公开赔礼道歉。法院审理后认为,中央电视台对春节联欢晚会整台节目享有著作权,原告对创作、表演的小品享有著作权、表演者权,在此情况下,被告将春晚原告表演的小品制作专辑,不仅要征得中央电视台的许可,还应当取得原告的同意,这符合著作权法关于电视作品中剧本、音乐等可以单独使用的作品的作者有权单独行使其著作权的规定的精神。此案中被告仅有中央电视台的许可而无原告许可,出版、发行多个版本的含有原告享有著作权及表演者权的小品的 VCD 光盘,构成侵权行为,应承担侵权责任。[1]

"高秀敏诉辽宁电视台等案"的情形有些类似。2003 年,高秀敏发现市面上销售自己从未授权的《高秀敏小品专辑》VCD,为此将 VCD 的出版商、发行商等单位告上法庭。法院审理后认为,虽然电视台是在高秀敏许可的情况下录制的《四喜临门》《卖拐》等 9 部小品,但电视台的权利范围仅限于对小品进行现场直播和重播等。辽宁电视台未经表演者许可,将该 9 部小品的母版交由辽宁广播电视

---

[1] 参见陈佩斯、朱时茂与中国国际电视总公司表演者权权属纠纷案,北京市第一中级人民法院(1999)一中知初字第 108 号民事判决书。

音像出版社制作成 VCD 光盘出版发行,构成侵权行为。辽宁广播电视音像出版社虽取得了辽宁电视台的授权,但未征得原表演者许可,擅自制作 VCD 光盘出版发行,且未支付报酬,构成侵权。书店等销售商没有证明销售的涉案 VCD 光盘有合法来源,同样要承担侵权责任。法院判令被告立即停止侵权,赔偿损失。①

"尚卫民诉新浪案"则是一个关于小品作品的表演权的争诉案。原告尚卫民是小品剧本《〈不差钱〉之〈就差事〉》的作者,并发表在"中华演出网"上。2009 年,在国家体育总局自行车击剑运动管理中心(以下简称"自剑中心")击剑队举办的元旦晚会上,几名运动员未经许可即表演了该小品。新浪网既未经许可又未署原告作者的名字,即将该表演小品录像视频上传至新浪网上供公众在线观看。尚卫民因此提起诉讼。法院审理后认定尚卫民为小品《〈不差钱〉之〈就差事〉》的作者,且作品发表时标注有"未经许可请勿转载"的提示。2009 年国家击剑队举办元旦联欢活动,数名队员表演了该剧,并将小品节目命名为《不差钱就差事》,且演出过程中未提及该小品作者系尚卫民。新浪网记者参加了该次活动。尚卫民提供的公证材料证明了新浪公司经营的新浪网站播放了涉案小品视频。诉讼中,尚卫民以与自剑中心达成和解协议为由,向法院申请撤回对自剑中心的起诉,法院裁定准许。新浪公司经营的新浪网站

---

① 参见何庆魁、高秀敏与辽宁电视台、辽宁广播电视音像出版社等著作权权属、侵权纠纷案,北京市第二中级人民法院(2003)二中民初字第 1746 号民事判决书。

上播放了涉案小品视频,侵犯了尚卫民享有的信息网络传播权。法院对尚卫民主张赔偿损失的法律责任,有事实和法律依据,综合考虑涉案作品的独创性程度、市场价值、新浪公司的使用方式以及新浪公司的主观恶意程度等因素,酌情予以认定。①

三、曲艺、评书

(一) 曲艺

曲艺是用"口语说唱"来叙述故事、塑造人物、表达思想感情并反映社会生活的表演艺术。戏曲艺术的特点是"以歌舞演故事",曲艺的特点则是"以口语说唱故事",这是曲艺有别于其他艺术门类的本质属性。曲艺不像戏剧那样由演员装扮成固定的角色进行表演,而是由演员装扮成不同角色,以"一人多角"的方式,通过说、唱,把各种人物、故事表演给听众。曲艺以说、唱为艺术表现的手段,通过说、唱刺激听众的听觉,驱动听众的形象思维,在听众的思维想象中与演员共同完成艺术创造。正因如此,曲艺表演必须要有高超的语言技能。曲艺表演中的语言技巧,要包含介绍地点、描写环境、讲解故事的来龙去脉、刻画人物、模拟人物对话、剖析人物心理活动以及做出评价等多个方面,不仅要清晰,更要传神。通过运用语言技巧与表情动作的结合,描写环境,制造气氛,刻画人

---

① 参见尚卫民与北京新浪互联信息服务有限公司著作权权属、侵权纠纷案,北京市海淀区人民法院(2010)海民初字第14963号民事判决书。

物,模拟各种人物的讲话和思想情感,感染听众。曲艺不仅要说,还要评。说唱之间,夹叙夹评,对社会万象进行评论介绍,或褒扬,或贬抑,观点鲜明。

　　曲艺作为中国最具民族民间色彩的表演艺术,在中国文艺发展史上具有十分重要的地位。曲艺的种类较广,包括评书类、相声类、快板类、鼓曲类、说唱书类等。小品、话剧、电视剧、电影不算在曲艺里面。我们在前文已经研究了相声。此处所说的曲艺,主要指评书、快板、鼓曲、说唱等。由于曲艺作品创作中具有的特殊性,一旦版权意识不强,既有可能侵犯他人版权,也有可能被他人侵权,引发相关的诉讼,这在现实生活中已有众多案例。例如,相声小品的创作中,有许多"包袱",也即我们前面提到的用对话来组织的一系列特有的喜剧性矛盾酝酿,或者简单说就是"笑点"。这些"包袱"很容易被别人学会并重新改编使用。这在曲艺界行话叫"挦叶子"。这类似我们前文讨论的角色权的情形。这些"包袱"都是作者创作出来的,未经原作者或表演者许可,是否可以自由使用?此外,评书、鼓曲等都有可能涉及对文学作品、影视作品的借鉴、改编,这些都需要处理好各方权利人之间的关系。

　　例如,在"刘汉飞诉淮海戏剧王案"中,法院以默示许可为由驳回了原告的侵权诉求。刘汉飞系演唱琴书的民间艺人,收集整理了古代传统曲目《五梅七枪反唐传》与《三枪定南唐》,编写出同名曲艺作品,以徐州扬琴戏说唱形式进行表演,并进行了著作权登记。

2002年起,淮海戏剧王公司以音配像的形式摄制电视琴书。戏剧王公司投资摄制了电视琴书《五梅七枪反唐传》与《三枪定南唐》,使用刘汉飞编写的同名曲艺作品为剧本,根据剧本内容在徐州汉城划分不同的拍摄场景,聘请了专门演职人员进行表演、摄像、灯光、服装等分工,并对原始资料带进行后期剪辑与制作。表演形式主要据刘汉飞等演唱内容配以戏曲演员扮相和表演。《五梅七枪反唐传》与《三枪定南唐》VCD的录制分集陆续进行。刘汉飞以戏剧王公司侵犯其著作权为由提起诉讼。法院经审理后认为,刘汉飞主张其不明知亦未许可淮海戏剧王公司使用其作品以音配像形式摄制电视琴书的主张与事实不符。实际上,拍摄活动由多名演职人员参加且在徐州汉城公开进行,持续多年,刘汉飞亦曾到过徐州汉城拍摄现场,对配像演员进行指导,诸多证人证言均可证实。因此,刘汉飞对淮海戏剧王公司的使用方式应当知晓,同时也接受了相应报酬。据此,刘汉飞的主张不予支持。①

再如,在"牛崇祥诉邵其江等发行权案"中,涉及表演作品的侵权。本案中,原告牛崇祥自幼学习演唱苏北大鼓,长期从事苏北大鼓的创作、传承、表演,系苏北大鼓的领军人物。牛崇祥的主要作品有《凌霄汉》《罗家将》《刘秀走南阳》等,其作品在苏鲁豫皖广为流传。牛崇祥作品光盘年销量达50万张。邵其江未经牛崇祥的许

---

① 参见刘汉飞与徐州市淮海戏剧王音像有限公司、徐州市贾汪区电视台著作权权属、侵权纠纷案,江苏省徐州市中级人民法院(2010)徐知民初字第25号民事判决书。

可,销售淮海戏剧王公司等制作发行的载有牛崇祥作品的 TF 卡。淮海戏剧王公司、王振等未经牛崇祥许可,以取得牛崇祥版权的名义对外进行宣传,大量生产复制载有牛崇祥表演说唱作品的 TF 卡并通过网络和实体店在全国范围内发行销售,还将牛崇祥的上述表演说唱作品制成电子数据。此案中部分作品是牛崇祥在淮海戏剧王公司表演期间,由淮海戏剧王公司提供场地、服装等服务,牛崇祥负责表演,淮海戏剧王公司根据牛崇祥录制作品的数量向其支付报酬,该部分作品的著作权应由淮海戏剧王公司享有。因此,淮海戏剧王公司就上述作品进行复制、发行不构成侵权。牛崇祥另一部分与周银侠、李全营三人合作表演的曲艺作品,淮海戏剧王公司未经其许可,擅自制作、销售上述作品,侵犯了牛崇祥对上述作品享有的著作权,应当承担侵权责任。法院判令立即停止生产制作、复制发行、销售等行为,并结合淮海戏剧王公司的侵权行为性质和经营期间、规模、本地经济水平,以及牛崇祥为制止侵权行为所支出的合理开支、涉案作品的市场行情和普及人群等因素,确定赔偿数额。①

曲艺历史悠久,魅力独特,具有深厚的群众基础,是非物质文化遗产的重要门类。但是,如果将曲艺当成纯粹的非物质文化遗产进行保存,不仅需要国家投入大量的经费,而且不能持续。2019年,文化和旅游部印发《曲艺传承发展计划》,对曲艺类非物质文化

---

① 参见牛崇祥与邵其江、徐州市淮海戏剧王音像有限公司等侵害作品复制权纠纷案,江苏省宿迁市中级人民法院(2015)宿中知民初字第 00036 号民事判决书。

遗产传承发展工作进行专项部署,其中就提到了繁荣曲艺市场的方向。由于作为非物质文化遗产的曲艺等最大的不足在于不能满足版权法的基本原理,缺乏明确的版权主体,也就缺乏去积极发展以满足市场需要的动力。而表演者权则使在这些传统资源上进行二次优秀创作和表演的人能够获得版权保护,从而具备了将传统文化资源予以积极开拓、经营、发展的动力。通过这种方式,传统文化资源重新获得生机与活力。正是在这个意义上,中国曲艺家协会、中国文联权益保护部在 2015 年专门发布了《曲艺维权手册》,指导广大曲艺工作者形成尊重知识产权、避免侵权、勇于维权的意识。《曲艺维权手册》与《曲艺传承发展计划》从不同的角度共同促进曲艺事业的发展,在曲艺界营造风清气正的良好创作环境,激发曲艺工作者的创作积极性,不断促进曲艺事业繁荣发展。

(二) 评书

评书,是曲艺的一种,典型的口头文学。评书通过一人演说的方式来叙述情节、描写景象、模拟人物、评议事理。北方多称之为评书,南方则多称"评话",或"评词"。评书使用口头语言说演,在艺术上形成了独特的程式与规范。在语言运用上,多以第三人称叙述和介绍为主。在表演程序上,一般先有一段"定场诗",或小故事,然后进入正式表演。正式表演时,以叙述故事并讲评故事中的人情事理为主。如介绍新出现的人物时,要将人物来历、身份、相貌、性格等特征予以描述或交代。赞美故事人物品德、相貌或风景名胜时,又往往会念诵大段落对偶句式的骈体韵文(称作"赋赞"),富有音乐性和语言美感。说演到紧要处或精彩处时,又常会使用"垛句",或"串口",即使用排比重叠的句式以强化说演效果。在故事推进上,为吸引听众,制造悬念,常使用"关子"和"扣子"作为根本结构手法,使其表演滔滔不绝、头头是道而又环环相扣、引人入胜。为实现这一目标,表演者须具备多方素养。评书节目多以长篇大书为主,说演内容多为历史朝代更迭、英雄征战及侠义故事。

评书常常通过"册子"和口传心授方法进行流传。不同流派、不同演员对一部书中的人物塑造、情节安排等有不同的处理方法,尤其在"评议"方面,因人而异,具有很大的可变性。可以说,评书艺人,既是演员,又是作者,他们的表演过程,往往就是精心构思和不断创作的过程。正因为评书里具备这样的创造性,评书作品往往可以成为受版权法保护的作品。评书作品中的版权问题有两方面需特别注意:

一方面,如何避免侵犯他人版权的问题。评书常常是在先前作品之上进行加工改编而来。这种在先作品有两种情形:一种是没有版权保护的民间文艺作品、传说等,或者过了版权保护期的历史小说之类;另一种则是有版权的作品。在使用后者时,要特别注意避免侵犯他人知识产权。

单田芳先生是我国著名的评书艺人,是中国评书事业承上启下的关键人物,对评书艺术的发扬光大起着重要作用。不过,从 2000

年前后开始,单田芳就不断陷入版权纠纷。2001年,小说家宫白羽的儿女宫以仁和宫稚羽就单田芳在天津人民广播电台播讲、由鞍山电台录制的评书《十二金钱镖》提起诉讼,认为单田芳使用了宫白羽所著的《十二金钱镖》的内容,未向著作权人即宫白羽的儿女支付报酬,应承担侵权责任。法院最后判决单田芳败诉。2005年,中国国家话剧院编剧赵云声认为单田芳评书《千古功臣张学良》剽窃了自己的作品《赵四小姐与张学良将军》。原告认为两部作品无论是在构思、结构、情节、选材以及人物安排上都如出一辙,而且很多内容甚至完全重合,单田芳存在抄袭剽窃行为。① 尽管法院在审理后认为,单田芳评书在语言表达、整体内容和人物设置方面都与赵云声小说存在较大区别,虽在具体情节上有部分相同,但具体场景、细节安排、表现方式和详略安排等与小说存在较大差异,在绝对数量、所占比例以及重要程度上也不构成作品核心和主体内容,应属于创作过程中的适度借鉴。因此,法院驳回了原告的诉讼请求。即便如此,这些案件说明,对于评书这类建立在其他作品基础之上的艺术创作活动,处理好版权问题尤为重要。

另一方面,如何保护好自己版权的问题。那些伟大的评书作品,鲜少是原封不动地搬运原著,而是经过一个精心改编的过程,才可能吸引听众。评书的过程就是一个再创作的过程。评书的版权

---

① 参见《单田芳"二次被诉"侵犯著作权》,载中国法院网(https://www.chinacourt.org/article/detail/2006/11/id/224866.shtml),访问日期:2020年6月15日。

保护首先必须弄清楚评书作品中的哪些部分可以得到版权保护？哪些不能？例如，评书塑造出来的角色是否可以受到保护？评书刻画人物讲究"开脸儿"，根据不同人物的性格和思想面貌，勾画出他们的相貌特征和气质风度，再给他们配上符合身份的服饰。这样，听众就会在头脑中树立起有声有色的人物形象。评书塑造的人物要想在思想上达到一定高度，形象栩栩如生，编演者得在"开脸儿"之外认识到人物本身的思想深度，采取多种艺术手法予以反映。这就需要极高的技巧。袁阔成的《三国演义》，共塑造人物超过400个，单田芳的《隋唐演义》塑造人物超过180个。一些在原著中平淡无奇的角色，经过评书作品的塑造，顿时生动起来，甚至成为之后改编的图书、影视和游戏中的形象。这些是否应当保护？如何保护？都是一个问题。

在"北京鸿达以太诉北京东方视角案"中，北京鸿达以太公司经授权取得了著名曲艺表演家袁阔成的经典评书作品的版权许可，此后发现北京东方视角公司在其经营的酷听网及客户端上均使用上述评书作品供用户收听及下载，并收取相应的费用。鸿达以太公司因此提起诉讼。法院经审理后认为，经过对比，涉案评书《水泊梁山》为白话文，明显不是对施耐庵所著《水浒传》内容的简单念读。而且，涉案评书《水泊梁山》中有对施耐庵所著《水浒传》中没有的人物（"响铃镖"周坤、上官英、上官玉环、"假头陀"古木空等）以及《水浒传》中没有的情节（"东京盗国宝"）的细致阐述和描

第二章 表达形式：语言资源中的版权保护

写。鸿达以太公司制作、北京科海电子出版社出版发行了一百二十回长篇评书《水泊梁山》的录音制品，出版物外包装载明"袁阔成播讲"。该电子出版物背面载明如下内容："本书堪称袁老评书中的精品，很有特色。无论从故事的构架、情节设置和关节转换时间顺序都与原著几乎完全不同"，"书中塑造了以时迁为代表的一群原著中笔墨非常少的小人物，如李衮、马麟、王英等。其中以时迁最为突出。反面人物写得也栩栩如生，除了我们熟知的急先锋索超，还增添了赛黄忠、李天成和'玉面小子'都路宾等诸多上将人物"。因此，应当认定为袁阔成是该评书作品的著作权人。东方视角公司的行为构成侵权，应当承担侵权责任。① 在该案中，似乎就认可了评书作品塑造出来的角色形象归属评书作品，而不是原著作品。

中国曲艺家协会于2013年成立权益部，对曲艺维权情况进行摸底调查，形成了2014年《中国曲艺维权调查报告》。根据调查，关于"当前侵犯曲艺知识产权的主要形式"，选择人数前三的选项分别是"广播电台电视台、各类交通工具及交通场站无偿使用曲艺作品""网络、宽带电视等新兴媒体无偿使用曲艺作品""表演者在商业活动中未经许可表演他人创作作品，且事后亦未向著作权人支付相应报酬"。关于"曲艺维权的难点问题"，选择人数前四的选项分别是"普遍缺乏维权意识，怕自己维权后得罪人"，"由于曲艺作品

---

① 参见北京鸿达以太文化发展有限公司与北京东方视角影视文化传媒有限公司侵害作品信息网络传播权纠纷案，北京市朝阳区人民法院(2013)朝民初字第8590号民事判决书。

的特性,侵权事实难以取证","维权成本过高,即使赢得诉讼也难以获得多少补偿","法律不够健全,执法部门执法不严,维权缺乏法律支持"。关于"曲艺维权的有效途径",选择人数前三的选项分别是"自己协调""诉讼"以及"由各级文联、曲协或中间人调解"。2015年,中国曲艺家协会召开了"数字时代下曲艺版权保护研讨会",发布了《曲艺维权手册》。该手册力图在曲艺界营造"学法知法、共同守法、依法维权"的良好氛围,通过维权指南、维权案例、维权范本、政策法律和维权动态等五方面内容,向曲艺工作者宣传维权知识,鼓励曲艺工作者树立法治思维和法治信仰,倡导行业自律,提高曲艺工作者的维权意识和维权能力。

四、配音、播音

(一) 配音

配音是一门话筒前的语言艺术,是为影片或多媒体加入声音的过程。配音演员通过用自己的声音和语言,在银幕后,在话筒前,进行塑造和完善各种性格色彩鲜明的人物形象的创造性工作。配音不同于播音,播音可以根据自己的理解去设计语调、节奏。配音亦不同于新闻、科教片解说等,这些可以根据画面来直接叙述、娓娓道来。配音要求配音演员能够忠实于原片,在原片演员已经创作完成人物形象的基础上,为人物形象进行语言上的再创造。配音演员受原片人物形象、年龄、性格、生活经历、社会地位、嗓音条件等诸多因素限制,不允许演员超越原片自由发挥,树立自己的形象。同时,又要求配音演员根据片中人物所提供的特征,去深刻地理解、体验人物感情,然后调动演员本身声音、语言的可塑性和创造性去贴近所配人物,使得经过配音的片中人物变得更加丰满、更加形象生动。

中国的配音产业是伴随着外国影片在中国的传播逐渐发展起来的。二十世纪七十年代以来,电影配音演员的艺术成就得到艺术界和电影界的认可,一批优秀的电影配音艺术家开创了中国电影配音事业的辉煌局面。不过,随着大量国外电影涌入中国电影市场,影片开始配上字幕,译制片配音的形式不再是影视配音的主要产品。如今,配音产业主要集中在动漫、国产剧、游戏、智能语音、广播剧、有声读物等领域。对国内当前的配音演员,一般有两种称呼:一种是配音演员,另一种是声优。配音演员一词更多倾向于称呼为真人影视剧进行配音的工作者。声优则主要指为动漫等二次元人物配音的工作者。这一称呼是从日本引进而来的。真人演出的配音更加侧重于表演,人的情感、思想、性格均通过语言来体现,而二次元人物则创作自由度更大,人的喜怒哀乐更容易展现。

配音是以话筒为工具的对现有影视作品的二次艺术创作,配音演员是用声音进行表演的艺术家。如果配音作品能够满足独创性要件的话,也可以作为版权法上的作品而得到保护。当然，这种作品的独创性最终需要在遇到争诉的时候由法官来确定。由于这种作品与个人的声音特质密切相关，因此，在判定这种独特性的时候，个人的声音特质也应当是一个考量因素。比如，著名配音演员姜广涛的声音被粉丝形容成纯粹的"公子音"，边江的声音完美体现了小说里的高冷男神，张杰的声音则可以称为是清朗的"王子音"。再如高德地图，曾邀请林志玲来对其导航软件进行配音，此举意在吸引更多的粉丝使用高德地图，从而获得竞争的优势。

配音作品在版权法上享有哪些保护？归纳起来，大体分为两类：

一是作为口述作品。口述作品，一般是指那种不依据现成稿件即兴发挥的口头演讲、讲课等。如果依据现成的稿件进行的诵读，一般可以认为是朗诵，归入表演权。以此观之，影视作品中的配音大多无法满足这类条件。当然，这并不是绝对的。在"罗永浩诉北京硅谷动力案"中，罗永浩曾是北京新东方学校的讲师，在该校讲授英语课程，具有较高的知名度。2005年，硅谷动力公司在该网站上传了载有罗永浩讲课内容的录音录像文件，并注明"老罗语录""新东方老罗语录"等字样。法院经过审理后认为，罗永浩作为北京新东方学校的英语教师，其向学生讲授的内容虽是以相关大纲、教材为基础，但是具体的授课内容系罗永浩独立构思并口头创作而成，这也是其授课受到欢迎的原因。故罗永浩的授课内容具有独创性,符合著作权法规定的作品要件,构成口述作品。[①]而针对体育比赛之类的现场解说配音等,大多属于即兴演说,如能满足独创性的要求,也可以归入口述作品。

二是表演者权。在形式上,配音一般是根据剧本来进行的。但是,配音又不仅仅是照着本子念台词,跟着画面对口型那么简单,而是需要吃透角色性格,调动情感,用自己的声音去表演,用声音为演员赋予表情,弥补或修正他们在表演上的缺憾,让观众跟随声音"入戏"。这不仅需要高超的技巧,更需要严谨的工作态度。正如我们在前文讨论的那样,即便是朗诵,在一定意义上,也可以看作是对文字作品的表演活动,甚至一切口头作品的发表活动实质上都可以是某种"表演"。而配音更是一种对文字作品的表演,配音者可以享有对配音作品的表演者权。根据我国著作权法的规定,表演者权的权项当中包括许可他人复制发行录有其表演的录音录像作品并获得报酬,以及许可他人通过信息网络向公众传播其表演并获得报酬等权利。实际上,就目前市面上流行的"配音秀"等娱乐软件来说,如果未经许可使用了他人的配音作品,则很可能会侵犯他人的表演者权。

(二)播音

2G时代,文字是信息交互的主要载体;3G时代,图片成了主要

[①] 参见罗永浩诉北京硅谷动力电子商务有限公司侵犯著作权纠纷案,北京市海淀区人民法院(2006)海民初字第9749号民事判决书。

载体;4G时代,图文和视频成为主要载体;5G时代,视频和音频则大行其道。当前,以网络听书、音频直播、知识付费等业务模式为主的网络音频模式开始掀起一场"耳朵经济",与"眼球经济"并驾齐驱。音频具有陪伴、娱乐、教育与抚慰的功能,受众规模非常庞大。随着语音识别技术的不断完善,"耳朵经济"具有无限广阔的想象空间。通过将海量音频内容植入智能家居、汽车、音响、移动终端等各类智能硬件中,未来语音识别会成为每个人操控各个场景中智能硬件获取信息的最主流操作方式之一。同时,基于大数据挖掘后带来的用户体验提升,共同唤醒了"耳朵"的需求,推动了传统广播电台的变革,使得原本随着电视普及而衰落的传统音频以全新面貌重生。从前,人们一壶清茶一盘瓜子,在说书摊前坐上一天,为了一句"上回说书说到"而期待,也为了一句"且听下回分解"而抓狂。现在时间变快了,但有些东西不会改变,我们的耳朵依然能被好书和好的声音唤醒。

目前,网络音频市场的大格局已初步形成。喜马拉雅、懒人听书、蜻蜓、荔枝等平台纷纷抢占先机,并倒逼着平台更加注重拓展思路,实施差异化策略。喜马拉雅"UGC+PGC+独家版权"构成的内容生产与主播孵化机制、"内容审核+主播认证+大数据算法"的独有商业模式一家独大。收听场景的延伸,与阅文集团等图书公司的排他性版权合作,1000多万册小说的有声改编权等核心内容一同构筑起了喜马拉雅的内容优势。通过对内容创业者赋能,喜马拉雅不断孵化原创 IP。蜻蜓则深耕场景式营销。蜻蜓成立初期，靠地推模式取得内容，联系各地广播电台，寻求引入优质内容。随后和出版社合作，引入有声小说，把读网文变成听书。再后来引入专业主播生产内容，大幅提升音频质量。而荔枝通过互动式策略，建立品牌播客方式，促进社群经济与品牌合作，发挥社群优势。在线音频平台的竞争归根结底是内容的竞争。随着各大平台引进 IP、打造 IP，并加大力度扶植音频内容创业者，未来优质的、专业化的内容成为争夺用户和提高用户黏性与活跃度的重点，IP 改编成为未来在线音频平台抢占的高地。

"耳朵经济"的内容原创体系主要包括广播电台、网络听书、个人主播等。配音、播音、解说、评书、朗读等优秀的声音表演艺术正在为我们打造着这个时代的"无字天书"。当然，在"耳朵经济"这个新的经济形态当中，版权保护仍然居于核心地位。只有版权保护措施增强，内容厂商才敢大量投入，制作音频精品。音频精品带来的回报会反过来刺激内容厂商进一步加大投入，制作更好的内容回馈用户，从而实现良性循环，为行业的发展带来更多想象空间（见图2-1）。可以看出，随着现代传媒技术的发展，版权的保护变得更加立体化，版权的覆盖范围开始由以前纸面的平面阅读延展到不同的语言、不同的维度（三维的形象角色）、不同的感官（听觉感官的有声读物）。

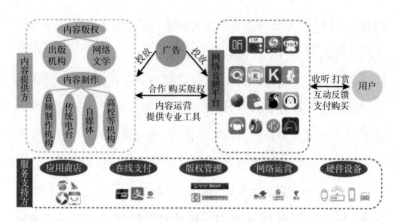

图 2-1　中国网络音频产业图谱①

不过,随着网络音频行业的不断壮大,侵权盗版行为开始增多。这不仅威胁到网络音频行业的盈利能力及可持续发展,而且给国家的版权监管带来困难。为打击此类盗版侵权行为,国务院、国家版权局相继发布相关政策,护航网络音频市场健康发展,力图营造网络音频行业的清明环境。2018年上半年,新浪、凤凰等6家网站因未持有信息网络视听节目许可证而被查处。2018年下半年,国家版权局、国家互联网信息办公室、工业和信息化部、公安部联合启动打击网络侵权盗版"剑网2018"专项行动,重点开展网络转载版权专项整治、短视频版权专项整治,以及动漫、直播、有声读物等重点领域的版权专项整治。行动期间,查处了大量网络盗版案件,所涉

---

① 参见罗华主编:《中国移动互联网发展报告(2019)》,社会科学文献出版社2019年版,第222页。

及的不乏网络小说、有声读物等作品。

　　司法实践中,关于有声读物的争诉案也越来越多。在"上海畅声诉北京东方视角案"中,原告上海畅声网络科技有限公司是《都市风水师》《邪情公子》等100多部有声读物的录音制作者,享有上述有声读物的信息网络传播权。2013年,北京东方视角公司未经授权,将上述100多部有声读物上传至其经营的酷听网,供其用户付费收听与下载。法院经过审理后,认定其侵权成立。[①] 在"上海证大喜马拉雅与北京东方视角纠纷案"中,《江山如画》文字作品的作者将该作品的相关版权事宜委托给北京开维文化公司。后者与东方视角公司签订版权协议书。依据该协议,北京东方视角公司获得了将《江山如画》文字作品制作成声音作品的权利。2014年,北京东方视角公司发现上海证大喜马拉雅公司经营的喜马拉雅网站未经许可向公众提供《江山如画》声音作品的在线播放服务,遂诉至原审法院。一审法院审理后认为,录音制品的制作需要花费一定的人力、物力、财力。喜马拉雅网站作为专门从事包括有声小说在内的音频类内容服务的分享网站,应尽到注意个人用户上传的涉案有声小说中是否存在制品权属问题的义务。本案中上海证大喜马拉雅公司应为其网站上传的侵权音频承担连带侵权责任。二审法

[①] 参见上海畅声网络科技有限公司与北京东方视角影视文化传媒有限公司著作权权属、侵权纠纷案,北京市朝阳区人民法院(2013)朝民初字第36999号民事判决书。

院驳回了上海证大喜马拉雅公司的上诉,维持原判。① 在此后诸多的案例中,我国法院基本上都认可了将声音作品分离出来的思路,为有声读物提供录音制品、网络信息传播权方面的保护。

---

① 参见上海证大喜马拉雅网络科技有限公司与北京东方视角文化传媒股份有限公司侵害录音录像制作者权纠纷案,上海知识产权法院(2015)沪知民终字第677号民事判决书。

第六节　字体、字库与字幕

汉字是记录汉语的文字系统,是传承和弘扬中华文化的重要载体。从最初的甲骨文,到金文,再到篆书,发展到后来的隶书、楷书、行书和草书,中国汉字承载了中华五千年的悠久文化。然而,我国字体行业发展却极为滞后。目前,韩国和日本的字体设计行业欣欣向荣,美国字库企业蒙纳公司甚至已经上市,年收入超过1亿美元;而在中国,大部分字库厂商还在为生存而挣扎。① 随着计算机技术的发展,汉字与计算机结合产生了计算机字体。早在2012年,有学者研究得知,目前世界上最好、最大的中文字库在日本,中国海峡两岸及香港的字库相加总和不及日本字库总数的零头。② 因此,促进中文字库的发展成为语言产业发展的重中之重。但一款计算机字库字体的研发需要较长的时间,需要投入大量的人力、财力,如何解决好其中的版权保护是核心问题。从方正诉宝洁案等案件开始,我国字库企业陷入了艰难的维权境地。这背后折射出字体行业发展面临知识产权保护力度不足的困境。实际上,二十世纪九十年代,我国字库行业一度呈现辉煌,国内大小字库厂商有几十家,比较

---

① 参见吴学安:《"字库维权"能走多远》,载《检察日报》2019年3月22日。
② 参见贺宏志主编:《语言产业导论》,首都师范大学出版社2012年版,第4页。

知名的有方正、汉仪、华文、华光等。短短 10 年,国内高品质的数字化曲线轮廓字库从无到有,涌现了近 200 种不同风格的近 400 款字库。但是,由于盗版的侵入,字库厂商投资得不到应有的回报,厂商开发字库的热情逐渐降低。进入二十一世纪,投放市场的字库数量大幅下降,只有几十款。国内的字库厂商数量也从几十家减少到五家。① 盗版成为字体行业发展最大的绊脚石。

一、字形作品

汉字单字字体能否作为版权法上的作品来保护?这个问题引发了激烈的争论,焦点主要集中在两个方面:计算机字库字体与书法作品。

(一)字库字体

字体,是指趋同或者统一的某种特定的文字之表达特性与风格特征,或称文字的字型风格或字体形象。某种特定字体的字型风格、字体形象覆盖了这一字体的所有单字,具体渗透和表现在这一字体的所有单字上。根据德、法、英等欧洲国家发起的《印刷字体保护及国际备案协定》中的定义,字体是指为了文字编排(composing texts),使用任何图形技术(graphic technique)所设计的:(1)一套文字或字母,及相关音标和标点符号;(2)数字及其他标

---

① 参见赵世举主编:《语言与国家》,商务印书馆 2015 年版,第 103 页。

记,如通用标记和符号(conventional signs and symbols)、科学符号;(3)装饰,如边条(borders)、花边(fleurons)和题花(vignettes)。字库,则可以认为是某一印刷字体之规模化数量的单字及字符等按照国家标准或其他标准的规范性集合。①

我国国家标准主管部门于二十世纪八十年代颁布了 GB 2312-80 简体汉字字符集字库,全称为《信息交换用汉字编码字符集—基本集》,共收录 6763 个汉字,并对之进行了"分区"处理。例如黑体、楷体、宋体与仿宋体等各类汉字印刷字体适用该国家标准后,就形成了相应各类汉字印刷字体活字字库。GB 2312-80 国家标准一直沿用至今,不但适用于原来传统铅字的汉字印刷字体活字字库,同时也适用于后来的数字化汉字印刷字体软件字库。不过,科技进步的巨大力量已将传统铅字印刷的字体活字字库从市场淘汰出局,现在使用的都已全面演变为数字化的汉字印刷字体软件字库。② 字库软件具有相对确定的软件著作权属性,而字库软件输出的单字是否可以成为著作权法上的作品,目前有较大的争议。司法实践中也存在着判定标准上的不确定性。

1. 典型案例评述

从 2003 年"北大方正诉潍坊文星案"开始,关于中文字体侵权

---

① 参见陶鑫良:《中文印刷字体及其单字、字库与软件的著作权辨析》,载《中国版权》2011 年第 4 期。

② 参见陶鑫良、张平:《具独创性的汉字印刷字体单字是著作权法保护的美术作品》,载《法学》2011 年第 7 期。

的诉讼案件接连发生。法院对于字体及字库法律属性的认识也摇摆不定,这些分歧给字库产业的生存与发展带来了很大的不确定性。

(1)北大方正诉潍坊文星案

2001年,方正公司开发完成了字体软件《方正兰亭字库V4.0》,并于2002年取得计算机软件著作权登记证书。2002年岁末,方正公司发现潍坊文星公司制作的《文星2000字处理系统V3.1》侵犯其《方正兰亭字库V4.0》中的12款GBK字库,因此提起侵权诉讼。法院委托中国版权保护中心版权鉴定委员会鉴定后认为:《方正兰亭字库V4.0》中的"报宋字体"等12款字体与《文星2000字处理系统V3.1》的相应字型重合或者基本重合。一审法院据此认定,《方正兰亭字库V4.0》中的字型是方正公司独立创作完成的文字数字化表现形式,是由线条构成的具有审美意义的平面造型艺术作品,属于我国《著作权法》规定的美术作品。同时,由各个文字的坐标数据和指令构成的字库可以被计算机执行,属于我国《计算机软件保护条例》规定的计算机软件,受该条例的保护。方正公司作为《方正兰亭字库V4.0》的作者,对字库中的每个文字的字型以及由这些文字的数据坐标和指令程序构成的字库软件享有著作权。可见,一审法院主张计算机字库属于计算机软件,字库中的字形则属于美术作品。

不过,在二审中,法院却认为,计算机字库不属于计算机软件,但字库中的字形可以构成美术作品。法院在审理中指出,字库的制作通常经过字型设计、扫描、数字化拟合、人工修字、质检、整合成库等步骤。其中,字型设计是指由专业字体设计师依字型创意的汉字风格、笔形特点和结构特点,在不小于1英寸的正方格内书写或描绘的清晰、光滑、视觉效果良好的汉字字型设计稿。每款字库的字型必须采用统一的风格及笔形规范进行处理。因此,字型的制作体现出作者的独创性。《方正兰亭字库V4.0》中的字型是由线条构成的具有一定审美意义的书法艺术,符合著作权法规定的美术作品的条件。原审判决认定《方正兰亭字库V4.0》中的字型属于我国著作权法规定的美术作品是正确的,文星公司关于字型没有独创性、不属于美术作品的上诉主张不能成立。

根据二审法院的观点,字库中的坐标数据和函数算法是对字型笔画所进行的客观描述。在运行时,通过特定软件的调用、解释,这些坐标数据和函数算法被还原为可以识别的字型。字库中对数据坐标和函数算法的描述并非计算机程序所指的指令,并且字库只能通过特定软件对其进行调用,本身并不能运行并产生某种结果,因此,字库不属于《计算机软件保护条例》所规定的程序,也不是程序的文档。字库中的坐标数据、函数算法与相应的字型是一一对应的,是同一客体的两种表达,在著作权法上,应作为一个作品给予保护。文星公司未经方正公司许可,剽窃《方正兰亭字库V4.0》中12款字库的字型,侵犯了方正公司享有的著作权,应当承担侵权责任。

由于方正公司遭受的实际损失和文星公司的违法所得均无法确定，法院根据文星公司的侵权行为事实、情节和主观过错及方正公司因本案诉讼支出的合理费用等因素，酌情确定文星公司应当承担的赔偿数额。① 从此案可以看出，一审法院主张每个字形都可以构成美术作品，二审法院基本认同了这一观点。不同的是，二审法院更加强调每款字库的字形必须采用统一的风格并进行规范处理。从这一论述可以看出，法院似乎更加主张字库应当从整体上被视为一部美术作品。

（2）中易诉微软案

此案中，法院认为中易电子公司基于"GB13000.1/GBK"规定的汉字字型，设计、研发及制作了中易"GB13000.1/GBK"宋体和黑体两套字库。两套字库的汉字加字符共计43000多个字模。中易公司对其设计研发制作的"中易字库"作品及产品享有三项知识产权：

①美术作品著作权。"中易字库"是中易电子公司按照"GB13000.1/GBK"规定的汉字字型，对每个汉字和字符的笔画形状、部件与部件之间形成的字形结构所赋予的美术创作，从而开发出几万个规范、美观、独特的汉字和字符。因此，"中易字库"的每个汉字和字符都是中易电子公司独创的美术作品，受《著作权法》

---

① 参见潍坊文星科技开发有限公司与北京北大方正电子有限公司计算机软件著作权权属纠纷案，北京市高级人民法院（2005）高民终字第00443号民事判决书。

保护。

②计算机软件著作权。"中易字库"中每一个汉字和字符都是由一系列代码指令构成,即通过一系列代码指令来完成移动点、画的直线和曲线等操作,描绘出每个汉字和字符特有的美术字形。这些指令在被字体解释软件转换成可执行的代码化指令序列后,显示或打印出相应汉字和字符的字形结果。"中易字库"作为计算机中文操作系统的系统字库,属于系统资源程序。因此,"中易字库"是用于汉字显示和打印的计算机程序,受《著作权法》和《计算机软件保护条例》的保护。

③汇编作品著作权。"中易字库"是中易电子公司按照"GB13000.1/GBK"规定的汉字字型和编码,将自行创作的宋体和黑体的相应汉字和字符集合汇编成两套字库,共计约43000多个汉字和字符。汇编兼顾到整幅版面显示或打印时,字与字组合效果的和谐与统一,而"中易字库"又是几万个汉字和字符代码指令序列的汇编,因此,"中易字库"既是一个将43000多个独创的字形形成的美术汇编作品,又是一个将43000多个自行开发的指令代码汇编形成的数据库作品,受《著作权法》及相关国际公约、条约的保护。①

此案二审法院似乎也承认字体可以作为美术作品进行保护,但在此案中,中易公司的宋体和黑体字库中每个单字的表达,与公共

---

① 参见北京中易中标电子信息技术有限公司与微软公司、微软(中国)有限公司知识产权与竞争纠纷案,北京市第一中级人民法院(2007)一中民初字第5363号民事判决书。

领域中长期使用的宋体和黑体的表达难以产生普通人能够识别的差异,二审法院因此认定其不具有独创性。① 从此案可以看出,法院一般会对字库企业的字库授权类型进行区分,通常可以分为基础字体和精选字体。两者因独创性不同,授权许可费差别很大,精选字体费用可以是基础字体的三倍以上。基础字体多与公共领域内免费的宋体、楷体、黑体等类似。法院判例支持的多是具有独创性的单字,基本属于精选字体,如汉仪秀英体、方正平和体、方正粗倩简体、方正喵呜体等特殊的字体。

(3)北大方正诉宝洁案

2008年,北大方正发现宝洁50多款产品包装上都涉嫌使用了方正开发的字体——倩体。这些产品包括"飘柔洗发露""帮宝适纸尿裤""佳洁士冰极山泉牙膏""护舒宝持久干爽型"等。北大方正向法院起诉宝洁侵犯其著作权。在此案中,一审法院论述了计算机字库字体在创作上的特殊性,主张字库应当作为整体被视为作品,拒绝对字库中的单字给予美术作品的版权保护。

一审中,北大方正陈述其依据齐立设计,完成了倩体字体的数字化和字库化转换,命名为方正倩体系列字库字体。该字体具有幽雅、柔美和华丽的特点,如少女亭亭玉立的倩影,故命名为倩体。法院经过审理后认为,北大方正自行研制的倩体计算机字体及对应的

---

① 参见北京中易中标电子信息技术有限公司、微软(中国)有限公司与微软公司著作权权属、侵权纠纷案,北京市高级人民法院(2010)高民终字第772号民事判决书。

字库软件是具有一定独创性的文字数字化表现形式的集合。北大方正从齐立处取得其设计的倩体字体的权利,综合具有独创性的汉字风格和笔形特点等因素,通过设计字稿、扫描、数字化拟合、人工修字、整合成库、对设计的字稿设定坐标数据和指令程序等处理方式和步骤,形成由统一风格和笔形规范构成的具有一定独创性的整体字库内容,在作为字库软件光盘销售时亦以公司名义署名。北大方正投入了智力创作,使具有审美意义的字体集合具有一定的独创性,符合我国著作权法规定的美术作品的特征,应受到著作权法保护。

在此前北大方正与潍坊文星等单位之间发生的著作权侵权诉讼中,均涉及对方正字库中一种或多种字体整体使用的情形(如其他字库生产厂家直接复制使用其字库软件的字形、数据坐标和指令程序,或者照排软件生产厂家直接将字库软件输入其印刷软件程序一并销售),未涉及针对字库中单字的使用行为的性质认定。汉字由结构和笔画构成,是具有实用价值的工具,其主要的功能为传情达意,视觉审美意义是其次要功能。每个字的结构和笔画本身是固定的,不能进行再创造或者改变,否则会成为通常意义上的"错字"。将汉字作为著作权法意义上的美术作品进行保护,须要求在完全相同的笔画和结构的基础上,其字体的形态具有一定的独创性。独创性包括原创和增加要素进行演绎两种情形。对于原创作品的独创性,无须过高要求,但要求在已有的汉字基础上增加要素、进行演绎、改变已有形态,此种独创性要求不能过低,须形成鲜明独特的风格,能明显区别于其他字体,否则对于基本结构和笔画相同的汉字来说,保护范围过宽。

将字库中的单字作为独立的美术作品进行保护,存在诸多无法解释的矛盾之处,也使判断标准难以确定。如对于同一个倩体字,粗中细三者间的差别并不足以达到三者都具有独创性从而成为三个美术作品的程度;对于简单的单字,与其他字体中同一单字在字体意义上并无明显区别;同一字体中的不同单字之间风格统一,认定每个单字构成具有独创性的作品,将导致其相互否定独创性;对字库中的某一单字稍加改变,即认为形成新的美术作品,而某些临摹或书写的字体与字库中的单字相近,又被认为构成实质性相似,其间界限模糊,难以判断。同时,无论达到何种审美意义的高度,字库字体始终带有工业产品属性,是执行既定设计规则的结果,受到保护的应是其整体性的独特风格和数字化表现形式。对于字库字体,受到约束的使用方式应当是整体性的使用和相同的数据描述,其中单字无法上升到美术作品的高度。从社会对于汉字使用的效果来讲,如果认定字库中的每一个单字构成美术作品,使用的单字与某个稍有特点的字库中的单字相近,就可能因实质性相似构成侵权,必然影响汉字作为语言符号的功能性,使社会公众无从选择,从而对汉字这一文化符号的正常使用和发展构成障碍,不符合著作权法的初衷。因此,方正倩体字具有一定的独创性,符合我国著作权法关于美术作品的要求,可以进行整体性保护;但对于字库中的单字,不能作为美术作品给予权利保护。①

此案一个主要特点是宝洁并未直接使用北大方正的字库软件,而是委托设计公司设计的。而该设计公司购买的则是北大方正的正版字库软件。因此,此案二审中,法院维持了一审判决。不过,采用的则是回避策略,未对单个字体是否可以获得版权保护明确表态,而是引用了默示许可这一新的理由。② 当然,这一理由能否站住脚,也是值得商榷的。

(4)北大方正诉暴雪案

2007年,北大方正认为美国暴雪娱乐有限公司未经许可,擅自复制、安装了北大方正享有著作权的方正兰亭字库中的方正北魏楷书、方正剪纸等5款方正字型,侵犯了北大方正复制权、发行权和获得报酬权等权利,因此提起诉讼,索赔金额达1亿元人民币。

一审法院审理后认为,字库是为了使计算机等具有信息处理能力的装置显示、打印字符而收集并按照一定规则组织存放在存储设备中的坐标数据和函数算法等信息的集合。字库中的坐标数据和函数算法是对字型笔画所进行的客观描述;在运行时,通过特定软

---

① 参见北京北大方正电子有限公司与广州宝洁有限公司、北京家乐福商业有限公司著作权权属、侵权纠纷案,北京市海淀区人民法院(2008)海民初字第27047号民事判决书。

② 参见北京北大方正电子有限公司与广州宝洁有限公司、北京家乐福商业有限公司著作权权属、侵权纠纷案,北京市第一中级人民法院(2011)一中民终字第5969号民事判决书。

件的调用、解释,这些坐标数据和函数算法被还原为可以识别的字型。字库中对数据坐标和函数算法的描述并非计算机程序所指的指令,并且字库只能通过特定软件对其进行调用,本身并不能运行并产生某种结果。因此,字库不属于《计算机软件保护条例》所规定的程序,也不是程序的文档,北大方正关于涉案的方正兰亭字库属于计算机软件,从而应受《著作权法》保护的主张不能成立。即便字库属于计算机程序,但是,其运行结果即产生字型,其与相应的字型是一一对应的,是同一客体的两种表达,在著作权法上应作为一个作品给予保护。根据《著作权法实施条例》的规定,美术作品是指绘画、书法、雕塑等以线条、色彩或者其他方式构成的有审美意义的平面或者立体的造型艺术作品。字库的制作通常经过字体设计、扫描、数字化拟合、人工修字、质检、整合成库等步骤,其中,字型设计是指由专业字体设计师依字体创立的风格、笔形特点和结构特点,在相应的正方格内书写或描绘的清晰、光滑、视觉效果良好的字体设计稿。每款字库的字型必须采用统一的风格及笔形规范进行处理。因此,字库中每个字型的制作都体现出作者的独创性。涉案方正兰亭字库中的字型是由线条构成的具有一定审美意义的书法艺术,符合著作权法规定的美术作品的条件,属于受著作权法保护的美术作品。[①] 因此,一审法院支持了北大方正关于字体应当享有

[①] 参见北京北大方正电子有限公司与暴雪娱乐股份有限公司、九城互动信息技术(上海)有限公司等著作权权属、侵权纠纷案,北京市第一中级人民法院(2007)高民初字第1108号民事判决书。

美术作品著作权的主张。

此案的二审是由最高人民法院审理的。二审法院颠覆了一审判决的结论。二审法院认为,字库中相关字体是在字型原稿的基础上,由制作人员把握原创风格,按照印刷字的组字规律,将原创的部件衍生成完整的印刷字库后编码而成。印刷字库经编码形成计算机字库后,其组成部分的每个汉字不再以汉字字型图像的形式存在,而是以相应的坐标数据和函数算法存在,在输出时,经特定的指令及软件调用、解释后,还原为相应的字型图像。本案中,诉争字库中的字体文件的功能是支持相关字体字型的显示和输出,其内容是字型轮廓构建指令及相关数据与字型轮廓动态调整数据指令代码的结合,其经特定软件调用后产生运行结果,属于计算机系统软件的一种,应当认定其是为了得到可在计算机及相关电子设备的输出装置中显示相关字体字型而制作的由计算机执行的代码化指令序列,因此其属于《计算机软件保护条例》中规定的计算机程序,亦即属于著作权法意义上的作品。

关于诉争方正兰亭字库是不是著作权法意义上的美术作品的问题。二审法院指出,《著作权法实施条例》规定,美术作品是指绘画、书法、雕塑等以线条、色彩或者其他方式构成的有审美意义的平面或者立体的造型艺术作品。本案诉争的方正兰亭字库均使用相关特定的数字函数,描述常用的5000余种汉字字体轮廓外形,并用相应的控制指令及对相关字体字型进行相应的精细调整,因此每款字体(字库)均由上述指令及相关数据构成,并非由线条、色彩或其他方式构成的有审美意义的平面或者立体的造型艺术作品,因此不属于著作权法意义上的美术作品。此外,据诉争相关字体(字库)的制作过程,字库制作过程中的印刷字库,与经编码完成的计算机字库及该字库经相关计算机软件调用运行后产生的字体属于不同的客体,且由于汉字本身构造及其表现形式受到一定限制等特点,经相关计算机软件调用运行后产生的字体是否具有著作权法意义上的独创性,需要进行具体分析后判定。鉴于汉字具有表达思想、传递信息的作用,而暴雪公司等在其游戏运行中对相关汉字的使用,目的正是在于发挥汉字这一功能;无论前述汉字是否属于著作权法意义上的美术作品,均不能禁止他人正当使用汉字来表达一定思想及传达一定信息的权利。①

在"北大方正诉暴雪案"二审判决中,最高人民法院区分了三种客体,即印刷字库、经编码完成的计算机字库,以及经相关计算机软件调用运行后产生的字体。对于最后一种,法院认为,其是否具有著作权法意义上的独创性,需要进行具体分析后才能判定。但是,不论其是否构成美术作品,他人正当使用该汉字来表达思想、传递信息,均不应禁止。不过,汉字的字库很多,不乏免费者,被告为何不选择其他字体而非要使用争诉字体?是否这也应归入表达思

---

① 参见北京北大方正电子有限公司、暴雪娱乐股份有限公司等与九城互动信息技术(上海)有限公司、北京情文图书有限公司著作权权属、侵权纠纷案,最高人民法院(2010)民三终字第6号民事判决书。

想、传递信息的范畴？对这一问题法院没有予以明确。尽管此案最终入选了"2012年中国法院知识产权司法保护十大案件",不过,案件审结后,法院在字体侵权判定的问题上非但没有变得清晰,反而更加模糊与复杂。

国家相继出台的一系列鼓励文化创意领域创新的政策,加大了对汉字版权保护的力度,同时,伴随《中国汉字听写大会》《汉字英雄》等电视节目的热播,社会舆论对中国汉字和传统文化也日益重视。因此,从"北大方正诉暴雪案"之后的司法实践来看,似乎各地法院反而更倾向于将单个字体当成美术作品来看待。在2013年"北大方正诉百味林案"中,被告方百味林公司未经许可,在其外包装的显著位置突出使用了方正喵呜体中的"苏式话梅""广式话梅""盐津橄榄"及"盐津半话李"等字样。法院经审理后认为,字库整体艺术风格一致的基础是每个单字之间的艺术风格一致,不能因为字库整体艺术风格一致的独创性而否定单字的独创性,涉案争议的百味林所使用的方正喵呜体中的"苏、式、话、梅、盐、津、橄、榄、半、李"10个字具有鲜明的艺术风格,每个单字都凝聚着设计者的智慧和创造性劳动,具有独特的艺术效果和审美意义,已达到著作权法意义上关于美术作品独创性的要求。因此,百味林公司对方正喵呜体字库中具有独创性单字的使用行为构成侵权。

该案是明确具有独创性的单字受著作权法保护的一个新判例。此外,南京市中级人民法院审理的"'笑巴喜'案",江苏省高级人民法院审理的"'青蛙王子'案"以及"北大方正诉跃兴旺案",均认可单字的美术作品地位。对于这几个案例,我们将在后文书法作品部分进一步剖析。

2. 域外字体法律保护

各国或地区的法律规范或判例各行其是,没有统一的定式。同时,迄今为止也无成熟的国际条约进行规定。

(1)欧洲

与印刷字体相关的唯一国际公约是《印刷字体保护及国际备案协定》。该协定于1973年6月签署,但至1996年3月才生效。其中明确缔约方可以选择版权法、工业设计法、特殊立法以及多重法律保护印刷字体,但其他的规定要么模糊要么粗略。该国际条约迄今只有十来个国家参加,我国至今还没有加入,影响有限。

德国参与并发起了《印刷字体保护及国际备案协定》,在其1986年制定的《字体法》中规定:"对于独创性的印刷字体,可由著作权法依图案和外观设计法,按照模型进行法律保护;印刷字体的保护期间为10年,可以续期5年、10年、15年,累计不超过25年。"此后,德国法院对很多印刷字体设计给予了法律保护。例如"未来体"字型的设计者之一保罗·鲍尔(Paul Bauer)的继承人成功地指控了铸造未经授权使用"未来体字型"的侵权行为。[1]

---

[1] 参见陶鑫良、张平:《具独创性的汉字印刷字体单字是著作权法保护的美术作品》,载《法学》2011年第7期。

英国1988年《版权、工业设计和专利法》规定个别字群或个别字母可以获得版权保护。英国一直通过版权法和外观设计法双重保护印刷字体的"个别字群甚至个别字母",但版权法保护字体的方式是:在不构成侵权行为的内容中,间接规定了字体的保护。该法第54条明确规定:"对于附有印刷字体设计的艺术作品,下列情况不属于侵犯版权行为:(a)在一般打字、作文、排版或印刷过程中使用该字体;(b)为上述使用而管控任何物品;(c)处置因上述使用所产生的文档与材料。"即使上述物品涉及侵权,亦不认定侵犯该作品的版权。但该法又特别规定了相应的"视为不侵权"的例外情形。同时,该法第55条规定,印制字体的版权保护有效期为25年。

(2)日本

日本著作权法规定了美术作品及其项下的书法类内容,法院在相关案例中也对其予以保护。[①] 在"动书Ⅰ事件案"中,法院将当作标题使用的字体单字视为美术作品项下的书法内容,认定其构成"著作物"(即作品)。但该案认定被告的行为并没有构成侵权。在"ゴナ字体事件案"中,法院强调保护字体单字的条件是其"必须与原先字体相较之下存有显著特征之独创性存在;且其本身需同时具备美感特征而可成为美术鉴赏之对象,方属相当"。法院认为该案中涉案之字体及单字,与原来一贯应用的"ゴシック体"(gothic 字

---

① 参见〔日〕田村善之:《日本知识产权法》(第4版),周超等译,知识产权出版社2011年版,第426页。

体)并无显著差异,无法满足上述所需独创性与美感之要件,因此不能被认定为"著作物"或者"应用美术著作物"。该案中,法院承认字体的著作权保护,并提出了非常著名的认定标准:必须具有显著的独创性,以及非常明显的具有美的特征的字体才有可能受到著作权法的保护。可见,日本法院承认对单字字体的著作权保护,但是认定独创性的标准比较严格。①

(3)美国

美国对于字体或印刷字体及其单字、字库的法律保护,主要包括印刷字体及其单字能否作为"绘画、图形与雕塑作品"及相关字体软件、字库计算机软件的法律保护两方面。

对于字体(包括印刷字体)及单字能否作为"绘画、图形与雕塑作品"保护,美国的情况较为复杂。美国《版权法》第 101 条明确了"绘画、图形与雕塑作品"包括"印刷体"(prints)等平面或立体作品。但在 1976 年修订版权法后,不再给予字体字库以版权登记,认为其不能满足美国《版权法》第 102 条所规定的独创性与"分离特性与独立存在"的条件。② 不过,在近年的美国司法实践中,法院似乎并未从根本上否定字体(包括印刷字体)及其单字的"可版权性"。2010 年的"张诉喜力案"(*Zhang v. Heineken*),虽然法院驳回

---

① 参见张平、程艳:《计算机字体及字库的法律保护》,载《电子知识产权》2013 年第 5 期。

② 美国最高法院 1954 年"梅泽案"确立的原则,即作为实用物品,只有在其具有的绘画、图形或雕塑等特征能够与物品的实用功能相分离,并作为艺术作品独立存在的时候,才可认定其可版权性。

了原告要求裁定其"传统中国画"系列汉字书法作品是"可版权的"并给予版权登记的请求,但驳回理由不是其不能满足"分离特性与独立存在"之条件,也不是"不可版权性",而是未达到最低独创性要求。在另一起案件(*Sadhu Singh Hamdad Trust v. Ajit Newspaper Advertising, Marketing and Communications, Inc., et al.*)中,法院认为,原告的 Ajit 标识使用了印度旁遮普字体,在对字体拉伸或压扁后,在标识的编排上体现了原创性,包括背景色的选择、字体大小以及空间布局等。法院认为这一独特风格已使其获得显著识别性,故支持了原告请求。可见,美国法院对具有独特风格的字体已逐渐摒弃功能原则,转而从"原创性"本身来看待字体的可版权性问题。[①]

对于字体字库的计算机软件,美国版权局在 1988 年还颁布了通告,宣布字体及字库的数字化形式不构成独创性作品,不能获得版权保护。与字体、字形和字库相关的计算机软件,可以获得版权保护。在计算机技术的条件下,数字化的字体设计和字形都是通过计算机软件合成并显示出来。在这里,计算机软件和通过软件合成、显示的字体、字形,是两个不同的客体。由一系列代码和指令构成的计算机软件,可以在符合相关要求的条件下获得版权保护。但是,对于计算机软件的保护,既不能延伸到相关的字体、字型,也不能延伸到构成字体或字型的数据。不过,产业模式的变化和注册时

---

① 参见张平、程艳:《计算机字体及字库的法律保护》,载《电子知识产权》2013 年第 5 期。

间的变化,迫使版权局寻求新的注册模式。1992年,版权局发布新的公告,认定"生成字体之计算机软件的可注册性",修改了版权局的注册规则。1992年注册规则在原来四类不予注册客体(即字词和短语、思想观念、空白表格和处于公有领域的信息)之外,增加了不予注册的种类,即"作为字体的数字化字体"。这种状况延续至今。因此,在美国,字体、字形和字库在符合相关要求的情形下,只能通过外观设计专利法才能获得保护。

(二)书法作品

书法是汉字的书写艺术,是中国传统文化的瑰宝。书法是通过把线条按一定规律组合起来塑造出的具有审美意义的平面造型。其中的线条就是通说的点、横、撇、捺等基本笔画,平面造型就是由基本笔画构建的汉字间架结构。书法家的创意和情感通过汉字的线条和结构以特定形态表达出来。书法技艺受表达方式的限制,其学习和传承方式离不开"临摹—创作—再临摹—再创作"的过程。书法家能在前人的基础上形成有自己特色的艺术风格,非常不易。具有审美意义的书法作品是线条美和结构美相得益彰的产物,受著作权法保护的要素是直接体现为构成"表达"的汉字线条(即笔画)和结构。司法实践中对于书法作品的独创性也基本上予以认同,将书法作品作为美术作品进行保护。

1. "道"字案

原告关东升诉称,1994年春夏之交,原告为道琼斯公司总裁康彼得先生题写具有独特风格的"道"字,并题写"君子爱财,取之有道。康彼得先生正"作为落款。2002年,原告得知,道琼斯公司未经其许可,将该款"道"字用于该公司的商业标识,运用范围包括网络、报纸广告、图书、户外广告、公司简介、各种宣传材料等;而且,在使用"道"字时,将原告所题写的其余文字及原告名章、闲章等题跋、落款全部删掉,侵犯了原告对其作品享有的署名权、修改权、保护作品完整权、复制权、信息网络传输权等著作权权益。原告认为,原告所创作的"道"字构成美术作品,应受著作权法保护。原告创作的"道"字书法作品是赠给道琼斯公司总裁的,该书法作品原件所有权应归受赠者,但该书法作品的著作权在双方没有约定的情况下,应属于原告。道琼斯公司总裁在受赠该书法作品后,有权展览其受赠的书法作品,但不能以商业目的复制使用或许可他人复制使用该作品。因此,道琼斯公司在商业活动中使用书法作品"道"字,属于未经著作权人许可,已构成侵权。法院审理后认为,书画为书法艺术创作成果,属于美术作品中的书法作品。本案中,"道"字为所涉作品的主要内容,亦独立构成作品。未经原告许可,以复制、发行、信息网络传播的方式使用原告上述作品,均属于侵犯原告著作权的行为。[1]

---

[1] 参见关东升与赵淑雯、道琼斯公司著作权权属、侵权纠纷案,北京市第一中级人民法院(2003)一中民初字第2944号民事判决书。

2. "猴寿"案

1991年9月,在陕西人民出版社出版发行的任新昌《山海丹》一书的封面,刊登了任新昌书写的"猴寿"。该书法作品由一个草书"寿"和猴的形象图案构成,通过草书"寿"字的书写,将猴的形象图案(猴头、猴额、猴眼、猴嘴、猴脖、猴胸、猴背、猴臂、猴尾、仙桃)进行了描绘。2007年4月,任新昌发现,在李中元的"太极猴寿"作品中,也是由一个草书"寿"字和猴的形象图案构成。后者称其"太极猴寿"于2002年完成,2004年在陕西电视台春节晚会上发表。任新昌认为李中元的"太极猴寿"侵犯其"猴寿"著作权,故诉至法院。

一审法院经审理后查明,争讼之"猴寿"采用书法与绘画相结合的创作方法,以书写汉字的形式,将猴的形象描绘在纸上,以生动、变化、抒情、美感的表现手法,将"寿"字阴阳结合、刚柔相济,一笔挥就,线条流畅,既有"寿"字,又有"猴"形,字中有画,画中显字,应属于字画结合的艺术作品。换言之,"猴寿"是作者直接借助于文字的素材,利用猴的造型进行的艺术再创作,它的完成体现了作者独特的创作意图、创作构思、创作方法、创作风格和创作形式,凝结了作者的智力劳动,反映了特定的艺术特征,具有独创性、表达性、可复制性,属于美术作品中的一种创作形式,符合作品的构成要件,应受著作权法保护。被告"太极猴寿"虽然融入了个人的思想、感情和选择,但与原告"猴寿"比较,并未脱离原作的形式,本质上仍然属于对原作的复制行为,复制方式只是由机械复制变更为人工复制。因此,"太极猴寿"最终不能成为著作权法意义上具有独创性的作品,侵权事实成立。①

不过,二审法院推翻了一审判决。二审法院认为,首先,两幅书法作品的确存在相似之处,但在进行侵权比对时,应将相似之处中的"原有字体结构和笔画顺序关系"排除出去。因为寿字的字形结构(包括简体、繁体等书写方式)属于不受著作权法保护的公有领域。其次,基于草书"寿"的字形特点而表现为猴子的各种形体特征属于一种创意或思想,按著作权法的基本原则,单纯的创意或思想是不受保护的。换言之,用猴子形体来表现草书的寿字,有多种可能,只要被告不是完全抄袭原告的每个细节,而是运用这种创意自行书写了自己设计的草体"寿"字,就不属于侵权范畴。在排除因猴字草体本身的字体走向以及用猴子形体表达"寿"字创意的共同之处后,二者在猴头、猴身、猴尾的造型,以及姿态、可视性、视觉美感等方面均存在表达上的差异,因此不能认定为著作权法意义上的复制。②

3. "天下粮仓"案

2001年9月,《天下粮仓》剧组约请都本基为该剧题写片名。该月中下旬,都本基将创作完成的"天下粮仓"四字书法作品交给

---

① 参见任新昌与李中元著作权侵权纠纷案,陕西省高级人民法院(2016)陕民初终字第16号民事判决书。
② 参见袁博:《从〈大清著作权律〉看单字字体版权》,载《人民法院报》2017年4月28日。

剧组。该作品各字间散落大量墨迹,代表血泪和粮食。同时,《天下粮仓》剧组付给都本基稿酬 1000 元和装裱费 500 元。此后,剧组将该作品中的墨迹去掉,用作电视剧片头,保留了原作上都本基的署名。《天下粮仓》剧组召开新闻发布会时,"天下粮仓"四字的片头题字在会上展示。2002 年 1 月,该剧正式播出。同期,作家出版社出版《天下粮仓》一书。在出书前,作家出版社从《天下粮仓》剧组取得了该剧片名题字,在删掉都本基署名后用于该书封面和封底。该书共印刷 2 次,总计印数 8 万册,单价 29 元。作家出版社使用该作品未经都本基许可。2002 年,作家出版社曾向都本基汇款,但被都本基退回。

都本基诉称,自己于 2002 年经过苦思冥想,为电视剧《天下粮仓》专门创作了片名"天下粮仓"四个大字,对该美术作品享有著作权。作家出版社在未经其许可也未加署名的情况下,删除该题字中的墨迹后,将"天下粮仓"四个大字用于其出版的《天下粮仓》图书封面和封底,并许可我国台湾地区的尖端出版社将该题字篡改后使用于同名图书封面。作家出版社的使用行为侵犯了原告所享有的署名权、修改权、复制权、发行权和获得报酬权。一审法院经审理后认定了被告侵权事实。被告作家出版社提起上诉。二审法院基本维持了一审判决。①

---

① 参见都本基与作家出版社著作权权属、侵权纠纷案,北京市朝阳区人民法院(2003)朝民初字第 19137 号民事判决书。

4. "笑巴喜"案

此案中,南京市中级人民法院承认具有独创性的单字构成受著作权法保护的美术作品。

汉仪公司是中国最早的专门从事研究、开发和销售数字化中文字体的高新技术企业。汉仪公司于1998年创作完成了汉仪秀英体(简、繁)字体。此后,汉仪公司发现,昆山笑巴喜公司、上海笑巴喜公司在其注册商标中,未经汉仪公司许可,擅自使用了原告的秀英体,并在生产、销售的产品上使用该字体注册商标。因此,汉仪公司将昆山笑巴喜公司和上海笑巴喜公司诉至法院。法院在审理中查明,涉案争议的美术字汉仪秀英体,是在5cm大小见方的方格内描绘出大小相同的美术字,其笔画特点如下:横竖笔画粗细基本相同,除笔画两端为圆形外,与现有的黑体字无明显差别;点为心形桃点,短撇为飘动的柳叶形,长撇为向左方上扬飞起,捺为向右方上扬飞起,折勾以柔美的圆弧线条处理;折画整体变方为圆,其表现的形态与公共领域的美术字基本笔画相比,具有鲜明特色。在此基础上,设计者邹秀英就其确定的艺术风格,对字库收录的每个单字,根据笔画多少,在既定的结构框架下对字的重心、空间划分、黑白对比进行合理的编排,然后根据字库中单字整体艺术风格须统一、协调的要求,对每个单字逐一进行适当修正,使之从整体上体现设计者的艺术风格,实现设计者的创意及其所追求的完美艺术效果。

法院认为,虽然美术字的创作难度和高度均无法与书法家用毛笔书写的书法作品相比,但我们不能因此就否定美术字或涉案秀英体的独创性。在汉仪秀英体整体风格一致的框架内,并不是每一个汉字均能达到美术作品独创性的创作高度。但是,本案涉及的"笑""巴""喜"三个汉字中,"笑""喜"二字基本体现了原告创作该字体的笔画特征。其中,点撇、长撇、长捺笔画所体现的秀英体特色,与现有公共领域(包括原告汉仪公司发布的《汉仪浏览字宝》中其他美术字书体)相比,既不相同也不相似,具有明显的个性特征,能够独立构成美术作品。至于"巴"字,其折笔与横钩虽然也体现了原告创作该字体的笔画特征,但是,该单字与公共领域的美术字书体黑体字中相同汉字"巴"相比,区别仅在右折笔处变方为圆,即右下的横钩处变方笔为圆弧设计,而其余笔画、结构特征并无明显差异,属于相近似的书体。该单字再与汉仪浑中粗圆体(简)"巴"相比,右折笔画更为相似,两者属于近似书体。由此可见,该字的个性特征并不明显。因此,该单字未达到著作权法意义上的美术作品的独创性,不能独立构成美术作品。因此,法院认定原告对"笑""喜"二字享有著作权,被告应停止销售使用含有该二字的文字商标标识及包装。①

---

① 参见北京汉仪科印信息技术有限公司与昆山笑巴喜婴幼儿用品有限公司、上海笑巴喜婴幼儿用品有限公司等著作权权属、侵权纠纷案,江苏省南京市中级人民法院(2011)宁知民初字第60号民事判决书。

5. "九层妖塔"案

原告向佳红于 2013 年申请了作品名为"向佳红毛笔行书字体"的著作权登记。2014 年,向佳红发现电影《九层妖塔》先导预告片、终极预告片中出现的道具《鬼族史》图书、《华夏日报》报纸上使用了"鬼""族""史""华""夏""日""报"等与其书法作品相似的字体(见图 2-2),认为梦想者公司等被告未经其许可,亦未署其名,侵犯了自己的著作权,故诉请法院判决。法院审理后发现,涉案电影第 45 分 37 秒出现如下情节:电影主角胡八一在图书馆中找到一本用旧报纸包裹的旧书,镜头拉近,胡八一把书反转过来,画面显示为该书的正面,该书封皮中心位置为"鬼族史"三个大字,镜头时长为 2 秒。涉案电影第 56 分 31 秒出现如下情节:胡八一将一份报纸及双手放在桌子上,报纸左上角有"华夏日报"四个大字,镜头时长为 1 秒。涉案电影第 57 分 07 秒出现若干报纸交叠的画面,镜头扫过,其中被压在第二层的报纸上方有"华夏日报"四个大字。涉案电影的先导预告片时长 1 分 01 秒,在第 38 秒时闪过旧书道具《鬼族史》。涉案电影的终极预告片时长 1 分 58 秒,在第 42 秒时出现旧书道具《鬼族史》。

一审法院经过对比,认为涉案电影及预告片中出现的道具上使用的上述 7 个单字,与向佳红涉案单字在字形整体结构、偏旁部首比例以及笔画的长短、粗细、曲直选择等方面均无明显区别。本案中,向佳红主张权利的"鬼""族""史""华""夏""日""报"7

图 2-2 《九层妖塔》中涉案书法作品

个单字,在断笔方式、布局结构以及笔画粗细、曲直、长短甚至繁简字组合等方面均体现出了独特的艺术美感,呈现出了不同于传统行书及其他常见字体的独创性表达,融入了书写者独特的智力判断和选择,属于我国著作权法规定的美术作品。被告梦想者电影(北京)有限公司、被告北京环球艺动影业有限公司、被告中国电影股份有限公司、被告乐视影业(北京)有限公司的使用行为属于侵权行为。①

二审法院支持了一审法院的判决,并对被告声称的合理使用进行了论述。二审法院认为,电影《九层妖塔》中再现涉案作品受保护的文字外观并不是为了说明道具名称,而是传达其艺术美感,通过再现涉案作品受保护的美学表达和艺术价值,烘托电影的时代氛

---

① 参见向佳红与中国电影股份有限公司等著作权权属、侵权纠纷案,北京市朝阳区人民法院(2016)京0105民初50488号民事判决书。

围。涉案作品共使用了 7 个单字,由于每个单字都构成独立的书法美术作品,不能以涉案作品在整个《九层妖塔》电影中所占比重的大小作为判断是否适当的依据。在《著作权登记证书》中虽然写明"满足社会设计界和艺术界的朋友需求,提供免费下载",但同时也写明免费提供给社会下载的同时,为防止一些不法商家利用著作权人作品进行商用盈利行为,特申请版权,有利于阻止侵权行为的发生。因此,不能认为向佳红具有未经其许可即可以进行商业性使用的意思表示,进而否定使用者未经授权进行使用的过错。梦想者公司、中影公司未经授权也未向向佳红支付报酬即使用涉案作品,损害了著作权人的合法利益,对梦想者公司、中影公司主张电影《九层妖塔》关于涉案作品的使用属于合理使用的上诉理由不予支持。①

此外,在"'重庆奇火锅'案"中,法院也认可了"重庆奇火锅"五个字可以构成书法美术作品。② 不过,书法作品的保护又面临复杂性。一般说来,书法作品保护的是在运笔走向、布局结构、手法特征等方面具有独创性的内容。然而,汉字的笔法、结构属于公共领域的内容。两者的区分是比较复杂的问题。在"郑维江诉吴冠中案"中,法院就指出,原告主张被告作品与其书画作品在观念、风格

---

① 参见中国电影股份有限公司等与北京环球艺动影业有限公司等著作权权属、侵权纠纷案,北京知识产权法院(2018)京 73 民终 1428 号民事判决书。
② 参见王帮清与余勇等著作权纠纷案,重庆市高级人民法院(2003)渝高法民终字第 166 号民事判决书。

和手法上完全吻合,但"文字入画"这种创作观念和手法自古有之,中西方艺术家都曾运用这一理念进行创作,且观念、风格和手法作为美术作品所要体现的内涵,属于抽象的主观范畴,不在著作权法保护范围之内,因此被告不应被认为侵权。[①] 二审法院认可了一审法院的判决。

二、字幕保护

字幕是指以文字形式显示电影电视、舞台作品里的对话等非影像内容的文字,后来也泛指影视作品后期加工的各种文字。影视作品的对话字幕一般出现在屏幕的下方,而戏剧作品的字幕则可能显示于舞台的两侧或上方。由于声音语言具有一定的局限性,有声无形,转瞬即逝,不易引起人们的注意,有时也不易听懂,例如人物台词,因口音或语种的原因,受众难以听清或听懂,添加字幕往往可以解决这些问题。不过,近年来,国内由字幕引发的版权争议逐渐增多,从射手网、人人影视的关闭,电影字幕侵权案件增多,到亚马逊旗下的有声读物公司被诉侵犯著作权等案件的发生等,都涉及字幕中的版权问题。

(一)字幕组与翻译权

字幕组是指给原本无字幕的外语视频配上字幕或对视频已有

[①] 参见郑维江与吴冠中著作权纠纷案,北京市丰台区人民法院(2007)丰民初字第14041号民事裁定书。

的外语字幕进行翻译的爱好者团体。字幕组是诞生于互联网时代的新事物,属于一种民间自发的个人团体组织,不以营利为目的。爱好者们制作字幕只是出于自己对某部作品的喜爱。随着互联网在中国的普及,网上出现大量优秀的外国电视剧、动画片、电影,由于国内民众外语水平一般比较低,字幕组应运而生。不过,尽管字幕组的工作人员大多是自愿的,且其工作大多是无偿的,但极可能侵犯影视作品权利人的正当权利。

一般来说,字幕组的工作流程如下:

(1)获取片源。负责提供片源的人员须以某种方式(例如在国外录制、下载或购买等)尽快地获取片源并分发给翻译人员。

(2)进行翻译。翻译人员通过在线观看的方式,翻译原版字幕及文字。如果没有原版字幕,则需通过"听写"的方式对视频中的对话及文字进行翻译。

(3)校对。翻译人员制作出翻译稿之后,交由校对人员进行校对。

(4)制作时间轴。调校字幕出现的时间。

(5)进行发布。对制作完成的时间轴进行检查之后,将文件通过网络传播出去。

从字幕组的工作流程可以看出,字幕组的工作并非简单地给影视作品配上字幕,而是从引入海外片源到最终在网络上公布,形成了一套十分标准的工作流程,俨然一条产业链。其中的核心环节，就是对外文对白与字幕的翻译。

当前各国的版权法基本都规定，翻译权是著作权人所享有的一项法定权利。我国《著作权法》第 24 条规定，为学校课堂教学或科学研究，翻译或少量复制已经发表的作品供教学或科研人员使用的，可以归入"合理使用"的范畴。根据该条规定，如果是为了自己欣赏或以科研为目的，可以进行翻译，但有明确限制——不得出版发行。因此，字幕组将他人影视作品翻译过来并在网络上公开传播，无疑构成对原作品著作权的侵犯。如果字幕组还有在影片中插播广告的行为，或者由于翻译水平不高而对原作品声誉造成毁损，则还有可能构成如侵害保护作品完整权等其他侵权行为。

近几年来，随着版权纠纷越来越多，不少字幕组和资源网站（如早期的悠悠鸟等）都被迫关闭。人人影视字幕组作为近年来国内影响较大的字幕组，由于组织了大量的翻译，具有大量的片源，对国外影视剧的合法商业传播造成了较大的影响。2014 年，美国电影协会对其点名批评并进行调查。由于版权压力，人人影视被迫关闭，不再提供下载服务。除人人影视外，射手网字幕共享平台也因盗版和侵权问题被迫宣布关闭。字幕组游走在法律边缘十余年，赢得了千万量级的拥趸，它的背后是庞大的中国观众群对海外优秀影视作品的"饥渴"。字幕组未来能否合法地存在于网络空间，并继续受到观众的喜爱，这取决于网络版权保护的下一步发展。在制片方与字幕组之间形成一种共赢的分享模式,才是出路所在。①

当然,对于字幕组来说,加强版权保护并不仅仅是压力,同时也是机遇。新加坡字幕组 Viki 与国内字幕组"分享资源"的模式十分相似,也是提供影视剧下载并翻译字幕。但 Viki 却受到资本市场的青睐,获得巨额的风险投资。深入分析 Viki 的分享细则,不难发现,它很"讲规矩"。分享细则中包括 5 条知识产权公约,22 条网站规定,13 条隐私提示。用户不能使用网络加速软件下载剧集,也不能用点对点软件"再分享"内容。最重要的是,Viki 强调它提供分享的视频内容均得到"版权持有人授权"。Viki 的"有限分享"模式,体现了对知识产权的尊重,而这正是它能得到风险投资的原因,不少影视公司愿意与之合作。Viki 借助其多语种翻译能力,扩大了自己在国际市场上的影响力。Viki 让很多圈内人意识到,利用别人的版权产品来"创"自己的"业",然后利用网络下载加速器或者点对点软件扩大"地盘"和影响力的做法,并不明智。跟 Viki 一样拥有"海量资源"的国内字幕组,并非能力不足,而是"创业"思路出了问题。不择手段,终究难以"做大做强"。

(二)"失恋 33 天"与字体版权

《失恋 33 天》改编自同名人气网络小说,故事用亲切又不失幽默的方式讲述女主角从遭遇失恋到走出心理阴霾的 33 天的历程。影片

---

① 参见王刚桥:《字幕组时代终结 互联网和法律专家怎么看?》,载《新京报》2014 年 11 月 24 日。

上映后大获成功,夺得当周票房冠军,成为 2011 年最卖座的中小成本国产电影。不过,影片上映后,一家名为造字工房的字体企业表示,电影《失恋 33 天》未经许可大量使用了该公司开发的悦黑字体。通过对比造字工房在官方主页展示的悦黑字体以及《失恋 33 天》中使用的部分字体可以发现,影片的主创介绍、短信旁白以及记录"失恋"天数的字体,都和造字工房的悦黑字体近似。因此,造字工房起诉《失恋 33 天》制作方,最终双方达成了和解协议。①

除《失恋 33 天》外,湖南卫视也是该字体的侵权方之一。《我是歌手 3》的播出让一众老牌歌手强势回归大众视野。不过,在节目首播的次日,造字工房便表示,《我是歌手 3》的制作方未经许可在其字幕中使用了造字工房力黑体与朗倩体两种字体,其行为属于侵权行为。双方最后通过协商解决了争议。这些诉争都表明,影视作品字幕需要重视字体版权问题。实际上,与使用已经入库的字体相比,"私人定制"为字体设计企业带来了更高的效益。例如,2014 年的电影《黄金时代》仅字幕的字体版权费用就高达十几万元。电影《爵迹》字幕的字体定制于"汉仪字库",备受关注。演员井柏然的字体被资本市场看中并以 1000 元/字的价格买断版权。在粉丝效应的驱动下,定制化字体、个性化字体等也开始受到追捧。

(三)亚马逊有声读物侵权纠纷

2019 年,亚马逊旗下的有声读物公司 Audible 推出了一项名为

---

① 参见《〈失恋 33 天〉影片字体涉嫌侵权 造字工房将起诉》,载《天天新报》2012 年 4 月 1 日。

Audible Captions 的功能,用户在收听亚马逊有声读物的同时还能看到屏幕上与音频同步的文字。不过,因为这一功能,亚马逊在美国纽约南区地方法院被包括麦克米伦出版社、哈珀柯林斯出版社、企鹅兰登书屋、阿歇特出版集团、西蒙与舒斯特公司等在内的七家知名出版商起诉。诉讼理由涉及一种有争议的新型版权问题,即 AI 转录语音生成的文字算不算侵权？因为亚马逊只有权出售有声读物,但和音频匹配的字幕,是亚马逊的 AI 转录而成的,亚马逊并没有购买版权。因为之前并未发生过类似的案件,所以美国出版商协会（AAP）希望说服法院签发针对 Audible 此项服务的禁令。他们认为,Audible 将这些由音频转换而成的文本发布给用户,就等于亚马逊为了自己的利益,在未经许可且未支付报酬的情况下,使用受版权保护的音频作品重新翻制了文字版本。这是美国《版权法》所禁止的典型侵权行为。

尽管在 Audible 的音频书许可证里确实不包括文本版本,但亚马逊还是否定了原告提出的侵权主张,认为这种使用应当归入美国《版权法》中的合理使用范畴。亚马逊认为,这一技术可以实质性地让社会公众获得好处。有声读物并不是任何意义上的书,也从未打算替代任何类型的书。两者的关键区别在于有声读物无法翻页,用户必须等待每一行文本在他们收听时生成。此外,亚马逊还认为,这一字幕服务具有巨大的教育潜力,能帮用户在听到音频的时候查看不熟悉的单词,了解其含义,还可帮助儿童提高识字能力。

不过,出版商认为,所谓"教育"的说法是不能成立的。因为这意味着任何人都可以为了一个价值正确的目的任意地侵犯他人的版权。经过几个月的争诉,Audible 最终与几家主要出版商就其为有声书添加字幕的计划达成了版权诉讼和解。Audible 将永久性地被禁止将原告的音频书转换为文字文本。当然,这一禁令不适用于 Audible 转换处于公共领域中的作品。尽管这一禁令仅仅针对的是 7 家原告出版商,但将适用于该 App 的所有成员。

第七节　语言能力培训、测试与康复

改革开放以来,人们对各类外语的需求空前高涨。由于升学、出国、评职称等刚性需求,相关的语言能力测试越来越火爆,托福、雅思、GRE 等考试在中国的市场不断扩大,英语四、六级的考生规模也逐年递增。此外,随着中国经济的快速发展以及国际交往的不断增加,学习汉语的热潮也在全球范围内兴起,汉语水平考试(HSK)已成为世界上最重要的第二语言或外语水平测试之一。各种语言能力测试的不断发展催生了语言能力测试产业的发展。与之相伴的是,中国语言培训市场进入快速增长期。① 不过,自美国教育考试服务中心(ETS)诉新东方学校侵犯著作权和商标专用权案开始,语言能力培训、测试产业中的版权纠纷逐渐增多,引发了社会的关注。同时,全球数十亿人存在失聪或听障的情形。中国的视障群体约 1731 万人②,约有 2780 万人存在听力障碍③。如何进一步

---

① 参见陈鹏:《当代中国语言产业发展的三次浪潮》,载《语言战略研究》2017 年第 5 期。
② 参见《中国视障群体约 1731 万人 30 岁以下年轻人占 23.5%》,载 https://baijiahao.baidu.com/s?id=1637365674712992558&wfr=spider&for=pc,访问日期:2019 年 6 月 26 日。
③ 参见王蔚佳:《中国 2780 万人听力障碍 专业服务人员仅 1 万人》,载 https://www.yicai.com/news/5153467.html,访问日期:2016 年 11 月 8 日。

完善合理使用制度,为视障和听障群体提供更多更好的盲文、手语等作品,尽快帮助其语言能力的"康复",也是一个需要研究的问题。

一、课堂教学

语言培训是一种有组织的传授语言知识和提高文化认知的行为,旨在通过设定规划目标、传授语言知识和技能、批改作业和测评等流程,让学习者通过一定的教学训练,全方位提高所培训的语言的水平。我国当前的语言培训主要有商务语言培训、留学语言培训(雅思、托福等)、考试语言培训(考研英语培训、职称英语培训等)、少儿外语培训、汉语培训、日语及其他语言培训等。[①]

(一)语言培训机构的法律地位

二十世纪末以来,一大批市场化的外语培训机构快速成长起来,包括新东方、疯狂英语、华尔街英语等。这些民办或私立的语言培训机构为中国语言培训市场的发展作出了巨大贡献。不过,这一类的语言培训机构在著作权法上的地位如何,其在教学过程中对他人作品的使用可否认定为教学性合理使用,都是需要探讨的问题。

我国《著作权法》第 24 条规定,为学校课堂教学而翻译或少量复制已经发表的作品是被允许的,不过,现行《著作权法》没有明确

[①] 参见贺宏志主编:《语言产业导论》,首都师范大学出版社 2012 年版,第 79—80 页。

规定"学校"的范围。在现实生活中,"学校"类型众多,包括公立学校、私立学校甚至网络学校等。私立培训机构是否可以适用此条规定,在实务中存在争议。一般认为,营利性的教育机构被排除在此项合理使用的范围之外。同时,非营利性教育机构如果从事营利行为,也会被排除在外。"本章中所讲的'课堂教学'一词是有严格限制的,考研辅导班、托福、GRE 培训班等以营利为目的的教学不属于'课堂教学'。"①不过,也有学者通过分析《伯尔尼公约》关于合理使用的规定,认为该公约并未将私立学校排除出合理使用的主体范围。根据我国现实国情,没有必要对"课堂教学"的主体范围进行过于严格的限制。②

在《新概念英语》著作权人诉新东方教育集团侵权案中,法院似乎支持将营利性培训机构的使用纳入合理使用的范畴。2007年,《新概念英语》作者的遗孀发现新东方教育集团在"新东方在线"网站上出售"新概念网络版"和"新概念课堂版"两个网络在线学习课件,于是提起侵权诉讼。不过,主审法院认为,《新概念英语》全四册教材的大部分英文部分均为作者亚历山大教授独创,该套教材作为一个整体应为原创作品,亚历山大教授对英文部分享有著作权。朱莉亚女士作为亚历山大教授的继承人享有与著作权相关的财产权利。由于《新概念英语》本身是用于英语学习的一套教

---

① 胡康生主编:《中华人民共和国著作权法释义》,法律出版社 2002 年版,第 107 页。
② 参见王迁:《著作权法》,中国人民大学出版社 2015 年版,第 349—350 页。

材,故新东方有权利选择其作为教学用书,开设课堂并招收学员进行讲授,这与著作权人出版发行该作品的目的并不违背,也并不影响著作权人的利益。在语言类教学中,"听"和"读"是两种重要的语言能力,老师在讲授过程中朗读课文并予以讲解,是服务于教学目的的,有利于更好地讲授知识,这与复制作品无关。相应的,新东方销售上述网络学习课件并对其学员提供在线学习服务,亦不侵犯原著作者的发行权及信息网络传播权。①

不过,从此后的司法实践来看,法院的态度似乎发生了转变。在朱莉亚·班纳·亚历山大诉北京市海淀区戴尔培训学校、北京洲际文化艺术交流有限公司侵害著作权纠纷案中,法院沿用了新东方案中的推理,仍以合目的为由来解释合理使用。法院认为,《新概念英语》本身即是用于英语学习的教材,故戴尔学校、洲际公司应有权利选择其作为教学用书,开设课堂并招收学员进行讲授,这与著作权人出版发行该作品的目的并不违背,且不影响著作权人的利益。老师在讲授过程中朗读课文,是服务于其教学的目的,且并未超出该目的。随朗读出现的页面显示也是其正常的教学手段,而进行讲解更是课堂的主要目的和意义所在,与复制原告作品无关。通过网络进行的教学虽与传统课堂教学有所不同,但本案中戴尔学校的行

---

① 因本案判例经搜索最高人民法院知识产权裁判文书网、北大法意、无讼、知产宝等数据库均无法获得,因此引用记者报道。参见常鸣、袁伟:《新东方课件未构成侵权〈新概念英语〉作者遗孀诉求被驳回》,载 https://www.chinacourt.org/article/detail/2007/12/id/280699.shtml,访问日期:2007年12月24日。

为仍然是正常的教学行为,其性质并无改变。故戴尔学校、洲际公司并未侵犯朱莉亚·班纳·亚历山大对作品享有的复制权。戴尔学校销售上述网络学习课件并对其学员提供下载学习服务,亦不侵犯原告发行权及信息网络传播权。戴尔学校的行为既不影响著作权人在现实生活中行使其权利(如许可他人出版发行其作品),亦不影响其在互联网环境下行使权利,其同样可以许可他人对其作品提供在线阅读、下载等服务,被告行为并不影响该部分利益的实现。如戴尔学校进行新概念英语相关教学均需获得著作权人的许可,这无疑使朱莉亚·班纳·亚历山大获得了可以控制哪些主体有资格开设该课程的权力,而这种权力显然并非著作权法所能够赋予的,且与著作权法保护的目的不符合。

不过,这一说理并未得到二审法院的支持。二审法院认为,关于被告制作的网络学习课件,授课老师讲解的方式可以分为三种:一是对每篇课文进行朗读,页面显示全部或部分课文中的句子;二是对单词和短语进行讲解,页面显示全部或部分单词和短语;三是页面显示老师扩充讲解的部分内容。对于第一种情况,老师对课文的朗读以及在页面上对作品内容的显示,是对涉案作品在网络上进行的公开传播。该传播行为未经著作权人许可,公众可以通过互联网在个人选定的时间和地点获得涉案作品,这已经构成对著作权人享有的信息网络传播权的侵犯。第二种情况是对单词和短语的显示和讲解,这些单词和短语并非作品,且其选择、排序也不具有独立于作品的独创性,故对著作权人相关主张不予支持。第三种情况是老师对作品的扩充讲解,并非对涉案作品的使用,显然不能构成对朱莉亚·班纳·亚历山大著作权的侵犯。

诚然,《新概念英语》是为英语学习而创作的教材,但创作的目的以及作为教材本身的性质并不能成为他人可以违反法律关于合理使用的规定而进行复制和向公众传播的依据。判断是否构成合理使用,一般应结合以下要素:是否基于商业目的而使用;所使用作品的性质;使用的数量和比例;使用行为对作品的潜在市场价值是否有较大的不利影响。该案中,戴尔学校作为营利性教学机构使用《新概念英语》的行为,显然不属于非商业使用;戴尔学校对《新概念英语》中的绝大部分英文内容进行了使用,而非少量使用;学员通过涉案网络教学中的朗读和显示,完全可以不再购买《新概念英语》来进行学习,这对《新概念英语》潜在的市场价值也具有较大的不利影响。因此,二审法院认为戴尔学校、洲际公司关于使用涉案作品系合理使用的抗辩理由于法无据,不予支持。①

此外,在外研社与南京朝日教育侵犯著作权纠纷案中,一审与二审法院都主张,南京朝日教育信息公司并非著作权法意义上的教学科研机构,而是以营利为目的的商业性培训机构,故其对涉案教

---

① 参见朱莉亚·班纳·亚历山大与北京市海淀区戴尔培训学校、北京洲际文化艺术交流有限公司著作权权属、侵权纠纷案,北京市高级人民法院(2008)高民终字第 185 号民事判决书。

材的使用不构成合理使用。① 在上海学而思等诉上海乐课力等案中,法院认为,如果翻译、复制和网络传播超出了必要的限度,导致"市场替代"效果,使得学校和科研机构不再购买正版作品,而是经常性地使用未经许可的翻译件和复制件作为替代,从而实质性地损害了著作权人的合法利益,则不应被视为合理使用。② 从新近的判例可以看出,营利性的语言培训机构以及非营利性培训机构的营利性语言培训行为,很难再适用《著作权法》第 24 条关于合理使用的规定。

(二) 课堂教学视频

教师在课堂的教学中可能会产生受到著作权法保护的作品,也可能会使用他人的作品。同时,教师与培训机构之间的关系如何界定? 即教师在教学中产生的作品是否可以认定为职务作品? 培训机构享有什么样的权利? 与传播平台之间的关系如何处理? 这些问题相对比较复杂,需要一一厘清。

首先,在课堂教学中,教师的精彩讲授是可以作为口头作品获得著作权法保护的。在罗永浩诉硅谷动力案中,原告罗永浩是北京新东方学校教师,在该校讲授英语相关课程,具有较高知名度。硅

---

① 参见南京朝日教育信息咨询有限公司等与外语教学与研究出版社侵犯著作权纠纷案,江苏省高级人民法院(2010)苏知民终字第 0052 号民事判决书。

② 参见上海学而思教育培训有限公司等诉上海乐课力投资管理有限公司等著作权侵权、不正当竞争纠纷案,上海市徐汇区人民法院(2015)徐民三(知)初字第 1324 号民事判决书。

谷动力公司在其网站栏目上传了含有罗永浩讲课内容的 MP3 格式录音文件,并介绍:罗永浩,北京新东方的英语教师,以讲课生动活泼且令人爆笑不止闻名,很多经典段子都是课堂上同学们自己录下来的。法院审理后认为,口述作品是指即兴的演说、授课、法庭辩论等以口头语言形式表现的作品,教师讲课内容是口述作品的一种,依法受我国著作权法的保护。罗永浩作为北京新东方学校的英语教师,其向学生讲授的内容虽是以相关的大纲、教材作为基础,但具体的授课内容系罗永浩独立构思并口头创作而成,这也是罗永浩的讲课内容受到欢迎的原因。法院认定罗永浩的授课内容具有独创性,符合著作权法规定的作品要件,全部内容均构成口述作品。硅谷动力将罗永浩的口述作品上传到其网站供用户浏览或者下载,侵犯了罗永浩对其口述作品享有的信息网络传播权。①

此外,在罗永浩诉新东方迅程案中,法院也认可了对罗永浩口头作品的著作权保护。原告罗永浩诉称 2001 年至 2006 年,其在一私立语言学校提供英语教学劳务期间,发表了有关拉斯维加斯赌场的口述作品。新东方迅程公司未经许可,将该口述作品固定为 MP3 格式文件并上传到该公司酷学网中供公众收听或下载。罗永浩因此提起诉讼。法院审理后认为,罗永浩作为该口述作品的作者,对其享有发表权、信息网络传播权等权利。新东方迅程公司在

---

① 参见罗永浩诉北京硅谷动力电子商务有限公司侵犯著作权纠纷案,北京市海淀区人民法院(2006)海民初字第 9749 号民事判决书。

酷学网上对该口述作品进行网络传播的行为，侵犯了罗永浩对该作品享有的信息网络传播权。①

其次，课堂教学视频的定性问题。课堂教学视频是由相关教育培训机构中的专门人员或者聘请的专业机构拍摄和制作的。根据内容选择、镜头变换、画面转切等安排的不同，教学视频展示出的独创性高低也有所不同，在著作权法上也有可能被界定为以类似摄制电影的方法创作的作品或录音录像制品。

多数录音录像制品都包含了录制者对录制对象、时机或角度富有个性化的选择。而且，现实生活中大多数录音录像制品都不是经过一次机械录制后形成的，而是包含了录制者后期的剪辑与制作。但是，由于大陆法系国家对独创性水准有一定要求，上述个性化选择和后期制作中的某些智力劳动独创性不足，仍不能构成作品，只能作为作品相对应的录音录像制品受到保护，相关的录制者也只能享有邻接权而非狭义的著作权。因此，我国《著作权法实施条例》将录像制品分为两类：独创性程度较高的属于电影作品和以类似摄制电影的方法创作的作品，其他的则属于录像制品。不过，录制者权的主体即录音录像制品的制作者，是指首次制作录音录像制品的人。这就排除了对已被录制的声音和影像进行单纯翻录的人。② 我国《著作权法》第42条规定，录音录像制作者使用他人作

---

① 参见罗永浩诉北京新东方迅程网络科技有限公司侵犯著作权纠纷案，北京市海淀区人民法院(2006)海民初字第26336号民事判决书。

② 参见王迁：《著作权法》，中国人民大学出版社2015年版，第349—350页。

品制作录音录像制品,应取得著作权人许可,并支付报酬。第43条规定,应同表演者订立合同,并支付报酬。第44条规定,录音录像制作者对其制作的录音录像制品享有许可他人复制、发行、出租、通过信息网络向公众传播并获得报酬的权利。

一般来说,教师现场讲解类课堂视频,或纯粹使用PPT逐页翻录的演示类视频,由于其内容基本上都是事先确定的,按照既定的课程安排有序推进,在镜头方面往往表现为对教师现场讲座以固定机位一镜到底地拍摄,播放界面并列固定展示,没有特定或较为复杂的画面切换、互动等安排,镜头选择、安排空间小。在司法实践中,此类视频基本上被认定为独创性不高的录音录像制品。在南京默默学诉江苏晓薇教育案中,法院明确指出,录像制品是指电影作品和以类似摄制电影的方法创作的作品以外的任何有伴音或者无伴音的连续相关形象、图像的录制品。该案的涉案课程视频符合上述录像制品的构成要件,应当受到著作权法的保护。① 在范庆伟与北京学而思著作权纠纷案中,法院认为学而思公司的7个课程视频系电影作品和以类似摄制电影的方法制作的作品以外的有伴音或者无伴音的连续相关形象、图像的录制品。② 在北京无忧创想诉李天宝等著作权纠纷案中,法院也将课堂

---

① 参见南京默默学信息技术有限公司与北京搜狐互联网信息服务有限公司等侵害作品信息网络传播权纠纷案,北京市海淀区人民法院(2017)京0108民初38528号民事判决书。
② 参见范庆伟与北京学而思教育科技有限公司等著作权权属、侵权纠纷案,北京知识产权法院(2015)京知民终字第1215号民事判决书。

讲授视频认定为录音录像制品。① 由此可见,将此类视频认定为录音录像制品的做法在司法实务中较为普遍。

如果课堂教学视频不是简单地对教师讲课过程进行拍摄,而是穿插了较多的独创性安排,包括对教师授课的讲解、实景拍摄、史料片或新闻片的插入、互动交流等,对镜头选择、安排空间较大,进行不少后期剪辑制作,甚至配以特效,那么这类教学视频应该可以认定为视听作品。近年来影响比较大的慕课平台中,就有不少课堂视频基本上可以满足这种要求。在司法实务中,也有法院如此认定的判例。在北京奥鹏与刘华、浙江淘宝等侵害作品信息网络传播权纠纷案中,主审法院认为,原告慕课网上的课程需要制作者在课程内容撰写与编排、格式设计、多媒体材料搭配、相关技术应用等方面投入智力成果,具有独创性,属于受著作权法保护的作品。涉案课程作品由声音配合画面组成,属于著作权法上的以类似摄制电影的方式制作的作品。② 当然,对于一些为教学课程专门制作的独创性较高的动画视频,法院一般认定为视听作品。在东方加慧与北京优胜辉煌著作权纠纷案中,法院主张,根据东方加慧公司提交的载有涉案动画片的网页打印件、相关创作分镜脚本、图片素材,结合涉案动

---

① 参见北京无忧创想信息技术有限公司与深圳市宝立云科技有限公司等著作权权属、侵权纠纷案,北京互联网法院(2018)京 0491 民初 2117 号民事判决书。

② 参见北京奥鹏远程教育中心有限公司与刘华、浙江淘宝网络有限公司侵害作品信息网络传播权纠纷案,浙江省杭州互联网法院(2018)浙 0192 民初 4565 号民事判决书。

画片的内容介绍等,能够认定东方加慧公司享有涉案动画片的著作权。①

当然,对于课堂教学视频中的一些可以单独分离出来的作品,如果满足著作权法的要求,亦可将其视为著作权法上的作品予以保护。最典型的就是教学中使用的PPT。一般来说,如果教师演示的PPT是自己独立创作的,且具备相对复杂的文字性表达,体现出其本人一定的思想,哪怕在一定程度上调用模板文件中自带的表格、图形等,仍能满足著作权法对作品的最低限度的独创性要求,可以构成作品。因此,在使用或同步分享这类作品时,仍需获得作者的许可或授权。

二、教材与试卷

外语语言的培训教材和考试试题试卷,是外语语言培训产业中产生版权争议较多的两个领域。

(一)教材教辅

1. 教材

从2001年我国进行基础教育课程教材改革以来,教材的属性产生了变化,不再是完全由国家投资、社会享有的公共产品。尽管

---

① 参见东方加慧(北京)教育科技有限公司与北京优胜辉煌教育科技有限公司著作权权属侵权纠纷案,北京知识产权法院(2019)京73民终3259号民事判决书。

教材的编写在指导思想、指导原则、教材体系结构、教材特色和使用范围方面都有较为严格的要求,承担着更大的社会责任,但是这种较高、较强的外部束缚并未压抑教材作品的独创性。正是因为这些约束的存在,要求作者具有更强的创作能力,其才能正确处理材料和观点的关系,将理论与实际相联系,合理确定知识的广度和深度。教科书的编写离不开选编者大量的独创性智力劳动,因此,教材是一种重要的作品形式。

中小学教材都应成为著作权法意义上的作品,外语语言的学习培训教材更应如此。在北京仁爱与天津人民出版社纠纷案中,北京仁爱教育研究所经教育部基础教育教材审定办公室的审定,于2004年出版了湘教版教材《英语》(七年级上)一书。2005年,天津人民出版社出版了《非常讲解七年级英语教材全解全析(上)》,与湘教版上述教材在编写体例及目录方面相同。仁爱教育研究所据此起诉。天津人民出版社主张,仁爱教育研究所涉案教材与此前其他出版社出版发行的同年级教材在具体课程、结构、句式、编排方式等方面没有明显不同,并无独创性。对于这一观点,主审法院没有认可,而是直接认可了仁爱教育研究所对教材享有的著作权。①

由于基础差、底子薄,我国改革开放后快速发展起来的语言培训机构面临的软肋之一就是缺乏优秀的原创性外语教材。这导致

---

① 参见北京市仁爱教育研究所诉天津人民出版社著作权纠纷案,北京市海淀区人民法院(2006)海民初字第 7093 号民事判决书。

在相当长一段时间里,众多语言培训机构,包括新东方这样具有国际知名度的机构,纷纷拿他人的经典教材(如《新概念英语》等)来招揽生源。因此,在世纪之交,产生了一系列有关《新概念英语》教材的版权纠纷与诉讼。

早期,这些侵权形式多表现为未经许可使用著作权人的教材,或出版、销售盗版图书或盗版 VCD、DVD 等音像制品。之后,外语教材的侵权形式出现了一些新变化。例如,在北京仁爱诉创新诺亚舟案中,创新诺亚舟电子公司将北京仁爱教育研究所的英语教材植入其生产的学习机,并提供仁爱教育研究所的英语教材的下载服务,法院判定其侵权行为成立。[①] 与之类似,在外研社诉北京金裕兴案中,被告将原告编写的《新标准英语》中、小学系列教材植入其生产的"剑桥少儿英语点读宝"学习机中并进行销售,法院判定其侵权行为成立。[②] 在北京仁爱与《英语周报》等著作权纠纷案中,法院审理后认定,《英语周报》等对仁爱教育研究所英语教材著作权的侵犯形式多样(如报纸、光盘、网站等)、手段隐蔽(包括完全引用仁爱英语教材课本原句、省略单词或简单替换单词、截取课文原句、短语词组相同、话题相同、课本录音相同、课本图片相同,以及将仁爱英语教材的课文原文转化为选择题或填空形式)、期限较长、情节

[①] 参见创新诺亚舟电子(深圳)有限公司与北京市仁爱教育研究所侵犯著作权纠纷案,北京市第一中级人民法院(2008)一中民终字第 4046 号民事判决书。

[②] 参见外语教学与研究出版社诉北京金裕兴电子技术有限公司侵犯著作权纠纷案,北京市第二中级人民法院(2007)二中民初字第 6387 号民事判决书。

严重。①

2. 教辅材料

教材与教辅,恰似一对"欢喜冤家",既相辅相成,又存在矛盾,其版权争议由来已久。教辅的核心功能是帮助教学、提高考试成绩,这一功能决定了其必须依附于教材存在,不可避免地要依据教材体例编写,并引用教材内容。然而,这种使用究竟属于合理使用还是侵权,仍存在很大争议。一些人认为,教材多元化以来,教材的开发与推广主要由出版社承担,教材不再是公共产品,应强化教材的版权保护。还有一些人认为,国定教材出版并未真正开放,尤其中小学教材是指定性出版。1999 年后,教材出版虽然从国定制(统编)向审定制(多元)转变,但 2004 年教育部即停止了新教材的送审。目前,教材出版远未形成真正的市场格局。同时教材编撰在《著作权法》中享有特殊的优惠待遇,因此,如果再予以较强的版权保护,无疑会帮助其形成垄断地位并不适当地抢占教辅市场。②

由于外语语言培训机构基本上是市场化运作,使用的教材选择性更大,不像中小学教材那样面临严格的国家审定,因此,其相关的教材与教辅之间的争议似乎并不激烈。不过,既然是教辅,就一定要依附教材,使用其体例和目录,甚至要使用某些内容。因此,在编

---

① 参见北京市仁爱教育研究所等与北京仁和智慧文化发展有限公司等侵犯著作权纠纷案,北京市第一中级人民法院(2010)一中民终字第 19336 号民事判决书。
② 参见方圆:《教辅 vs 教材版权之结难解 侵权界限在何处?》,载《中国新闻出版报》2013 年 10 月 31 日。

写、出版教辅材料的时候,还是要注意处理好与教材之间的关系,避免出现侵权风险。① 教辅在使用教材内容时如何判断侵权与否,在法律上有比较明确的条款(即《著作权法》第 24 条)。但这种使用是有一定限度的。如果没有超过这个限度,就是合理使用,超过了则是侵权行为。至于这个限度的边界在哪里,则基本上由审理争诉的法官来掌握。

在北京仁爱诉云南科技出版社案中,法院审理后认定,涉案教材《英语》(七年级下册、八年级下册)为仁爱教育研究所编著的教材。云南科技出版社出版发行的《互联网多功能作业本(英语)》(七年级下册、八年级下册)在体例结构设置、单元数量以及相应单元的话题设置上与涉案教材完全相同,并且《互联网多功能作业本(英语)》(七年级下册、八年级下册)每个单元项下的"基础训练"中所涉及的重点单词、重点短语、重点句型以及语法等,均与仁爱版《英语》(七年级下册、八年级下册)相应单元出现的单词、短语、句型、语法同步。由此可知,云南科技出版社出版发行的《互联网多功能作业本(英语)》(七年级下册、八年级下册)是按照原告享有著作权的《英语》(七年级下册、八年级下册)的内容编写的教辅读物,是以原告编著的《英语》(七年级下册、八年级下册)为基础,对内容进行再创作而形成的新的改编作品,被告应当对侵犯他人著作权的行

---

① 参见陶峰:《配套教辅读物的侵权确定问题》,载《出版发行研究》2008 年第 3 期。

为承担相应的责任。①

在北京仁爱诉海南出版社案中,案情类似。法院也认定海南出版社出版发行的出版物《名师名题》英语(八年级上册)是按照仁爱教育研究所享有著作权的《英语》(八年级上册)的内容编写的教辅读物,是以仁爱教育研究所编著的《英语》(八年级上册)为基础,对内容进行再创作而形成的新的改编作品,被告侵权事实成立。② 在北京仁爱诉双语报社案中,双语报社出版的《学生双语报》是与仁爱教育研究所的 19 本英语教材相对应的教辅类报纸,编排体系和结构与涉案教材存在相似,部分内容与涉案教材内容相同,不过,法院认为,涉案教材中编排体系和结构的设计并不具备著作权法意义上的独创性。最后,基于教材内容的使用方式和使用数量,法院作出侵权判定。③

(二) 试题试卷

试题试卷的命题过程,往往也是一个智力创作的过程。因此,在符合法律规定条件的情况下,试题试卷也可以成为著作权法上的作品。语言测试的试卷试题也是版权争议的一个重灾区,其中

---

① 参见北京市仁爱教育研究所诉云南科技出版社有限责任公司等著作权权属、侵权纠纷案,重庆市第三中级人民法院(2013)渝三中法民初字第 00058 号民事判决书。

② 参见北京市仁爱教育研究所诉海南出版社有限公司等著作权权属、侵权纠纷案,重庆市第三中级人民法院(2013)渝三中法民初字第 00052 号民事判决书。

③ 参见北京市仁爱教育研究所诉学生双语报社等侵犯著作权纠纷案,北京市海淀区人民法院(2010)海民初字第 20453 号民事判决书。

影响较大的就是新东方与 ETS 就 TOEFL 和 GRE 考试试题引发的诉讼纠纷。这一诉讼纠纷就是电影《中国合伙人》里那场侵权官司的现实原型。

原告 ETS 是全球最大的非营利性教育研究和考试机构,其主持开发的 TOEFL 考试、GRE 考试已成为美国乃至很多英语国家录取大学生和研究生的主要方式。同时,ETS 将其开发的 50 余套 TOEFL 试题在美国版权局进行了著作权登记,并以"TOEFL"(文字)、"GRE"(文字)作为商标在中国注册。新东方学校是我国规模较大的民办英语培训学校,总部设在北京。早期新东方学校的主打产品,就是专门针对 TOEFL、GRE 等考试的培训。在未经原告许可的情况下,新东方学校大量复制了 ETS 的 TOEFL 考试试题,并将试题以出版物的形式公开销售。此外,在新东方学校被控侵权的出版物封面上还醒目地标明"TOEFL""GRE"字样。原告认为被告的行为侵犯了其著作权及商标权,故起诉要求被告承担停止侵权、赔偿损失、赔礼道歉等民事责任。

一审法院判定新东方学校侵权事实成立,判令其停止侵犯 ETS 的 TOEFL 考试试题著作权的行为,并且将所有的侵权资料和印制侵权资料的软片交法院销毁。新东方学校不服一审判决,提起上诉。二审法院认为,根据本案查明的事实,新东方学校未经著作权人 ETS 许可,以商业经营为目的,以公开销售的方式复制发行了 TOEFL 试题,其使用作品的方式已超出了课堂教学合理使用的范围,故对新东方学校关于其相关行为系合理使用 TOEFL 试题的抗辩理由不予采信。新东方学校又主张,其系社会力量办学,根据《民办教育促进法》的规定,属于非营利机构。二审法院认为,新东方学校成立的目的与是否侵犯 ETS 著作权并无必然联系,只要新东方学校实施的行为具有营利性,则必然对 ETS 的著作权构成侵害,新东方学校的这一抗辩理由亦不能成立。二审法院维持了原判,但是对赔偿数额部分作了调整。①

该案是对真题试卷版权保护的典型案例。对于模拟试题,由于其创作度相对更高,其版权作品性质的认定更为确定。在北京凤凰学易诉北京英才苑案中,法院认为,涉案多套试题是出题者付出一定智力成果编撰而成的,具有独创性、可复制性的特点,构成著作权法意义上的作品。被告北京英才苑公司未经许可,在其经营的英才苑网站提供了涉案试卷的下载服务。被告无法提供证据证明其所载涉案试题的合法来源,由此可以认定被告在其网站上传涉案试题系侵犯北京凤凰学易公司著作权的行为。②

对于试题解析,只要不是如数学类真题解析的情形(涉及对公式运用从而导致表达和思想混同而无法获得著作权法保护),其他的试题解析,哪怕是真题解析,目前司法实践都是予以保护的。在

---

① 参见美国教育考试服务中心诉北京市海淀区私立新东方学校侵犯著作权和商标专用权案,北京市高级人民法院(2003)高民终字第 1393 号民事判决书。
② 参见北京凤凰学易科技有限公司与北京英才苑教育科技有限公司著作权权属、侵权纠纷案,北京市海淀区人民法院(2018)京 0108 民初 18878 号民事判决书。

杨敏锋诉智慧芽案中，原告杨敏锋研究全国专利代理人资格考试真题并撰写了答案解析。"智慧芽"微信公众号于2016年8月至10月期间陆续发布了多个名为"专代每日一题/练"的文章，将其真题"答案解析"附录于后。杨敏锋因此提起侵权之诉。智慧芽公司辩称，涉案试题具有标准答案，对应的解题方法和法条都是有限甚至唯一的，涉案解析不具有独创性，不构成著作权法意义上的作品。法院审理后认为，不同类型的文字作品的创作空间不尽相同，如小说、剧本等创作空间相对广泛，而试卷答案或答案解析、说明书、合同等一些特定语境下创作的文字，其表达往往囿于文字的功能、描述对象、表达形式，创作空间相对狭窄。即便如此，在该表达尚有一定空间的情况下，如表达并非唯一或者非常有限，且能体现作者的个性而符合独创性的最低要求，则不宜仅以创作空间有限为由将其排除于作品范畴。杨敏锋的答案解析符合独创性的最低要求，整体上具有独创性，属于著作权法意义上的文字作品。①

除了试题、试卷、答案解析等实体性的内容，答题卡的设计也引发版权法上的争议。根据美国《版权法》的规定，空白表格不受版权保护，但并不意味着空白表格所表达的信息不受版权保护。如果有关的信息表达构成了作品，仍可受到版权保护。正如美国版权局《注册规则》所说，如果空白表格的设计不是为了记载信息而是为了传达信

---

① 参见杨敏锋与智慧芽信息科技（苏州）有限公司著作权权属、侵权纠纷案，北京市朝阳区人民法院(2018)京0105民初12891号民事判决书。

息,则不属于法律规定的例外。在1971年的"哈考特案"中,原告设计了一种标准答案卷,目的是让光学扫描仪检测答案是否正确。由于答案卷传达了足够的信息,并有学生如何答题的指示,法院裁定其可以获得版权保护。法院在判决中指出,设计者可以在页面上构造答题部分的位置,可以要求学生在答案卷上写明有关的信息(如姓名、年龄和日期等),可以设计符号代码以指示所问的问题和可以选择的可能性答案的小孔,可以加入如何结合考试而使用答案卷的解释和说明,可以举出例子说明如何使用……由此可见,创作出一份答案卷,需要技术、专门知识和经验,以及设计者或作者的个人判断和分析。

我国也有类似案例。在陈建诉万普案中,陈建完成了具有三个主观分答题卡的设计,并进行了版权登记。万普公司生产并销售了三个主观分答题卡,陈建以侵犯著作权为由向法院提起诉讼。一审法院经审理认为,陈建完成了三个主观分答题卡的设计,又进行了版权登记,取得三个主观分答题卡的著作权。万普公司复制、销售三个主观分答题卡,其行为构成对陈建三个主观分答题卡著作权的侵犯。不过,二审法院则持相反观点。二审法院认为,受著作权法保护的图形作品特指以工程或产品的设计图或者地图、示意图等图形形式承载作者思想或设计意图的表达形式,至于单纯的通用数表、通用表格等,只是某种公知公用思想的唯一表达,并不受著作权法的保护。答题卡并非图形作品,而属于通用数表。答题卡在各类考试中被广泛使用,尽管样式各异,但由于自定义内容的限制,样式仍然是有限的。如将这种自定义答题卡样式的过程视为对图形作品的创作过程,则会由于著作权的限制从而损害公众利益。因此,给予答题卡样式以著作权法保护不符合我国著作权制度的立法目的。①

三、语言障碍克服

阅读书籍与语言交谈是人们接受教育与参与文化生活的主要方式。不过,由于先天残疾或后天疾病、事故,相当一部分人无法正常地进行阅读与交流。这里面既包括视觉障碍者(例如盲人、视力低下者,或经矫正仍无法达到正常阅读书籍所需视力者),也包括听觉障碍者(如聋哑人等)。为了使阅读与语言交流障碍者能够获得受教育和参与文化生活的机会,需要为其提供"无障碍格式版"的作品(其中包括盲文版、大号字版、有声读物版、配字幕或者手语版等形式)。这一过程就有可能会产生一系列侵犯著作权的行为,包括将作品转换为无障碍格式并传播的行为可能会构成著作权法上的复制、发行、传播的行为。通常情况下,阅读与语言交流障碍者的经济承受能力都低于一般人,如果要求其在获得作品过程中承担跟一般人获得作品权利人许可一样的费用,不啻雪上加霜。

2006年通过的联合国《残疾人权利公约》第30条规定缔约国

---

① 参见陈建诉富顺县万普印务有限公司侵犯著作权纠纷案,四川省高级人民法院(2010)川民终字第334号民事判决书。

须承担义务,保证残疾人参与文化生活、娱乐、休闲和体育活动的权利。该条第 1 款规定,"缔约国确认残疾人有权在与其他人平等的基础上参与文化生活,并应当采取一切适当措施,确保残疾人:(一)获得以无障碍模式提供的文化材料;(二)获得以无障碍模式提供的电视节目、电影、戏剧和其他文化活动……"第 3 款规定:"缔约国应当采取一切适当步骤,依照国际法的规定,确保保护知识产权的法律不构成不合理或歧视性障碍,阻碍残疾人获得文化材料。"第 4 款规定:"残疾人特有的文化和语言特性,包括手语和聋文化,应当有权在与其他人平等的基础上获得承认和支持。"

为了落实这一公约的精神,2009 年,在世界知识产权组织版权及相关权常设委员会(简称 SCCR)第 18 届会议上,巴西、厄瓜多尔等国提交了国际盲联建议的《关于改进盲人、视力障碍者和其他阅读障碍者获得作品的世界知识产权组织条约》草案。经过多方磋商,2013 年,WIPO 在摩洛哥马拉喀什召开"关于缔结一项为视力障碍者和印刷品阅读障碍者获取已出版的作品提供便利的条约的外交会议"。会议缔结了世界上第一部以对版权的限制与例外为内容的国际条约——《关于为盲人、视力障碍者或其他印刷品阅读障碍者获得已出版作品提供便利的马拉喀什条约》(以下简称《马拉喀什条约》)。《马拉喀什条约》在序言里专门提到强调版权保护对激励和回报文学与艺术创作的重要性,以及增加机会使包括视力障碍或其他印刷品阅读障碍者在内的每个人,参加社会的文化生活、享受艺术和分享科学进步成果及其产生的利益的重要性。

《马拉喀什条约》第2条对"作品"进行了界定。"作品"是指《伯尔尼公约》第2条第1款所指的文学和艺术作品,形式为文字、符号和(或)相关图示,不论是已出版的作品,还是以其他方式通过任何媒介公开提供的作品。由此可见,《马拉喀什条约》中对于作品的定义比较宽泛,不限于传统意义上认为的文字作品。"符号和相关图示"是否包含电影?这一点存在争议。美国基于好莱坞集团的强大压力,不愿将影视作品纳入限制与例外的适用范围。不过,对于此条还附有"议定声明",即"各方达成共识,为本条约的目的,该定义包括有声形式的此种作品,例如有声读物"。与此同时,条约规定了一条"发展条款"(即第12条"其他限制与例外"),允许各国根据自身的经济条件与社会和文化需求,在其国内法中为受益人实施条约未规定的其他版权限制与例外。这就意味着各缔约方须对文字作品规定限制与例外,但"可以"将限制与例外适用于其他作品类型,如影视作品。[①]

《马拉喀什条约》第3条对受益人作了定义,包括:

(1)盲人;

(2)有视觉缺陷、知觉障碍或阅读障碍的人,无法改善到基本达到无此类缺陷或障碍者的视觉功能,因而无法像无缺陷或无障碍者一样以基本相同的程度阅读印刷作品;

---

① 参见王迁:《论〈马拉喀什条约〉及对我国著作权立法的影响》,载《法学》2013年第10期。

(3)在其他方面因身体伤残而不能持书或翻书,或者不能集中目光或移动目光进行正常阅读的人。

《马拉喀什条约》中受益人的范围相对宽泛,除了盲人还包括各种视觉障碍及阅读障碍者,因肢残不能翻书的人也包括在内。

《马拉喀什条约》第2条对无障碍格式版进行了定义。无障碍格式版是指采用替代方式或形式,让受益人能够使用作品,包括让受益人能够与无视力障碍者或者其他印刷品阅读障碍者一样切实可行、舒适地使用作品的作品版本。无障碍格式版为受益人专用,必须尊重原作的完整性,但要适当考虑将作品制成替代性无障碍格式所需要的修改和受益人的无障碍需求。《马拉喀什条约》并未将无障碍格式版限定在盲人文字,而是包括任何使受益人能够使用作品的版本。比如对某些视觉障碍者提供的放大字体的书籍、对色盲者提供的特殊颜色的画册,以及口述影像等。

《马拉喀什条约》第2条对被授权实体进行了定义,并规范了其职能及义务。被授权实体是指得到政府授权或承认,以非营利方式向受益人提供教育、指导培训、适应性阅读或信息渠道的实体。被授权实体也包括主要活动或机构义务之一是向受益人提供相同服务的政府机构或非营利组织。被授权实体在以下方面制定并遵循自己的做法:

(1)确定其服务的人为受益人;

(2)将无障碍格式版的发行和提供限于受益人和(或)被授权

实体;

(3)劝阻复制、发行和提供未授权复制件的行为;

(4)对作品复制件的处理保持应有的注意并设置记录,同时根据《马拉喀什条约》第8条尊重受益人的隐私。

目前,我国有1700多万视觉障碍者,他们有着与正常人一样的文化娱乐需求。2010年,由路阳执导、周一围等人主演的电影《盲人电影院》在韩国釜山国际电影节首映。这部电影展现了视障者在电影方面的需求。新世纪以来,我国"盲人电影院"在一些城市陆续出现。2019年全国两会期间,全国人大代表、中国电影导演协会副会长贾樟柯提交了《关于发展我国无障碍电影事业的议案》,建议从法律政策、院线建设和社会关怀等方面支持无障碍电影的发展。由于我国"盲人电影"起步晚、发展慢、类型少,缺乏制作经验,内容相对单一,还远远不能覆盖整个盲人群体。其中一个比较突出的问题是片源缺乏,从电影发行方获取版权的渠道和能力都非常有限,版权问题成为最大制约。①

2020年修正的《著作权法》第24条第(十二)项规定被修改为"以阅读障碍者能够感知的无障碍方式向其提供已经发表的作品"。这里不限于盲文,其他形式(如有声读物等)也应当被纳入其中。因此,在中国,"盲人图书馆"提供口述影像、"盲人电影院"播

---

① 参见李雅琪:《盲人朋友,说个电影给你"看"》,载《光明日报》2019年4月17日。

放影片等行为都可以被纳入合理使用范围而免于侵权的担忧。

2019年2月,美国签署了《马拉喀什条约》批准文件,成为该条约第50个成员方,为该条约增加了一个主要的全球出版中心。美国是拥有供视力障碍或印刷品阅读障碍人士使用的无障碍格式英文文本(如盲文)最多的国家,美国的加入提升了为视力障碍或阅读障碍人士改编文本的全球可及性。不过,相对于视障者而言,听力障碍者不属于无法通过视觉进行阅读的群体,那么,听力障碍者是否可以享有《马拉喀什条约》中的地位是存在疑问的。包括聋哑人在内的听障者虽不是《马拉喀什条约》中的视障者,但仍然属于《残疾人权利公约》里的"残疾人",是存在语言交流障碍的弱势群体。因此,《残疾人权利公约》规定,残疾人特有的文化和语言特性,包括手语和聋文化,应当有权在与其他人平等的基础上获得承认和支持。但是这一要求在版权法上的落实,目前还是空白。

2020年,中国电视剧史上首部以手语为主要语言的网络电视剧《嗨友记》开播。这一电视剧是由聋人主创团队历时五年倾力摄制的,主要面向听障观众,反映了听障观众的观剧需求。手语是用手势比量动作,根据手势的变化模拟形象或者音节,以构成一定的意思或词语,是有声语言的重要辅助工具。对于听力障碍者来说,手语是主要的交际工具,像其他语言一样承担着人际沟通交流、知识信息传播、文化艺术娱乐的功能。可以说,手语是全球3.6亿听障者群体和2000多万中国听障者群体不可或缺的天然母语。对于生活中依赖视觉感官和手势而交流的聋人来说,在视频、戏剧等平台对手语的需求相比字幕更强烈。不过,按照《马拉喀什条约》的定义,听障者无法获得与视障者相同的法律待遇。我国《著作权法》第 24 条第(十二)项规定的是阅读障碍者,听障者也被排除在外。但是,对手语使用者来说,他们多数属于语言中的少数者,或许可以参照适用《著作权法》第 24 条的相关规定,即将手语作品认定为以国家通用语言文字创作的作品翻译成少数民族语言文字作品。国家应当尽快通过相关法律,对此给予特别关注,使听障者能够享受与视障者同等的法律地位。

第八节　其他一些具体情形

语言产业发展过程中,还有一些其他的版权问题需要关注,包括出版发行中的版权管理、民间文艺中的语言艺术版权保护、速记稿与短标题、古籍点校与档案整理等活动中所涉及的版权问题等。

一、出版发行中的版权管理

出版是指将书刊、报纸、图画等出版物进行编辑、复制并向公众发行的过程。出版产业是语言文字产业的重要组成部分。版权对于出版产业而言至关重要,可以说,版权是最为重要的出版资源。WIPO将版权产业分为四大类,即核心版权产业、相关版权产业、部分版权产业与非专用支持产业。出版业就属于核心版权产业之一。出版企业竞争力的大小几乎完全取决于所拥有版权的数量与质量。随着数字技术的发展、新媒体的出现、读者阅读习惯的改变,传统出版产业陷入了发展衰退期。版权蕴含巨大的潜在价值,通过有效地管理和经营版权资源,同一版权的内容能够生产出可以售卖的不同形态的传媒产品,增加市场价值,延长版权的经济寿命。[①]

[①] 参见夏颖:《我国出版企业版权资源增值利用对策研究》,世界图书出版公司2014年版,第2页。

对于出版企业来说,需要用专业的方式来管理和运作版权。通过版权的运作获得利润是企业版权管理的目的所在,而获取版权是运作版权的起点,后期则是专业的版权保护、管理及运营。以美国为例,出版巨头基本上都设立了专门的版权部门,负责版权的许可、管理、反盗版等事务。美国出版企业采取的操作模式是作者、版权代理机构合作共赢模式。美国出版企业的版权文化使其非常重视作者的权益,各大出版企业在版权获取过程中给予作者富有竞争力的报酬。同时,美国出版企业与版权代理机构紧密合作,这也是其成功获取版权以及实现专业管理的关键所在。此外,美国有相当完善的版权信息管理制度。在宏观层面,美国国家版权局建立了版权信息库,出版商可以直接到版权局查询信息。美国出版者行业协会也会为企业会员提供各种版权信息。美国出版企业管理制度的一个鲜明特征就是"由总到分",即在获取版权阶段对版权内容力求尽量全面引进,而在版权开发阶段却常常采用波段式开发或分割式销售。[①]

出版企业需要按照自身的发展定位,有计划、有目的地获取与企业发展规划相关的版权作品,为企业版权开发提供全方位的选题资源与权利储备。追求版权权利内容的策略化获取,也就是力求在符合自身发展定位的基础上尽量通过购买、协商等手段获得目标版

---

① 参见王志刚:《出版企业版权战略管理》,社会科学文献出版社 2012 年版,第 43—46 页。

权资源全部或大部分权利内容的授权。对于出版行为来说,核心权利是复制权与发行权。在核心权利之外,还有一系列的附属权利。这些权利通常与传统出版活动有关,其权利的表现并未脱离图书等传统出版形式,只是在形制、色彩等表达方式上有所不同,进而在不同的受众市场上产生效益。这类权利包括翻译权、版式设计权、连载权、汇编(或缩编)权、平装书版权等。在对原作品进行加工与改编的基础之上,还产生了出版物的衍生权利,包括影视改编权、数字及信息网络传播权、作品形象使用权等。这类权利许可产生的作品,往往与图书出版形式没有直观的联系,属于对原创作品版权内容的深度开发。随着媒介融合的趋势以及出版集团跨媒体运营能力的不断增强,全版权运营的改编得到越来越多出版企业的重视,因此这些原本与图书出版联系不明显的版权内容也日益引发关注。[1]

二、民间文学艺术表达

近年来,随着全球化的推进,发达国家影视娱乐业越来越多地利用发展中国家的文化遗产进行创作,获得巨额利润,而创造并保存这些文化遗产的民族与部落却不能从中获得回报。这种发达国家单向利用发展中国家民间文学艺术作品的情形被视为一种"文化

---

[1] 参见王志刚:《出版企业版权战略管理》,社会科学文献出版社2012年版,第134—136页。

海盗"现象,引起发展中国家的强烈不满。因此,联合国教科文组织(UNESCO)特别通过了《关于保护民间文学艺术表达、防止不正当利用及其他损害行为的国内立法示范法》(以下简称《示范法》)。

根据《示范法》的规定,民间文学艺术表达指的是由一个国家的种群或者个人创作和维系,反映该种群对传统艺术的观念,带有传统艺术遗产特质的成果,包括:

(1)口头表达,如民间故事、民间诗歌谜语;

(2)音乐表达,如民间歌曲和用乐器演奏的音乐;

(3)行为表达,如民间舞蹈、民间戏剧、艺术模式或仪式;

(4)物质化表达,包括图画、油画、雕刻、雕塑、陶器、镶嵌器具、木制品、金属器具、珠宝首饰、编织藤篮、刺绣品和缝制品、纺织品、乐器、地毯和服装等民间艺术制品以及建筑形式。

尽管《示范法》对民间文学艺术表达作出了定义,但是其术语仍然存在较多争议。WIPO将民间文学艺术表达的特点归纳如下:

(1)通过口述或模仿而流传;

(2)反映了种群文化与社会特性;

(3)反映了该种群文化遗传特征;

(4)由种群、族群认可的人或群体创作;

(5)主要不是出于商业目的而创作,而是将其作为宗教和文化表达的载体;

(6)在种群内部不断发展、演变和重新创作。①

可以看出,在民间文学艺术表达之中,言语类的传统艺术占据比较重要的部分。所谓言语类的传统艺术,是指某一区域内的个体或群体,借助语言和文字这两大传递信息的符号系统,所表达的传统文化体现了该区域范围内所有成员共同的文化传统,并由族群内成员口耳相传、口传心授而不断发展和演变的各种有创造性的艺术成果。言语类传统艺术主要包括民间传说、传统戏剧、传统标记等。② 言语类传统艺术具有本真性、完整性、区域性和活态性的特点,是由个人或集体借鉴生产、生活环境的基本元素创作而成,并由族群集体传承,导致难以纳入现代版权法保护。因此,我国《著作权法》第6条专门规定:"民间文学艺术作品的著作权保护办法由国务院另行规定。"

1966年,突尼斯颁布了《文学与艺术产权法》是第一个运用著作权法保护民间文学艺术的国家,随后一些国家和地区纷纷效仿。我国于2011年开始实施了《非物质文化遗产法》,并设立了民族文化生态保护区、启动中国传统村落调查与保护计划,国务院还起草了《民间文学艺术作品著作权保护条例(征求意见稿)》(以下简称《条例》)。这是尝试在中国国情下,探索对我国优秀传统文化、传

---

① See WIPO, *Intellectual Property and Traditional Cultural Expressions/Folklore*, WIPO Publication, 2009, p. 5.
② 参见甘明等:《论言语类传统艺术知识产权保护》,载《传播与版权》2018年第11期。

统知识进行保护的新路径。不过,《条例》虽然从权利归属、内容、保护期限、限制和合理使用等方面进行了规范,但是在实践中仍然遇到不少瓶颈。最主要的是如果只考虑著作权而忽略对其他权利的结合保护,将无法达到有效且充分保护的目标。因此,对于包括言语类艺术形式在内的民间文学艺术,应当建立起以现行《著作权法》《专利法》《商标法》等法律法规为核心的综合保护体系。①

三、速记稿与短标题

（一）速记稿可版权性

速记是用简单的符号或代码和缩写规则把交际和思维中的口语转换成视觉形式并记录下来的技术。由于汉字结构复杂、笔画多、书写难,难以适应人们日常工作、生活和学习的需要。因此,在一些比较重要的报告、研究、座谈、议事、汇报等会议中,都需要运用速记进行记录,以完整、准确地记录会议内容。速记是一个比较典型的语言职业。2003 年,国家劳动和社会保障部正式将速录员增列为一个新的职业。速录员需要进行培训和考试才能上岗。速录已广泛应用于会议、论坛、法庭审判、记者采访、电视直播等领域,有的高校将"计算机速录"增列为新的招生专业。据统计,目前我国

---

① 参见甘明等:《论言语类传统艺术知识产权保护》,载《传播与版权》2018 年第 11 期。

速录产业人才缺口很大,供给量与需求量之比是1∶1000,行业发展空间巨大。在美国,速录技术是文秘人员的必备技能。在德国、法国、韩国等国家,速录行业薪资水平相当高。一个新产业的兴起,必定会带来新的职业形态,随之形成新的职业培训方向。①

速记稿一般只是忠实地将原演说者的演说内容予以记载,而不需要具有独创性的智力创作活动,是否可以作为版权作品进行保护?一般来说,根据现代版权法的独创性要求,速记稿是无法满足的。不过,历史上曾经有过演讲速记稿版权保护的先例。在二十世纪初英国的沃尔特诉莱恩案中,一名报社记者运用速记法忠实、准确地记录了政治家演讲的内容,另一家报社未经该记者所在报社许可而刊登了该名记者所记录的内容,两家报社就该行为是否构成版权侵权发生纠纷。英国当时事实上的最高法院——上议院——认为:记者付出劳动并准确运用速记技巧所记录的文字应当受到版权法保护。这实际上承认了不包含智力创造成分,而体现独立努力、具有实际价值的劳动成果也是版权法意义上的作品。根据目前多数国家著作权立法中的独创性标准,这一记者没有创作出任何新的作品,属于通过速记方法对他人作品进行"复制",由此形成的记录稿应当只是他人作品的复制件,而非独立的作品。②

速记又可分为手写速记和电脑速记,二者各有特色。电脑速记

---

① 参见贺宏志主编:《语言产业导论》,首都师范大学出版社2012年版,第53页。
② 参见王迁:《著作权法》,中国人民大学出版社2015年版,第25页。

是通过键盘代码直接快速转换成文字的记录方式。手写速记是用简单的线条和附加符号作为临时文字快速记录口语内容,事后再转换成规范文字的记录方式。手写速记的最大优点是,一张纸一支笔就可以记录,轻便简捷,无需电源,适应性强。速记人员在记录过程中指尖飞舞,像在云端花丛穿梭的蝴蝶,整齐排满的文字如瀑般瞬间倾流而下,因此,优秀速记人员的劳动成果甚至被称为"指尖上的华彩乐章"。速记记录,尤其是手写的速记记录,往往以线条形式表现出来。如果这些书写线条达到较高的审美效果,能够给人以类似书法作品的美感享受,那么是可以作为书法作品而成为版权保护客体的。

(二)短语类文字作品

短语类的文字作品指的是表达的量非常小的作品,例如标题、广告词、标语、诗歌和歌词等。这类作品能否获得著作权保护,对于命名业、广告业等语言产业的发展具有重要意义。简短文字作品不同于普通的表达量较大的文字作品,其表达量较小,往往表现为一个单词或短语、一个句子或一小段话、几个短句的组合等。但是,这些作品往往在表达的质上极有追求,简短精悍。相对于表达量较大的普通文字作品,表达量较小的作品往往难以与同处于公有领域的单词、短语或习惯表达区分开来,在判断是否具有原创性方面难度更大。由于简短文字作品的表达量较小,在满足原创性要求的时候有一定困难,但是如果在表达的质上独具匠心,则可以满足原创性要求而受到著作权法的保护。①

短语类文字如果能够满足独创性的要求,也应当成为受著作权法保护的作品。《法国知识产权法典》第L112-4条规定,如果作品的标题具有独创性,就可以与作品本身一起受到保护。由于短标题常常容易与处于公共领域的词汇或短语混同,难以将短标题表达的思想与表达的形式分开,受混同原则的影响,相对于其他简短文字作品,作品标题受保护的难度更大。在郭石夫诉"娃哈哈"案中,歌曲《娃哈哈》的作者认为"娃哈哈"三个字作为歌曲的标题和其中的歌词均应享受著作权法保护。法院审理后认为,在确定著作权法保护对象时,应首先确定要保护的作品或作品的一部分是否为作者全部思想或者思想实质部分的独特表现。从语言文字学的角度看,"娃哈哈"是"娃娃笑哈哈"的紧缩句式。"娃哈哈"作为歌曲中的副歌短句、歌词的一个组成部分,其重要性主要是在歌词中起到连接作用,所表现的内涵并不是作者思想的独特表现,也无法认定其反映了作者的全部思想或思想的实质部分。因此,法院认为,原告以紧缩句"娃哈哈"一词主张其拥有著作权,与我国著作权法的规定不符。②

在"'五朵金花'案"中,法院认为,电影文学剧本《五朵金花》是

---

① 参见卢海君:《简短文字作品的著作权地位探析》,载《中国出版》2014年第5期。

② 参见郭石夫诉杭州娃哈哈集团公司侵犯著作权及不正当竞争案,上海市第二中级人民法院(1998)沪二中知初字第5号民事判决书。

一部完整的文学作品,但仅就"五朵金花"四字而言,并不具备一部完整的文学作品应当具备的要素。该词组由一个数量词"五朵"和一个名词"金花"组成,不能独立表达意见、知识、思想、感情等内容。在云南,"金花"作为白族妇女的称谓古已有之,并非原告独创。"五朵金花"这一词组的构成虽然有可能包含作者的思想感情及创作意图,但我国著作权法所保护的是作品的内容,而非作者的思想。因此"五朵金花"这一词组只有与作品内容一起共同构成一部完整的作品时,才会受到我国著作权法的保护。原告不服,提起上诉。二审法院支持了一审法院的判决,认为一部受著作权法保护的作品,除具有独创性外,还要能独立表达意见、知识、思想、感情等内容,使广大受众从中了解一定的信息,不应当仅是文字的简单相加。《五朵金花》剧本是一部完整的文学作品,"五朵金花"四字仅是该剧本的名称,是该剧本的组成部分,读者只有通过阅读整部作品才能了解作者所表达的思想、情感、个性及创作风格,离开了作品的具体内容,单纯的作品名称"五朵金花",因字数有限,不能囊括作品的独创部分,不具备法律意义上的作品的要素,不具有作品属性,不应受著作权法保护。[1]

在"'舌尖上的中国'案"中,法院认为,涉案书名"舌尖上的中国"系两个通用名词的简单组合,且该书名仅有六个字,缺乏相应的

---

[1] 参见赵继康诉曲靖卷烟厂著作权侵权、不正当竞争案,云南省高级人民法院(2003)云高民三终字第 16 号民事判决书。

长度和必要的深度,无法充分地表达和反映作者的思想感情或研究成果,无法体现作者对此所付出的智力创作,该书名本身不包含任何思想内容,不符合作品独创性的要求,并不是作者思想的独特表现,而原告据此主张其拥有著作权,与我国著作权法的规定不符。"舌尖上的中国"此六个字的组合不是我国著作权法所保护的作品。① 在"'华松玉兰苑'案"中,法院认为,原告所主张的楼盘名中的"华松",系被告公司的企业字号,原告对此不享有任何权利。"玉兰苑"事实上已成为我国房地产开发领域内小区楼盘的常用名称,在一定程度上具有普适性。"玉兰苑"文字本身也不能体现原告为涉案楼盘命名的原创性和独特性,不能反映出作品的本质特征。故原告主张的"华松玉兰苑"名称不是著作权法所保护的作品。② 在奥运歌曲《我和你》案中,原告主张被告在作品中使用了原告"我和你"以及"梦想"的表达。法院认为,由于这一表达过于简单,在被告作品中所占的比例非常小,且在案证据可以证明该表达系公有领域的常用表达,因此,仅凭在作品中使用该表达的事实无法认定作品已经构成实质性相似。③

以上诸案中,法院均认为简短文字不能构成著作权法上的作

---

① 参见马明博等诉光明日报出版社等著作权权属、侵权纠纷案,北京市东城区人民法院(2012)东民初字第 09636 号民事判决书。
② 参见孙浩诉建湖县新城华松实业有限公司侵犯著作权纠纷案,江苏省盐城市中级人民法院(2010)盐知民初字第 5 号民事判决书。
③ 参见王瑞华与陈其钢等侵犯著作权纠纷上诉案,北京市高级人民法院(2012)高民终字第 30 号民事判决书。

品。不过,也有其他一些案例,确认短语能构成作品。在俞华诉北京古桥案中,法院认为原告为空调机撰写的广告词"横跨冬夏、直抵春秋"是受著作权法保护的作品。① 同样,在王定芳诉上海东方商厦案中,主审法院上海市徐汇区人民法院专门致函国家版权局法律处,询问广告语是否属于《著作权法》第3条规定的文字作品范畴。国家版权局法律处于1993年11月20日以书面形式明确答复:广告语如果具备文字作品的要件,也应属于文字作品。因此,法院认定广告语"世界风采东方情"具备作者的创作个性和法律规定的其他要件,属于著作权法保护的文字作品。② 从案例分析可以看出,简短文字不能否认其版权性。但是,由于简短文字难以与公共领域用语相区分,再加上"思想/表达"混同的可能性较大,因此,判断的主观随意性相对更大。

四、古籍点校与档案整理

(一)古籍点校

所谓古籍点校,是点校人在某些古籍版本的基础上,运用本人掌握的专业知识,在对古籍分段、标点,特别是用字的修改、补充、删减作出判断的前提下,依据文字规则、标点规范,对照其他版本或史

---

① 参见俞华诉北京古桥电器公司侵犯著作权案,北京市第一中级人民法院(1996)一中知初字第114号民事判决书。
② 参见王定芳诉上海东方商厦有限公司侵犯著作权案,上海市徐汇区人民法院(1993)徐民初字第1360号民事调解书。

料对相关古籍划分段落、加注标点、选择用字并撰写校勘记的过程。①古籍整理是对古籍进行审定、校勘、注释等加工整理工作,具体包括审定、校勘、标点、分段、注释、翻译等专门工作。其中,校勘是用来订正文字,标点是用来分清句读,注释是用来阐明文义,翻译是用来通达古今。古籍点校属于古籍整理的一种形式,二者在外延上是包容关系。不过,无论是古籍点校还是古籍整理,都是比较典型的语言文字工作,可以纳入语言文字产业的范畴。只是,古籍点校与整理工作具有艰巨、复杂、长期的特点,是一项严肃的学术活动。一部高质量的古籍点校作品的问世,往往凝聚着点校者毕生的经历和心血,需要文史界的资深专家学者皓首穷经方可完成。②因此,可以说,古籍点校与整理工作基本上居于语言文字产业中的高端环节。

古籍点校与整理的成果能否产生著作权法意义上的作品?司法实务界基本持肯定的观点。从2005年开始,作为中国最具影响力的古籍整理和出版机构的中华书局提起了一系列诉讼,先后将天津索易、东方音像电子、汉王科技、北京国学时代等公司起诉至法院。在中华书局诉北京国学时代案中,法院指出,古籍点校工作专业性极强,要求点校者具有渊博的历史、文化知识和深厚的国学功

---

① 参见中华书局与东方音像电子出版社、北京锦绣红旗国际文化传播有限公司复制权纠纷案,北京市东城区人民法院(2007)东民初字第02722号民事判决书。
② 参见袁博:《论古文点校智力成果可版权性的证伪》,载《中国版权》2013年第5期。

底,并非普通人可以轻易胜任。点校行为并非简单的劳务,而是需要付出大量的创造性智力劳动。针对同一部古籍,不同的点校者进行点校后形成的点校作品可能并不完全相同,这体现了不同点校者的判断和选择。① 在中华书局与东方音像等著作权纠纷案中,法院认为,虽然古籍点校工作需遵循的基本原则相同或类似,但具体点校内容通常会受点校人知识水平、文学功底、价值观、人生观、世界观及客观条件等多方面因素影响而有所不同,这种不同是点校人独创性思维的体现,也是区分不同点校作品的关键。② 此外,在葛怀圣与李子成纠纷案中,法院也指出,民国版《寿光县志》虽然属于公有领域的作品,但对其进行整理、点校之后的点校本凝聚了点校人对点校内容的创造性劳动,构成了著作权法意义上的作品。③

不过,在学术界与司法实务中也存在相反的意见。例如,有观点认为,古籍点校并非为了创作出违背古籍原意的新东西,而是要通过艰苦的劳动找到并展现原本就客观存在的历史真实,即古籍原貌。因此,无论发现和还原先前不为人知的事实需要投入多少时间、精力甚至智力创造,被发现和还原的事实都不能作为作品受到保护。如果将点校结果视为"表达",由于古籍原貌是唯一的,那么这种表达

---

① 参见中华书局有限公司诉北京国学时代文化传播股份有限公司侵犯著作权纠纷案,北京市第一中级人民法院(2012)一中民终字第 14251 号民事判决书。

② 参见中华书局与东方音像电子出版社、北京锦绣红旗国际文化传播有限公司复制权纠纷案,北京市东城区人民法院(2007)东民初字第 02722 号民事判决书。

③ 参见葛怀圣与李子成著作权权属、侵权纠纷案,山东省高级人民法院(2014)鲁民三终字第 340 号民事判决书。

将与思想混同,因此不能予以保护。① 这一观点得到了一些法院的认可。在周锡山诉江苏凤凰出版社等著作权纠纷案中,法院认为,深入探究古籍点校工作,除非是戏说性质,否则从学术上而言,点校者的目的都是力求点校后的作品文意与原作一致,也就是通过自己的学识与研究,尽可能地还原古籍原意,故而点校者在点校过程中必然受到点校者自身所理解的古籍原意的限制。当点校者点校的结果与古籍原意一致时,则点校者仅仅是揭示了客观事实。由于客观事实无法作为著作权法保护的客体,该点校结果不能构成著作权法所保护的作品。因此,虽然点校者在点校过程中付出了大量的智力劳动,但并非所有的智力活动和"额头出汗"的行为都能必然得到著作权法的保护。

不可否认,点校者个人知识水平、文学功底等的差异,确实会造成点校结果与古籍原意不一致,或与其他点校者的点校成果不一致的情况。点校者的目的均为复原古籍原意,每个点校者都是根据自己对古籍含义的理解,在自己认为的极为有限的表达方式中进行选择。而这种选择始终囿于原文含义,不可能任由点校者天马行空形成新的表达。因此,点校者的主观目的是复原其所理解的古籍之唯一原意,而非创作出有别于古籍原意的新作品。因此,即便在客观结果上出现了与古籍原意不同或与其他点校者不同的表达,也不会产生著作权法意义上的新的表达,该成果也就不具有著作权法所要求的独创性。同时,从价值取向的角度而言,如果对点校成果以著

---

① 参见王迁:《著作权法》,中国人民大学出版社2015年版,第66—67页。

作权法的形式予以保护,势必会造成垄断,即一部古籍只允许一个点校者进行点校。因为在后的点校者客观上无法避免其点校成果与在先的点校成果发生大部分甚至绝大部分点校处重合的情况,从而无法避免被认定为抄袭。这样,必然会严重挫伤点校领域广大研究人员的学术热情,进而对该领域的健康发展产生不可弥补的损害,甚至把这个原本已经非常小众的学术研究领域逼入绝境。

法院在这个判决中的推论是值得商榷的。

首先,那种认为古籍点校作品因"思想/表达"混同而不能成为版权作品的观点会使人们陷入一个奇怪的推论,也即学识水平越高,投入智力劳动越多,则越不应获得版权保护。相反,水平越低,治学态度越不严谨,任意性越大,反而越能获得版权保护。难道这就是版权法的原意?

由于历史已经消失,所谓古籍原意已经成为一个无法被客观证明的东西。那么与古籍原意一致就是客观事实的复原,赋予版权保护就是独占客观事实的观点缺乏依据。正如从"上帝"视角这样一个无法证伪的角度来看,哪怕人类表达情感的文字多彩多样,但最佳形式只有一种。那么这算不算是唯一的?那么这个世界上最好的文学作品是否就是最接近这一表达的形式?这样的作品是否就越不应当得到版权保护?这里的"上帝"视角在本案中基本上就是等同于古籍原意的东西。这样的推论显然是站不住脚的。法院判决须在法理上自圆其说,而不能自相矛盾。在"梅泽"案中,法院

第二章 表达形式:语言资源中的版权保护

对台灯雕像的保护采用了"分离特性与独立存在"的原则,即受保护的艺术性必须能够与物品的实用性分离开来,受保护的艺术外形能够作为艺术品独立于实用品而存在。① 在点校作品里面同样,即便最接近原意的那件作品,也不应将其看成原始事实,而只能将其视为无限迫近原始事实的作品而已,否则就将陷入越是高明、越是精深却越不能享有版权的悖论。

其次,那种认为如果对点校成果予以著作权保护势必会造成垄断的观点更是站不住脚的。如果被告水平同样够高,点校出来的作品同样可以接近作品原意,以至于跟先前的原告作品高度近似,但是在实体上也是被告自己的作品。当然,如果原告起诉被告侵权,被告需要证据进行证明要么与原告作品不近似,要么跟作品原意更加近似(不过这似乎不可能,但原理就类似于证明跟公共领域作品相似)。这就是一个证据证明的问题了。但不能因为这个证明问题就否定他人对其创作的作品享有版权这一实体问题,以此为由认为版权将造成垄断是站不住脚的。正如汉德法官在"塞尔登"案中论述的那样,作品必须不是抄袭的,因为抄袭者在这个范围内不是"作者"。但如果具有某种魔力,一个从来不知济慈《希腊古瓮颂》的人重新创作出同样的诗,那么他就是作者。如果他就此获得了版权,其他人便不能复制那首诗(尽管他们可以复制济慈

---

① See Mazer *v.* Stein, 347 U.S. 201(1954).

的)。① 实际上,如果假定古籍点校的出版物存在市场,那么与投入人力、物力进行点校、整理的机构相比,允许其他出版单位无偿免费出版并获取利益,使得先前投入者血本无归,这才是真正不利于小众学术研究的发展。如果这种基本保障都没有,任谁都可以随意占有,那么谁还会投入资金、人才来从事整理、注释、点校工作呢?

以此观之,周锡山诉江苏凤凰出版社等著作权纠纷案中法官的论述似乎犯了典型的"以理论剪裁生活"的错误,用一个看似合乎逻辑的推导扭曲了版权法的运行原理。所幸该案虽在学理上长篇大幅论证,但最后判决依据的却并不是点校作品不享有版权保护这一理论,而仍然是原、被告作品之不相类似,即错字、别字校勘的相同处仅为1处(其他9处"陆版金批西厢记"有校勘记,而"周版金批西厢记"没有校勘记);标点不同处有1779处。这为未来的补救留下了空间。②

(二) 档案整理

档案整理也是语言文字产业的一个部分。档案整理常常是将若干完整的档案资料或档案资料的片段经过一系列的编撰程序而形成汇编作品。档案整理能够有效地解决档案自身的局限性,包括载体数量和寿命的有限性以及档案信息的混杂性等导致的可利用

---

① See Sheldon v. Metro-Goldwyn Pictures Corp., 81 F. 2d 49(2d Cir. 1936).
② 参见周锡山诉江苏凤凰出版社有限公司、陆林等著作权权属、侵权纠纷案,上海市高级人民法院(2014)沪高民三(知)终字第10号民事判决书。

档案减少的问题。按档案运用的方式,档案的编研整理工作可以有不同的分类:汇编,包括史料汇编、现行机关文件汇编、专题档案材料汇编、图表或图册的编撰等;编写档案参考资料,如大事记、组织沿革、专题摘要、会议简介、数据统计、企业年鉴等;编史修志等。① 档案中文献材料的法律地位比较特殊,既有可能是《著作权法》保护的作品,又要受到《档案法》的规范。两部法的法律属性不同,导致对档案文献的保护存在分歧。

一是权利归属差别。《档案法》是按所有制形式对权利对象进行了规定,即分为国家所有、集体所有和个人所有。而《著作权法》则是按组织形式来进行规定的,分为法人单位、非法人单位和公民个人。同时,根据《著作权法》的规定,某些档案的文本可能属于单位,但是其上的著作权只要没有著作权人的明确许可或约定,仍然归著作权人本人所有。

二是公开权差别。根据《著作权法》第 23 条的规定,著作权的保护期限为作者终生及其死亡后五十年;而根据《档案法》的规定,县级以上各级档案馆的档案,自形成之日起满 25 年向社会开放。因此,档案文献达到开放期限,可依《档案法》进行公布,但这一行为却有可能会侵犯著作权人的发表权。②

---

① 参见冯桂珍:《档案编研中的著作权保护》,载《北京档案》2002 年第 12 期。
② 参见吴琳:《试论档案文献汇编作品的著作权问题》,载《西安石油大学学报(社会科学版)》2012 年第 3 期。

第三章　科技赋能：
语言技术中的专利布局

专利一词，从字面上看就是独专其"利"的意思。《国语》中讲"荣公好专利"，即指一个人把"利"都独占了。① 专利在最早的拉丁语中是"被打开"的意思。这起源于中世纪皇家敕令的做法。当时，在赦免、封赏、任命官员的场合，需要将蜡封的授权书打开。因此，"专利"的英语"patent"实际上既包括"独占"的意思，又有"公开"的意思。在我国，人们较为普遍接受的一种说法是：专利是由政府机关或者代表国家的若干区域性组织根据申请而颁发的一种文件。这种文件记载了发明创造的内容，并且在一定的时间范围内产生这样一种法律状况，即获得专利的发明在一般情况下只有经专利权人许可才能被他人利用。②

专利与语言文字有着不解之缘，或者说，专利几乎就是完全依赖于语言描述的一种权利。因为，专利保护的客体、范围、边界

---

① 参见郑成思：《知识产权法》，法律出版社1997年，第228页。
② 参见国家知识产权局条法司：《新专利法详解》，知识产权出版社2001年版，第2页。

等,都是通过语言文字来进行描述与确定的。专利权受到侵犯后,在对其进行保护时,也基本上都是围绕语言文字的解释来展开的。在一定程度上,专利产业可以看作语言文字的产业。专利法上的解释方法对于这一产业的发展起着决定性的影响。此外,现代语言技术是高新技术,又常常"渗透"在各种产品当中。不管是语言技术,还是语言产品,如果符合专利法规定的标准,都可以获得专利权的保护。专利法又可以通过调整权利要求范围大小、保护强度高低、保护链条长短等方式,控制语言技术更迭的方向、速度与频率,影响语言产品的形态与语言市场的结构。本章着重选择专利法中与语言文字产业发展密切相关的制度进行研究,包括专利与语言的互动关系、语言技术专利保护的一般原理、语言技术中的专利布局、语言技术中的专利之战、重点语言企业的专利实力分析等。

第一节　语言与专利的一般原理

一、专利中的语言

(一) 专利法一般原理

专利权,指的是国家依法授予专利权人在特定时期内享有使用其发明的独占性权利。在所有的财产权类型中,专利权是最为依赖语言文字来进行描述的权利。根据中国专利法的规定,专利权保护的客体包括发明、实用新型与外观设计三种类型。《专利法》第 2 条规定:"本法所称的发明创造是指发明、实用新型和外观设计。发明,是指对产品、方法或者其改进所提出的新的技术方案。实用新型,是指对产品的形状、构造或者其结合所提出的适于实用的新的技术方案。外观设计,是指对产品的整体或者局部的形状、图案或者其结合以及色彩与形状、图案的结合所作出的富有美感并适于工业应用的新设计。"但是,这些技术方案与新设计不能只是存在于人的大脑的构思,而是必须依附于某种载体形式以展现出来,让全社会认知。这种载体形式通常就是语言与文字描述的方式——通过语言文字的方式,将大脑中的技术构思描绘展现出来;在某些情况下,还可配之以图例。

专利权并不是天然能够获得的,而是需要向国家主管机关进行申请。国家主管机关在对申请的发明创造进行审查后,认为符合法律规定的条件的,进行公告后予以授权。根据目前世界各国的通行做法,专利申请须遵循书面原则,即申请专利的文件与办理专利申请的各种法定手续都必须是书面的形式。《专利法实施细则》第2条规定:"专利法和本细则规定的各种手续,应当以书面形式或者国务院专利行政部门规定的其他形式办理。"第3条规定:"依照专利法和本细则规定提交的各种文件应当使用中文;国家有统一规定的科技术语的,应当采用规范词;外国人名、地名和科技术语没有统一中文译文的,应当注明原文。依照专利法和本细则规定提交的各种证件和证明文件是外文的,国务院专利行政部门认为必要时,可以要求当事人在指定期限内附送中文译文;期满未附送的,视为未提交该证件和证明文件。"

因此,从专利申请开始,整个专利制度运行的流程就围绕着专利文件展开。专利申请想要获得授权,必须满足形式条件和实质条件。形式条件是指专利申请文件应当符合专利法及其实施细则规定的格式。实质条件就是通常说的专利应当满足"三性",即新颖性、创造性和实用性。《专利法》第22条规定:"授予专利权的发明和实用新型,应当具备新颖性、创造性和实用性。新颖性,是指该发明或者实用新型不属于现有技术;也没有任何单位或者个人就同样的发明或者实用新型在申请日以前向国务院专利行政部门提出过申请,并记载在申请日以后公布的专利申请文件或者公告的专利文件中。创造性,是指与现有技术相比,该发明具有突出的实质性特点和显著的进步,该实用新型具有实质性特点和进步。实用性,是指该发明或者实用新型能够制造或者使用,并且能够产生积极效果。本法所称现有技术,是指申请日以前在国内外为公众所知的技术。"

专利审查就是由国家专利主管机关的审查员通过检索国内外专利文献、公开出版物,评价专利申请是否满足"三性"以及其他法定要求的过程。专利审查本质上是对专利申请文本与在先技术文献进行比对的过程。专利审查过程中,审查员首先要对申请文本进行认真阅读,以一种结构化的思维,准确地理解申请文本中所描述的发明技术方案。这种结构化的思维表现为了解发明所要解决的技术问题,理解为解决所述技术问题而采取的技术方案,并且明确该技术方案的全部必要技术特征(特别是其中区别于背景技术的特征),同时了解该技术方案所能带来的技术效果。① 在对申请专利的技术方案进行准确了解的基础之上,通过检索在先的技术文献,形成对该技术领域中人类已有知识宝库的总体认识。然后通过这种"一对多"的文本比对过程,寻找、发现申请专利的技术方案与在先的人类已有知识宝库相比存在的差异与进步的地方,就申请人作出的这些具有积极意义的贡献授予专利权。甚至专利侵权判定阶段,也表现为一个文本比对的过程。只是这个阶

---

① 参见张清奎主编:《专利审查概说》,知识产权出版社2002年版,第393页。

段的比对不再像专利审查那样对人类知识宝库的比对,而是表现为一个"一对一"的比对过程——主审法官对被诉侵害的技术方案用语言文字进行概括,抽象出技术特征,然后与专利权人的权利要求文本进行比对,若落入其中,则认定侵权;反之,则否。

(二)专利的语言学研究

1. 专利生命周期中的语言需求

从十九世纪后半期起,专利演变成一种语言描述的权利——客体范围、创造性高度、权利大小等都依靠语言描述来确定。语言描述常会出现"经验描述的极限",导致语言描述与描述对象之间脱节。① 语言的极限就是权利的极限。专利法律适用过程中环节较多,涉及代理、审查、复审、审判等,表现为一个从技术构思到最终落实于产业化运用的生命周期。这个生命周期的运行过程中,无论是技术发明人、专利代理人、审查员还是法官,都会对专利中的语言文字有自身的理解。因此,从事专利活动需要的不仅是技术知识、法律知识,同时也需要相当高超的语言技巧;如果申请海外专利,还需要专业性的外语技巧。

专利生命周期的主要环节及其实施主体如下:

技术构思(发明人)—专利新颖性、创造性检索(专利信息分析员)—专利申请文件撰写(专利代理师)—专利申请文件翻译(如需

---

① 参见〔美〕弗拉森:《科学的形象》,郑祥福译,上海译文出版社2002年版,第76页。

海外申请专利)(专利翻译人员)—专利审查(专利审查员)—审查意见答复(专利申请人)—专利授权(国家知识产权局)—专利诉讼(专利代理律师)—专利侵权判定(专利主审法官)—专利管理与运营(专利权人)—专利失效(专利权人)。

以产生技术构思阶段为例。一项发明创造,其核心价值是发明人提出的技术构思本身,后续的所有环节都是为这一核心服务的。因此,一个技术构思本身的质量高低决定了所获专利最终价值的大小。发明人的技术构思通常会以"技术交底书"的方式送交专门从事专利申请文件撰写的专利代理师,由其撰写符合专利申请提交规范的专利申请文件。

专利申请书属于一类特殊的法律文件,有关于文字书写格式的特殊的起草规范。发明受保护的范围主要取决于专利申请书中权利要求的范围,因此,权利要求书的撰写质量十分关键。此外,专利申请文件的一些特殊要求,例如"超范围""不清晰""不支持""必要技术特征"等,都对专利代理师在专利代理过程中的语言文字处理技能提出了较高的要求。

由于各国或地区的专利法律规定使用的官方语言皆不相同,因此,如果申请人在进入 PCT 国家阶段,或者申请国外专利时,需要将专利申请文件翻译成相关国家的语言。专利申请文件的译文将成为后续专利审查甚至专利诉讼的对象文本,因此,高质量的专利申请文件翻译对最终的专利授权和被授权的范围而言意义重大。如果翻译中存在错误,在有机会修改的情况下将产生补正费用。严重时可能导致无法授权,甚至即使授权,也可能导致后续的无效或侵权诉讼阶段让竞争对手有机可乘,进而带来巨大损失。所以,该环节需要由专业的专利翻译人员来完成。专利翻译需要遵循严格的标准,避免在转换过程中因表述不准确或元素增删而使专利保护的范围扩大、缩小或含混不清。专利翻译人员需要具备专利知识、相关技术领域的基础知识以及良好的语言转换能力。① 在专利运行的几乎所有环节中,都涉及对专利中术语、词汇等的理解与解读,可以说,专利的事业也是语言的事业。

2. 专利申请文件

专利申请文件由一整套对申请保护的技术方案进行详细说明的规范性文书构成。《专利法》第 26 条规定,"申请发明或者实用新型专利的,应当提交请求书、说明书及其摘要和权利要求书等文件"。第 27 条规定,"申请外观设计专利的,应当提交请求书、该外观设计的图片或者照片以及对该外观设计的简要说明等文件"。专利申请文件必须要遵循一定的规律,其表达或措辞也有一定的规范。概言之,专利申请文件是规范性的技术文献,《专利法》及《专利法实施细则》以及专利局的审查指南等法律法规对其篇幅格式、撰写特点、先后顺序等都有标准性的要求。

---

① 本部分主要参考郑金凤等主编:《专利语言服务实务》,知识产权出版社 2019 年版,第 59—61 页。

(1) 专利说明书

专利说明书,是申请人就其申请专利的技术方案进行详细说明的相关文件。《专利法》规定,说明书应当对发明或者实用新型作出清楚、完整的说明,以所属技术领域的技术人员能够实现为准;必要的时候,应当有附图。

《专利法实施细则》对专利说明书的措辞格式与撰写规范作出了如下规定:

> 发明或者实用新型专利申请的说明书应当写明发明或者实用新型的名称,该名称应当与请求书中的名称一致。说明书应当包括下列内容:
>
> (一)技术领域:写明要求保护的技术方案所属的技术领域;
>
> (二)背景技术:写明对发明或者实用新型的理解、检索、审查有用的背景技术;有可能的,并引证反映这些背景技术的文件;
>
> (三)发明内容:写明发明或者实用新型所要解决的技术问题以及解决其技术问题采用的技术方案,并对照现有技术写明发明或者实用新型的有益效果;
>
> (四)附图说明:说明书有附图的,对各幅附图作简略说明;
>
> (五)具体实施方式:详细写明申请人认为实现发明或者实用新型的优选方式;必要时,举例说明;有附图的,对照附图。

发明或者实用新型专利申请人应当按照前款规定的方式和顺序撰写说明书,并在说明书每一部分前面写明标题,除非其发明或者实用新型的性质用其他方式或者顺序撰写能节约说明书的篇幅,并使他人能够准确理解其发明或者实用新型。

发明或者实用新型说明书应当用词规范、语句清楚,并不得使用"如权利要求……所述的……"一类的引用语,也不得使用商业性宣传用语。

发明专利申请包含一个或者多个核苷酸或者氨基酸序列的,说明书应当包括符合国务院专利行政部门规定的序列表。申请人应当将该序列表作为说明书的一个单独部分提交,并按照国务院专利行政部门的规定提交该序列表的计算机可读形式的副本。

实用新型专利申请说明书应当有表示要求保护的产品的形状、构造或者其结合的附图。

(2)权利要求书

《专利法》规定,发明或者实用新型专利权的保护范围以其权利要求的内容为准,说明书及附图可以用于解释权利要求的内容。由此可知,权利要求书是一种法律文件,其主要作用是确定专利权的保护范围,使公众知道实施什么行为会侵犯他人专利权。[1] 现代专利制度通过对权利要求的起草方法施加更多的控制,以及通过控

---

[1] 参见张清奎主编:《专利审查概说》,知识产权出版社2002年版,第393页。

制纸张的大小、边宽以及图纸的格式、大小和比例,限制了用来说明该发明的方法,这样一来,就限制了专利权所保护物体财产的范围。①

《专利法》还规定,权利要求书应当以说明书为依据,清楚、简要地限定要求专利保护的范围。

《专利法实施细则》对权利要求的撰写内容及使用术语进行了规定:

> 权利要求书应当记载发明或者实用新型的技术特征。
>
> 权利要求书有几项权利要求的,应当用阿拉伯数字顺序编号。
>
> 权利要求书中使用的科技术语应当与说明书中使用的科技术语一致,可以有化学式或者数学式,但是不得有插图。除绝对必要的外,不得使用"如说明书……部分所述"或者"如图……所示"的用语。
>
> 权利要求中的技术特征可以引用说明书附图中相应的标记,该标记应当放在相应的技术特征后并置于括号内,便于理解权利要求。附图标记不得解释为对权利要求的限制。

《专利法实施细则》对权利要求的类别进行了规定:

> 权利要求书应当有独立权利要求,也可以有从属权利

---

① See Brad Sherman & Lionel Bently, *The Making of Modern Intellectual Property Law: The British Experience, 1760-1911*, Cambridge University Press, 1999, p.188.

要求。

独立权利要求应当从整体上反映发明或者实用新型的技术方案,记载解决技术问题的必要技术特征。

从属权利要求应当用附加的技术特征,对引用的权利要求作进一步限定。

《专利法实施细则》对独立权利要求的撰写格式进行了规定:

发明或者实用新型的独立权利要求应当包括前序部分和特征部分,按照下列规定撰写:

(一)前序部分:写明要求保护的发明或者实用新型技术方案的主题名称和发明或者实用新型主题与最接近的现有技术共有的必要技术特征;

(二)特征部分:使用"其特征是……"或者类似的用语,写明发明或者实用新型区别于最接近的现有技术的技术特征。这些特征和前序部分写明的特征合在一起,限定发明或者实用新型要求保护的范围。

发明或者实用新型的性质不适于用前款方式表达的,独立权利要求可以用其他方式撰写。

一项发明或者实用新型应当只有一个独立权利要求,并写在同一发明或者实用新型的从属权利要求之前。

《专利法实施细则》对从属权利要求的撰写格式进行了规定:

发明或者实用新型的从属权利要求应当包括引用部分和限定部分,按照下列规定撰写:

(一)引用部分:写明引用的权利要求的编号及其主题名称;

(二)限定部分:写明发明或者实用新型附加的技术特征。

从属权利要求只能引用在前的权利要求。引用两项以上权利要求的多项从属权利要求,只能以择一方式引用在前的权利要求,并不得作为另一项多项从属权利要求的基础。

(3)说明书摘要

摘要是对说明书内容的概述,其作用是使公众通过阅读简短的文字快捷地获知发明创造的基本内容。《专利法》规定,摘要应当简要说明发明或者实用新型的技术要点。《专利法实施细则》第23条规定,说明书摘要应当写明发明或者实用新型专利申请所公开内容的概要,即写明发明或者实用新型的名称和所属技术领域,并清楚地反映所要解决的技术问题、解决该问题的技术方案的要点以及主要用途。说明书摘要可以包含最能说明发明的化学式。

(4)附图

《专利法》规定说明书在必要的时候应当有附图。《专利审查指南》第二部分指出,附图是说明书的一个组成部分。附图的作用在于用图形补充说明文字部分的描述,使人能够直观地、形象地理解实用新型的每个技术特征和整体技术方案。对于机械和电学技术领域中的专利申请,说明书附图的作用尤其明显。《专利法实施细则》规定,发明或者实用新型的几幅附图应当按照"图1,图2……"顺序编号排列。发明或者实用新型说明书文字部分中未提及的附图标记不得在附图中出现,附图中未出现的附图标记不得在说明书文字部分中提及。申请文件中表示同一组成部分的附图标记应当一致。附图中除必需的词语外,不应当含有其他注释。《专利法实施细则》还规定,有附图的专利申请,还应当提供一幅最能说明该发明或者实用新型技术特征的附图。附图的大小及清晰度应当保证在该图缩小到4厘米×6厘米时,仍能清晰地分辨出图中的各个细节。摘要文字部分不得超过300个字。摘要中不得使用商业性宣传用语。

3. 专利权利要求

对于普通的财产权来说,受到侵害时以自力救济或公力救济予以保护,语言文字表达在其中并不占十分重要的地位。而专利权则不同,需要以专门的语言文字形式表达对其予以保护的意愿,以及所需要保护的权利的范围。界定这种技术方案保护范围的语言文字部分就叫专利权利要求。《专利法》规定,发明或者实用新型专利权的保护范围以其权利要求的内容为准,说明书及附图可以用于解释权利要求的内容。专利权利要求与房产地契有着类似的功能,通过给无形的技术创新方案附加一层语言的篱笆,通过语言的形式向他人传递其行为应当禁止进入的疆界,以便将他人排除在其权利保护范围之外。可以说,专利权利要求是专利制度的核心,在现代专利制度中,现代专利法是"名为权利要求的游戏"。

(1)专利权利要求的撰写

权利要求书是以简洁的语言文字形式将受专利保护的技术方案概括出来向社会公众表明构成发明的技术方案包含哪些要素的法律文件。如果他人实施的行为落入权利要求书文字所包含的全部技术特征,那么该行为就落入专利权利要求保护的范围之内,构成侵害专利的行为。如果不落入专利权利要求的范围,则表明行为人实施的行为与专利权保护的技术方案不同,该行为不应当受到专利权的限制。正是由于专利权利要求在专利制度中居于重要地位,各国专利法与司法实践对专利权利要求的语言风格、撰写格式、语法解释等都有专门的规定。而且,各国专利法基本都规定专利权利要求的撰写必须清楚、简明。

清楚、简明,就是要求权利要求书中的语言与措辞能够将要求保护的技术与本领域中的在先技术之间的区别划出一个清晰的界限,以确保专利权的保护范围。根据《专利审查指南》的规定,权利要求书是否"清楚",需从以下三方面进行判断。

首先,每项权利要求的类型应当清楚。权利要求的主题名称应当能够清楚地表明该权利要求的类型是产品权利要求还是方法权利要求。不允许采用模糊不清的主题名称,例如,"一种……技术",或者在一项权利要求的主题名称中既包含有产品又包含有方法,例如,"一种……产品及其制造方法"。另一方面,权利要求的主题名称还应当与权利要求的技术内容相适应。

其次,每项权利要求所确定的保护范围应当清楚。权利要求的保护范围应当根据其所用词语的含义来理解。一般情况下,权利要求中的用词应当理解为相关技术领域通常具有的含义。权利要求中不得使用含义不确定的用语(如"厚""薄""强""弱""高温""高压""很宽范围"等),除非这种用语在特定技术领域中具有公认的确切含义(如放大器中的"高频")。对没有公认含义的用语,如果可能,应选择说明书中记载的更为精确的措词替换上述不确定的用语。权利要求中不得出现"例如""最好是""尤其是""必要时"等类似用语。因为这类用语会在一项权利要求中限定出不同的保护范围,导致保护范围不清楚。当权利要求中出现某一上位概念后面跟一个由上述用语引出的下位概念时,应当要求申请人修改权利要求,允许其在该权利要求中保留其中之一,或将两者分别在两项权利要求中予以限定。

最后,构成权利要求书的所有权利要求作为一个整体也应当清楚,这是指权利要求之间的引用关系应当清楚。

(2)专利权利要求的解释

对专利权利要求的解释实际上是赋予权利要求中的语言与措辞以意义的过程。为了确定专利权的效力,法官需要在专利诉讼中对专利权利要求中所使用术语的含义进行界定和澄清,这就是专利权利要求的解释过程,也是法院明确专利权利要求措辞含义的过程。按照通常的流程,法官对专利权利要求进行解释,确定其保护范围;接下来法官根据自己的理解对被控侵权产品的技术特征进行抽象和概括,然后将被控侵权技术与该权利要求进行比对,如果被控侵权技术的技术特征包含了专利权利要求中的全部"技术特征",那么就认定该被控侵权技术侵犯专利权。在许多情况下,一旦对专利权利要求作出了解释,就不再需要进一步讨论是否侵权的问题了,因为结论已经非常明确。正如一位美国法官所宣称的那样,一旦确定了专利权利要求的准确含义,就等于确定了整个案件的结果。

但是,专利权利要求的解释过程是个非常复杂困难的过程。因为任何一个词语都不是透明且一成不变的,词语仅仅是一个活动的思维的外壳,在不同的情形下具有不同的内在含义。在不同的行文安排中,同一词汇可能具有不同的内涵。法官如何解释这些用语,如何确定其不为僵化的词汇所束缚,不成为术语的牺牲品,就极大地体现出法官的智慧。由于新发明的技术方案通常具有独创性,专利权利要求的语言表达通常是为了满足《专利法》的要求而事后撰写出来的。在从实际发明到事后文字转化的过程中通常会存在难以填补的空隙。一项发明常常是新颖的,但却找不到合适的文字表达。正是由于存在语言表达上的困难,为了探究专利权人所欲表达的真意,对专利权利要求中的语言表达进行解释便成为必要。根据解释时是否要严格遵循语言的字面含义理解,可以将专利要求解释分为严格按照字面含义进行解释的字面解释与一种从探究专利权人原初目的出发的、自由度更大的合目的性解释,即等同解释。

所谓"字面解释"指的是专利权利要求应当按照其措辞所具有的字面含义来进行阐释,从而保证专利权保护范围的稳定性,使社会公众能够获得一个心理预期。在 Renishaw PLC. v. Marposs Societa'per Azioni 案中,法官认为,如果申请人没有为权利要求中的特别术语赋予其他专门的含义,那么对于这些术语,应当从普通常规的含义来进行解释。为了确定权利要求中术语的"通常含义",法院可以借助各种材料、工具,包括诸如权利要求书、说明书、专利审查记录等内部证据,也可以参考各类普通或技术词典等外部证据。

所谓"等同解释",即被控侵权产品的某些技术特征与权利要求中的技术方案只有一些非实质性的变动,此时可以将这种非实质性的变动解释为与专利权利要求的技术方案在实质上是相同的。因为在对专利权利要求进行解释时,如果过分拘泥于对专利权利要求的字面解释,从而将某些仅仅对技术方案进行的非实质性变动排除在外,那么势必会损害专利权人的合法利益,削弱整个专利制度的作用。因此,WIPO 专利法委员会起草的《专利实体法实施细则》草案第 13(1)(b)条规定,"对专利权利要求的解释并不一定非要局限于严格的字面解释"。在 Catnic Components Ltd. v. Hill & Smith

Ltd. 案中,法官在判决中写道:"对于专利权利要求不能只是进行小心翼翼的语言文字解释分析,而应当进行合目的分析。一个主要的问题就是专利权人是否怀有这样的意图,即希望某一技术领域中的技术人员严格遵循专利权人在专利权利要求中所用词汇的教导,任何对专利技术的改变都不在专利权覆盖范围之内,即便这些变化是微不足道的。"可以说,等同解释是在一定程度上摆脱权利要求中的措辞而对其内涵或外延进行扩张性的解释,把一些非实质性变动认定为"等同"的情形,从而将权利要求的字面覆盖范围扩展开来。[①]

综上而言,专利的游戏就是语言的游戏。正如前文所提到的那样,角色形象权的出现使得语言资源的范畴得到了极大拓展。语言资源开始从按照语法规则排列堆砌的冰冷文字转化为一个个深入人心的鲜活灵魂,并用以控制文化产业链条。语言与专利的关系亦可作类似理解。专利法通过专利权利要求中的对文字表达与语言技巧的解读,塑造着技术方案覆盖范围的宽度与广度。语言资源的范畴在这里再次得到拓展,从按照语法规则排列堆砌的冰冷文字转化为一个个征服自然的技术方案,并借助附着其上的权利改变社会的技术结构与产业结构。

二、语言中的专利

语言中的技术主要包括加工、处理语言的技术以及与语言有关

[①] 本部分主要参考董涛:《专利权利要求》,法律出版社 2006 年版,第二章"专利权利要求的构成要素"及第四章"专利权利要求的解释"部分。

的产品与设备。如果语言技术或语言产品、设备属于新的技术方案或产品的话,可以申请发明专利。如果是具有形状或构造特征的技术方案,则可以申请实用新型。如果是对语言产品或设备的形状、色彩、图案结合作出的具有美感并适于工业应用的新设计,则可以申请外观设计。但是,与其他领域的技术方案一样,只有满足相应的专利实质条件,即专利新颖性、创造性和实用性"三性"之后,才能获得发明或实用新型专利。授予专利权的外观设计,应当不属于现有设计,也没有任何单位或者个人就同样的外观设计在申请日以前向国务院专利行政部门提出过申请,并记载在申请日后公告的专利文件中。语言技术或语言产品、设备申请人在获得专利权后,将享有制造、使用、销售、进口该专利产品的权利,其他人未经权利人许可使用该专利的,应承担侵犯专利权的责任。

不过,语言领域中的技术多数是语言信号传递、信息处理、语音识别与转化等,基本上都是依靠计算机来进行数据存储、信息处理的技术,因此,这个领域中的技术很多时候表现为一种类似于智力活动的规则和方法,在申请专利时有可能被认定为我国《专利法》第 25 条第 1 款第(二)项规定的对智力活动规则和方法不授予专利权的情形。因此,对于语言处理类的技术,首先需要判定其是否属于专利权保护的客体,其次应当重点判定其所具有的创造性。我国专利局《专利审查指南》第二部分第九章对涉及计算机程序的发明专利申请审查作出了若干规定,其中的基本原则与基准也适用于语言处理技术。

(一)语言处理技术计算机程序专利审查

1. 语言处理技术计算机程序发明专利申请审查基准

根据《专利法》第 25 条的规定,对智力活动的规则和方法不授予专利权。但是,如果一项权利要求,除其主题名称以外,在对其进行限定的全部内容中既包含智力活动的规则和方法的内容,又包含技术特征,则该权利要求就整体而言并不是一种智力活动的规则和方法,不应当依据《专利法》第 25 条排除其获得专利权的可能性。对该类专利申请的审查应当遵循以下基准:

(1)如果一项权利要求仅仅涉及一种算法或数学计算规则,或者计算机程序本身或仅仅记录在载体(例如磁带、磁盘、光盘、磁光盘、ROM、VCD、DVD 或其他计算机可读介质)上的计算机程序,或者游戏的规则和方法等,则该权利要求属于智力活动的规则和方法,不属于专利保护的客体。如果一项权利要求除其主题名称之外,对其进行限定的全部内容仅仅涉及一种算法或者数学计算规则,或者程序本身,或者游戏的规则和方法等,则该权利要求实质上仅仅涉及智力活动的规则和方法,不属于专利保护的客体。

(2)除了上述(1)所述的情形之外,如果一项权利要求在对其进行限定的全部内容中既包含智力活动的规则和方法的内容,又包含技术特征,则该权利要求就整体而言并不是一种智力活动的规则和方法,不应当依据《专利法》第 25 条排除其获得专利权的可能性。

如果涉及计算机程序的发明专利申请的解决方案执行计算机程序的目的是解决技术问题,在计算机上运行计算机程序从而对外部或内部对象进行控制或处理所反映的是遵循自然规律的技术手段,并且由此获得符合自然规律的技术效果,则这种解决方案属于《专利法》第2条所说的技术方案,属于专利保护的客体。如果涉及计算机程序的发明专利申请的解决方案执行计算机程序的目的不是解决技术问题,或者在计算机上运行计算机程序从而对外部或内容对象进行控制或处理所反映的不是利用自然规律的技术手段,或者获得的不是受自然规律约束的效果,则这种解决方案不属于《专利法》第2条所说的技术方案,不属于专利保护的客体。

例如,一种全球语言文字通用转换方法。该申请内容概述为:现有的自动翻译系统只是一对一、一对多或者多对多的语言处理系统,其存在的问题是程序复杂、各种词性和词性标注方式不同、数量繁多且复杂。针对上述缺陷,发明专利申请提供一种统一的、针对全球任意多种语言进行翻译的方法,利用与世界语和世界语辅助语标注方式相同的"全球语言文字输入方法"实现不同语言在语法、句法上的一体化,在语言转换时,使用世界语和世界语辅助语作为机器翻译的中介语。

该申请的权利要求为:一种利用计算机进行全球语言文字通用转换的方法。该方法包括以下步骤:将全球语言文字统一在单词后先以辅音字母标词法,后以辅音字母标句法的方式,形成与各种录入语言相对应的录入语言辅助语;利用中介语与录入的语言辅助语的对应关系进行语言转换,所述中介语为世界语和世界语辅助语;其特征在于,所述录入时的标词法和标句法方式与形成世界语辅助语的标词法和标句法方式相同,其中标词法方式为:-m 为名词,-x 为形容词,-y 为复数,-s 数量词,-f 为副词;标句法方式为:-z 为主语,-w 为谓语,-d 为定语,-n 为宾语,-b 为补语,-k 为状语。

虽然这种解决方案的主题名称中包括计算机,但对其限定的全部内容只是利用统一的翻译中介语,通过人为规定全球语言文字的录入规则,实现对全球语言进行统一方式的翻译转换。该解决方案不是对机器翻译方法的改进,没有在机器翻译上体现不同语言文字自身固有的客观语言规律与计算机技术结合的改进,而是根据发明人自己的主观认识对语言文字转换规则进行重新定义。它所体现的只是录入语言辅助语与中介语的对应关系被统一于世界语辅助语的标词和标句规则中,其本质上仍然属于《专利法》第 25 条规定的智力活动的规则和方法,因此不属于专利保护的客体。

再如,一种以自定学习内容的方式学习外语的系统。该申请内容为:现有计算机辅助学习系统的学习内容都是由系统预先确定的,因此用户必须学习这些预先确定的内容,而不能根据自己的外语水平需求自行确定学习内容。发明专利申请能够使用户根据自己的需求选择学习资料,并将资料输入到系统中。系统程序将资料中的句子分割为多个句子单元。用户将分割的句子单元重组并输入系统。系统程序将用户重组的句子与原句子进行比较,并根据预先确定的评分标准给出分数,然后将分数输出给学习者。

该申请的权利要求为:一种以自定学习内容的方式学习外语的系统。其特征包括:学习机,将选出的学习资料输入该学习机;文件接收模块,接收用户所传送的语言文件;文件分割模块,将所述语言文件分割成至少一个独立的句子;句子分割模块,将上述独立的句子分割成若干句子单元;造句式语言学习模块,将所述分割单元输出给用户,并接受用户自己重组的句子,将所述独立句子与用户自己重组输入的句子进行比较,根据预先确定的评分标准给出得分分数,将分数输出给所述学习者。

由于该解决方案是利用一组计算机程序功能模块构成学习系统,这些功能模块能够接收用户确定并传送的语言文件,将其中的句子和用户重组的句子进行比较,并将比较结果输出给用户。该系统虽然通过学习机执行计算机程序来实现对学习过程的控制,但该学习机是公众所知的电子设备,对外语语句所进行的分割、重组、对比和评分既没有给学习机的内部性能带来改进,也没有给学习机的构成或功能带来任何技术上的改变。而该系统解决的问题是如何根据用户的主观意愿确定学习内容,不构成技术问题;所采用的手段是人为制定学习规则,并按照规则的要求来进行,不受自然规律的约束,因而未利用技术手段。该方法可以使用户根据自身需求自行确定学习内容,进而提高学习效率,所获得的不是符合自然规律的技术效果。因此,该发明专利申请不属于《专利法》第2条规定的技术方案,不属于专利保护的客体。

2. 汉字编码方法及计算机汉字输入方法专利审查

《专利审查指南》对汉字编码方法及计算机汉字输入方法的专利审查作出了规定。根据《专利审查指南》的规定,汉字编码方法属于一种信息表述方法,它与声音信号、语言信号、可视显示信号或者交通指示信号等各种信息表述方式一样,解决的问题仅取决于人的表达意愿,采用的解决手段仅是人为规定的编码规则,实施该编码方法的结果仅仅是一个符号/字母数字串,解决的问题、采用的解决手段和获得的效果也未遵循自然规律。因此,仅仅涉及汉字编码方法的发明专利申请不属于专利保护的客体。

例如,一项发明专利申请的解决方案仅仅涉及一种汉语字根编码方法,这种汉语字根编码方法用于编撰字典和利用所述字典检索汉字。该发明专利申请的汉字编码方法仅仅是根据发明人的认识和理解,人为地指定编码汉字的相应规则,选择、制定和组合汉字编码码元,形成表示汉字的代码/字母数字串。该汉字编码方法没有解决技术问题,未使用技术手段,且不具有技术效果。因此,该发明专利申请的汉字编码方法属于《专利法》第25条规定的智力活动的规则和方法,并非专利保护的客体。

但是,如果把汉字编码方法与该编码方法所使用的特定键盘相结合,构成计算机系统处理汉字的一种计算机汉字输入方法或者计算机汉字信息处理方法,使计算机系统能够以汉字信息为指令运行程序,从而控制或处理外部对象或者内部对象,则这种计算机汉字输入方法或者计算机汉字信息处理方法构成《专利法》第2条所说的技术方案,不再属于智力活动的规则和方法,而属于专利保护的客体。对于这种由汉字编码方法与该编码方法所使用的特定键盘相结合而构成的计算机汉字输入方法的发明专利申请,在说明书及权利要求书中应当描述该汉字输入方法的技术特征,必要时还应当描述该输入方法所使用键盘的技术特征,包括该键盘中各键位的定义以及各键位在该键盘中的位置等。

例如,发明专利申请的主题涉及一种计算机汉字输入方法,包括从组成汉字的所有字根中选择确定数量的特定字根作为编码码元的步骤、将这些编码码元指定到所属特定键盘相应键位上的步骤、利用键盘上的特定键位根据汉字编码输入规则输入汉字的步骤。该发明专利申请涉及将汉字编码方法与特定键盘相结合的计算机汉字输入方法,通过该输入方法,使计算机系统能够以汉字信息为指令,增加了计算机系统的处理功能。该发明专利申请要解决的是技术问题,采用的是技术手段,并能够产生技术效果,因此该发明专利申请构成技术方案,属于专利保护的客体。

3. 2020年修改的《专利审查指南》第二部分第九章相关部分的修改

为了进一步明确涉及人工智能等新业态新领域专利申请审查

规则的需求,国家知识产权局于 2019 年启动了对《专利审查指南》第二部分第九章的完善性修改工作。

2020 年修改的《专利审查指南》强调对权利要求的整体考虑原则,涉及人工智能、"互联网+"、大数据等的发明专利申请,权利要求中往往包含算法、商业规则和方法等智力活动的规则和方法特征,因此,不应当简单割裂技术特征与算法特征或商业规则和方法特征,而应将权利要求记载的所有内容作为一个整体考虑。如果直接忽略这些特征或者将其与技术特征机械割裂,则无法客观评价发明的实质贡献,不利于保护真正的发明创造。因此,如果权利要求涉及抽象的算法或者单纯的商业规则和方法,且不包含任何技术特征,则该项权利要求属于智力活动的规则和方法,不应当被授予专利权。但是,只要权利要求包含技术特征,该权利要求就整体而言并不是一种智力活动的规则和方法,不应当依据《专利法》第 25 条第 1 款第(二)项排除其获得专利权的可能性。

从 2020 年修改的《专利审查指南》第二部分第九章第 6.2 节示例 10 可以看出,涉及语言处理的技术属于可以获得专利保护的客体。只是该专利申请不能满足创造性的要求,导致其无法获得专利授权。示例 10 是一种动态观点演变的可视化方法。这类方法是一种常见的语言文字处理技术,对于观点分析、舆情监控都非常有用。申请内容概述为:近年来,人们越来越多地通过社交平台发表他们的意见和想法,人们在社交平台上发表的带有情感的内容反映了人们观点的演变,并可以由此看出事件的发展、变化和趋势。发明专利申请通过自动采集社交平台上人们发表的信息并对其中的情感进行分析,通过计算机绘制情感可视化图来帮助人们更好地理解情感在不同时间的强度变化和随时间而演变的趋势。

申请的权利要求为:一种动态观点演变的可视化方法,所述方法包括:

步骤一,由计算设备确定所采集的信息集合中信息的情感隶属度和情感分类,所述信息的情感隶属度表示该信息以多大概率隶属于某一情感分类;

步骤二,所述情感分类为积极、中立或消极,具体分类方法为:如果点赞的数目 p 除以点踩的数目 q 的值 r 大于阈值 a,那么认为该情感分类为积极,如果值 r 小于阈值 b,那么认为该情感分类为消极,如果值 b≤r≤a,那么情感分类为中立,其中 a>b;

步骤三,基于所述信息的情感分类,自动建立所述信息集合的情感可视化图形的几何布局,以横轴表示信息产生的时间,以纵轴表示属于各情感分类的信息的数量;

步骤四,所述计算设备基于所述信息的情感隶属度对所建立的几何布局进行着色,按照信息颜色的渐变顺序为各情感分类层上的信息着色。

在这一专利申请中,审查指南认为其并非属于专利保护排除在外的客体,而是缺乏创造性导致不能授予专利。经过检索,可以发现有对比文件公开了一种基于情感的可视化分析方法,其中时间被表示为一条水平轴,每条色带在不同时间的宽度代表一种情感在该时间的度量,用不同的色带代表不同的情感。经过比对,将该对比文件确定为最接近的现有技术,本申请的解决方案与对比文件的区别在于设定的情感的具体分类规则。由于即使情感分类规则不同,对相应数据进行着色处理的技术手段也可以是相同的,不必作出改变,因此上述情感分类规则与具体的可视化手段并非功能上彼此相互支持、存在相互作用关系,其并未对技术方案作出贡献。因此,在确定本申请实际解决的技术问题时,可以认定权利要求相对于对比文件没有实际解决任何技术问题,进而可得出权利要求不具备创造性的结论,并非权利要求本身没有解决任何技术问题。所谓"可视化"的问题在对比文件中已经得到解决,本申请相对于现有技术的贡献在于提出一种新的情感分类规则。就该权利要求而言,权利要求解决了具体情感规则的可视化问题,采用了对相应数据进行着色的技术手段,利用人眼视觉感官的自然属性,遵循了自然规律,获得了展示动态观点演变的技术效果,符合《专利法》第2条第2款的规定,属于专利保护的客体。

(二)语言技术专利文件撰写问题

语言技术领域的专利申请,大多数是依附于计算机程序实现的,既可以保护技术本身的方法,也可以保护实现其方法的装置及系统,因此,在撰写权利要求的过程中,常会出现一些问题。①

1. 客体问题

语言技术领域的专利申请大多依附计算机程序来实现,如果在权利要求中除了主题名称外,对其限定的内容为程序本身或实质上为计算机程序,则该权利要求可能被归属于仅涉及智力活动的规则和方法,不属于专利保护客体。因此,如果权利要求记载:"一种包括用来促使计算机设备执行用于使用本体来识别代表自然语言内容的概念之方法的指令的计算机刻度存贮介质,所述本体包括多个互连的概念,所述方法包括:……"那么这一权利要求或许不能授予专利权。如果将上述权利要求撰写为:"一种利用计算机程序促使计算机设备执行用于使用本体来识别代表自然语言内容的概念之方法,所述本体包括多个互联的概念,所述的方法包括:……"该权利要求所保护的是一种通过执行计算机程序而实现的解决方案,克服了客体问题,属于专利保护客体。

2. "方法与产品相对应"的情形

计算机软件的专利保护常常采用功能性限定的方法来描述权利要求的技术特征。因此,在语言领域,技术在申请专利时,常常采用一种与之对应的功能模块构架的产品权利要求,即以功能模块构架的产品权利要求来保护计算机程序流程。这种方式容易产生两

---

① 本部分主要参考丁匡正等:《语音技术专利申请撰写的常见问题分析》,载《电声技术》2014 年第 9 期。

方面的问题:

其一,难以对权利边界进行准确界定。算法专利的创新在于其思维和逻辑,而这一过程在具体的实施中通常是抽象且不可见的。当用自然语言描述一个算法或软件程序时,很难像机械、化工或医药领域那样采用标准词汇或用语,因此专利代理人在很多情况下不得不采用"功能加手段"的语言和术语来描述。由于文字的高度概括性,在理解或解释其含义时经常会出现差别,导致权利要求边界界定不清。

其二,功能模块构架的产品权利要求,需要在撰写方式上将该权利要求作为整体,其组成部分与说明书中的计算机程序流程或方法权利要求的各个步骤之间完全对应。如果不能完全对应,则有可能导致产品权利要求不符合《专利法》第 26 条,即权利要求书应当以说明书为依据。

3. 单一性问题

语言技术领域的技术方案往往比较复杂,在一件申请中常出现若干技术方案。因此,在撰写权利要求时,如果申请人希望保护若干技术方案,可能会引发单一性问题,不仅要延长审查周期,而且会给申请人带来经济损失。

例如:

权利要求 1:一种语音编码方法,包括步骤 A、步骤 B、步骤 C。

权利要求 2:一种语音编码方法,包括步骤 D、步骤 E、步骤 F。

权利要求3:一种语音编码方法,包括步骤A、步骤B、步骤D。

该发明的发明点在于步骤C,经审查员检索,步骤C确实没有在现有技术中公开,且包含步骤B的语音编码方法不是显而易见的,而其他的步骤均已被现有技术公开。分析上述权利要求,权利要求1和权利要求2没有记载相同或相应的技术特征,也就不可能存在相同或相应的特定技术特征,因此,他们在技术上没有相互关联,不具有单一性;权利要求1和权利要求3之间虽然有相同的技术特征步骤A和步骤B,但步骤A和步骤B均不是特定技术特征,因此,权利要求1和权利要求3也不具有单一性。申请人如果想克服单一性问题,应当在撰写权利要求时尽量将其自认为与现有技术存在区别的发明点记载于各个独立权利要求中,对于上述权利要求,申请人在撰写过程中应将步骤C记载于权利要求2和权利要求3中,以克服单一性问题。

(三)语言技术专利申请创造性判断

语言类技术的创造性应当依据《专利审查指南》第二部分第四章"创造性"部分来进行判断。

1. 语言技术专利申请创造性判断的一般方法

根据我国《专利审查指南》,专利申请创造性判断通常使用的是"三步法",以及几种不同类型发明的创造性判断方法。对于语言领域的专利申请的创造性判断,也应当适用"三步法"判断方法。由于语言技术专利申请常见的特点是功能性限定的方法权利要求,方法权利要求经常包括多个步骤,包含的技术特征也比较多。此外,在语言处理技术中,为了得到较好的技术效果,往往需要设置阈值或数值范围来对结果进行限定,不同的阈值或不同的数值范围会对处理结果产生不同的效果。因此,很多语言领域的专利申请都具有这样的阈值或者数值范围,很多使用具体的阈值或数值范围进行限定的技术特征都作为从属权利要求的附加技术特征来进行限定。因此,在对包含数值范围的技术方案进行审查时,也会用到不同类型发明的相关内容,如:组合发明、选择发明等。在考虑不同类型发明的相关内容时,需要重点考虑的因素在于:发明是否取得了未曾预料的技术效果。

"三步法"是创造性审查中常用的方法。按照《专利审查指南》,"三步法"主要包括以下三个步骤:

(1)确定最接近的现有技术;

(2)确定发明的区别特征和发明实际解决的技术问题;

(3)判断要求保护的发明对本领域的技术人员来说是否显而易见。

上述步骤(1)中,首先考虑的是技术领域相同或相近的现有技术。必要时,可以根据专利申请的国际分类号进行检索。

上述步骤(2)中,发明实际解决的技术问题需要根据区别特征来确定。

上述步骤(3)中,在判断发明是否具有突出的实质性特点时,对步骤较多的方法权利要求需要特别注意不同步骤中的区别技术特征以及步骤的顺序。

对于语言领域的技术来说,很少能够检索到与专利申请中的数值或数值范围部分完全相同或部分重叠的对比文件,除非是本领域经常使用的采样率或比特率等这样的数值。对具有数值或数值范围限定的权利要求进行创造性审查的时候,要根据说明书中的内容和本领域的公共常识来判断。如果根据说明书中的内容,该权利要求中的数值或数值范围确实取得了未曾预料的技术效果,则可以认为其具有创造性。如果根据说明书中的内容,本领域技术人员不能得出有未曾预料的技术效果的结论,则其不具有创造性。比如,其区别特征只是从一个本领域常见的数值范围中选取了一个比较窄的数值范围,而且没有取得未曾预料的技术效果,那么其不具有创造性。①

2. "普及型六笔二维汉字编码及键盘"专利申请创造性判断

国家知识产权局原专利复审委员会曾于1998年作出了第950号复审请求审查决定,涉及名称为"普及型六笔二维汉字编码及键盘"的90101722.1号发明专利申请,申请日为1990年3月30日。经实质审查,专利局于1993年3月11日对该申请作出了驳回决定。驳回决定所依据的对比文件为:CN85100837(以下简称对比文

---

① 本处主要参考了陈红红等:《浅谈语音领域的创造性审查》,载《电声技术》2012年第S1期。

件1);CN87100555(以下简称对比文件2)。对比文件1、2的公开日均在本专利申请日之前。驳回理由为,该申请尽管与现有技术相比,采用笔画数不同,字根数量不同,以及存在其他形式上的区别,但与现有技术相比不具有突出的实质性特点。

申请专利的独立权利要求包括:

本发明是一种普及型无重码六笔二维汉字编码法。其特征在于:依据汉字的字形结构特点,将其分解为组成汉字形态要素的基本笔画和结构部件。基本笔画分为:横(一)、直(丨)、撇(丿)、点(丶)、折(¬)等6种;结构部件一般由两笔或两笔以上组成。本发明将构成汉字的6种基本笔画定义为简单字根;而将由两笔以上构成汉字的结构部件定义为复合字根。所有字根均按6笔画及其对应的数字代码建立二维坐标,并按相应的二维坐标代码对号归类,从而构成六笔二维汉字编码字根表。用字型区分码对重码字进行离散。所有单字和词组均按六笔二维字根表中所列字根或按字根加字型区分码进行编码。

1997年间,合议组向请求人发出复审通知书,其中指出,尽管请求人指出了该申请与上述两篇对比文件的区别,但并没有把这些区别特征写入权利要求1,并提醒请求人,目前的权利要求2和4的特征与现有技术相比存在着实质性的区别。

请求人于1998年间提交了修改的权利要求书。其独立权利要

求如下:

一种普及型无重码六笔二维汉字编码法,其特征在于:依据汉字的字形结构特点,将其分解为组成汉字形态要素的基本笔画和结构部件。基本笔画分为:横(一)、直(丨)、撇(丿)、点(丶)、折(㇕)等6种,依次用数字1、2、3、4、5、6作为码;结构部件由两笔或两笔以上组成。将构成汉字的6种基本笔画定义为简单字根;而将由两笔以上构成汉字的结构部件定义为复合字根。所有字根均按6笔画及其对应的数字代码建立二维坐标,并按相应的二维坐标代码对号归类,从而构成六笔二维汉字编码字根表。所有单字和词组均按六笔二维字根表中所列字根或按字根加字型区分码进行编码。按照汉字的字型结构特点,将单字分为10种类型,由数字0到9作代码,构成字型区分码,即:1—上下型,2—上下左右型,3—左右型,4—左右上下型,5—三根并列左右型,6—全包围型,7—半包围型,8—垫托型,9—交连型,0—其他型。每种字型区分码均与数字键位0到9相对应。

对于上述修改后的权利要求书,合议组认为新的权利要求1的技术方案与对比文件1所公开的方案相比,在识别特征、字型区分的粗细程度、字型区分码的键位安排上存在不同;而对比文件2虽是一种按双笔顺规则直接拆分单字的编码方法,但其中有大量的随意定位的单笔画和偏旁部首,与双笔顺原则不符,而且其对字根的排列组合定位及按字根拆分单字和词组的方案与该申请的具体方案相比也是不同的。对比文件1和2所公开的内容虽然与该申请权利要求1所涉及的编码方案属同一类型,但对于同类的编码方案除了要比较笔画、字根选用范围及其排列组合规则这些特征之外,还应考虑键位安排、拆字规则、编码规则等具体特征,以及它们的技术效果。该申请与现有技术的区别绝非只是采用的笔画数不同,字根数量不同,以及其他某些形式上的区别,其识别特征、字型区分程度、区分码键位及其益于使用和推广的效果恰恰反映出了该申请突出的实质性特点和显著的进步,因此该权利要求1的技术方案事实上已满足了创造性的要求。

对于计算机汉字输入方法中的拼形输入方法来说,由于对汉字的拆分原则、字根选取等方面的不同而形成了千差万别的输入方法,在对这类发明专利申请进行审查和判断其是否具有创造性的过程中,通常应当考虑三个要素:(1)具体的字根选取以及相应的编码码元;(2)编码码元与所使用键盘上的键位之间的对应关系;(3)利用计算机输入汉字或词组的规则及输入步骤。本案的专利申请与对比文件1和2的汉字输入方法均是以汉字中的横、竖、撇、点(捺)、折5种基本笔画作为字根选取基础,以汉字的自然书写笔顺作为原则对汉字进行拆分和编码,并利用计算机完成汉字的输入。

但是,在上述共性之外,三者具体采用的输入方法却是不同的。

例如,对于要素(1),该申请与对比文件 1 虽然都以单个笔画为基础定义了大量字根,但是该申请通过在前述 5 种基本笔画之外增添笔画"钩"而减少了相对于对比文件 1 仅取 5 种笔画时所需的字根数;而对比文件 2 虽然较该申请又多扩展了数个笔画,但其在字根的选取上只局限于组成汉字的这些单个笔画及其有限的两两组合,并且其另行定义的作为字根的数个偏旁部首与汉字书写笔顺毫无关系。又如,对于要素(2),虽然三者都将字根定义到通用键盘的字母键和数字键上,但字根与上述键位的具体对应关系并不相同。再如,对于要素(3),在进行汉字输入时,该申请对于 4 个以上字根的汉字也只需输入第一、二末字根代码即可;而对比文件 1 除输入第一、二末字根代码外,还需输入第三个字根的代码;对比文件 2 在输入时则有较多限制(例如所有偏旁不许在第二键出现,某些键不允许有单笔画字形的汉字等)。此外,对于重码字的处理,该申请是将汉字细分为 10 种类型,并用数字 0 到 9 作为字型区分代码;而对比文件 1 中仅将汉字粗分为 4 种类型,因而只用数字 1 到 4 作为字型区分代码,同时还需配合输入汉字的末笔笔画代号才能进行重码字处理;对比文件 2 则需使用一个重字键或是输入拼音来逐级查字。

因此,从上面的对比分析中不难看出,该申请与对比文件 1、2 在上述三个要素上存在实质性不同。换言之,该申请与对比文件 1、2 之间的区别绝非仅仅是笔画和字根数量上的不同,而是在上述对比分析所指出的多项差别基础上形成了该申请与对比文件1、2最终进行汉字输入时在输入方法上的不同,从而实现本发明简单易记、键位布局合理、输入速度高的技术效果。因此,根据对比文件1、2公开的现有技术,无法显而易见地实现本发明申请。另外,需要指出的是,随着计算机汉字输入方法的发展,其发明目的早已不是为了利用计算机实现汉字的输入及处理,而是为了优化拆字规则和输入步骤,合理分配键位,从而达到易学易记、输入快捷高效、重字率较低的技术效果。因此,与对待其他类型的发明专利申请一样,一项计算机汉字输入方法发明相对于现有技术是否取得上述方面未曾预料的技术效果,也是创造性判断中的一项辅助性判断基准。

3.《专利审查指南》中的创造性判断原则

关于语言处理技术专利申请的创造性判断也处于一个不断发展的过程中。从"普及型六笔二维汉字编码及键盘"专利申请的创造性判断可以看出,当时对创造性的判断仅仅停留在优化拆字规则和输入步骤、合理分配键位的阶段。这一判断标准在今天看来就比较粗浅了。对于计算机处理的语言文字编码类技术创造性进行判断时,2020年修改的《专利审查指南》还提出了创造性判断中的关联考虑原则。《专利审查指南》第二部分第九章规定了新颖性和创造性的审查。该部分指出,对包含算法特征或商业规则和方法特征的发明专利申请进行新颖性审查时,应当考虑权利要求记载的全部特征,所述全部特征既包括技术特征,也包括算法特征或商业规则和方法特征。对既包含技术特征又包含算法特征或商业规则和方法特征的发明专利申请进行创造性审查时,应将与技术特征功能上彼此相互支持、存在相互作用关系的算法特征或商业规则和方法特征与所述技术特征作为一个整体考虑。"功能上彼此相互支持、存在相互作用关系"是指算法特征或商业规则和方法特征与技术特征紧密结合,共同构成了解决某一技术问题的技术手段,并且能够获得相应的技术效果。例如,如果权利要求中的算法应用于具体的技术领域,可以解决具体技术问题,那么可以认为该算法特征与技术特征功能上彼此相互支持、存在相互作用关系,该算法特征成为所采取的技术手段的组成部分,在进行创造性审查时,应当考虑所述的算法特征对技术方案作出的贡献。再如,如果权利要求中的商业规则和方法特征的实施需要技术手段的调整或改进,那么可以认为该商业规则和方法特征与技术特征功能上彼此相互支持、存在相互作用关系,在进行创造性审查时,应当考虑所述的商业规则和方法特征对技术方案作出的贡献。

第二节　语言技术中的专利布局

一、语言技术的演进路径

（一）语言技术概述

语言技术可以被理解为对语言进行处理的各种技术，包括对语言交际过程（编码、输出、传递、输入、解码、贮存）进行辅助及处理的所有技术。从语言技术发展史上看，语言技术的发展经历了四次高峰。文字创制时，可以视为第一个高峰。随着各种文字处理及书籍技术的发展，雕版印刷、活字印刷的出现，语言技术发展到第二个高峰。当电波被运用进语言技术之后，语言技术进入到一个全新的阶段。广播、电视的出现，是语言技术发展的第三个高峰。互联网的出现则是第四个高峰。电波媒介物出现后的语言技术发展可以概括为：

其一，语音处理技术获得巨大发展。处理语音的电子设备接踵而生，如留声机、录音机、麦克风、扩音机、电话机、广播、电影、电视等。

其二，语言的传输技术获得了突破性进展，特别是通讯卫星的发射、海底通讯光缆的铺设、互联网的广泛使用，使语言信息可以瞬间传输到世界各地的终端设备上。

其三，计算机语言处理技术的进步，推动了语言文字信息处理的智能化。激光照排技术取代了传统的铅字印刷,印刷术的电子化、智能化,是人类处理文字的新阶段;口语与书面语可以实现相互转化,将书面语自动转化为语音,或将语音自动转化为文字;自动翻译技术可以令不同语言群体的人"自由"交谈,语言藩篱逐步被拆除,外语学习的个人压力和社会负担都逐步减轻。①

现代语言技术主要指自然语言处理技术(Natural Language Processing, NLP),又称人类语言技术。自然语言处理技术可以看作人与人以及人与计算机交际中的语言问题的学科,主要包括书面语言文本处理和语音及口语处理等技术范围。语言技术是当前最重要的智能信息处理技术,联结着各类信息媒体技术(多媒体技术)和知识处理技术,是人工智能的一个重要应用领域。一般认为,图灵提出的"图灵测试"可以看作自然语言处理思想的开端。二十世纪七十年代前后,自然语言处理主要还是采用基于规则的方法。基于规则的方法停留在理性主义思潮的阶段,无法覆盖所有的语句,且对开发者有着较高的要求。二十世纪八十年代以来,随着互联网的高速发展、语料库的日益丰富以及硬件的更新完善,基于统计的方法逐渐替代基于规则的方法,自然语言处理技术开始由理性主义转向经验主义。随着深度学习在图像识别、语音识别等领域取得突破,深度学习也被引入自然语言处理领域,并在机器翻译、问答系

---

① 参见李宇明:《语言产业研究的若干问题》,载《江苏师范大学学报(哲学社会科学版)》2019年第2期。

统、阅读理解等领域收获了巨大成功。

自然语言处理结构可以划分为五个层次：

语音分析，即根据音位规则，从语音流中区分出独立的音素，再根据音位形态规则找出音节及对应的词素或词。

词法分析，即找出词汇的各个词素，从中获得语言学的信息。词法分析包括汉语分词和词性标注等。汉语分词是将输入的字串切分为单独的词语。词性标注是为每一个词赋予一个类别，这个类别称为词性标记，如名词(noun)、动词(verb)等。

句法分析，是对输入文本的句子和短语的结构进行分析，找出词、短语等之间的相互关系及各自在句中的作用。最常见的句法分析有短语结构句法分析、依存句法分析、深层文法句法分析等。

语义分析，指运用各种机器学习方法，学习与理解一段文本所表示的语义内容。语义分析的最终目的是理解句子所表达的真实语义。语义角色标注是目前比较成熟的浅层语义分析技术。

语用分析，是研究语言所存在的外界环境对语言使用者所产生影响的分析。

语言处理技术不仅是语言产业发展的强大动力，而且其本身也是语言产业的组成部分。语言技术是指运用或处理语言的技术，除了软性的语言软件、语言教学法等，大部分体现为硬性的语言设备或语言工具。从产业发展角度看，语言技术又可以分为：

(1)语料(字词、语段、语篇、语义群)技术，用于对语言材料进行收集、分类、整理、检索、贮存等；

（2）语形技术，如文字输入、语形识别、文字复制等；

（3）语音技术，如语音识别、语音合成等；

（4）语义技术，如机器翻译、自动文摘、人机对话等，如何让机器理解自然语言，从而实现自如的人机对话，语义技术是其中的关键，也是人工智能的关键；

（5）语言记录技术，如速记、复制等；

（6）语言显示技术，特别指用电子屏幕显示语言的技术；

（7）语言传输技术；

（8）语言测评技术；

（9）语言生理、语言机能技术，如人体语言机能的康复、人体语言机能的机器模拟等。①

（二）语言处理中的关键技术与趋势

自然语言处理需要一些常用应用技术，包括：文本分类，即根据给定文档的内容或主题，自动分配预先定义的类别标签；文本聚类，即根据文档之间的内容或主题相似度，将文档集合划分成若干子集，每个子集内部的文档相似度较高，而子集之间的相似度较低；文本摘要，即通过对原文本进行压缩、提炼，为用户提供简明扼要的文字描述；情感分析，即利用计算机实现对文本数据的观点、情感、

---

① 参见贺宏志主编：《语言产业导论》，首都师范大学出版社2012年版，第51—52页。

态度、情绪等的分析挖掘;自动问答,即利用计算机自动回答用户所提出的问题以满足用户知识需求的任务;机器翻译,即利用计算机实现从一种自然语言到另外一种自然语言的自动翻译;信息抽取,即从非结构化/半结构化文本(如网页、新闻、论文文献、微博等)中提取指定类型的信息(如实体、属性、关系、事件、商品记录等),并通过信息归类、冗余消除和冲突消解等手段将非结构化文本转换为结构化信息的一项综合技术;信息推荐,即根据用户的习惯、偏好或兴趣,从大规模的信息中识别满足用户兴趣的信息的过程;信息检索,即按一定的方式加以组织,并通过信息查找满足用户的信息需求的过程和技术。

自然语言处理技术领域中已经衍生出一大批应用型技术。这些技术在现实中被大量使用,从词汇搜索到在线广告匹配、从自动翻译到营销交易的情绪分析、从语义识别到自动化客户支持等。目前,有几种技术在NLP发展中起着比较重要的作用。这些技术包括:

1. 文本嵌入技术

在自然语言处理领域任务中,文本的词嵌入表示是很重要的一环,可以称为自然语言处理领域实际应用的基石。从传统的基于统计的独特表示、TF-IDF表示,到静态词嵌入表示(如NNLM、Word2Vec),再到动态词嵌入表示(如ELMo、BERT等)。词嵌入技术随着深度学习技术以及自然语言处理领域的发展而渐趋成熟,成为自然语言处理领域产业落地的重要支撑。

2. 机器翻译技术

传统的机器翻译技术采用的是机译系统,可划分为基于规则(Rule-Based)的机译系统和基于语料库(Corpus-Based)的机译系统两大类。前者由词典和规则库构成知识源;后者由经过划分并具有标注的语料库构成知识源,既不需要词典也不需要规则,以统计规律为主。机器翻译是随着语料库语言学的兴起而发展起来的,机器翻译过程大体包括以下步骤:对源语言的分析或理解,按目标语言结构规则生成目标语言。近几年,神经机器翻译(NMT)技术取得了突破。这一技术的核心是一个拥有海量结点(神经元)的深度神经网络,可以自动从语料库中学习翻译知识。这种翻译方法最大的优势在于译文流畅,更符合语法规范,容易理解。相比之前的技术,翻译质量大幅提升。

3. 情感分析技术

机器与人最大的区别在于机器是冰冷的,缺乏情感。但是,人的语言文字交流过程不仅仅是表达含义的过程,更是传递情感的过程。传统的语言处理技术是根据客观的数据来进行分析和预测,因此往往显得与现实格格不入。情感分析技术改变了这一点,使得人工智能开始真正像人一样具有情感的智能。情感分析技术就是从文本中分析出人们对于实体及其属性所表达的情感倾向以及观点。随着推特等社交媒体以及电商平台的发展而产生大量带有观点的内容,给情感分析提供了数据基础。时至今日,情感识别已经在多个领域被广泛应用。

4. 文本摘要技术

文本摘要技术是通过对文本或者文本集合进行抽取,总结或精炼其中的要点信息的各种技术。从本质上而言,这是一种信息压缩技术。按照实现技术方案的不同,可以分为抽取式技术、生成式技术与混合式技术。文本摘要技术的出现,使得广大用户可以在当今世界互联网海量的数据中快速找到有效信息。

5. 机器问答技术

机器自动问答技术是指用户以自然语言提问的形式提出信息查询需求,计算机系统依据对问题的分析,从各种数据资源中自动找出准确的答案的技术。

此外,还有网络对话等技术,都是影响语言处理技术发展进程的重要技术。2019年,欧洲最主要的语言公司,包括ELIA、EMT、EUATC、GALA、LIND等,联合对欧洲语言产业进行调查,之后发布了《2019语言产业调查——欧洲语言产业的期望与担忧》的调查报告。根据该调查报告,受调查人对未来语言技术的发展需求进行了反馈。其中排名靠前的需求项目分别是:使用的方便性、获得成本、整体性、机器翻译质量、智能性等。

对于未来计划投资的语言技术选项,受调查者反馈靠前的选项分别是:图像识别技术、机器翻译技术、工作自动分配技术、质量控制、词典工具技术、字符光识别技术等。

对于经常使用的语言处理工具选项,受调查者反馈靠前的选项分别是:谷歌翻译器、MS 办公软件、SDL 工作室、MemoQ 等。

自然语言处理技术的未来会沿着哪条路径发展?在 2017 年第三届中国人工智能大会上,哈尔滨工业大学刘挺教授认为未来的自然语言处理技术将会沿着以下十大趋势发展,包括:语义表示由符号表示发展到分布表示;学习模式由浅层学习发展到深度学习;NLP 平台从封闭走向开放;语言知识从人工建构发展到自动建构;机器人对话从通用化到场景化;文本的理解与推理从浅层分析向深度理解迈进;文本情感分析从事实性文本分析到情感性文本分析;社会媒体处理从传统媒体到社交媒体;文本生成从规范文本到自由文本;NLP 开始与行业领域深度结合,为行业创造价值。

二、语言处理技术中的专利布局

(一)全球语言处理技术中的专利态势

从全球自然语言处理技术专利分布态势来看,截至 2018 年 8 月,在 Patentics 全球专利库中检索到的涉及自然语言处理的专利申请达到 40633 件。从总体趋势可以看出,自然语言处理技术从 1983 年前后起步,一直到 1985 年,每年的申请量不多。从 1985 年开始,申请量快速增长,至 2000 年,当年申请量达到 780 项。

从 2008 年至今,在图像识别和语音识别领域成果的激励下,人们开始使用深度学习来作为自然语言处理研究的主要技术,自然语言处理相关专利迎来了新一轮的增长。从自然语言处理基础技术全球专利申请的态势来看,知识图谱申请量占比最高,为 26%;其次是词法分析、句法分析和语言模型,占比为 19%;语义分析的申请量占比最低,为 17%。从自然语言处理应用技术全球专利申请的态势来看,机器翻译申请量占比最高,达到 32%;其次为自动问答,占比 28%;之后为信息抽取(25%)、情感分析(9%);自动文摘的申请量最低。

  从词法分析专利技术的全球态势来看,1995 年以前,该技术还处于起步阶段,以基于规则的方法进行词法分析为主。二十世纪九十年代后期,统计方法崛起,专利申请量逐步上升,2007 年前后达到一个顶峰。平稳数年后,从 2012 年开始,又呈增长趋势,因为机器学习与深度学习技术对词法分析技术产生了重要影响。从词法分析技术的分支来看,针对命名实体识别的技术研究最为活跃,占比达 46%;其次是分词(30%)和词性标注(22%)。从句法分析专利技术的全球态势来看,1985 年前其一直处于起步阶段,专利申请量较少,增幅也不大;1990 年至 2004 年间经历了快速发展阶段,申请量激增;之后小幅回落,从 2010 年开始又呈快速增长态势。语义分析自二十世纪九十年代随统计方法应用的推广,申请量开始上扬;2010 年后,深度学习技术应用于语义分析,专利申请量再度快速增长。语义分析技术主要包括词语级、句子级和篇章级三类。词语级语义分析技术已相对成熟,句子级和篇章级语义分析技术则是未来的发展方向。

自然语言处理模型可以分为基于规则的方法(即分析模型),以及基于统计的方法(即统计语言模型)。1992年后,统计语言模型技术研究逐渐受到重视,专利申请量开始上涨。进入二十一世纪,随着统计语言模型技术在机器翻译、信息检索、文字识别等应用领域的成熟,专利申请量保持稳步增长,2010年后进入快速增长期。自动问答系统专利申请整体发展良好,呈现递增趋势。问答系统依功能领域可以分为限定领域问答系统与开放领域问答系统;依回复方式可以分为检索式问答系统与生成式问答系统;依技术结构可以分为问句理解、信息检索和回复生成三大方向。随着2000年自动问答技术的突破,专利申请在整体上出现了高速增长。2011年后,随着深度学习技术的应用,IBM、微软、百度、谷歌等大型企业积极布局自动问答系统,专利申请呈现飞跃式增长。机器翻译技术从总体上看,大体分为基于规则的方法、基于实例的方法、基于统计的方法与基于深度神经网络的方法几大类。从时间序列来看,1985年以前,机器翻译专利申请量相对偏少。1986年至2000年间,专利申请进入初步发展阶段,申请量在各个年份间略有波动。2001年至今,专利申请快速增长,在2016年达到一个峰值。数据表明,二十世纪九十年代后期,已开始注重以专利形式对机器翻译系统技术进行保护。

情感分析技术在1999年被提出后,一直处于缓慢发展状态,专利年度申请量维持在10至20件左右。2005年后,随着网络技术的快速发展,对信息进行情感分析的需求逐步增加,相关专利呈现快速发展态势,年申请量增加到60多项。从2010年开始,在信息技术的快速发展和深度学习的推动下,相关专利申请迎来了爆发式增长,年申请量增加到250项以上。申请量的增长从另一个角度反映了创新主体对于这一技术的重视。信息抽取系统的主要功能是从文本中抽取出特定的事实信息。信息抽取的技术起源较早,从二十世纪八十年代末期至九十年代初期就开始发展,并且逐渐进入快速发展期。自2000年后,信息抽取技术进入快速发展时期,专利申请呈现出快速增长态势。自动摘要技术依摘要方法可以分为抽取式摘要方法和生成式摘要方法;依文档数量可以分为单文档摘要方法和多文档摘要方法。二十世纪中后期自动摘要技术被提出后,由于技术瓶颈未能突破,业界反映一直很平淡;直到1990年后,统计方法被用于自动摘要,专利申请量才开始快速增长,随后保持稳定;2010年后,随着深度学习技术在自动摘要过程中的应用,申请量开始快速增长,目前已达到每年约50项。总体而言,创新主体越来越重视对于这一技术的探索。①

---

① 本处主要参考国家知识产权局学术委员会组织编写:《产业专利分析报告(第68册)——人工智能关键技术》,知识产权出版社2019年版,"关键技术二:自然语言处理"部分。

(二)美国语言处理技术中的专利态势

2020年,我国学者刘媛通过IncoPat全球专利数据库检索1999年至2018年间的专利数据统计,对美国自然语言处理技术的专利情况进行了分析与研究。从专利申请趋势来看,美国自然语言处理专利申请呈波浪式上升趋势。2012年至2016年间,美国在自然语言处理领域大幅领先,专利申请数量快速增长,年申请量超过3000件大关,此后一直保持在高位,逐渐进入技术成熟期。从授权状况来看,1999年至2011年间,专利授权量保持在1000件至2000件;随着网络技术与人工智能的发展,2012年至2016年间,专利授权量均超过2000件,增势迅猛;2017后,进入"3000+"时代(见图3-1)。

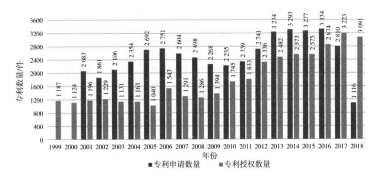

图3-1 1999—2018年样本专利申请数量与授权数量

1999年至2018年样本发明专利主要集中的10个IPC小类,体现出此类专利的技术发展方向。其中,G06F(电数字数据处理)和G10L(语音分析识别)分居专利授权前两位,是创新热度最高、发展速度最快的领域。处于第二梯队的是 H04M（电话通信）、H04L（数字信息的传输）、H04N（图像通信）、H04R（声-机电传感器）、H04B（传输）5 个小类，授权专利数量从 2000 件至 5000 件不等。第三梯队是 H04W（无线通信网络）、G06Q（特殊目的的数据处理系统或方法）、G08B（信号装置或呼叫装置），授权专利数量在 1000 件至 2000 件之间。

　　从表 3-1 来看，1999 年至 2018 年间，G06F 类和 G10L 类是样本专利授权增速最快的两个技术方向，近些年来尤为明显。此外，H04R 以传感器为代表的硬件类技术表现也很抢眼，20 年来增长了约 16 倍，有可能是自然语言处理领域的下一步技术爆炸点。H04L 和 H04N 有着相似的趋势，样本专利授权量分别增长了约 3.7 倍和 3.3 倍。H04M 虽起步较早，但多年来维持在 200 至 400 件的授权量，2018 年已被 H04L 赶超。H04B 与 H04M 雷同，两者数据表现均乏善可陈。后三位 H04W、G06Q、G08B 的样本专利授权量分别增长了约 5.6 倍、8.2 倍和 2.6 倍。

　　表 3-2 列举了样本专利被引频次最高的前十件，其申请日都很早。除排名第一者以外，其他的都是在二十世纪末申请的。较早的申请时间也导致其中八件专利保护期届满，只有两件尚在保护期内。

　　从样本已获授权专利的转让情况来看，1999 年至 2013 年间，专利转让量呈小幅攀升趋势，技术运营和实施的热度尚在酝酿。

表 3-1 1999—2018 年样本 10 个主要技术方向的专利授权量

单位：件

年份 IPC分类号	1999	2000	2001	2002	2003	2004	2005	2006	2007	2008	2009	2010	2011	2012	2013	2014	2015	2016	2017	2018
G06F	346	281	367	353	328	341	333	498	454	433	520	644	602	728	792	941	930	1080	1251	1280
G10L	291	256	313	308	265	288	239	449	361	357	318	390	419	535	601	613	671	914	1034	1042
H04M	246	211	219	236	226	248	222	293	239	218	198	217	266	326	331	343	388	397	416	368
H04L	105	120	107	139	155	135	166	180	157	162	152	159	161	160	143	197	325	315	361	389
H04N	122	116	124	118	123	122	97	139	120	124	135	134	148	199	190	281	291	329	382	406
H04R	36	45	41	43	50	51	38	82	67	58	67	83	105	170	150	158	307	423	562	564
H04B	121	123	93	92	102	96	89	117	107	93	113	122	118	171	141	129	130	131	160	140
H04W	52	49	30	31	31	31	29	51	39	47	36	61	80	73	60	99	195	234	280	292
G06Q	25	24	20	38	44	26	38	46	57	50	48	48	51	58	63	86	137	134	192	205
G08B	58	56	37	49	39	45	42	70	62	58	52	48	65	52	64	62	98	103	139	153

表 3-2　1999—2018 年样本被引频次专利(前 10 名)

排名	标题	公开(公告)号	申请日	申请人	当前专利权人	专利有效性
1	Intelligent electronic appliance system and method	US6850252B1	2000-10-05	Hoffberg, S. M.	Blanding Hovenweep LLC; Hoffberg Family Trust 1; Steven M.Hoffberg 2004 1 Grat	有效
2	Adaptive pattern recognition based control system and method	US6400996B1	1999-02-01	Hoffberg, S. M.; Hoffberg-Borghesani, L. L.	Blanding Hovenweep LLC; Hoffberg Family Trust 1; Steven M.Hoffberg 2004 1 Grat	有效
3	Secure online music distribution system	US6385596B1	1998-02-06	Liquid Audio Inc.	Microsoft Technology Licensing LLC	保护期届满
4	System and method for delivery of video data over a computer network	US5956716A	1996-06-07	Intervu Inc.	Intervu Inc.	保护期届满
5	User interface and other enhancements for natural language information retrieval system and method	US6026388A	1996-08-14	Textwise LLC	Textwise LLC	保护期届满
6	System for coordinating communications via customer contact channel changing system using call centre for setting up the call between customer and an available help agent	US5884032A	1995-09-25	New Brunswick Telephone Co.	Pragmatus Telecom LLC	保护期届满
7	Ergonomic man-machine interface incorporating adaptive pattern recognition based control system	US5875108A	1995-06-06	Hoffberg, S. M.; Hoffberg-Borghesani, L. L.	Microsoft Technology Licensing LLC	保护期届满
8	Portable information and transaction processing system and method utilizing biometric authorization and digital certificate security	US6016476A	1998-01-16	IBM	Toshiba Global Commerce Solutions Holdings Corporation	保护期届满
9	System and method for providing and using universally accessible voice and speech data files	US5915001A	1996-11-14	Vois Corp.	20 家公司持有(专利池)	保护期届满
10	System and method for real time loan approval	US5870721A	1996-10-15	Affinity Technology Group Inc.	Decisioning Com Inc.	未缴费而失效

2014 年,专利转让量突然跃升,超过 5000 件——其中包括微软收购诺基亚手机业务及其专利组合、谷歌收购摩托罗拉移动后转售等行业"洗牌",导致专利进一步出现集中趋势。2015 年后,专利转让量回落(见图 3-2)。

从诉讼情况来看,美国语言领域专利诉讼在 2014 年前后达到一个高峰后逐步回落。这反映了主要竞争者开始合并,出现行业巨头独大的局面(见图 3-3)。①

---

① 参见刘媛:《美国自然语言处理技术专利情报分析及启示——基于 1999—2018 年专利数据》,载《科技管理研究》2020 年第 6 期。

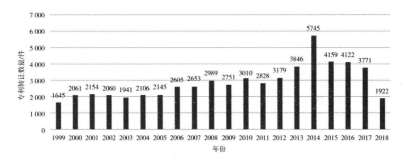

图 3-2　1999—2018 年样本授权专利转让趋势

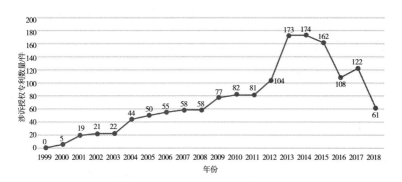

图 3-3　1999—2018 年样本涉诉授权专利数量

(三) 我国语言处理技术中的专利分布

1. 专利数据检索

(1) 数据说明

本节对我国部分语言处理技术中的专利分布状况进行统计分析。本节使用的统计口径如下①:

---

① 本部分专利检索与数据分析主要由中国专利信息中心郎玉涛、魏君,以及国家知识产权局专利局专利审查协作北京中心蒋群完成。

申请量:指已经向中国专利局提交且已经公开的专利申请数量。

申请人/专利权人:指专利第一申请人/专利权人。

近两年数据的说明:各个国家的专利申请之日与公开或者授权公布之日都存在一个时间差。就中国专利而言,发明专利申请通常自申请之日(有优先权的自优先权日)起18个月(要求提前公开的除外)才会公开;实用新型专利只有授权后才能被公告,其公告日取决于审查周期的长短。因此,会出现检索日之前两年内的专利数据量急剧变少的情况。

(2)技术分解

为提高检索的查全率与查准率,按照产业专利分析的标准流程,首先对语言处理技术进行技术分解,分为三级技术分支,具体如表3-3:

表3-3 语言技术分解表

一级技术分支	二级技术分支	三级技术分支
自然语言处理	自然语言处理技术	词法分析
		句法分析
		词义分析
		语言模型
	自然语言处理应用技术	自动问答
		情感分析
		信息抽取
		自动文档

(续表)

一级技术分支	二级技术分支	三级技术分支
文字信息技术	互联网信息检索	互联网搜索引擎
		互联网超文本链接
	语音处理技术	语音合成
		语音识别
	中文输入法	手机输入法
		台式机输入法
	机器翻译	机器翻译
		辅助翻译
	语料库构建	语料库技术

(3)检索方案

本小节的专利检索我们采用了技术领域中的主题词检索与重点申请人相结合的方式。本次检索中使用的检索技术主题词为：语音合成、语言文字识别、语言识别、文字识别、字库词库、语言文字鉴定、语言文字侦破、汉字输入法、中文输入法、汉字数码、汉字加密、五笔输入法、拼音输入法、汉字字库、机器翻译、语言检索、文字检索、文本转换、语言排版、文字排版、语言印刷、文字印刷、语言排印、文字排印、文字雕刻制作、文字雕刻、文字制作。

使用的检索产品主题词为：掌上翻译器、翻译器、翻译、在线翻译、语言文字编辑、多语言系统、语言服务系统、语言智能系统、语言播放器、语言播放、文字阅读、文字阅读器、字词卡片。

检索重点申请人包括：科大讯飞、新东方、阿里巴巴、中译语通、百度、谷歌、搜狐、语音及语言信息处理国家工程实验室、语音与言语科学重点实验室、北大方正、思必驰、声智科技、云知声、捷通华声、Speakln（广州国音智能科技有限公司）、腾讯、中业科技、语翼（Woordee）、极译网、有道翻译、出门问问、北京金山办公软件公司（金山词霸）、中国翻译协会、中国外文局、Transn 传神、首都信息发展股份有限公司、汉王公司、EF 英孚教育、环球雅思、美国教育考试服务中心（ETS）、商务印书馆、中华书局、外语教学与研究出版社、中国康复研究中心、中国聋儿康复研究中心、中国对外翻译出版公司、北大 366 翻译社、365 翻译·一朵云科技公司、上海上外翻译总公司、深圳诺贝笔翻译公司、深圳比蓝翻译公司、北京金笔佳文翻译公司、文思海辉技术有限公司、武汉传神信息技术有限公司、北京元培世纪翻译有限公司、博彦科技股份有限公司、中国对外翻译出版公司、江苏省工程技术翻译院有限公司、长春亿洋翻译有限公司、成都语言桥翻译有限责任公司、北京百通思达翻译有限公司、英华博译（北京）信息技术有限公司、广东小天才科技有限公司等。

（4）检索式

本次检索，在中国专利数据库中，首先使用主题词和重要申请人进行了初步检索，通过浏览检索结果，阅读文献，进行主题词扩展及国际专利分类号（IPC）扩展，随后调整检索策略，进行多次补充检索。初步检索的检索式示例如下：

第三章 科技赋能：语言技术中的专利布局

TIABC=（语音合成 or 语言文字识别 or 语言识别 or 文字识别 or 字库词库 or 语言文字鉴定 or 语言文字侦破 or 汉字输入法 or 中文输入法 or 汉字数码 or 汉字加密 or 五笔输入法 or 拼音输入法 or 汉字字库 or 机器翻译 or 语言检索 or 文字检索 or 文本转换 or 语言排版 or 文字排版 or 语言印刷 or 文字印刷 or 语言排印 or 文字排印 or 文字雕刻制作 or 文字雕刻 or 文字制作 or 掌上翻译器 or 翻译器、翻译 or 在线翻译 or 语言文字编辑 or 多语言系统 or 语言服务系统 or 语言智能系统 or 语言播放器 or 语言播放 or 文字阅读 or 文字阅读器 or 字词卡片 or 语音处理 or 语言处理）

（TIABC=（语音合成 or 语言文字识别 or 语言识别 or 文字识别 or 字库词库 or 语言文字鉴定 or 语言文字侦破 or 汉字输入法 or 中文输入法 or 汉字数码 or 汉字加密 or 五笔输入法 or 拼音输入法 or 汉字字库 or 机器翻译 or 语言检索 or 文字检索 or 文本转换 or 语言排版 or 文字排版 or 语言印刷 or 文字印刷 or 语言排印 or 文字排印 or 文字雕刻制作 or 文字雕刻 or 文字制作 or 掌上翻译器 or 翻译器、翻译 or 在线翻译 or 语言文字编辑 or 多语言系统 or 语言服务系统 or 语言智能系统 or 语言播放器 or 语言播放 or 文字阅读 or 文字阅读器 or 字词卡片 or 语音处理 or 语言处理））AND（（（AP=（科大讯飞 or 新东方 or 阿里巴巴 or 中译语通 or 百度 or 谷歌 or 搜狐 or 语音及语言信息处理国家工程实验室 or 语音与言语科学重点实验室 or 北大方正 or 思必驰 or 声智科技 or 云知声 or 捷通华声

or Speakln or 腾讯 or 中业科技 or 语翼 or Woordee or 极译网 or 有道翻译 or 出门问问 or 北京金山办公软件公司 or 金山词霸 or 中国翻译协会 or 中国外文局 or Transn 传神 or 首都信息发展股份有限公司 or 汉王公司 or EF 英孚教育 or 环球雅思 or 美国教育考试服务中心 or ETS or 商务印书馆 or 中华书局 or 外语教学与研究出版社 or 中国康复研究中心 or 中国聋儿康复研究中心 or 中国对外翻译出版公司 or 北大 366 翻译社 or 365 翻译·一朵云科技公司 or 上海上外翻译总公司 or 深圳诺贝笔翻译公司 or 深圳比蓝翻译公司 or 北京金笔佳文翻译公司 or 文思海辉技术有限公司 or 武汉传神信息技术有限公司 or 北京元培世纪翻译有限公司 or 博彦科技股份有限公司 or 中国对外翻译出版公司 or 江苏省工程技术翻译院有限公司 or 长春亿洋翻译有限公司 or 成都语言桥翻译有限责任公司 or 北京百通思达翻译有限公司 or 英华博译（北京）信息技术有限公司 or 广东小天才科技有限公司））OR（AEE=（科大讯飞 or 新东方 or 阿里巴巴 or 中译语通 or 百度 or 谷歌 or 搜狐 or 语音及语言信息处理国家工程实验室 or 语音与言语科学重点实验室 or 北大方正 or 思必驰 or 声智科技 or 云知声 or 捷通华声 or Speakln or 腾讯 or 中业科技 or 语翼 or Woordee or 极译网 or 有道翻译 or 出门问问 or 北京金山办公软件公司 or 金山词霸 or 中国翻译协会 or 中国外文局 or Transn 传神 or 首都信息发展股份有限公司 or 汉王公司 or EF 英孚教育 or 环球雅思 or 美国教育考试服务中心 or ETS or 商务印书馆

or 中华书局 or 外语教学与研究出版社 or 中国康复研究中心 or 中国聋儿康复研究中心 or 中国对外翻译出版公司 or 北大366翻译社 or 365翻译·一朵云科技公司 or 上海上外翻译总公司 or 深圳诺贝笔翻译公司 or 深圳比蓝翻译公司 or 北京金笔佳文翻译公司 or 文思海辉技术有限公司 or 武汉传神信息技术有限公司 or 北京元培世纪翻译有限公司 or 博彦科技股份有限公司 or 中国对外翻译出版公司 or 江苏省工程技术翻译院有限公司 or 长春亿洋翻译有限公司 or 成都语言桥翻译有限责任公司 or 北京百通思达翻译有限公司 or 英华博译(北京)信息技术有限公司 or 广东小天才科技有限公司))))

(TIABC=(语音合成 or 语言文字识别 or 语言识别 or 文字识别 or 字库词库 or 语言文字鉴定 or 语言文字侦破 or 汉字输入法 or 中文输入法 or 汉字数码 or 汉字加密 or 五笔输入法 or 拼音输入法 or 汉字字库 or 机器翻译 or 语言检索 or 文字检索 or 文本转换 or 语言排版 or 文字排版 or 语言印刷 or 文字印刷 or 语言排印 or 文字排印 or 文字雕刻制作 or 文字雕刻 or 文字制作 or 掌上翻译器 or 翻译器、翻译 or 在线翻译 or 语言文字编辑 or 多语言系统 or 语言服务系统 or 语言智能系统 or 语言播放器 or 语言播放 or 文字阅读 or 文字阅读器 or 字词卡片 or 语音处理 or 语言处理)) or (((AP=(科大讯飞 or 新东方 or 阿里巴巴 or 中译语通 or 百度 or 谷歌 or 搜狐 or 语音及语言信息处理国家工程实验室 or 语音与言语科学重点实验室 or 北大方正 or 思必驰 or 声智科技 or 云知声 or 捷通华声 or SpeakIn or 腾讯 or 中业科技 or 语翼 or Woordee or 极译网 or 有道翻译 or 出门问问 or 北京金山办公软件公司 or 金山词霸 or 中国翻译协会 or 中国外文局 or Transn 传神 or 首都信息发展股份有限公司 or 汉王公司 or EF 英孚教育 or 环球雅思 or 美国教育考试服务中心 or ETS or 商务印书馆 or 中华书局 or 外语教学与研究出版社 or 中国康复研究中心 or 中国聋儿康复研究中心 or 中国对外翻译出版公司 or 北大 366 翻译社 or 365 翻译·一朵云科技公司 or 上海上外翻译总公司 or 深圳诺贝笔翻译公司 or 深圳比蓝翻译公司 or 北京金笔佳文翻译公司 or 文思海辉技术有限公司 or 武汉传神信息技术有限公司 or 北京元培世纪翻译有限公司 or 博彦科技股份有限公司 or 中国对外翻译出版公司 or 江苏省工程技术翻译院有限公司 or 长春亿洋翻译有限公司 or 成都语言桥翻译有限责任公司 or 北京百通思达翻译有限公司 or 英华博译(北京)信息技术有限公司 or 广东小天才科技有限公司)) OR (AEE=(科大讯飞 or 新东方 or 阿里巴巴 or 中译语通 or 百度 or 谷歌 or 搜狐 or 语音及语言信息处理国家工程实验室 or 语音与言语科学重点实验室 or 北大方正 or 思必驰 or 声智科技 or 云知声 or 捷通华声 or SpeakIn or 腾讯 or 中业科技 or 语翼 or Woordee or 极译网 or 有道翻译 or 出门问问 or 北京金山办公软件公司 or 金山词霸 or 中国翻译协会 or 中国外文局 or Transn 传神 or 首都信息发展股份有限公司 or 汉王公司 or EF 英孚

教育 or 环球雅思 or 美国教育考试服务中心 or ETS or 商务印书馆 or 中华书局 or 外语教学与研究出版社 or 中国康复研究中心 or 中国聋儿康复研究中心 or 中国对外翻译出版公司 or 北大 366 翻译社 or 365 翻译·一朵云科技公司 or 上海上外翻译总公司 or 深圳诺贝笔翻译公司 or 深圳比蓝翻译公司 or 北京金笔佳文翻译公司 or 文思海辉技术有限公司 or 武汉传神信息技术有限公司 or 北京元培世纪翻译有限公司 or 博彦科技股份有限公司 or 中国对外翻译出版公司 or 江苏省工程技术翻译院有限公司 or 长春亿洋翻译有限公司 or 成都语言桥翻译有限责任公司 or 北京百通思达翻译有限公司 or 英华博译(北京)信息技术有限公司 or 广东小天才科技有限公司))))

TIABC=(语音合成 or 语言文字识别 or 语言识别 or 文字识别 or 字库词库 or 语言文字鉴定 or 语言文字侦破 or 汉字输入法 or 中文输入法 or 汉字数码 or 汉字加密 or 五笔输入法 or 拼音输入法 or 汉字字库 or 机器翻译 or 语言检索 or 文字检索 or 文本转换 or 语言排版 or 文字排版 or 语言印刷 or 文字印刷 or 语言排印 or 文字排印 or 文字雕刻制作 or 文字雕刻 or 文字制作 or 掌上翻译器 or 翻译器 or 翻译 or 在线翻译 or 语言文字编辑 or 多语言系统 or 语言服务系统 or 语言智能系统 or 语言播放器 or 语言播放 or 文字阅读 or 文字阅读器 or 字词卡片 or 语音处理 or 语言处理 or 声音转换 or 语音评测)

(TIABC=(语音合成 or 语言文字识别 or 语言识别 or 文字识别 or 字库词库 or 语言文字鉴定 or 语言文字侦破 or 汉字输入法 or 中文输入法 or 汉字数码 or 汉字加密 or 五笔输入法 or 拼音输入法 or 汉字字库 or 机器翻译 or 语言检索 or 文字检索 or 文本转换 or 语言排版 or 文字排版 or 语言印刷 or 文字印刷 or 语言排印 or 文字排印 or 文字雕刻制作 or 文字雕刻 or 文字制作 or 掌上翻译器 or 翻译器 or 翻译 or 在线翻译 or 语言文字编辑 or 多语言系统 or 语言服务系统 or 语言智能系统 or 语言播放器 or 语言播放 or 文字阅读 or 文字阅读器 or 字词卡片 or 语音处理 or 语言处理 or 声音转换 or 语音评测))AND((((AP=(科大讯飞 or 新东方 or 阿里巴巴 or 中译语通 or 百度 or 谷歌 or 搜狐 or 语音及语言信息处理国家工程实验室 or 语音与言语科学重点实验室 or 北大方正 or 思必驰 or 声智科技 or 云知声 or 捷通华声 or Speakln or 腾讯 or 中业科技 or 语翼 or Woordee or 极译网 or 有道翻译 or 出门问问 or 北京金山办公软件公司 or 金山词霸 or 中国翻译协会 or 中国外文局 or Transn 传神 or 首都信息发展股份有限公司 or 汉王公司 or EF 英孚教育 or 环球雅思 or 美国教育考试服务中心 or ETS or 商务印书馆 or 中华书局 or 外语教学与研究出版社 or 中国康复研究中心 or 中国聋儿康复研究中心 or 中国对外翻译出版公司 or 北大 366 翻译社 or 365 翻译·一朵云科技公司 or 上海上外翻译总公司 or 深圳诺贝笔翻译公司 or 深圳比蓝翻译公司 or 北京金笔佳文翻译公司 or 文思海辉技术

有限公司 or 武汉传神信息技术有限公司 or 北京元培世纪翻译有限公司 or 博彦科技股份有限公司 or 中国对外翻译出版公司 or 江苏省工程技术翻译院有限公司 or 长春亿洋翻译有限公司 or 成都语言桥翻译有限责任公司 or 北京百通思达翻译有限公司 or 英华博译(北京)信息技术有限公司 or 广东小天才科技有限公司)) OR (AEE=(科大讯飞 or 新东方 or 阿里巴巴 or 中译语通 or 百度 or 谷歌 or 搜狐 or 语音及语言信息处理国家工程实验室 or 语音与言语科学重点实验室 or 北大方正 or 思必驰 or 声智科技 or 云知声 or 捷通华声 or Speakln or 腾讯 or 中业科技 or 语翼 or Woordee or 极译网 or 有道翻译 or 出门问问 or 北京金山办公软件公司 or 金山词霸 or 中国翻译协会 or 中国外文局 or Transn 传神 or 首都信息发展股份有限公司 or 汉王公司 or EF 英孚教育 or 环球雅思 or 美国教育考试服务中心 or ETS or 商务印书馆 or 中华书局 or 外语教学与研究出版社 or 中国康复研究中心 or 中国聋儿康复研究中心 or 中国对外翻译出版公司 or 北大 366 翻译社 or 365 翻译·一朵云科技公司 or 上海上外翻译总公司 or 深圳诺贝笔翻译公司 or 深圳比蓝翻译公司 or 北京金笔佳文翻译公司 or 文思海辉技术有限公司 or 武汉传神信息技术有限公司 or 北京元培世纪翻译有限公司 or 博彦科技股份有限公司 or 中国对外翻译出版公司 or 江苏省工程技术翻译院有限公司 or 长春亿洋翻译有限公司 or 成都语言桥翻译有限责任公司 or 北京百通思达翻译有限公司 or 英华博译(北京)信息技术有

限公司 or 广东小天才科技有限公司))))OR(TIABC=(语音合成 or 语言文字识别 or 语言识别 or 文字识别 or 字库词库 or 语言文字鉴定 or 语言文字侦破 or 汉字输入法 or 中文输入法 or 汉字数码 or 汉字加密 or 五笔输入法 or 拼音输入法 or 汉字字库 or 机器翻译 or 语言检索 or 文字检索 or 文本转换 or 语言排版 or 文字排版 or 语言印刷 or 文字印刷 or 语言排印 or 文字排印 or 文字雕刻制作 or 文字雕刻 or 文字制作 or 掌上翻译器 or 翻译器 or 翻译 or 在线翻译 or 语言文字编辑 or 多语言系统 or 语言服务系统 or 语言智能系统 or 语言播放器 or 语言播放 or 文字阅读 or 文字阅读器 or 字词卡片 or 语音处理 or 语言处理 or 声音转换 or 语音评测))

TIABC=(语音合成 or 语言文字识别 or 语言识别 or 文字识别 or 字库词库 or 语言文字鉴定 or 语言文字侦破 or 汉字输入法 or 中文输入法 or 汉字数码 or 汉字加密 or 五笔输入法 or 拼音输入法 or 汉字字库 or 机器翻译 or 语言检索 or 文字检索 or 文本转换 or 语言排版 or 文字排版 or 语言印刷 or 文字印刷 or 语言排印 or 文字排印 or 文字雕刻制作 or 文字雕刻 or 文字制作 or 掌上翻译器 or 翻译器 or 翻译 or 在线翻译 or 语言文字编辑 or 多语言系统 or 语言服务系统 or 语言智能系统 or 语言播放器 or 语言播放 or 文字阅读 or 文字阅读器 or 字词卡片 or 语音处理 or 语言处理 or 声音转换 or 语音评测 or 文本生成 or 文本处理 or 诗词生成 or 诗词处理 or 评论生成 or 评论处理 or 中文分词)

TIABC=（语音合成 or 语言文字识别 or 语言识别 or 文字识别 or 字库词库 or 语言文字鉴定 or 语言文字侦破 or 汉字输入法 or 中文输入法 or 汉字数码 or 汉字加密 or 五笔输入法 or 拼音输入法 or 汉字字库 or 机器翻译 or 语言检索 or 文字检索 or 文本转换 or 语言排版 or 文字排版 or 语言印刷 or 文字印刷 or 语言排印 or 文字排印 or 文字雕刻制作 or 文字雕刻 or 文字制作 or 掌上翻译器 or 翻译器 or 翻译 or 在线翻译 or 语言文字编辑 or 多语言系统 or 语言服务系统 or 语言智能系统 or 语言播放器 or 语言播放 or 文字阅读 or 文字阅读器 or 字词卡片 or 语音处理 or 语言处理 or 声音转换 or 语音评测 or 文本生成 or 文本处理 or 诗词生成 or 诗词处理 or 评论生成 or 评论处理 or 中文分词 or 点读笔 or 点读装置 or 点读设备）

TIABC=（语音合成 or 语言文字识别 or 语言识别 or 文字识别 or 字库词库 or 语言文字鉴定 or 语言文字侦破 or 汉字输入法 or 中文输入法 or 汉字数码 or 汉字加密 or 五笔输入法 or 拼音输入法 or 汉字字库 or 机器翻译 or 语言检索 or 文字检索 or 文本转换 or 语言排版 or 文字排版 or 语言印刷 or 文字印刷 or 语言排印 or 文字排印 or 文字雕刻制作 or 文字雕刻 or 文字制作 or 掌上翻译器 or 翻译器 or 翻译 or 在线翻译 or 语言文字编辑 or 多语言系统 or 语言服务系统 or 语言智能系统 or 语言播放器 or 语言播放 or 文字阅读 or 文字阅读器 or 字词卡片 or 语音处理 or 语言处理 or 声音转换 or 语音评

测 or 文本生成 or 文本处理 or 诗词生成 or 诗词处理 or 评论生成 or 评论处理 or 中文分词 or 点读笔 or 点读装置 or 点读设备 or 普通话发音 or 方言发音 or 语言书写 or 盲文书写)

(TIABC=(语音合成 or 语言文字识别 or 语言识别 or 文字识别 or 字库词库 or 语言文字鉴定 or 语言文字侦破 or 汉字输入法 or 中文输入法 or 汉字数码 or 汉字加密 or 五笔输入法 or 拼音输入法 or 汉字字库 or 机器翻译 or 语言检索 or 文字检索 or 文本转换 or 语言排版 or 文字排版 or 语言印刷 or 文字印刷 or 语言排印 or 文字排印 or 文字雕刻制作 or 文字雕刻 or 文字制作 or 掌上翻译器 or 翻译器 or 翻译 or 在线翻译 or 语言文字编辑 or 多语言系统 or 语言服务系统 or 语言智能系统 or 语言播放器 or 语言播放 or 文字阅读 or 文字阅读器 or 字词卡片 or 语音处理 or 语言处理 or 声音转换 or 语音评测 or 文本生成 or 文本处理 or 诗词生成 or 诗词处理 or 评论生成 or 评论处理 or 中文分词 or 点读笔 or 点读装置 or 点读设备 or 普通话发音 or 方言发音 or 语言书写 or 盲文书写))or(IPC=(G10L or G09B5 or G06F3/023))

注：字段说明

TIABC=标题、摘要、权利要求

AP=申请人

AEE=受让人

(5)数据检索与处理

在技术分解表的基础上,按照三级技术分支进行主题词、国际专利分类号(IPC)扩展,并进行了多轮初步检索,通过浏览检索结果中的专利文献,依据重要专利、核心专利再行补充主题词与分类号,经过评估,在查全率与查准率符合检索预期后,进行重要申请人补充检索。整个过程基本上分为以下几步:

——技术主题词+产品主题词扩展,检索,浏览检索结果,主题词补充;

——主要/重要申请人补充检索;

——浏览检索结果,主题词二次扩展,检索;

——浏览检索结果,IPC 扩展,检索;

——检索结果查全率与查准率评估,多轮补充检索,直至满足查全率与查准率。

完成检索后,将检索结果汇总、数据去重、数据清理去噪,并进行数据项规范、分析字段标引,得到分析样本专利数据库,包括发明、实用新型与外观设计专利数据。本报告专利数据检索截止时间为 2020 年 4 月 20 日,检索的数据库为中国专利数据库。检索到的专利文献仅限于在该检索截止日之前的专利申请已经公开或者已经授权公布的专利文献。最终按主题词检索出专利 8 万多件(见表3-4),此外,按照重点企业补充检索,得到专利约 9300 件,经过去重处理,最后检索得到专利总数约 5.7 万件。

表 3-4 语言处理技术专利检出数

一级技术分支	二级技术分支	三级技术分支	检索结果
自然语言处理	自然语言处理技术	词法分析	4727
		句法分析	2798
		词义分析	2162
		语言模型	4331
	自然语言处理应用技术	自动问答	488
		情感分析	2765
		信息抽取	3177
		自动文档	886
文字信息技术	互联网信息检索	互联网搜索引擎	10259
		互联网超文本链接	4671
	语音处理技术	语音合成	9783
		语音识别	12088
	中文输入法	手机输入法	7508
		台式机输入法	6961
	机器翻译	机器翻译	2746
		辅助翻译	704
	语料库构建	语料库技术	7181

2. 我国语言处理技术专利分布态势

图 3-4 显示了我国自然语言处理专利的技术领域分布总体情况。可以看出,我国语言处理技术专利的申请主要集中在以下领域:手机输入法、台式机输入法;词法分析、句法分析、语言模型;语料库技术;互联网超文本链接、辅助翻译、互联网搜索引擎;语音合

成、语音识别等。这些领域都是专利申请的热点,同时也是各个创新主体竞争的技术热点,一定程度上代表着未来语言技术发展的前沿与市场竞争的阵地。

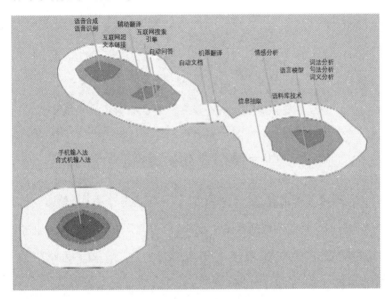

图 3-4 我国语言技术专利申请集中领域

从时间分布趋势来看,2010 年至 2020 年间,语言技术专利申请量趋势分布呈现跨越式增长(见图 3-5)。2010 年至 2019 年间,年申请量由不到 2000 件上升到接近 1 万件,年均增长率为 21.08%。从这一趋势可以看出,随着 2010 年语言信息技术平台(互联网、智能手机、语言智能)的发展,我国语言技术的发展进入了一个高速期,语言产业也随之有了一个快速发展时期。

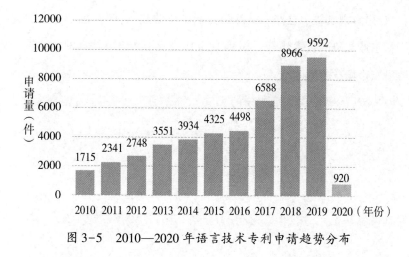

图 3-5 2010—2020 年语言技术专利申请趋势分布

从地域分布来看,截至 2020 年 4 月,国内各个省(直辖市、自治区)均有语言企业。从地区集中度来看,语言产业主要集中在北京、广东、江苏、上海、安徽、浙江、四川、山东等地。其中,以上 8 省市专利申请量在总量中占比达到 69.21%。从语言企业数量来看,北京 1551 家,广东 1875 家,江苏 798 家,上海 753 家,安徽 261 家,浙江 838 家,四川 331 家,山东 214 家,以上 8 省市集中了全国最主要的语言企业。

图 3-6 体现了语言技术专利类型的分布情况。从图可见,发明申请 5 万多件,占比 87.83%;实用新型申请约 4000 件,占比 6.85%;外观设计 3000 多件,占比 5.32%。目前,在语言文化产业发展过程中,语言文字信息技术领域专利占据绝对优势。该技术领域涵盖了语音识别、语音合成、键盘输入、文字识别、字库字形、电子排版、搜索引擎等细分技术领域,在这些领域中,专利技术的类型分布以发明为主。

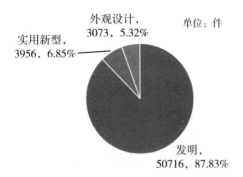

图 3-6 语言技术专利类型分布

从语言专利技术领域的分布来看,在一级技术分支中,自然语言处理领域专利 14091 件,占比 22.45%;文字信息技术领域专利 48665 件,占比 77.55%。二级技术分支中,自然语言处理技术领域与自然语言处理应用技术领域专利分布相对均衡,占比分别为 54.52%、45.48%。在文字信息技术领域,语音处理技术(对语音进行信息处理的技术,如语音识别、语音合成等)、互联网信息检索、中文输入法领域专利布局较为完备,占比分别为 25.64%、28.1%、25.39%;语料库构建(指对语言材料,例如字词、语段、语篇等,进行分类、整理、检索、贮存等处理的技术)专利申请 7181 件,占比 14.76%,紧随其后;机器翻译 2972 件,占比 6.11%。

从语言专利申请技术领域的发展趋势来看,整体上,2010 年至 2019 年 10 年间,前五年发展较为平稳,从 2015 年开始,专利申请呈现快速增长趋势。其中,计算、推算、计数领域的专利申请占比最高,发展最为迅速;其次是声学领域;其他领域发展趋势则相对平缓。

第三节　语言技术中的专利大战

在自然语言处理技术中，对于汉字输入法的专利争夺是一个重要的领域。由于西方文字本身就是拼音文字，由字母组成，其键盘输入历史较长，将键盘输入法转用到计算机输入设备，不存在太大障碍。汉字则不同，汉字是方块的象形文字，每个字都不同，中国也没有使用键盘的传统，因此，如何将汉字输入计算机，是自然语言处理技术中的一大难题。从二十世纪末北京市王码电脑总公司的五笔字型专利之争，到搜狗与百度输入法专利之战，都显示了汉字输入法专利在语言处理技术中的重要性。专利诉讼表面上是关于技术的争夺，背后代表的则是巨大的市场和产业结构的分歧。本小节重点讨论几个涉及汉字输入法的比较有影响的专利诉讼案例。

一、五笔字型专利侵权纠纷案

1985年，北京市王码电脑总公司(以下简称"王码公司")总裁王永民以发明人和申请人身份，向中国专利局申请"优化汉字五笔字型编码法及其键盘"的发明专利。1992年，中国专利局授予其发明专利权(以下简称"优化五笔字型"专利)。王码公司独家对外全权实施该专利并处理有关事务。该专利主要技术特征为:采用经优化(优选)的220个字根构成对简、繁汉字和词语依形编码的编码体系,将其字根依一定规则分布在5个区共25个键位上。五笔字型的第二版、第三版技术都获得了专利。但王码公司向用户提供的则是第四版技术。第四版技术与王码公司获得专利权的第三版技术相比较,有两点不同:(1)减少了21个字根。这种减少是经过大量的研究工作才取得的成果,在很少增加重码的前提下减轻了使用者记忆的负担;(2)第三版中的四种字型在第四版中减少为三种字型,从而减轻了使用者在输入识别码时对字型分类判断的困难。以上第四版与第三版的两点差异,对提高汉字输入速度和易学性确有帮助。

  1992年,东南公司于年初研制出东南汉卡第一版,同年7月研制出东南汉卡第二版,并进行了制造、宣传和销售。东南汉卡中含有五笔字型技术发展过程中的第四版技术。王码公司因此向东南公司提起诉讼。双方争诉的焦点在于五笔字型第四版是否落入专利权的范围。被告认为,五笔字型系列技术的基础理论、设计思想、基本字根、常用字根的分组及排列方法等一系列技术都是公开技术。五笔字型第三版的发明点仅在于其220个字根及其键盘排列。这是一个不可分的整体,增加、减少或者打乱这些字根都会使得该发明成为任何人都无法实施的技术。五笔字型第四版字根数量的减少不仅仅是个量的变化,而是与第三版根本不同的全新的汉字编码方案,另外,原告在其计算字根变化时没有结合键盘的变化。如果结合字根减少和在英文键盘上分布的变化来计算,则第四版与第三版编码不同的汉字达 83.81%,相同的仅占 16.19%。第四版的基本思路就是要从理论和实践上全面突破第三版的体系,用全新的思想和方法去达到一个前所未有的目标,第四版相比第三版具有突出的实质性特征和显著的进步。第四版相比第三版所取得的进步,与第三版相比第一版所取得的进步相比要大得多。第三版技术与第一版技术的不同仅在于减少了 15 个字根,字型和字根在键盘上的分布方面均没有变化。第四版技术与第三版技术相比,字根减少了 21 个,字型由四型减为三型,字根对应英文字母的键盘分布上也依字根使用频度作了更为合理的调整,调整了 10 个字母键位。原告极力否认第四版与第三版之间的本质不同,这违反了禁止反悔原则。

主审法院在审理后认为,五笔字型第四版技术与原告获得专利权的"优化五笔字型"(第三版)技术相比较,确有进步。但这些进步是在第三版的基础上进行改进所取得的。从整体上看,五笔字型第四版的主要技术特征仍然落入"优化五笔字型"专利技术的保护范围之内。因此,以第四版所取得的进步为由而不顾"优化五笔字型"专利的存在,任意使用第四版技术,不符合我国专利法对专利权人的保护原则,对专利权人来说也是不公平的。五笔字型第三版技术与第四版技术实质上是一种依存关系,或称从属关系。使用五笔字型第四版技术,确实有一部分技术因素是第三版技术所不具有的,但是第四版技术又包含了第三版专利技术的必要技术特征。因此实施五笔字型第四版技术时应当与"优化五笔字型"专利权人协商,对其中含有第三版技术的部分应支付合理的使用费,否则专利权人的利益就无法保障。①

一审判决以后,被告不服,提起上诉。二审法院审理后否定了一审判决的主张。二审法院认为,"优化五笔字型"专利是由220个字根组成的编码体系,而五笔字型第四版技术是由199个字根组成的编码体系。"优化五笔字型"专利技术中的220个字根与键位在5区5位上的一一对应关系是固定的,而五笔字型第四版技术采用的199个字根组成编码体系,这些字根在5区5位25个键位上的分布关系重新作了调整,并将3区和5区的位置作了调换,从而达到了方便输入、提高输入速度的目的。五笔字型第四版技术与"优化五笔字型"专利技术之间的区别技术特征不属于等同手段替换。一审判决脱离了专利侵权的基本原则,未以专利的权利要求为依据界定专利的保护范围,未明确"优化五笔字型"专利技术保护范围,仅将其独立权利要求中的区别特征作为"主要技术特征"与侵权物进行对比,对前述部分涉及的公知技术部分未予比较,属于比较对象错误,扩大了专利保护范围;认定"五笔字型第三版技术选用的字根为220个,而第四版技术选用了其中的199个字根"与事实

---

① 参见北京王码电脑总公司与中国东南技术贸易总公司侵犯专利权纠纷案,北京市中级人民法院(1993)中经初字第180号民事判决书。

不符;将五笔字型第四版技术与"优化五笔字型"专利的关系认定为"是一种依存关系或称从属关系",无事实和法律依据。一审法院在未明确东南公司是否侵权的情况下,作出由东南公司向王码公司支付24万元技术使用费的判决,适用法律错误。原审法院判决在认定事实、适用法律上均有错误,应予纠正。①

由于本案影响十分广泛,北京市高级人民法院向最高人民法院专门提出请示报告。最高人民法院专门召开专家和相关部门论证会,同时,合议庭还听取了当时的国家专利局、国家科委、全国人大法工委等部门的意见。北京高级人民法院按照最高人民法院审判委员会的意见,判决二者不存在覆盖和依存关系,因此不构成对"优化五笔字型"专利权的侵犯。最高人民法院审判委员会在讨论本案时还确定了一条重要的司法原则,即法院在审理专利侵权案件时,应当清理原专利审批过程,将专利权利要求书确定的权利保护范围作为使用等同原则和禁止反悔的唯一标准,以合理解决对权利要求内容的"宽解释"和"窄解释",依法准确认定是否构成侵权。②

二、微软郑码输入法专利侵权案

1989年,郑易里、郑珑向原中华人民共和国专利局提出名称为

---

① 参见北京王码电脑总公司与中国东南技术贸易总公司侵犯专利权纠纷案,北京市高级人民法院(1994)高经知终字第30号民事判决书。

② 参见李国光:《"汉字五笔字型编码法"专利侵权之争——最高人民法院审判委员会讨论国内首例专利改进技术抗辩专利技术案件的经过及思考》,载《人民法院报》2009年10月19日。

"字根编码输入法及其设备"的发明专利申请,该申请于 1991 年 12 月被审定公告,1992 年 4 月被授予专利权(以下简称"郑码"专利)。该专利授权的权利要求书共记载了 8 项权利要求,其中,权利要求 1 为独立权利要求,权利要求 2—8 直接或间接从属于权利要求 1。专利权利要求 1 的内容为:

1. 一种字根编码法的汉字单字和词语的计算机输入系统,其特征在于通过具有 26 个字符的专用键盘或用汉字字根定义键位的 ASCLL 通用键盘,依据汉字的单根特征,进行汉字单字和词语的计算机输入,输入一个单汉字或词语的代码时,最多只能敲击 4 个字符键。汉字输入步骤包括:

首先,将欲输入的单汉字分解成相应的单根:

(1)当上述单汉字所分解出的单根代码字符的总数不超过 4 个时:

A. 敲击上述输入键盘上相应的一码主根键或二码主根键或副根键,输入上述单汉字首根的区码或区码加位码;

B. 敲击上述输入键盘所述相应键,输入上述单汉字第二单根的区码或区码加位码;

C. 敲击上述输入键盘所述相应键,输入上述单汉字第三单根的区码或区码加位码;

D. 敲击上述输入键盘所述相应键,输入上述单汉字第四单根的区码。

其中,若上述单汉字仅由三个单根组成,且其第二单根代码是二码主根或副根时,上述步骤 B 仅输入其区码。

(2)当上述单汉字所分解出的单根代码的字母总数超过 4 个时:

A.若上述单汉字的首根为一码主根,则

(A)敲击上述输入键盘上相应键,输入上述单字首根的代码;

(B)敲击上述输入键盘上相应键,输入上述汉字第二单根的区码;

(C)敲击上述输入键盘上相应键,输入上述单汉字次末单根的区码;

(D)敲击上述输入键盘上相应键,输入上述单汉字末根的区码;

其中,若上述单汉字仅由三个单根组成时,上述步骤(C)中的次末根即成为三单根字的末根,若该末根是二码主根或副根时,则要输入其区码加位码。

B.若上述单汉字的首根为二码主根或副根,则

(A)敲击上述输入键盘上的相应键,输入上述单汉字首根的区码加位码;

(B)敲击上述输入键盘上的相应键,输入上述单汉字次末单根的区码;

(C)敲击上述输入键盘上的相应键,输入上述单汉字末根的区码;

上述单汉字,凡是出现重码时,要按提示敲选择键;凡是由不足4码组成时,要敲空格键以示单汉字输入结束。

该专利说明书通过专利的技术领域、背景技术、发明内容、具体实施方式、附图说明和说明书附图等几个方面对专利进行了说明。该发明首先将汉字的基本笔画进行总结,优选出26个最常用部首,每个部首用一个英文字母表示,称为一码主根。一码主根分别形成26个根区。在部分根区内,再选定1至2个与一码主根形状相关的常用部首作为二码主根。同一根区的二码主根与一码主根一起配置在上述键盘的同一键位上,由代表一码主根的英文字母加上另一个固定的英文字母表示;再选定若干个常用部首及个别偏旁作副根,分别附属在与其形状相关的一码主根根区内,该副根由代表该一码主根的英文字母(即根区的区码)加上另一个表示其方位的英文字母(即位码)表示。在说明书中还列出按照上述编码方法而得出的几种基本字根表。

1992年10月19日,郑易里、郑珑将与"字根通用编码法"相关的编码系统的独家使用权和技术转让权转让给中易中标公司。2006年至2007年间,中易中标公司发现微软公司在其Widows操作系统(以下统称被控版本操作系统)中均安装有"郑码输入法",因此提起专利侵权诉讼。在诉讼过程中,微软向国家知识产权原复审委提出无效宣告程序,请求判定郑码输入法专利无效。无效理由包括:本专利权利要求 1 第(1)点中步骤 A、B、C、D 的限定不清楚,不符合《专利法实施细则》第 20 条第 1 款的规定。专利权人提交了意见陈述书,认为权利要求 1 不存在限定不清楚的问题。专利复审委员会于 2008 年 3 月作出了认定,认为权利要求 1 的记载对于本领域技术人员而言,能够明确其含义,不会产生歧义,权利要求 1 符合《专利法实施细则》第 20 条第 1 款的规定,故维持郑码专利有效。

主审法院在进行审理后认定,微软被控操作系统所安装的"郑码输入法"使用了"郑码"专利技术方案,但由于原告、被告之间订立了相关的使用许可协议,虽然原告对于使用许可存在不同的主张,但是由于没有证据支持,法院没有采信。因此,法院对于原告要求确认被告行为构成侵权并停止侵权的诉讼请求不予支持。[①] 原告中易中标公司对于审理结果不服,提起上诉,同时以著作权侵权等为由,对微软提起了诉讼。

三、搜狗诉腾讯拼音输入法案

2009 年 4 月,号称"中国输入法第一案"的"搜狗诉腾讯案"在北京市第二中级人民法院开庭审理。这一案件引发了广泛的社会关注。

[①] 参见北京中易中标电子信息技术有限公司与微软公司、微软(中国)有限公司侵犯专利权等纠纷案,北京市第一中级人民法院(2007)一中民初字第 5363 号民事判决书。

2006年8月23日,搜狗科技公司提出了名称为"获取新编码字符串的方法及输入法系统、词库生成装置"的发明专利申请,该申请于2008年10月8日被国家知识产权局授权公告。2007年2月13日,搜狗科技公司提出了名称为"一种智能组词输入的方法和一种输入法系统及其更新方法"的发明专利申请,该申请于2009年2月4日被国家知识产权局授权公告。2007年4月20日,搜狗科技公司提出了名称为"一种用户词库同步更新的方法和系统"的发明专利申请,该申请于2009年2月25日被国家知识产权局授权公告。2007年5月22日,搜狗科技公司提出了名称为"一种字符输入的方法、输入法系统及词库更新的方法"的发明专利申请,该申请于2009年4月29日被国家知识产权局授权公告。2007年5月25日,搜狗科技公司提出了名称为"获取限制词信息的方法、优化输出的方法和输入法系统"的发明专利申请,该申请于2009年4月29日被国家知识产权局授权公告。

2007年5月,搜狗科技公司取得了《计算机软件著作权登记证书》。该证书记载的软件名称为:搜狗拼音含字词库输入法应用系统V1.0,首次发表日期为2006年9月5日。同日,搜狗科技公司取得了另一《计算机软件著作权登记证书》,该证书记载的软件名称为:搜狗拼音含字词库输入法应用系统V2.0,首次发表日期为2007年3月14日。2008年2月3日,搜狗科技公司取得了又一《计算机软件著作权登记证书》。该证书记载的软件名称为:

搜狗拼音含字词库输入法应用系统 V3.0，首次发表日期为 2007 年 10 月 18 日。

2009 年，搜狗科技公司起诉腾讯公司、北京奥蓝德公司等不正当竞争。搜狗科技公司诉称，腾讯等提供的计算机软件"QQ 拼音输入法"服务破坏"搜狗拼音输入法"的运营，构成不正当竞争。具体内容包括：①做引人误解的虚假宣传；②采取诱导、欺骗的方法，直接删除用户计算机中的"搜狗拼音输入法"的快捷方式；③在用户同时选择"搜狗拼音输入法"和"QQ 拼音输入法"的情况下，对用户计算机中的各种输入法快捷方式的自然排序进行人为干预，使"搜狗拼音输入法"的快捷方式始终处于"QQ 拼音输入法"之后。北京奥蓝德公司在提供"QQ 拼音输入法"服务时，与腾讯构成共同侵权，应当承担连带赔偿责任。

原告提供公证材料显示，用户计算机中原有的拼音输入法软件依次为搜狗拼音输入法、微软拼音输入法 2003 和紫光华宇拼音输入法 V6.1。在安装被告"QQ 拼音输入法 V1.7.1"软件的过程中会出现"安装完成"的窗口，显示：感谢您使用 QQ 拼音输入法，在"安装完成后设置输入法"前的按钮被默认地选中，此时的"完成"按钮处于可选状态，"上一步"按钮和"取消"按钮处于不可选状态。点选"完成"按钮，出现"QQ 拼音输入法——个性化设置向导"窗口，该窗口显示：欢迎使用个性化设置向导，此向导将帮助您：设置输入法使用风格；设置输入法主要使用习惯；选择个性皮肤；分类词库设置;管理系统输入法;要继续,请单击"下一步"。"上一步"按钮为不可选状态,"下一步"按钮和"取消"按钮为可选状态。点选"下一步"按钮,经过若干设置后,该窗口显示:管理系统输入法,系统中已有以下几种输入法,请勾选您需要使用的输入法。选项包括QQ拼音输入法1.7.1、微软拼音输入法2003、搜狗拼音输入法、紫光华宇拼音输入法V6.1,其中QQ拼音输入法1.7.1前的按钮被默认地选中,其他输入法前的按钮被默认地不选中。窗口还显示:我确认以上的选择;且该内容前的按钮被默认地不选中,此时窗口中的"下一步"按钮处于不可选状态,"上一步"按钮和"取消"按钮处于可选状态;点选"我确认以上的选择"前的按钮后,"下一步"按钮处于可选状态。点选"下一步"按钮完成输入法设置后,用户计算机的拼音输入法软件的快捷方式仅为QQ拼音输入法1.7.1。

法院经过审理后认为,根据相关法律规定,经营者在市场交易中,应当遵循自愿、平等、公平、诚实信用原则,遵守公认的商业道德。各种不同的拼音输入法软件在技术上并非如各种不同的操作系统软件那样必然相互排斥,而是如各种不同的文本处理软件、图片播放软件、音频播放软件及视频播放软件等,完全可以在同一计算机中同时存在且同时运行,相关经营者只需做到使自己的拼音输入法软件不与其他拼音输入法软件冲突即可,其相互之间的竞争应通过经营者各自努力提升自己软件的性能和完善服务来实现。在本案中,被告腾讯科技公司的涉案"QQ拼音输入法"软件在个性化设置的过程中,采取诱导的方法使用户倾向于不选择其计算机中已有的涉案"搜狗拼音输入法"软件,导致用户计算机中已有的涉案"搜狗拼音输入法"软件的快捷方式被删除,被告腾讯科技公司的上述行为违反了诚实信用原则和公认的商业道德,构成不正当竞争,依法应当承担停止侵害、赔偿损失的民事责任。被告腾讯科技公司的涉案"QQ拼音输入法"软件在个性化设置的过程中,将用户计算机中已有的涉案"搜狗拼音输入法"软件在拼音输入法列表中的次序在个性化设置的显示中人为地降低,但并未对其在用户计算机中的拼音输入法快捷方式中的次序人为地降低,被告腾讯科技公司的上述行为不会导致相关用户对于涉案"搜狗拼音输入法"软件使用方面的不便利,不构成不正当竞争。因此,原告搜狗信息公司和搜狗科技公司关于被告腾讯科技公司的上述行为构成不正当竞争的主张,法院不予支持。鉴于被告腾讯科技公司涉案虚假宣传行为的影响范围主要限于网络环境中,故其仅应在网络范围内就上述行为刊登声明,以消除影响。①

四、百度搜狗输入法专利大战

从2014年开始,百度与搜狗之间展开了一场号称中国"互联网专利第一案"的手机输入法专利大战。2014年,百度起诉搜狗不正

---

① 参见北京搜狗信息服务有限公司、北京搜狗科技发展有限公司诉深圳市腾讯计算机系统有限公司、北京奥蓝德信息科技有限公司等不正当竞争纠纷案,北京市第二中级人民法院(2009)二中民初字第12482号民事判决书。

当竞争行为。搜狗输入法利用输入法弹出词汇,在用户点击条目不知情的情况下跳转到搜狗搜索页面,经判定搜狗败诉。2015年,搜狗起诉百度侵犯其17件输入法专利并索赔2.6亿,其中包括"一种向应用程序输入艺术字/图形的方法及系统"专利。2016年,百度正式向北京知识产权法院提起诉讼,称搜狗拼音输入法、搜狗手机输入法软件侵犯了百度输入法的10件专利权,要求搜狗赔偿经济损失共计1亿元。

两家公司之所以展开激烈的争夺,原因在于两家公司在输入法产品上的技术非常相似,属于同类型专利技术的市场竞争。双方就输入法产品都提交了不少专利申请,并获得授权。随着输入法对于提升用户对于产品、搜索体验的巨大作用,智能输入法能够快速提升用户的搜索速度和准确率,从而帮助产品增加用户黏度。实际上,在移动互联网时代,输入法具备从各大平台内置搜索引擎和社会场景中分流的能力,已经可能构建起一个以输入法为入口的立体场景,因此,输入法的战略意义开始由"输入工具"上升到了"入口生态",成为互联网企业争夺的重地。今天的输入法市场格局基本上呈现出三大阵营:搜狗与百度输入法处于第一阵营;QQ输入法和讯飞输入法处于第二阵营;谷歌输入法等则处于第三阵营。

2015年10月,搜狗将百度诉至北京知识产权法院,诉百度旗下百度输入法产品侵犯了由其享有的8项与输入法技术相关的专利,要求百度赔偿人民币8000万元。同年11月,搜狗又将百度分别诉至北京知识产权法院、上海知识产权法院及上海高级人民法院，称百度输入法侵犯其享有专利权9项，提出请求赔偿1.8亿元。搜狗起诉百度输入法专利侵权后，百度随后向法院提出了搜狗诉百度输入法涉嫌侵权的17件专利无效的异议。搜狗提起诉讼的17件专利覆盖了搜狗在互联网PC输入法时代的核心技术，包括旨在智能组词的系统多元库和用户多元库；旨在提高输入效率的智能定义删除字符串、中英文混输、恢复候选词顺序以及候选项优化显示；旨在提升词库丰富度和准确度的细胞词库、互联网词频库等。虽然这17件专利技术的分布称得上是全面立体覆盖了互联网PC输入法的方方面面。但是，国家知识产权局原专利复审委员会经过审理后认定，对案涉17项专利中仅有6项维持有效，其他多数均被认定为无效而撤销。在专利无效宣告程序之后的法院侵权诉讼程序之中，法院最后认定百度侵犯了搜狗3件输入法专利，其中1件实现了二审终审胜诉。

2016年，百度将搜狗诉至北京知识产权法院，诉称搜狗旗下的搜狗拼音输入法、搜狗手机输入法侵犯了百度输入法多达10项技术的专利，要求搜狗赔偿损失共计1亿元。搜狗亦对百度的专利提出了无效宣告程序。经过国家知识产权局专利局原复审委审理，百度据以起诉的10件专利中，有6件专利被宣告无效。而在百度有效和部分有效的4件涉案专利中，法院均认定搜狗输入法并未落入百度主张的涉案专利权利要求范围,故驳回百度诉讼请求。①

五、小 i 机器人与苹果语音助手 Siri 专利大战

智臻公司成立于 2001 年,致力于智能机器人核心交互技术的研发。2004 年发布了核心产品小 i 机器人,通过语言、短语等方式实现数据库访问及游戏互动操作。智臻公司申请了名为"一种聊天机器人系统"的发明专利,2009 年获得授权。公告时的权利要求书内容如下:

1. 一种聊天机器人系统,至少包括:

一个用户;和一个聊天机器人,该聊天机器人拥有一个具有人工智能和信息服务功能的人工智能服务器及其对应的数据库,该聊天机器人还拥有通讯模块,所述的用户通过即时通讯平台或短信平台与聊天机器人进行各种对话,其特征在于,该聊天机器人还拥有查询服务器及其对应的数据库和游戏服务器,并且该聊天机器人设置有一个过滤器,以用来区分所述通讯模块接收到的用户语句是否为格式化语句或自然语言,并根据区分结果将该用户语句转发至相应的服务器,该相应的服务器包括人工智能服务器、查询服务器或游戏服务器……本专利说明书

---

① 参见百度在线网络技术(北京)有限公司、百度时代网络技术(北京)有限公司与北京搜狗信息服务有限公司、北京搜狗科技发展有限公司侵害发明专利权纠纷案,北京知识产权法院(2016)京 73 民初 1073 号民事判决书。

记载:"本发明的目的在于提供一种聊天机器人系统,用户可以和机器人聊天,但得到的是十分拟人化的对话,除了交互式的对话,更可以'命令'机器人为用户查询信息、做游戏等。"

同一时期,苹果公司开发了自己的语音助手 Siri,这是一款文字聊天工具,并可实现语音交互功能。最初,Siri 仅支持英、法、德三种语言。2012 年,苹果公司将目标瞄准中国市场,推出了 Siri 的中文测试版。这跟智臻公司的市场产生了冲突。2012 年,智臻公司向上海法院提起侵权诉讼,诉称苹果公司的 Siri 语音助手侵犯其"一种聊天机器人系统"专利权,要求禁售所有装载 Siri 功能的 iPod、iPhone 以及 iPad 产品。

苹果公司向国家知识产权局提起了专利无效宣告程序。其理由为:

(一) 本专利说明书公开不充分,不符合《专利法》第 26 条的规定。

1. 说明书公开的技术方案中,过滤器将用户语句区分为格式化语句或自然语句后,在任何情况下都不会发送给游戏服务器处理,并且说明书也没有公开查询模块或者对话模块可以和游戏服务器交互,因此如何连接游戏服务器并未公开。

2. 说明书没有记载过滤器如何实现区分格式化语句或自然语句。

3. 说明书中没有给出如何实现网络学习扩充对话数据库的具

体技术手段。

4. 说明书仅仅提出了精确搜索的设想,却没有给出实现精确搜索的具体方式。

5. 本专利说明书中未公开人工智能服务器检索对话数据库并选择最合适的应答语句的具体方式。

(二)本专利权利要求不清楚,不符合《专利法实施细则》第20条的规定。

权利要求1中的技术特征"过滤器……根据区分结果将该用户语句转发至相应的服务器"不清楚。权利要求1中的过滤器将用户输入分为"自然语言"和"格式化语句"两类,但限定将区分后的该两类用户输入转发至相应的三个服务器,导致权利要求1的技术方案不清楚。

2013年,国家知识产权局,作出了维持专利有效的决定。随后,苹果公司向北京市第一中级人民法院起诉,要求撤销国家知识产权局的决定。北京市第一中级人民法院基于同样的理由维持了此项决定。苹果公司选择向北京市高级人民法院上诉。最终,北京市高级人民法院作出了相对严格的判决,认定专利中既然没有对如何实现游戏功能、如何利用什么类型的语句与游戏服务器交互,以及游戏服务器的组成和工作机理进行描述,那么应当被宣告无效。判决生效以后,国家知识产权局需按北京市高级人民法院的判决,重新审查专利的效力。这实质上等于判定小i专利将被宣告无效,也意味着苹果公司胜诉。① 不过,根据 2020 年 8 月最高人民法院的判定,小 i 机器人"一种聊天机器人系统"专利有效,上海智臻公司又正式向上海市高级人民法院提起专利诉讼,要求苹果公司停止 Siri 语音助手专利侵权。小 i 机器人与苹果 Siri 之间为期 8 年的专利纷争还会继续下去。

从以上关于语言处理技术专利诉讼争夺大战的梳理,我们可以看出,随着网络技术的发展,作为沟通人机交流,推动人工智能从感知智能向认知智能演进的关键的语言处理技术,成为互联网巨头进行市场竞争和商业角逐的重要阵地。谷歌、微软等国际技术巨头都卷入其中,进行抢滩。在搜狗与百度这场围绕手机输入法旷日持久的专利大战中,从搜狗发起猛烈攻势到百度全力反击,其中共涉及近 30 项专利,发生了近 50 次的诉讼较量。今天,在语言处理技术当中进行专利布局,成为进入这一领域的基本门槛与重要储备。

---

① 参见苹果电脑贸易(上海)有限公司与国家知识产权局专利复审委员会不履行法定职责、行政裁决案,北京市高级人民法院(2014)高行(知)终字第 2935 号行政判决书。

第四节 语言专利行业生态研究

一、重点语言企业专利实力分析

随着深度学习成为语言处理技术的主流,拥有丰富网络人口和大规模文本语料库的互联网企业在语言处理领域具有极大的优势。下文介绍主要的语言企业的专利布局态势。

(一)微软

1998年,微软在北京成立微软中国研究院,之后更名为微软亚洲研究院。微软亚洲研究院从事自然用户界面、智能多媒体、人工智能、云和边缘计算、大数据与知识挖掘、计算机科学基础等领域的研究。微软在语音翻译上全面采用了神经网络机器翻译技术,即通过对于源语言的编码以及引进的语言知识,将句法知识引入神经网络的编码、解码中,从而提升翻译质量。在人机对话方面,微软取得了巨大进展。小娜(cortana)现在已经拥有了超过1亿的用户,在数以十亿计的设备上与人们进行交流,覆盖十几种语言。还有聊天机器人小冰,正试图将各国语言知识融合在一起,实现一个开放语言自由聊天的过程。在我们搜索到的专利当中,微软拥有的与语言处理技术有关的专利超过460件,占总数的1%左右,主要分布于

G06F17、G06F3、G10L、H04等类别之中(见图3-7),包括通过获取对用于在电子设备上呈现文本或语音的偏好语言的选择来执行语言翻译的方法和装置、改进使计算设备能够在与讲话者无关的多讲话者场景中进行自动语音识别("ASR")的方法、将常规的音频话筒与附加的语音传感器组合等技术。

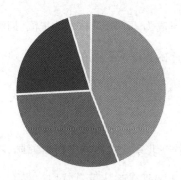

图3-7 微软语言处理技术专利IPC分类图

(二)谷歌

谷歌作为以搜索技术为核心的公司,人机接口的自然语言处理对其尤为重要。谷歌是最早研究自然语言处理技术的公司。谷歌拥有海量的互联网文本数据,搭建了丰富庞大的数据库,为语言处理研究提供了强大的数据支撑。谷歌的自然语言处理技术侧重于应用规模、跨语言和跨领域算法等方面,提升了用户在搜索、移动、应用、广告、翻译等方面的体验。在语音识别方面,谷歌一直投资于语音搜索技术的发展,与苹果 Siri 竞争。谷歌将语言通信、点对点对话、群组通话和社交应用融合在一起。2014 年,谷歌收购了 SR Tech Group 多项语音识别相关专利,并将神经网络应用于这一领域,语音识别准确率得到大幅提升。在机器翻译方面,谷歌的 GNMT 使用了全球领先的训练技术,能够实现机器翻译质量的极大提升。在知识图谱方面,谷歌更是居于领域前沿,文本命名实体识别、纯文本搜索词条、知识图谱结构化搜索词条转换、自动挖掘新知识准确度等各项技术都大幅领先于业内其他企业。在我们搜索的专利当中,以谷歌及其相关公司名义拥有的语言处理类专利总计约 240 件,约占总数的 0.5%,比例不算太大,主要分布于 G06F17、G06F3、G10L、H04 等技术领域(见图 3-8),包括从现有语料库接收日志语音识别结果的方法、确定候选翻译的计算机实现的方法、用于机器翻译的系统、用于输出候选单词的方法、访问由计算设备基于来自用户音频输入所生成的音频数据系统等专利。

(三)阿里巴巴

阿里巴巴在人工智能领域实力雄厚,在机器阅读理解、开放域问答、自然语言预训练模型等方面都有较深厚的技术储备。阿里巴巴的语言处理技术主要是为其产品服务的。阿里巴巴通过在电商平台中构建知识图谱,实现智能导购,并进行全网用户兴趣挖掘,在客服场景中运用自然语言处理技术提供机器人客服。阿里巴巴的

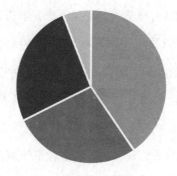

G06F17 G06F3 G10L H04

图 3-8 谷歌语言处理技术专利 IPC 分类图

机器翻译主要与其国家化电商的规划相联系。2017 年年初,阿里巴巴自主开发的神经网络翻译系统正式上线,进一步提升了其翻译质量。此外,阿里巴巴的优化模型 StructBERT 技术被广泛应用于阿里旗下的阿里小蜜、蚂蚁金服、优酷等业务,推进人工智能技术在医疗、电力、金融等行业的落地。在我们搜索到的专利库中,阿里巴巴的语言处理技术专利有 710 多件,占总数的 1.5% 左右,分布于 G06F16、G06F17 、G06F3、G06K9、G06Q、G10L、H04L 等(见图 3-9),具体包括:建立声纹特征模型的人机识别方法、获取待处理语音信息的会话信息处理方法、检测客户端是否存在已注册 App 所需要使用的语音合成文件的调用方法、将该语音信息发送至接收终端以及将该文字信息发送至接收终端的基于语音识别的即时通信方法、获取用户通话产生的历史语音文件的声纹信息管理方法等专利。

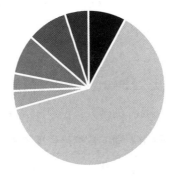

■ G06F16 ■ G06F17 ■ G06F3 ■ G06K9 ■ G06Q ■ G10L ■ H04L

图 3-9 阿里巴巴语言处理技术专利 IPC 分类图

(四) 科大讯飞

科大讯飞是国内唯一专业从事智能语音及语言技术、人工智能技术研究、软件及芯片产品开发、语音信息服务及电子政务系统集成的国家级骨干软件企业。科大讯飞在语音合成、语音识别、口语评测、自然语言处理等多个领域都拥有领先技术。科大讯飞成立之时就开始在语言和翻译领域进行专利布局。目前,科大讯飞占有中文语音技术市场 60% 以上的市场份额,其中,语音合成产品市场份额占比达到 70% 以上。使用科大讯飞语音平台产品的开发商、合作伙伴近 1500 家,其应用遍及金融、电信、邮政、电力、学校、政府和企业等各种行业领域,以科大讯飞为核心的中文语音产业链初具规模。① 在我们搜索到的专利库中,科大讯飞语言处理技术专利有 330 多件,占总数的

---

① 参见贺宏志主编:《语言产业导论》,首都师范大学出版社 2012 年版,第 160 页。

0.7%左右,分布于 G06F16、G06F17 、G06F3、G09B、G10L、H04L、H04N 等(见图 3-10),具体包括:获取目标语音的双语种混合语音识别方法、接收待合成文本进行处理的语音合成方法、对基本语音单元进行口语评测方法、对目标进行问询的问询处理方法、对所述语音数据提取方言识别特征的多方言识别方法、根据句文法规则生成的有向图文法进行网络识别的自然语言理解系统,以及根据语音信号生成语音动画的方法等专利。

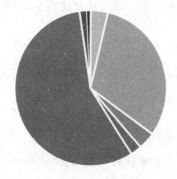

G06F16 ▪ G06F17 ▪ G06F3 ▪ G09B ▪ G10L ▪ H04L ▪ H04N

图 3-10 科大讯飞语言处理技术专利 IPC 分类图

(五)腾讯

腾讯语言处理技术涉及的领域包括计算机视觉、语音识别、自然语言处理、机器学习等,其自然语言处理产品使用并行计算、分布式爬虫系统,结合独特的语义分析技术,可满足自然语言处理、转码、抽取、数据抓取等需求。在机器翻译方面,2017年腾讯的翻译君上线"同声传译"新功能,可以满足用户边说边翻译的需求,语音识别+NMT等技术保证了边说边翻译的速度与精准性。在我们搜索到的专利库中,腾讯语言处理技术专利大约1000多件,占总数的2%左右,领域比较宽泛,分布于G06F11、G06F16、G06F17、G06F3、G06K9、G06N、G06Q、G10L、H04等(见图3-11),具体包括:在会话窗口进行表情搜索的获取图片信息的方法、获取实时采集语音数据形成的语音数据流的语音识别方法、通过数字信号处理器对所述音频数据进行模糊语音识别的语音识别方法、基于预先存储基本图像内容实例及其对应的标注信息进行识别的图片内容识别方法、浏览器的脚本处理方法、基于语音的动画显示方法、基于语音识别的数据传输方法等专利。

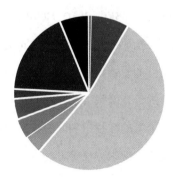

■ G06F11 ■ G06F16 ■ G06F17 ■ G06F3 ■ G06K9 ■ G06N ■ G06Q ■ G10I ■ H04

图3-11 腾讯语言处理技术专利IPC分类图

(六)百度

作为一家以搜索引擎为主的互联网企业,自然语言处理技术是百度业务发展最重要的支撑。百度的语言处理技术覆盖深度问答、阅读理解、智能写作、对话系统、机器翻译、语义计算、知识挖掘等。百度的深度问答方向经过多年打磨,积累了问句理解、答案抽取、观点分析与聚合等方面的一整套技术方案,目前已在搜索等多个产品中实现应用。篇章理解通过篇章结构分析、主体分析、内容标签、情感分析等关键技术实现对文本内容的理解。目前,篇章理解的关键技术已经在搜索、资讯流等产品中实现应用。百度翻译目前支持全球28种语言,覆盖700多种翻译方向,支持文本、语音等翻译功能,并提供精准的人工翻译服务。在我们搜索到的专利库中,百度语言处理技术专利大约1500件,占总数的3%左右,分布于G06F16、G06F17、G06F3、G06K9、G06Q、G09B、G10L、H04等(见图3-12),具体包括:在搜索浏览的网页标题对同义词的挖掘方法、建立读取并解析语法文件的语音识别模型的方法、将带噪图像输入经过训练的生成模型中的语音降噪方法、从问答请求用户提交的目标图片中提取对应检索信息的图片识别问答处理方法、接收用户输入查询语句的人工智能语音搜索方法等专利。

(七)北大方正

北大方正是中国本土最具创造力和影响力的语言文字处理企业之一,在汉字激光照排技术的产业化应用方面独占鳌头,推动了

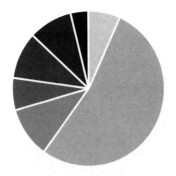

▪ G06F16 ▪ G06F17 ▪ G06F3 ▪ G06K9 ▪ G06Q ▪ G10L ▪ H04

图 3-12 百度语言处理技术专利 IPC 分类图

汉字印刷技术从"铅与火"时代进入"光与电"时代。方正汉字激光照排技术占据了 90%的海外华文报业市场,全球有 4500 多家各类图书馆、科研院所、学校、政府和企事业单位应用方正的电子资源(即数字图书馆软件)为读者提供网络阅读及信息检索服务。① 在我们搜索到的专利库中、北大方正语言处理技术专利有 150 多件,占总数的 0.3%左右,分布于 G06F16、G06F17、G06F3 、G06K9、G06Q、G10L 、H04 等(见图 3-13),具体包括通过统计语料库语料的二元切分条目概率信息进行译文检查的方法、支持多语言的 XML 数据库全文检索方法、补字的排序存储方法、从用户终端获取用户输入的问题并使用分词器对其分词的智能问答方法、获取超文本标记语言 HTML 文档文字内容和 HTML 标记的超文本标记语言文档

---

① 参见贺宏志主编:《语言产业导论》,首都师范大学出版社 2012 年版,第 170 页。

的版本管理方法、计算机语音识别方法等专利。

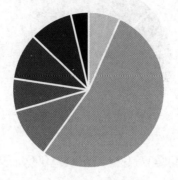

■ G06F16 ■ G06F17 ■ G06F3 ■ G06K9 ■ G06Q ■ G10L ■ H04

图 3-13　北大方正语言处理技术专利 IPC 分类图

(八) 京东

京东在人工智能技术方面也紧追潮流。京东的平台基本上由模型定制化平台和在线服务模块构成,其中在线服务模块包括计算机视觉、语音交互、自然语言处理和机器学习等。我们搜索到的专利库中,京东语言处理技术专利约 310 件,占总数的 1.6% 左右,分布于 G06F16、G06F17、G06F3、G06K9、G06Q、G10L、H04 等(见图 3-14),具体包括:用于实时检测外界语音信号的语音合成装置、对文本进行分切的文本中新词发现方法、通过电子商务交易平台交互组件输入查询信息的电子商务交易平台问答交互方法、利用实体词对原始语料进行分类的提取修饰词方法、对产品相关信息提取关键词的自动写作产品信息方法等专利。

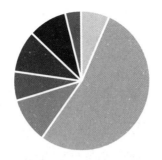

■ G06F16 ■ G06F17 ■ G06F3 ■ G06K9 ■ G06Q ■ G10L ■ H04

图 3-14 京东语言处理技术专利 IPC 分类图

二、专利语言服务行业研究

语言服务包括跨语言、跨文化信息转化服务及与之相关的研究咨询、技术研发、工具应用、资产管理、教育培训等专业化服务。语言服务具有专业化、实践性、标准化的特征,不仅包括翻译服务,还包括管理能力、技术应用能力、跨文化交流与传播能力等。专利语言服务是专利领域的综合性服务,在专利相关立法、行政管理与执法、司法、代理、申请、审查、复审、无效等相关部门和环节都有强烈的现实需求。狭义的专利语言服务可以理解为专利人工翻译或机器翻译服务。广义的专利语言服务包括所有跨语言专利检索、专利分析服务等。[①] 专利语言服务行业可以理解为面

---

① 参见郑金凤等主编:《专利语言服务实务》,知识产权出版社 2019 年版,第 60—63 页。

向专利行业提供语言服务的行业,横跨专利和语言服务行业,与这两个行业关系密切,可以说是这两个行业的交叉行业。专利语言服务行业作为语言服务行业的一个分支,其生存与发展离不开语言服务行业的大背景。专利语言服务行业主要面向专利行业的客户提供语言服务,因此,专利行业的发展直接影响专利语言服务行业的市场价值状况。其中,专利代理与专利翻译是比较典型的专利语言服务活动。

(一)专利代理

专利代理是指在申请专利、进行专利许可证贸易或者解决专利纠纷的过程中,由专利申请人(或者专利权人)委派具有专门代理人资格的人员,在委托权限内,以委托人的名义,按专利法规定向专利局办理专利申请或其他专利事务的行为。在专利代理的各种业务中,专利申请文件撰写属于比较典型的语言服务行为。一般来说,各种专利申请文件法律性强、技术要求高,国家专利局对申请文件的格式有比较严格的要求,如果文件不符合要求,会被要求补正,没有受过专门训练和具有撰写实践的人是很难写好专利申请文件的。一般发明人不容易完成或者不愿意从事这项工作,所以通常需要聘请受过训练的专门代理人来撰写。撰写权利要求必须用专门的法律语言,准确地限定保护范围。

专利申请文件撰写过程十分冗杂烦琐,往往需要撰写人查询大量资料,进行专利检索以及法律核查,还要注意遵从各种限制,避免引起不利法律后果。要及时正确地完成法律规定的撰写手续和要求,就需要懂得有关发明的技术知识,掌握专利法的规定,熟悉专利业务,具备专门从事这些工作的时间和精力。专利代理人的责任,就是准确无误地撰写好各种专利申请文件。撰写专利申请文件是一项严谨细致的文字工作。发明书和权利要求书写得好坏与否,不仅对申请人的利益具有决定性意义,而且对第三人也有极大的影响。权利要求书的范围过宽或者过窄,说明书中发明创造的技术实质不能充分公开,都将给专利申请带来不良后果。如果延误专利申请时机,将给发明人带来无法弥补的损失。因此,专利代理人除了要具有技术背景知识与专利法知识,还应当具有较高的专利撰写能力。

随着现代技术与产业的发展,专利申请数量越来越多,专利代理撰写工作成为发展空间巨大且绿色无污染的朝阳产业。撰写费越高,专利能力和撰写质量的要求就越高。从收费总体分布来看,能将一份技术交底书写成一项基本合格的专利申请文件,收费在5000元左右。这需要代理人具有较好的专利驾驭能力,能够获悉技术方案的核心,能够较好地把握专利的保护范围且兼顾稳定性。具有专利申请文件撰写技能上的较高造诣且在技术上深入了解技术方案的人写出的水平极高的申请文件,收费往往在每件2万元以上。目前,国内顶尖的大型科技企业,如华为、阿里巴巴等,往往都聘请欧美高水平专利代理所撰写专利申请文件。据调查,目前就北京的平均水平来说,一项专利申请文件的撰写成本在人民币 1 万元左右。

我国专利申请自改革开放以来,以较快的速度增长。尤其是进入新世纪后,最高达到每年百万件。以 2019 年为例,全年发明专利申请就高达 140 万件,实用新型专利申请为 226 万件,外观设计申请为 71 万件,总量为 437 万件。如果撰写价格以每件发明专利 2000 元、实用新型专利及外观设计各 1500 元计,仅仅专利撰写这一项业务的营收大体接近 70 亿元。如果以 1 万元一件计算的话,那么总营收接近 400 亿元。其他众多的项目,诸如检索、查询、国际申请、审查意见答复、备案申请、著录项变更、年费代缴、评价报告等,业务量应当是数倍于专利撰写,再加上专利诉讼这个传统的法律业务市场,专利代理产业每年总产值百亿元以上应当不成问题。近年来,随着人工智能的发展,甚至开始出现由机器来承担专利撰写工程师角色的趋势。不过,专利申请文件撰写质量的高低,在很大程度上取决于撰写人长期积累的经验,机器撰写是否可以替代人工撰写,还需要进行观察。

(二) 专利翻译

专利翻译是另一项重要类型的专利语言服务活动。专利权的地域性意味着一件发明若要在许多国家或地区得到法律保护,必须分别在这些国家或地区申请专利。各国专利法律规定使用的官方语言皆不相同,因此,如果申请人在进入 PCT 国家阶段,或者申请国外专利时,需要将专利申请文件翻译成相关国家的语言。相应的,外国专利申请人申请中国专利时,根据中国专利法的相关规定,申请文件也需要翻译成中文文本。专利申请文件的译文将成为后续专利审查甚至专利诉讼的对象文本,因此,高质量的专利申请文件翻译对最终的专利授权和被授权的范围意义重大。

专利翻译属于专业翻译的一种,对翻译者的专业水平要求甚高。专利文件的审查要遵循各国的专利法制度,而专利相关法律从许多不同的方面对专利文件进行了限定,包括发明创造的主题类型、保密性、社会影响、权利要求的逻辑结构、清楚简明性、权利要求书与说明书的对应性和支持关系,以及术语的选择、特定词语的使用等。因此,规范的专利文件必须首先在法律的严谨性上符合专利相关法律的规定,在专利文件的翻译过程中,不了解或忽视这些法律要求,都会导致原本规范的专利文件漏洞百出。

专利法规定对违反法律、社会公德或妨碍公共利益的发明创造不授予专利权。专业译者应当在熟悉专利法规定的基础上,对此类措辞异常敏感,通过恰当的表述避免被驳回的风险。专利法对于字数格式等书写方式有专门的要求,对于这类内容,专业译者在翻译时需要留意,以免在后续审查意见中被指出问题。此外,专利法要求专利文件撰写应当简明,因此,专业译者在翻译过程中要特别注意,尤其是冠词、定冠词等的使用,确保译文既能清楚地反映引用关系,又能简洁明了地进行表达。同时,专利文件是创新的科学技术的文字载体,只有精准地译出原语言专利文件的技术内容,才能达到专利翻译的目的。专利翻译要求结合附图、相关技术资料获得对翻译文件全文的技术构思及技术方案的综合性理解,然后在技术术语、句子结构、表达方式的选用上严谨推敲,确保译文足够准确地反映原文的技术含义,而不产生歧义。①

专利文件语言表达规范具有以下三个特征:其一,对发明创造的客观描述本质上是一种技术文件,其语言的使用相对规范和简明,没有太多复杂的时态语态,也没有太多口语化和抒情化表达。其二,专利文件的技术先进性决定了它的术语和句式与其他文学作品不同,并且演化出一些专利行业独有的语法,甚至发明人在希望准确表达自己的创新性构思时会自定义一些术语。其三,专利文件是一篇完整的技术文献,行文顺序和逻辑结构符合一般技术论文的写作方式,存在起承转合和相互呼应。概言之,对于具有法律意义的专利文件而言,翻译必须是对语言文字的严格映射,任何的增加、删减、夸张等都可能导致某些技术特征的添加、减少或扭曲。尤其是在某些国际专利法规的框架下,译文与原文不一致甚至可能导致优先权不成立。因此,与其他文献翻译中为了体现语言的丰富和优美而采用的"创译"相比,专利文件的翻译中,"直译"才是确保准确

---

① 参见郑金凤等主编:《专利语言服务实务》,知识产权出版社2019年版,第80—83页。

性的第一要务。①

  据 WIPO 统计,2017 年,全球受理了 280 万件发明专利申请。其中,将近 10% 是通过 PCT 途径提交的国家专利申请。换言之,有将近 30 万件的专利申请存在专利翻译服务。2018 年,国外在华申请三种专利将近 18 万件,均需要转化为中文。国家知识产权局有上万名审查员,每天要检索数十种语言的各国专利文献。通过这些简单的数字,不难发现,存在一个极为庞大的专利翻译市场。

---

① 参见郑金凤等主编:《专利语言服务实务》,知识产权出版社 2019 年版,第 83—85 页。

第四章　形象认知：
语言市场中的商业标记

　　商标一词是外来用语,英文是"trademark"或"brand",是在商业上使用的种种文字、图形或符号的统称。这些文字、图形或符号的主要功能是将某一厂商所提供的商品或服务与其他厂商所提供的商品或服务区别开来。依据世界贸易组织 TRIPs 协定第 15 条规定,任何一种能够将一个企业的商品或服务区别于其他企业的商品或服务的标记或标记的组合,均为商标。在古罗马时期,许多文字符号被用于交易的商品之上,已初步具备确定商品来源的功能。这些文字标志可以被视为现代商标的萌芽。随着商品经济的发展,语言符号的功能不仅仅用于表情与表意,同时,也具备确定产权归属与规范商业秩序的功能。

第一节　语言符号商标保护的一般原理

一、商标法的机理

商标是用于区别不同厂商间提供的商品与服务的标志,由词语、符号、形状、气味等要素构成。从符号学的角度来看,商标是一套能指对象的符号关系。商标是由能指、所指和对象组成的三元结构,其中,能指就是有形或可以感知的标志,所指为商品的出处或商誉,对象则是所附着的商品。① 商标的本质就是指代商标标识背后的商品信息,离开商标标识及其所代表的商品信息,商标就没有了存在的意义。因此,商标就是确立商标标识与其所代表的商品信息之间的联系。

通过文字符号实现所有权的标示功能,在黑格尔那里被称作是以标志方式进行占有。黑格尔认为,标志可以作为一种占有的方式。"其自身并非现实的但只表明我的意志的占有方式,就是对物加上标志。标志的意义是:我已经把我的意志体现于该物内。"②

---

① 参见彭学龙:《寻求注册与使用在商标确权中的合理平衡》,载《法学研究》2010年第3期。
② 〔德〕黑格尔:《法哲学原理》,范扬、张企泰译,商务印书馆1961年版,第66页。

"通过标志占有是一切占有中最完全的。这种标志的目的对于他人来说,在于排斥他人并说明我已把我的意志体现于物内。人能够给某物以标志,因而取得该物,这样正表明了他对该物有支配权。"①在世界各国早期的历史文明当中,就有在牲畜、物品上标注各种文字、图案或符号的做法,这是一种表明该物品产权归属的方式。

在中世纪欧洲,随着自由城邦与商品经济的发展,商业与手工制造业日渐繁荣,各类标志开始广泛在商业与贸易中应用。尤其在海上贸易中,如遇海难等危险,若有货物在漂流之时被人打捞,则可依货物之上所附的商人标志确定其权利归属。此种商人标志的所有权标示功能,得到欧洲各地商事法庭或有关政府的确认。在出现争议的情况下,海事法庭大多认可此种商人标志作为确认所有权的表面证据。如无相反证据,则主张其所有权成立。同时,文字符号除了具有产权确认功能以外,还通过将商品与商人之间联系起来的方式,具备贸易规制的功能。中世纪的欧洲,行会是各国工商业的主要组织形式。由于行会获得了皇家的特许令状,各行会均要求其成员在制作或销售的商品上使用特定的标志,以表明商品的生产者。这一要求方便行会追踪有缺陷或不合格产品,实现监督和维持产品质量的目标,防止个别商人销售低劣产品而损害行会整体的声誉和其他商人的利益。从这个意义上说,在商品上附注的标志可以被视为

---

① 〔德〕黑格尔:《法哲学原理》,范扬、张企泰译,商务印书馆1961年版,第66页。

一种责任标志。通过这种方式,行会也可区分其辖区内的产品与外来产品,便于进行贸易管理与规制。

我国西汉时期宣帝五凤年间留下的瓷器上,已有以年号"五凤"作为标示的例子。在东周时期,兵器中被争相购置的"干将""莫邪"之类的宝剑,就具备了指示相同产品的不同来源及其稳定质量的功能,已经与后来的商标比较接近了。在中国古代,商业活动中存在重"招幌"、轻"商标"的现象,主要是因为当时还没有大规模流动销售商品的商业活动,顾客往往是从有关商品的提供者所处的地点、门面等去识别不同商品的来源。因此,诸如"杏花村""浔阳楼"等酒店的招牌,同时起着区分相同商品不同来源的功能。

1804年法国《拿破仑法典》首次肯定了商标权应与其他财产权同样受到保护。1857年,法国又颁布了一部系统的《商标权法》,首次确立了全面注册的商标保护制度。继法国之后,英国于1862年颁布了成文商标法,美国于1870年、德国于1874年先后颁布了《注册商标法》。[①]

商标法之所以要对一定的语言符号、形象标记进行保护,主要是基于以下两方面的利益:

一是消费者的利益。商标中的语言符号、形象标记的主要作用是表明商品或服务的来源,便于消费者依据他们的日常购买经验选择自己需要的商品或服务,同时也便于消费者在不同竞争者所提供

[①] 参见郑成思:《知识产权法》,法律出版社1997年版,第166—168页。

的同类商品或服务中做出明智的选择。如果不同的厂商使用了近似的商标,甚或有的厂商盗用了他人的商标,必然会在消费者中造成商品或服务来源上的混淆,剥夺他们做出明智选择的权利。因此,商标成为商人制止他人在竞争中进行商品混淆或仿冒的重要手段。①

二是使用商标的厂商的利益。随着现代社会中商业广告运动的兴起,商标中的语言符号、形象标记由于简明易记,方便消费者认知和确认商品的来源,成为广告中的必备要素。在大量成功广告的宣传下,消费者可产生对一定商标商品的心理偏好,商标的知名度和消费者对商标的忠诚度都大幅提升。② 在竞争日益激烈的市场上,那些知名度高的商品可以获得更高的超额利润,因此,品牌的塑造上升到与产品品质的提升同样重要的地位。商标成为厂商至关重要的无形财产。

时至今日,商标中的语言符号、形象标记已不再是一个个简单的字词,而是代表商家背后长期积累形成的较高声望与商誉,并以此塑造起人们对于商品来源与品质以及商家服务质量的总体性形象认知。当消费者认可某一商标所标示的商品或服务时,就产生了商标所代表的商誉。这就是商标所有人的财产。为了赢得消费者的青睐,商标所有人必须在相关的商品或服务上进行投资,提高商

---

① 参见李明德:《美国知识产权法》(第2版),法律出版社2014年版,第454页。
② 参见黄海峰:《知识产权的话语与现实——版权、专利与商标史论》,华中科技大学出版社2011年版,第237—238页。

品或者服务的质量、性能等。美国学者谢克特(Frank Schechter)认为现代商标的价值主要包括四个方面:(1)商标的推销力;(2)商标本身所具有的独特性和单一性;(3)如果保护不当,商标的独特性可能会受到削弱或损害;(4)商标的保护程度,取决于所有人的保护努力。据此,谢克特认为商标保护的基础应当在于维护商标的独特性。商标保护的基础不再完全关注于表明商品的来源,而是转向那种将商标与特定商品之间紧密联系的品质保证与市场推销能力。即便在非相关商品上使用,也可能会使该商标在公众心目中的特定意义(包括品质保证和说服力度)慢慢减弱或消散。为了保持商标的显著性,商标法对语言符号、形象标记的保护开始从制止混淆转向防止淡化。

从这个意义上说,商标的游戏也是语言符号的游戏。随着大众传媒和广告业的发展,现代市场经济已经演变为以品牌为中心的符号经济,即以商业标记等文字符号作为载体,统筹整合各类科技创新资源、经济、社会和文化等要素,牵引经济集约化发展的一种经济形态。在这种经济形态下,市场上的竞争都展现为品牌符号的形式,要么是品牌间互相的竞争,要么是品牌内部的竞争。一个简单的文字符号蕴含着巨大的财富,其背后所代表的不仅是信用与质量的保证,同时还是身份、地位与品位的象征。借助知识产权的保护,品牌这种简单的语言文字符号展现出巨大的威力,不仅对一个国家市场内部,而且对全球范围的市场进行区分和切割。正如语言资源的范畴借助版权与专利得以极大地扩展一样,语言资源的范畴借助商标得到了再一次扩展,开始由按照语法规则排列堆砌的冰冷文字转化为一个个代表商品质量与声誉的符号,并借助附着于其上的商标权规范着交易秩序,改变着竞争结构。

二、商标的要素与条件

1. 商标的要素

商标是随着商品的出现而出现的。随着商品经济的发展,商标的构成要素也逐渐多样化,主要包括文字、图形、字母、数字、三维标志和颜色,甚至音响和气味等。《欧共体商标条例》第4条及《欧洲共同体委员会协调成员国商标立法第一号指令》第2条对商标进行了定义:能够将一个企业的商品或服务与其他企业的商品或服务区别开的所有可用书面形式标示的标记,尤其是文字(包括人名)、图形、字母、数字、商品及其包装的外形,均可构成商标。法国《知识产权法典》对可构成商标的各种标记列举为:名称——词、词的组合、姓氏、地名、假名、数字、缩写词;音像标记——声音、乐句;图形标记——图案、标签、戳记、浮雕图、全息图像、徽记、合成图像及外形(商品及其包装的外形或标识服务特征的外形)和颜色的排列、组合或色调。

商标按照构成要素可以分为文字商标、图形商标、组合商标等。

文字商标是以各种文字、字母、数字组成,不含图形成分的商标。文字商标便于称呼及广告宣传。单词和短语都属于文字商标。以单词作为商标,是商业活动中的常见做法。"可口可乐""雀巢""柯达""麦当劳"等,都是以单词作为商标。不仅单词可以作为商标,一些词组的缩略语也可以像单词一样作为商标,例如IBM(国际商业机器公司)、VW(大众)等。在文字商标中,一个常见的问题是,较长的短语或单词的组合是否可以作为商标注册。在美国早期的商标审查实践中,商标局和商标复审委员会通常反对将短语注册为商标,理由是短语通常具有广告的作用,可以与商标一起使用,但不能单独构成商标。直到1952年的"恩卡公司案",这种状况才得到改变。该案中,申请人是人造丝线生产者,其使用短语"纺织物的命运系于一根丝线"向商标局申请注册。商标局认为短语不能注册为商标。随后法院推翻了这一结论,认为原告的短语可以注册为商标。法院认为,短语或词组是否可以构成商标,关键在于是否可以指示商品或服务的来源。如果短语或词组可以指示商品或服务的来源,就可以作为商标获得保护。反之则不能作为商标获得注册和保护。这与文字标记是否可以作为商标获得注册和保护的标准是一样的。①

字母数字商标是指以字母和数字的组合作为商标,甚至仅仅以

---

① 参见李明德:《美国知识产权法》(第2版),法律出版社2014年版,第469—471页。

数字作为商标。由字母数字构成的标记,相关的字母和数字如果构成任意性或指示性标记,则可以直接获得商标保护。1945 年的"标准品牌案"中,涉及一件"V-8"商标,该商标用于特定的蔬菜汁。法院认为,虽然相关蔬菜汁来自 8 种蔬菜,但"V-8"是一件任意性商标,可以获得保护。如果相关的字母和数字是描述性的,则在获得第二含义之后,也可以获得商标保护。1968 年的"南方公司案"中,原告自 1940 年开始就在便利店或便利商场上使用"7-Eleven"的标记,并在全美各地授权多家便利店或商场使用"7-Eleven"的标记。在原告提起的侵权诉讼中,法院认为原告的"7-Eleven"虽然在一开始是描述性的,但通过长时间使用,毫无疑问已经获得了第二含义,可以作为商标进行保护。被告在其经营的便利商店上使用了同样的标记,侵犯了原告的商标权。[①]

组合商标则是以文字、图形、字母、数字、三维标志和颜色组合等要素组合而成的商标。组合商标要求文字与图形的组合要协调一致。组合商标具有图文并茂、形象生动、引人注目、容易识别、便于呼叫等特点。组合商标注册后必须作为一个整体看待,不得改动其组合或排列,不得改变某一组成部分。

2. 商标的条件

当前世界各国的商标制度,对商标保护主要采用"注册原则"

---

① 参见李明德:《美国知识产权法》(第 2 版),法律出版社 2014 年版,第 471—472 页。

和"使用原则"两种不同制度。所谓注册原则,是指商标权通过注册取得,不管该商标是否在实际商业活动中使用,只要符合商标法规定的条件,经过商标主管机关的核准注册,就可以取得商标权。我国采取的就是"注册原则"。有的国家采用使用原则,指的是商标在该国实际使用就产生权利,未经使用的商标则无法产生权利。但是,并非任何文字、图形等标识都可以用作商标,各国商标法对可以用作商标的语言、文字、符号有着特定要求,只有符合法定标准者才可以作为商标注册。

文字、符号、标记要注册和受到商标法保护的首要条件,是应当具备将商标使用者的商品或服务与其他人的商品或服务区别开来的能力,即显著性。商标的显著性既可以是文字、符号等标记自身具有的内在显著性,也可以是在使用过程中获得的显著性。在美国,司法实践依据商标显著性强弱将商标分为四类:

一是任意性或臆造性标记。臆造性标记是指那些特意发明或编造出来的文字、符号。如加油服务的"Exxon",复印机所用的"Xerox",胶卷所使用的"Kodak"等。任意性标记是将常用的字词以非同寻常的方式来使用,例如将"苹果"(apple)用于计算机、"绿叶"(green leaf)用于保险业等。根据相关判例,"臆造性"指的是人们发明某些字词的唯一目的就是作为商标来使用。任意性或臆造性的标记,与该标记所适用的商品或服务没有任何关系,仅仅是为了指示相关商品或服务的来源,因而具有最强的显著性。

二是指示性标记,是用来指示而非直接描述商品或服务的特征、成分或功能的标记,消费者必须通过一定的推导或联想才能将该标记与有关商品或服务的特征联系起来。例如汽车服务业的"灰狗"(greyhound)指的是快速的意思。指示性标记具有内在的显著性,可以直接作为商标获得注册和保护,不必证明第二含义。

三是描述性标记,是指那些直接描述某一商品或服务的具体特征、成分、尺寸、颜色、气味或功能的标记。例如饼干所使用的"干脆"(crunchy)、啤酒味的坚果"啤酒坚果"(beer nuts)等。描述性的标记通常不能作为商标获得注册和保护,只有获得第二含义或者显著性,能够指示商品或服务来源的时候,才能作为商标获得保护。

四是通用性标记,是指示或说明某一类别产品或者服务的标记,传达了这些产品或者服务的基本特征而非个性特征,例如饼干、花生、汽车、计算机、电视机、保险、银行和饭店等。通用标记不得作为商标注册或使用。即使某一标记原来是注册商标,但是在使用过程中丧失了显著性,变成了通用名称,也应当撤销注册,不能作为商标受到保护。①

文字、符号、标记等要注册和受到商标法保护的第二个条件,是不属于法律禁止使用的文字与标志。美国《兰哈姆法》第 2 条规定

---

① 参见李明德:《美国知识产权法》(第 2 版),法律出版社 2014 年版,第 497—498 页。

了一些不得作为或限制作为商标的标记,包括主要和仅仅是姓氏的标记、与在先商标相近似的标记、丑恶和带有贬损性质的标记、欺骗性的标记、主要是描述性的标记等。根据我国《商标法》第8条的规定,商标包括文字、图形、字母、数字、三维标志、颜色组合和声音等,以及上述要素的组合。根据我国《商标法》第10条的规定,下列文字、标志等不得作为商标使用:

——同中华人民共和国的国家名称、国旗、国徽、国歌、军旗、军徽、军歌、勋章等相同或者近似的,以及同中央国家机关的名称、标志、所在地特定地点的名称或者标志性建筑物的名称、图形相同的;

——同外国的国家名称、国旗、国徽、军旗等相同或者近似的,但经该国政府同意的除外;

——同政府间国际组织的名称、旗帜、徽记等相同或者近似的,但经该组织同意或者不易误导公众的除外;

——与表明实施控制或予以保证的官方标志、检验印记相同或者近似的,但经授权的除外;

——同"红十字"、"红新月"的名称、标志相同或者近似的;

——带有民族歧视性的;

——带有欺骗性,容易使公众对商品的质量等特点或者产地产生误认的;

——有害于社会主义道德风尚或者有其他不良影响的。

县级以上行政区划的地名或者公众知晓的外国地名,不得作为商标。但是,地名具有其他含义或者作为集体商标、证明商标组成部分的除外;已经注册的使用地名的商标继续有效。

根据《商标法》第 11 条的规定,下列标志不得作为商标注册:

——仅有本商品的通用名称、图形、型号的;

——仅直接表示商品的质量、主要原料、功能、用途、重量、数量及其他特点的;

——其他缺乏显著特征的。

前款所列标志经过使用取得显著特征,并便于识别的,可以作为商标注册。

三、商标权的保护

对商标权的保护主要包括制止混淆方式的侵权以及防止商标的淡化。商标侵权指的是未经商标权人的许可使用了他人注册为商标的标识或与他人商标相近似的标识,可能让消费者在商品或服务来源认识上产生混淆的行为。商标代表的是背后所指代的商品或服务的质量、性能等。在他人擅自在相关商品或者服务上使用与商标所有人的商标相同或近似的文字、符号、标记,误导消费者购买其商品或服务时,就会抢夺原本属于商标所有人的客户,损害商标所有人的财产权益。事实上,侵权者使用与他人商标相同或近似的文字、标记与符号,其目的就是要利用他人商标所代表的商誉,让消费者误认为自己的商品或服务是他人的商品或服务。这就是学理上所称的"搭便车"。所以,侵权者不仅损害了商标所有人的利益,而且造成了欺骗消费者的后果。如果不对这种行为进行制止,商标所有人将失去在商标上进行投资的积极性。①

1. 制止混淆

商标侵权的判定就是确定被控侵权人所使用的标识是否有导致消费者产生混淆的可能性。这是采用比对的方式来确认的,即将涉嫌侵权的标识与他人注册的商标进行比较,发现其中是否存在混淆的可能性。美国《兰哈姆法》第32条规定,获得联邦注册的商标权所有人,可以在以下情况下提起民事诉讼:第一,他人未经许可而复制、假冒、模仿或欺骗性地仿造自己的商标,用于商品或服务的销售、提供、广告等商业活动,并且有可能造成混淆、误导、欺骗;第二,他人未经许可而复制、假冒、模仿或欺骗性地仿造自己的商标,并且在商业活动中将此种商标用于标签、标记、印刷物、包装盒、包装纸、包装容器和广告上,有可能造成混淆、误导、欺骗等。美国各州法院逐渐提炼出了判定商标混淆可能性的要素,如商标的相似性、消费者具有的注意力、侵权者的主观意图等。1938年美国法学会《侵权法重述》第729条提出了判定混淆可能性的4个要素:

第一,有关标记与有关商标或商号之间,在(1)外形、(2)所用

---

① 参见李明德:《美国知识产权法》(第2版),法律出版社2014年版,第563—564页。

文字的发音、(3)有关图形或设计的含义、(4)指示上所存在的相似性的程度;

第二,行为人采用有关标记的意图;

第三,在使用和上市方法上,行为人所提供的商品或服务与他人所提供的商品或服务之间的关系;

第四,购买者可能具有的谨慎程度。①

在判定混淆可能性的诸要素中,原告商标与被控侵权的标识之间是否具有相似性,是一个重要的条件。第一个要素就提到了两个标志在外形、发音与字面含义上的相似性。在后来的商标侵权案中,法院据此提出了应当从外形、声音和含义等三个层面判定两个商标是否具有相似性。

首先看外形的相似性。外形或视觉的相似性是指两件商标总体效果上的相似,而非商标构成要素上的相似。在"'龙卷风'案"中,申请人就吸尘器等家电申请注册了"VORNADO"商标。此前,异议人就吸尘器等家电已经申请注册了"TORNADO"商标。商标复审委经过审理,认定两者间存在混淆可能性,驳回了"VORNADO"申请。上诉法院比较了两个商标后,认为可能造成消费者混淆,判决称:"我们所感知的唯一的重要区别是 TORNADO 是一个人人知道含义的词,VORNADO 是一个臆造的词。除了第一个字母之外,两者标记完全相同,具有声音和外形上的显著相似性。据本案

---

① 参见李明德:《美国知识产权法》(第2版),法律出版社2014年版,第567页。

情形,两者相似之处远大于不同之处,非常可能导致混淆与误导。"

再看发音的相似性。发音的相似性是指两件商标(尤其是文字商标)的发音是否是相似的。在今天的商业活动中,商标声音的相似是非常重要的,因为很多广告都是借助电台和电视台发布的。在1959年的"瑟尔案"中,原告研制的晕车药使用了"Dramamine"商标并注册。被告研制了一种新的晕车药,使用了"Bonamine"的商标。上诉法院使用了语言学分析,判决称:"Dramamine 和 Bonamine 含有数量相同的音节。它们具有相同的重音模式,主要的重音在第一个音节上,次重音在第三个音节上;Dramamine 和 Bonamine 的最后两个音节完全相同。Dramamine 和 Bonamine 的开始发音(d 和 b)是众所周知的爆破音,具有声学上的相似性;辅音 m 和 n 是鼻音,具有声学上的相似性。两个商标唯一的不同是 Dramamine 中有一个 r。两件近似商标声音上的轻微不同,显然不能使侵权者免于责任。"因此,基于两个单词在发音上的显著相似性,以及相关产品的用途、销售渠道、广告方式和购买群体等要素,上诉法院得出了具有混淆可能性的结论。

最后再看含义的相似性。含义的相似性是指两件商标的文字或图案传达的意思是相似的,有可能误导消费者。在通常的商标侵权案件中,都是文字与文字或图案与图案进行比对,看是否存在含义上的相似性。但在某些特定的情况下,有可能是以文字传达了他人图案商标的含义,或以图案传达了他人文字商标的含义。这种情况下,也可以认定为存在混淆可能性。①

中国国家知识产权局2020年出台了《商标侵权判断标准》(以下简称"标准")。标准第3条规定,判断是否构成商标侵权,一般需要判断涉嫌侵权行为是否构成商标法意义上的商标的使用。商标的使用,是指将商标用于商品、商品包装、容器、服务场所以及交易文书上,或者将商标用于广告宣传、展览以及其他商业活动中,用以识别商品或者服务来源的行为。"标准"第14条规定,涉嫌侵权的商标与他人注册商标相比较,可以认定与注册商标相同的情形包括:

——文字构成、排列顺序均相同的;

——改变注册商标的字体、字母大小写、文字横竖排列,与注册商标之间基本无差别的;

——改变注册商标的文字、字母、数字等之间的间距,与注册商标之间基本无差别的;

——改变注册商标颜色,不影响体现注册商标显著特征的;

——在注册商标上仅增加商品通用名称、图形、型号等缺乏显著特征内容,不影响体现注册商标显著特征的。

判断商标是否相同或者近似,应当在权利人的注册商标与涉嫌侵权商标之间进行比对。② 判断与注册商标相同或者近似的商标

---

① 参见李明德:《美国知识产权法》(第2版),法律出版社2014年版,第572—575页。

② 参见国家知识产权局《商标侵权判断标准》(2020年)第17条。

时,应当以相关公众的一般注意力和认知力为标准,采用隔离观察、整体比对和主要部分比对的方法进行认定。① 在商标侵权判断中,在同一种商品或者同一种服务上使用近似商标,或者在类似商品或者类似服务上使用相同、近似商标的情形下,还应当对是否容易导致混淆进行判断。② 商标法规定的容易导致混淆的情形包括:(1)足以使相关公众认为涉案商品或者服务是由注册商标权利人生产或者提供;(2)足以使相关公众认为涉案商品或者服务的提供者与注册商标权利人存在投资、许可、加盟或者合作等关系。③

2. 防止淡化

对商标标识的保护,除了防止他人未经许可,以容易产生混淆的方式使用外,还有另外一个比较重要的方面,就是要防止商标标识变为通用性标记。所谓商标标识的通用化,是指用于某个产品或服务的名称或标记,在长期的使用过程中,逐渐转变为某一类或某一种产品或服务的名称或标记,导致该名称或标记的显著性降低,无法再指向具体的产品或服务,丧失区分与指示的能力。这也就是我们前面谈到的商标淡化的现象。

通用性标记一般包含两种情况:一种是商家日常使用的产品或服务的名称或标记,其基本意思是表明某一类产品或服务,或产品或服务的本质、特征和主要成分等;另一种是原本具有显著性的商标,如

---

① 参见国家知识产权局《商标侵权判断标准》(2020年)第18条。
② 参见国家知识产权局《商标侵权判断标准》(2020年)第19条。
③ 参见国家知识产权局《商标侵权判断标准》(2020年)第20条。

臆造性或任意性的标记,经过使用逐渐演变为商品或服务的通用名称或标记。一般来说,商标的淡化有两种方式:一是"弱化",二是"丑化"。弱化是指他人的商标削弱了与特定商品和服务之间的联系,从而破坏了显著性。判断一件商标是否丧失了显著性,其标准是看相关标记的主要含义是指产品的来源,还是产品的本身。最典型的案例就是"阿司匹林"的例子。阿司匹林是拜耳公司的新药品的商标,在一开始属于臆造性商标,具有较强的显著性。然而在长期的使用过程中,逐渐演变成"乙酰水杨酸"的通用名称。丑化则是指将他人的商标用于质量低劣的商品或服务上,或者用于非法的或不道德的活动中。典型的例子是"可口可乐案"。原告在自己的产品中使用了设计图案,并配以白色条纹写成的文字"Enjoy Coca-Cola"(享受可口可乐)。被告在自己销售的气泡饮料上几乎复制了原告的设计图案,并将文字改成了"Enjoy Cocaine"(享受可卡因)。这就是典型的丑化的案例。

  在防止淡化的案件中,美国1963年的"瑟毛斯(thermos)案"是个比较典型的案例。该案中,原告就真空保温瓶注册了"瑟毛斯"(Thermos)有关的商标。Thermos是一个臆造性的商标,具有很强的显著性。在之后较长时间里,原告在广告和宣传中,以thermos bottle来指称自己的产品,以让公众了解和接受真空保温瓶。后来,当原告意识到"瑟毛斯"正在演化为真空保温瓶的同义词的时候,采取了一些挽救措施,包括改而使用"瑟毛斯真空保温瓶"的提法。然而,非商业性的出版物一直将"瑟毛斯"和真空保温瓶并列使用,或者以"瑟毛斯"指称真空保温瓶。基于这一原因,法院裁定"瑟毛斯"已经成为真空保温瓶的同义语。不过,根据案情,仍有一部分业界人士认为"瑟毛斯"是商标。因此,法院判决被告公司可以使用"瑟毛斯"作为真空瓶的名称,但是必须使用小写的 t(thermos)而非大写的 T(Thermos)。而且,被告还必须在 thermos 前面加上公司的名称,不得使用"原有""真正"一类的词来描述产品。同时,原告也可以不加改变地在原有范围内使用 Thermos 作为商标。这样,一方面避免了公众的混淆和对公众的欺骗,另一方面又照顾了原告的利益,在尽可能广的范围内保护了原告的商标。不过,几年以后,法院最终裁定"瑟毛斯"已经演变为商品的通用名称,被告不必再就"瑟毛斯"使用小写的 t,也不必在"瑟毛斯"之前加上公司的名称。因为,经过多年的广泛使用,"瑟毛斯"已经完全变成了真空保温瓶的通用名称。①

美国1996年《联邦商标反淡化法》的颁布,算是美国商标法发展历史上的重要标志。反淡化原则的确立,极大地扩张了商人通过文字、符号来控制市场范围的要求。经由反淡化保护,商人在其商业标识或符号为公众所熟知或驰名之后,可以限制他人任何可能损及其商标区别力和说服力的使用,从而使经由大量广告投资在消费者心目中确立的偏好能够得到有效维系,并借此保持产品区分的效果。②

---

① 参见李明德:《美国知识产权法》(第2版),法律出版社2014年版,第505—506页。
② 参见黄海峰:《知识产权的话语与现实——版权、专利与商标史论》,华中科技大学出版社2011年版,第242页。

第二节　几种特殊类型的语言商标纷争

本小节集中讨论几种与语言文字有关的商标诉讼纷争的特殊情形,包括姓名与商标、文字相同字体不同的商标、节目名称商标纠纷、字号与商标等。

一、姓名权与姓名商标

姓名是以血脉传递为基础的社会人文标识,由姓和名组成。姓一般由家族确定,名则是区别个人的特称。姓名是通过语言文字信息区别人群中个体差异的符号与标识。因此,姓名具有识别个人身份的符号功能,与商标识别商品来源的符号功能在一定程度上是相似的。实际上,一个人的姓名甚至可以看成其品行、名誉、德性的商标(标志)。例如,在涉及名人代言混淆的案件中,所谓"商标"是指名人的人格身份,所谓"原告商标的强度"则是指名人在社会成员中被识别出来的程度。姓名权则是指公民对自己姓名享有的设定、变更和使用的权利。不过,本节讨论的姓名具有广泛的意义,不仅包括自然人的姓名,而且包括法人的名称,以及笔名、别名等。姓名权属于民事权利中的人格权,与商标权属于不同的权利范畴,有着不同的保护路径与条件。

1. 姓名注册为商标

姓名权是公民依法享有的人格权,公民可以自行决定、使用其姓名并排除他人干涉。根据我国《民法典》第1012条的规定,"自然人享有姓名权,有权依法决定、使用、变更或者许可他人使用自己的姓名"。根据我国《商标法》第8条的规定,任何能够将自然人、法人或者其他组织的商品与他人的商品区别开的标志,包括文字、图形、字母、数字、三维标志、颜色组合和声音等,以及上述要素的组合,均可以作为商标申请注册。我国商标法没有对姓名是否可以注册为商标予以明确规定。不过,从实践来看,姓名作为一种标记符号,在具备商标构成要素、符合商标法规定的条件下,是可以注册为文字商标的。尤其是名人的姓名,往往被公众理解为其所代表形象的信息,当与特定商业活动联系在一起的时候,可能产生较好的促销效果。

美国对姓名注册为商标的问题形成了一套比较成熟的规则体系。早期,美国法院主张每个人都拥有自己姓名在商业中使用的绝对权,即使这种使用影响和干扰到了另外一个同名使用者的权利。如果他没有误导公众,仅仅因为同姓名导致的混淆,法院无权干涉。不过,进入二十世纪以后,美国法院的态度发生了变化。尽管仍然坚持个人享有在商业中使用自己姓名的权利,但是后来的使用者应当采用合理的措施方式以防止与在先的使用者发生导致消费者混淆的后果。综合美国商标法上对待姓名的司法实践来看,姓名并不当然具有商标法中的地位。换言之,并不因姓名与商标的符号共性而认为姓名天然是商标。如果姓名权人希望通过商标法实践自己的姓名财产权益,必须接受商标法显著性和混淆可能性的检验。在这一点上,欧洲法院审理"Elio Fiorucci v. Edwin Co. Ltd 案"所持的"姓名不可以直接注册为商标"的观点,与之不谋而合。①

美国《兰哈姆法》第 2 条第 5 款第 4 项规定,主要和仅仅是姓氏的标记不得作为商标。根据这一规定,即使是某人以自己的姓氏作为商标或申请注册,只要该姓氏主要是作为姓氏,也不得注册为商标或作为商标使用。之所以如此规定,主要因为姓氏一般指的是许多不特定的人,而不是某一单独的个人,不具有区别性,而商标的作用恰恰是需要指示某一商品或服务的来源,因此两者存在内在的冲突。不过,如果某一姓氏除了作为姓氏之外,还具有其他含义,或者在使用中获得了第二含义,具备商标的构成要素,仍然可以作为商标来使用。主要和仅仅是姓氏的字词不能作为商标,在具有第二含义,或者与其他字词结合起来的时候,则可能成为商标的构成成分。

2. 姓名作为在先权

由于名人的姓名可能产生较好的促进商品销售的效果,因此,姓名里面也存在一种商品化的权益。我国《民法典》第 1017 条规定,具有一定社会知名度,被他人使用足以造成公众混淆的笔名、艺名、网名、译名、字号、姓名和名称的简称等,参照适用姓名权和名

---

① 参见李士林:《论姓名商标》,载《法治研究》2014 年第 7 期。

称权保护的有关规定。如果未经他人许可,将他人姓名,尤其是名人的姓名,抢注为商标使用的情形,常会出现姓名权与商标权之间的冲突。如"易建联 YiJianLian"运动衣、"叶诗文"泳衣,"乔丹"球鞋等现象。如何处理姓名权与商标权之间的关系,我国《商标法》第9条规定,申请注册的商标应当有显著特征,便于识别,并不得与他人在先取得的合法权利相冲突。《商标法》第32条也规定,申请商标注册不得损害他人现有的在先权利,也不得以不正当手段抢先注册他人已经使用并有一定影响的商标。

姓名作为在先权引发争议的案件,最典型的就是"乔丹"球鞋案。迈克尔·乔丹是世界著名的篮球运动员。乔丹与耐克公司有长期合作关系,在全球范围内建立了"Air Jordan"高端品牌运动鞋和服装特许经营权。"Air Jordan"品牌进入了中国市场,但并没有注册使用对应的中文名称。乔丹体育公司是由晋江市一家日用品生产厂发展而来的,于2003年申请注册了"乔丹"商标。经过多年发展,已经形成一定规模。早在2012年,耐克公司针对乔丹体育公司注册的"乔丹"系列商标就以侵犯 Michael Jordan 姓名权等为由,提起了多起商标异议、争议行政程序以及法律诉讼。迈克尔·乔丹方面认为,乔丹作为世界知名篮球运动员,中国公众看到与"乔丹"、"QIAODAN"相同或近似的标识,会将其与乔丹本人相联系。乔丹体育公司在明知或应知乔丹知名度的情况下,将相关标识申请注册为商标,会让社会公众对产品来源产生混淆或误认。而乔丹公司辩解道,乔丹公司注册的是"乔丹",而不是"迈克尔·乔丹"或 Michael Jordan,"乔丹"只是 Jordan 的中文翻译之一。乔丹公司不存在侵犯姓名权的行为。

北京市第一中级人民法院于 2015 年作出判决,驳回迈克尔·乔丹的诉讼请求。迈克尔·乔丹不服一审判决,提起上诉。北京市高级人民法院于 2015 年作出判决,驳回迈克尔·乔丹上诉,维持原判。迈克尔·乔丹仍不服,向最高人民法院申请再审。

最高人民法院认为,本案争议焦点为争议商标的注册是否损害了再审申请人就"乔丹"主张的姓名权。具有一定知名度的自然人将其姓名进行商业化利用,通过合同等方式为特定商品、服务代言并获得经济利益的现象已经日益普遍。未经许可擅自将他人享有在先姓名权的姓名注册为商标,容易导致相关公众误认为标记有该商标的商品或者服务与该自然人存在代言、许可等特定联系的,应当认定该商标的注册损害他人的在先姓名权,违反《商标法》第 31 条①的规定。

根据最高人民法院的主张,自然人依据《商标法》第 31 条规定就特定名称主张姓名权保护时,应当满足必要条件。其中条件之一就是自然人所主张的特定名称与该自然人已经建立稳定的对应关系时,即使该对应关系达不到"唯一"的程度,也可以依法获得姓

---

① 此案审理时依据的是 2001 年《商标法》第 31 条,此后《商标法》已修订,相关规定变为《商标法》第 32 条。

名权的保护。因此,在适用《商标法》第 31 条关于"不得损害他人现有的在先权利"的规定时,自然人就特定名称主张姓名权保护的,该特定名称应当符合以下三项条件:一是该特定名称在我国具有一定的知名度,为相关公众所知悉;二是相关公众使用该特定名称指代该自然人;三是该特定名称已经与该自然人之间建立了稳定的对应关系。在判断外国人能否就其外文姓名的部分中文译名主张姓名权保护时,需要考虑我国相关公众对外国人的称谓习惯。中文译名符合前述三项条件的,可以依法主张姓名权的保护。本案现有证据足以证明"乔丹"在我国具有较高的知名度,为相关公众所知悉,我国相关公众通常以"乔丹"指代再审申请人,并且"乔丹"已经与再审申请人之间形成了稳定的对应关系,故再审申请人就"乔丹"享有姓名权。

法院认为,在适用《商标法》第 31 条的规定对他人的在先姓名权予以保护时,不仅涉及对自然人人格尊严的保护,而且涉及对自然人姓名,尤其是知名人物姓名所蕴含的经济利益的保护。最高人民法院提审后,于 2016 年 12 月 7 日作出判决:(1)撤销北京市第一中级人民法院(2014)一中行(知)初字第 9163 号行政判决;(2)撤销北京市高级人民法院(2015)高行(知)终字第 1915 号行政判决;(3)撤销国家工商行政管理总局商标评审委员会商评字〔2014〕第 052058 号关于第 6020569 号"乔丹"商标争议裁定;(4)国家工商行政管理总局商标评审委员会对第 6020569 号"乔丹"商标重新作出裁定。①

二、商标与字体

正如在前面版权部分所讨论过的,字库字体也可以作为版权作品进行保护。因此,不同字库字体的文字有可能作为美术作品而产生《商标法》第 32 条上的在先权利,从而导致字体与商标之间的冲突。内蒙古大力神食品公司于 2010 年 8 月申请注册了第 8552567 号"蒙歌尔"商标,核定使用的商品为第 29 类"牛肚;肉;肉干;肉片;香肠;食品用动物骨髓;鱼(非活的);肉罐头;死家禽",该商标于 2011 年 11 月被核准注册。2012 年,叶根友(我国知名书法家之一,系叶根友字体创始人)向国家工商总局商标评审委员会对该商标提出无效宣告申请,认为该商标的申请注册损害了其对"叶根友毛笔特色字体"享有的在先著作权。商评委经过审理,裁定争议商标予以核准注册。

叶根友不服,向北京知识产权法院提起行政诉讼。法院经审理后认定,叶根友并未提交证据证明或说明"叶根友毛笔特色字体"字库中的"蒙""歌""尔"3 个汉字相较于现有公知公用的汉字字体具有何种独创性和美感,从而构成我国著作权法上的作品。叶根友以免费软件的方式发布字体字库,意在扩大其字库使用范围,应当

---

① 最高人民法院指导案例 113 号:迈克尔·杰弗里·乔丹与国家工商行政管理总局商标评审委员会、乔丹体育股份有限公司"乔丹"商标争议行政纠纷案,载最高人民法院官方网站。

知道相关公众下载使用的方式和后果。如果相关公众知道叶根友的字库下载有权利保留，可能不再使用该字库，转而使用其他类似的免费字库或对收费字库进行比较后选择使用。叶先将字库以免费软件方式发布，在公众使用字库输出的单字后，又主张公众的使用行为构成侵权，有违诚信原则。因此，法院维持了商评委的裁定。

本案虽然最终没有支持叶根友的诉讼主张，不过，其背后的理论基础并非字库不是版权作品而不产生《商标法》第32条的在先权利，而是有另外两点依据：一是叶根友的字库没有提供证据证明其独创性与美感，从而成为版权法上的作品；二是叶先以免费形式公开，等他人使用以后再提出侵权诉讼，有违诚信原则，不应获得法律上的支持。如果下载以免费形式发布的字库或购买的付费字库，而权利人未对字库字体进行权利限制声明，则权利人一般无权在事后禁止他人使用其以字库输出的单字，无论该使用方式是否为商业性质。若权利人对其字库输出字体的使用范围进行明确、合理且有效的权利限制，则他人使用行为可能会被认定为侵权。①

在另外一个案例中，涉及的是同一文字的中英文商标问题。中国某旅行社集团于1997年注册"某旅"文字商标和相应英文商标，商标核定服务项目为观光旅游。陕西某旅行社（以下简称"陕某旅"）成立于1999年，并于2006年起，陕某旅通过中国某旅行社集团

---

① 参见唐俊、马晓滨：《注册商标使用字库字体是否侵犯著作权——评析第8552567号"蒙歌尔"商标无效宣告案》，载《中华商标》2016年第11期

授权,取得了上述商标许可使用权及对陕西境内商标侵权行为提起诉讼的权利。此后,陕某旅发现西安某旅行社(以下简称西安某旅)在其部分店面招牌及对外广告宣传中使用了"某旅"文字及相应英文字母。陕某旅向法院起诉,请求西安某旅立即停止使用"某旅"字号、立即停止商标侵权行为,并赔偿其损失、登报消除影响。

西安某旅使用的"某旅"字样与涉案注册商标"某旅"相比,两者文字相同,仅字体不同,应当认定构成相似。西安某旅使用的英文字母标识与"某旅"的注册商标英文标识相比,后三位字母相同,亦应认定构成相似。根据《商标法》第58条的规定:"将他人注册商标、未注册的驰名商标作为企业名称中的字号使用,误导公众,构成不正当竞争行为的,依照《中华人民共和国反不正当竞争法》处理。"西安市中级人民法院经审理后认为,西安某旅构成商标侵权,构成不正当竞争行为,判决其立即停止侵权,并进行赔偿、赔礼道歉、消除影响。宣判以后,被告不服,向陕西省高级人民法院提起上诉。陕西高院审理后,认为一审判决认定事实清楚,适用法律正确,予以维持。① 这一案例说明,即便是使用与注册商标文字不同的字体,或者转化英文或其他语言文字的,如果导致消费者误认为是原商标产品从而产生混淆的情形下,也有可能会被认定为商标侵权。

---

① 参见罗亚维:《文字相同字体不同是否构成商标侵权》,载《西部法制报》2020年1月14日。

三、节目名称的商标之争

近年来,关于电视节目名称知识产权保护的纠纷也多有发生。电视节目是运用电视独特的表现手法,调动电子技术手段,广泛吸收音乐、曲艺、杂技、游戏、竞赛问题等艺术形式或非艺术形式为一个独立整体的二次艺术创作。电视节目既保留了单个元素原有的艺术价值,又满足广大观众艺术审美和休闲娱乐的追求。[①] 电视节目名称知识产权纠纷较为典型的案例之一,就是"《非诚勿扰》商标侵权案"。

2008 年,由冯小刚导演的爱情喜剧片《非诚勿扰》上演,获得巨大成功。2009 年,浙江温州人金阿欢申请注册了"非诚勿扰"的商标,并于 2010 年 9 月获得了第 7199523 号商标注册证,核定服务范围为包括"交友服务、婚姻介绍"在内的第 45 类。2010 年 1 月,由江苏卫视制作的大型综艺类节目《非诚勿扰》正式播出。该节目是一档以婚恋交友为主题的电视娱乐节目,引发了广大观众的热捧。深圳市珍爱网信息公司(以下简称"珍爱网")为"非诚勿扰"节目推选相亲对象,提供广告推销服务。播出后不久,《非诚勿扰》电视节目多次获得同时段收视率领先的成绩,成为江苏卫视的金牌栏目。

2013 年 12 月,金阿欢以江苏电视台和珍爱网侵害其注册商标

[①] 参见梁钊:《电视综艺节目名称知识产权保护问题研究——以〈非诚勿扰〉为例》,载《视听》2017 年第 5 期。

"非诚勿扰"商标专用权为由,向深圳市南山区人民法院提起诉讼,请求法院判令江苏卫视频道立即停止使用"非诚勿扰"栏目名称等。2014 年 12 月,法院作出一审判决,认为节目名称《非诚勿扰》虽然是商标使用,但是其属于电视节目,与原告的商标注册服务类别不同。原告的注册商标"非诚勿扰"所对应的商品(服务)系"交友服务、婚姻介绍",即第 45 类;而被告江苏电视台的电视节目名称"非诚勿扰"所对应的商品(服务)系"电视节目",即第 41 类。而且,从服务目的、内容、方式、对象等方面综合考察,被告电视台的《非诚勿扰》电视节目虽然与婚恋交友有关,但终究是电视节目,相关公众一般认为两者不存在特定联系,不会造成公众混淆。综上,两者不属于同类产品或服务,不构成侵权。

原告对一审判决不服,提起上诉。二审法院认为,从服务对象、内容等方面判定,江苏卫视的电视节目《非诚勿扰》提供的正是婚恋、交友等服务,与金阿欢注册核定的服务内容相同,并且由于金阿欢的商标已经投入了商业性的使用,江苏卫视和《非诚勿扰》节目具有很大的知名度,影响了已经注册的商标"非诚勿扰"的正常使用,造成了反向混淆。同时,电视节目《非诚勿扰》获得了大额广告费用,也通过收取短信服务费获利,构成了商业化使用。一审法院认定电视台节目与婚介服务不存在交集的说法不能成立。二审法院裁定撤销深圳市南山区人民法院的一审判决,判令被上诉人立即停止侵害上诉人"非诚勿扰"注册商标的行为,即所属卫视频道立即停止使用《非诚勿扰》栏目名称,同时停止使用"非诚勿扰"名称进行的广告推销、报名筛选、后续服务等行为。① 判决之后,江苏卫视将《非诚勿扰》改名为《缘来非诚勿扰》继续播出,并表示在尊重法律的基础上按照法定程序申请再审。

根据江苏电视台的再审申请,法院将案件争议焦点限定在:1、江苏电视台对被诉标识的使用是否属于商标性的使用;2、江苏电视台是否侵害了金阿欢的涉案注册商标权。在江苏电视台的节目播放过程中,被诉标识"非诚勿扰"已经具有较强的显著性,相关公众看到被诉标识,难免联想到该电视节目及其提供者江苏电视台下属江苏卫视,这客观上起到了指示商品/服务来源的作用。江苏电视台在不少广告中将被诉标识"非诚勿扰"与"江苏卫视"台标、"途牛"、"韩束"等品牌标识并列进行宣传,均反映了江苏电视台主观上存在将被诉标识作为识别来源的商标使用,以及作为品牌进行维护的意愿。因此,江苏电视台"非诚勿扰"标识的使用属于商标性使用。对于被诉节目是否属于第45类中的"交友服务、婚姻介绍"服务,不能仅以其题材或表现形式来简单判定,而应当根据商标在商业流通中发挥识别作用的本质,结合相关服务的目的、内容、方式、对象等方面的情况并结合相关公众的一般认识,综合进行考量。江苏卫视的节目与原告注册服务类别两者无论在服务目的、内容、

---

① 参见金阿欢与江苏省广播电视总台、深圳市珍爱网信息技术有限公司侵害商标权纠纷案,深圳市中级人民法院(2015)深中法知民终字第927号民事判决书。

方式和对象上均区别明显。以相关公众的一般认知,能够清晰区分电视文娱节目的内容与现实中的婚介服务活动,不会误以为两者具有某种特定联系,两者不构成相同服务或类似服务。据此,法院认为,金阿欢的"非诚勿扰"商标与江苏电视台的"非诚勿扰"标识是不同的商标,且使用的服务也不相同,故撤销二审判决,维持一审判决。①

本案是涉及电视节目名称与商标关系的一个典型案例。由于被诉侵权的节目《非诚勿扰》具有较大的知名度,使得本案也受到广泛关注。案件审理历经三审,可谓一波多折。再审判决对于电视节目名称是否属于商标性使用、如何看待电视节目与内容题材之间的关系、如何判断电视节目的服务类别等问题进行了深入分析。再审法院认为,不能简单、孤立地将电视节目的某种表现形式或某一题材内容从整体节目中割裂开来,而应综合考察节目的整体和主要特征,把握本质,作出合理认定。再审判决认为对注册商标的保护范围和保护强度应与注册商标权利人对该商标的显著性和知名度所做出的贡献相符,一定程度上体现了知识产权司法保护力度与创新程度相适应的"比例协调"司法政策。不过,抛开本案金阿欢注册商标"非诚勿扰"这一标识有抄袭冯小刚《非诚勿扰》电影海报嫌疑的瑕疵,再审判决对于反向混淆的问题并没有回应。换言

---

① 参见江苏省广播电视总台、深圳市珍爱网信息技术有限公司与金阿欢侵害商标权纠纷案,广东省高级人民法院(2016)粤民再447号民事判决书。

之,如果金阿欢的商标权在获得时并没有任何瑕疵,公众在看到江苏卫视的商标时,可能会觉得此商标与金阿欢没有什么关系,但是大家反过来会觉得金阿欢有可能是在攀附江苏卫视的商标,从而对金阿欢产生不好的印象。这种情况下,商标权人的权利是否应当获得充分的保护?反向混淆实际上是解决如何确保小企业在与大企业的市场竞争中获得公平保护的问题。

四、字号与商标

字号,又可以称为商号,是一个商事主体彰显自己以区别于另一个商事主体的名称或名号。在我国,《企业名称登记管理实施办法》中对企业名称有各种规定。企业名称应由行政区划、字号、行业、组织形式组成,其中行政区划、行业、组织形式要素属于共有要素,而字号则属于可以独占的要素。准确地说,字号是企业名称中区别于其他企业名称的最显著和最重要的组成部分。不过,字号与商号的使用领域稍有差异。在我国,民法中通常使用字号,而在商法中则广泛使用商号。历史上,字号随着商业活动的出现而出现,一般人们用字号统称各种商店、客栈、钱庄等。① 字号作为重要的商业标识之一,其作用类似于商标。由于国内当前的法律制度对有关字号的法律保护比较繁杂、混乱,现行诸多民商事领域的

---

① 参见白玉苓:《字号、老字号、中华老字号的内涵解析》,载《现代商业》2019年第6期。

法律法规都涉及对企业名称的保护。我国目前采取的企业名称"区域登记注册"和商标"全国统一注册、分级管理"两种不同体制，导致了企业字号与商标权之间的法律冲突。

由于企业字号由文字要素构成，而商标一般也离不开文字要素，这导致两者在形式上存在冲突的可能性。商标识别不同商品和服务的来源，字号识别不同的商事主体，两者的识别功能相似，且均承载着商事主体享有的商业信誉功能。公众在消费选择时，常将产品或服务的质量与商标或商号相联系，这就容易导致将商标与商号混同，权利冲突由此产生。正如前述，字号和商标冲突的根源主要是商标注册与企业名称注册的主管部门不同，程序上也存在较大差别，导致难以做到信息互通、资源共享。目前字号与商标权产生冲突的情形主要有两种：

一是商号侵犯商标权，即将他人注册商标中相同或近似的文字登记注册为自己企业名称中的商号使用；

二是商标侵犯商号权，即将他人企业名称中的商号相同的文字注册为商标使用。

我国近些年字号与商标冲突较多的领域是老字号与商标权之间的纠纷。所谓老字号，是指在商业活动中长期使用，被消费者口口相传，在市场竞争中流传下来的享有社会盛誉的字号。老字号的第一个特点就是"老"字，一般老字号存在的时间至少几十年；第二个特点是，老字号之所以留存下来，是因为其产品质量可靠，并拥有特殊的工艺或传统技术;第三个特点是,老字号以良好的产品或服务在消费者中具有良好的口碑,这是其信誉性的表现。今天提到老字号时,不但意味着古老的企业名称,还包括其丰富的历史、文化、工艺、设计等文化元素。① 老字号的成长历经了漫长的岁月磨砺,老字号的知识产权,本质上就是长期经营活动中逐渐积累形成的产品、技艺和服务,具有弥足珍贵的历史与经济价值。②

老字号权利冲突与一般商标字号权利冲突的不同之处,在于其知识产权归属不明的现状带有复杂的历史成因。老字号常出现商标与字号分离的情形,不过在此过程中各方当事人均不具有主观恶意,而是各自基于与老字号的历史渊源,面临字号与商标分离的事实,同时享有合法的权益。③ 近年来,涉及老字号与商标的纠纷大致分为以下几类:

一是因老字号被盗用引发的纠纷。主要包括:1、将老字号抢注为商标或域名;2、将与老字号相同或相近似的文字进行商标性使用;3、模仿老字号中"有一定影响的包装、装潢"。

二是因同源经营者的共同使用引发的纠纷。这是指在老字号的历史变迁过程中,与其有一定渊源、对其有一定贡献而使用相同字号

---

① 参见白玉苓:《字号、老字号、中华老字号的内涵解析》,载《现代商业》2019年第6期。
② 参见吴学安:《"老字号"商标权亟须构建法律保护机制》,载《民主与法治时报》2018年3月27日。
③ 参见郑璇玉、鞠丽雅:《司法实践中"老字号"的裁判考虑——从"义兴张"商标与字号的历史谈起》,载《中华商标》2019年第8期。

或商标的企业与老字号之间产生的权利归属纠纷。造成这类纠纷的原因，是原先属于一家商业老字号的不同地区分支机构由于历史原因分别注册了独立法人，由此引发不同商业主体之间对商标权归属的争议。

三是涉老字号传人纠纷。在长久的历史发展过程中，许多老字号传人停止了经营。改革开放后，老字号传人逐渐意识到这份历史财富的市场价值，因此产生了老字号传人与传人之间的老字号权属纠纷、老字号传人与字号或商标所有人之间的权属纠纷。前者如最高人民法院再审的京津"泥人张"之争，后者如吴良材后人吴国城等诉上海三联公司、吴良材眼镜公司企业字号权纠纷案。

四是商标权人或字号所有人与实际商标或字号使用人之间的权属纠纷。典型案例如广药集团与加多宝之间关于"王老吉"商标权和相关权利的诉讼。"王老吉"商标的归属尽管明确，但当事人在许可使用过程中，并未就围绕王老吉商标所衍生的商品包装、装潢权益归属作出约定，从而引发多起纠纷。①

我国现行法律法规、司法解释没有对老字号商标与商号冲突问题予以明确规定，司法实践中基本上都采用个案认定的方法进行解决。在老字号权属纠纷过程中，历史因素发挥着较大的作用。家族传承等规则是老字号企业的商业惯例，在特定历史因素消失以后，老字号传承人有重拾旧业的资格，这也符合我国老字号的发展

---

① 参见金民珍等：《老字号知识产权纠纷的类型化及裁判原则》，载《中华商标》2019年第4期。

脉络和当下的公平竞争规则。因此,处理此类纠纷时,法院在裁判中往往会考虑这些历史因素。①

五、域名与商标

域名(Domain Name),又称网络域名,是由一连串用点分隔的名字组成的互联网上计算机或计算机组的名称,是用于在数据传输时对计算机进行定位的标识。由于网络地址是机器读取的地址数字串,人们难以识别,不方便记忆,因此,人们设计出域名系统,通过域名与网络地址互相映射,便于人们访问互联网。可以说,域名系统就是计算机网络中的关于电脑地址的"门牌号"②。随着电子商务进入高速发展阶段,域名也逐渐发展成为网络经营活动中的重要商业符号,发挥着跟传统实体经济中商标与商号类似的标识作用。这样的标识作用给传统商标权的保护带来了挑战,使得传统实体经济的商标与网络域名之间的冲突纠纷开始凸显:一方面,互联网上非商标权权利主体通过注册域名对他人注册商标的使用造成障碍;另一方面,经营者为抢占域名而通过一系列方式对他人合法拥有的域名进行抢夺。③

---

① 参见郑璇玉、鞠丽雅:《司法实践中"老字号"的裁判考虑——从"义兴张"商标与字号的历史谈起》,载《中华商标》2019 年第 8 期。
② 参见高志明:《域名的财产权利客体属性分析——以域名的功用为视角》,载《科技与法律》2017 年第 4 期。
③ 参见徐璐:《互联网域名与商标的协调保护研究》,载《武陵学刊》2020 年第 3 期。

域名与商标之间的冲突主要表现为恶意抢注的行为,最典型的便是故意将他人的驰名商标、著名商标、商号等抢先注册为域名。在我国互联网发展早期,由于还没有建立起完善的域名争议解决体系,出现了某些信息网络公司将宜家、宝洁、杜邦、劳力士等知名商标抢注为域名的现象,从而引发纠纷。随着电子商务的发展,我国也出现了一些反向侵夺的现象,即具有强大实力的商标权人对域名持有人形成碾压的局面。因此,在网络经营中,处理域名与商标争议时,既要防止因域名抢注与盗用而侵犯商标权的行为,又要防止因滥用商标权而侵犯域名合法权益的行为。

对于将知名商标抢注为域名的情形,根据我国最高人民法院2001年《关于审理涉及计算机网络域名民事纠纷案件适用法律若干问题的解释》,将他人注册商标相同或相似的文字注册为域名的行为被定性为侵犯在先商标权或不正当竞争行为。根据我国现行《商标法》第57条的规定,这样的行为也可以视为是"给他人的注册商标专用权造成其他损害的"情形。2002年最高人民法院《关于审理商标民事纠纷案件适用法律若干问题的解释》明确规定,将与他人注册商标相同或相近似的文字注册为域名,并且通过该域名进行相关商品交易的电子商务,容易使相关公众产生误认的,属于《商标法》规定的给他人注册商标专用权造成损害的行为。国家知识产权局2020年颁发的《商标侵权判断标准》第35条第1项也有类似规定。同时,根据2019年新修订的《反不正当竞争法》第 6 条,注册、使用与他人商标相同或近似的域名,造成公众误认为是他人商品或与他人存在特定联系的,或对域名持有人提供的产品或服务来源产生混淆的,可以认定为"其他足以引人误认为是他人商品或者与他人存在特定联系的混淆行为"。

　　对于将他人域名注册为商标的行为,或者是利用商标权进行反向侵夺的行为,我国《商标法》和《反不正当竞争法》也提供了保护依据。根据我国《商标法》第 32 条规定的在先权利保护原则,他人在先注册的域名应当被视为是需要尊重的在先权利。此外,《反不正当竞争法》第 6 条规定了经营者不得实施引人误认为是他人商品或者与他人存在特定联系的行为,其中明确提及"擅自使用他人有一定影响的域名主体部分、网站名称、网页等"。根据此项规定,擅自使用他人域名,包括使用他人域名注册为商标的行为,有可能被认定为《反不正当竞争法》所禁止的行为。

第三节　语言符号与特殊标志管理

在市场竞争活动中,还有许多与商标相似的标志或标记。这些标志有的与商标经济有着联系,能够带来一定的经济价值,有的甚至特别巨大,例如奥运会会标等。但是,这些标识又不同于使用在商品上的商标。当这些标识使用在商品上,或者与商标附在一起时,常常容易与商标产生混淆。对于这一类特殊的标志,国家有专门的管理规定。

一、特殊标志管理规定

为了加强对特殊标志的管理,推动文化、体育、科学研究及其他社会公益活动的发展,保护特殊标志所有人、使用人和消费者的合法权益,国务院于 1996 年颁发了《特殊标志管理条例》。这里所称的特殊标志,指的是经国务院批准举办的全国性和国际性的文化、体育、科学研究及其他社会公益活动所使用的,由文字、图形组成的名称及缩写、会徽、吉祥物等标志。特殊标志的登记由国务院工商行政管理部门负责。经国务院工商行政管理部门核准登记的特殊标志,受《特殊标志管理条例》保护。

根据《特殊标志管理条例》的规定,含有下列内容的文字、图形

组成的特殊标志,不予登记:

(一)有损于国家或者国际组织的尊严或者形象的;

(二)有害于社会善良习俗和公共秩序的;

(三)带有民族歧视性,不利于民族团结的;

(四)缺乏显著性,不便于识别的;

(五)法律、行政法规禁止的其他内容。

特殊标志的组成要素、登记申请、使用和保护的形式与商标存在相类似的地方。两者之间的不同主要在于:

对象不同。特殊标志的所有人指的是经国务院批准举办的全国性和国际性的文化、体育、科学研究及其他社会公益活动的组织者或筹备者。商标权所有人是商品的生产者或经营者。

使用目的不同。特殊标志的使用目的是将所募集的资金,用于特殊标志所服务的社会公益事业,取之于民,用之于民。《特殊标志管理条例》第5条明确规定,特殊标志所有人使用或者许可他人使用特殊标志所募集的资金,必须用于特殊标志所服务的社会公益事业,并接受国务院财政部门、审计部门的监督。商标使用的目的是商品生产者或经营者为区别于其他生产者或经营者的商品,吸引消费者,出售商品。

使用与保护范围不同。特殊标志可用在与其公益活动相关的所有商品或服务项目上。商标限定使用在核定使用的商品项目上,并在该范围内受到保护。

保护期限不同。特殊标志有效期为4年,可适当延展。商标保护期为10年,期满后可续展。

适用法律不同。特殊标志适用《特殊标志管理条例》,商标注册适用《商标法》及其实施条例。

举办社会公益活动的组织者或者筹备者对其使用的名称、会徽、吉祥物等特殊标志,需要保护的,应当向国务院工商行政管理部门提出登记申请。申请特殊标志登记,应当填写特殊标志登记申请书并提交下列文件:

(一)国务院批准举办该社会公益活动的文件;

(二)准许他人使用特殊标志的条件及管理办法;

(三)特殊标志图样5份,黑白墨稿1份。图样应当清晰,便于粘贴,用光洁耐用的纸张印制或者用照片代替,长和宽不大于10厘米、不小于5厘米;

(四)委托他人代理的,应当附代理人委托书,注明委托事项和权限;

(五)国务院工商行政管理部门认为应当提交的其他文件。

国务院工商行政管理部门收到申请后,经审查认为符合《特殊标志管理条例》有关规定,申请文件齐备无误的,自收到申请之日起15日内,发给特殊标志登记申请受理通知书,并在发出通知之日起2个月内,将特殊标志有关事项、图样和核准使用的商品和服务项目,在特殊标志登记簿上登记,发给特殊标志登记证书。特殊标志经核准登记后,由国务院工商行政管理部门公告。申请文件不齐备或者有误的,自收到申请之日起 10 日内发给特殊标志登记申请补正通知书,并限其自收到通知书之日起 15 日内予以补正;期满不补正或者补正仍不符合规定的,发给特殊标志登记申请不予受理通知书。违反《特殊标志管理条例》第 4 条规定的,自收到申请之日起 15 日内发给特殊标志登记申请驳回通知书。申请人对驳回通知不服的,可以自收到驳回通知之日起 15 日内,向国务院工商行政管理部门申请复议。

特殊标志有效期为 4 年。自核准登记日起计算。特殊标志所有人可以在有效期满前 3 个月内提出延期申请,延长的期限由国务院工商行政管理部门根据实际情况和需要决定。特殊标志所有人变更地址,应当自变更之日起 1 个月内报国务院工商行政管理部门备案。已获准登记的特殊标志有下列情形之一的,任何单位和个人可以在特殊标志公告刊登之日至其有效期满的期间,向国务院工商行政管理部门申明理由并提供相应证据,请求宣告特殊标志登记无效:

(一)同已在先申请的特殊标志相同或者近似的;

(二)同已在先申请注册的商标或者已获得注册的商标相同或者近似的;

(三)同已在先申请外观设计专利或者已依法取得专利权

的外观设计专利相同或者近似的；

（四）侵犯他人著作权的。

国务院工商行政管理部门自收到特殊标志登记无效申请之日起3个月内作出裁定，并通知当事人；当事人对裁定不服的，可以自收到通知之日起15日内，向国务院工商行政管理部门申请复议。

特殊标志所有人可以在与其公益活动相关的广告、纪念品及其他物品上使用该标志，并许可他人在国务院工商行政管理部门核准使用该标志的商品或者服务项目上使用。特殊标志的使用人应当是依法成立的企业、事业单位、社会团体、个体工商户。特殊标志使用人应当同所有人签订书面使用合同。特殊标志使用人应当自合同签订之日起1个月内，将合同副本报国务院工商行政管理部门备案，并报使用人所在地县级以上人民政府工商行政管理部门存查。

特殊标志所有人或者使用人有下列行为之一的，由其所在地或者行为发生地县级以上人民政府工商行政管理部门责令改正，可以处5万元以下的罚款；情节严重的，由县级以上人民政府工商行政管理部门责令使用人停止使用该特殊标志，由国务院工商行政管理部门撤销所有人的特殊标志登记：

（一）擅自改变特殊标志文字、图形的；

（二）许可他人使用特殊标志，未签订使用合同，或者使用人在规定期限内未报国务院工商行政管理部门备案或者未报

所在地县级以上人民政府工商行政管理机关存查的;

(三)超出核准登记的商品或者服务范围使用的。

有下列行为之一的,由县级以上人民政府工商行政管理部门责令侵权人立即停止侵权行为,没收侵权商品,没收违法所得,并处违法所得5倍以下的罚款,没有违法所得的,处1万元以下的罚款:

(一)擅自使用与所有人的特殊标志相同或者近似的文字、图形或者其组合的;

(二)未经特殊标志所有人许可,擅自制造、销售其特殊标志或者将其特殊标志用于商业活动的;

(三)有给特殊标志所有人造成经济损失的其他行为的。

特殊标志所有人或者使用人发现特殊标志所有权或者使用权被侵害时,可以向侵权人所在地或者侵权行为发生地县级以上人民政府工商行政管理部门投诉;也可以直接向人民法院起诉。工商行政管理部门受理特殊标志侵权案件投诉的,应当依特殊标志所有人的请求,就侵权的民事赔偿主持调解;调解不成的,特殊标志所有人可以向人民法院起诉。工商行政管理部门受理特殊标志侵权案件,在调查取证时,可以行使下列职权,有关当事人应当予以协助,不得拒绝:

(一)询问有关当事人;

(二)检查与侵权活动有关的物品;

（三）调查与侵权活动有关的行为；

（四）查阅、复制与侵权活动有关的合同、帐册等业务资料。

经国务院批准代表中国参加国际性文化、体育、科学研究等活动的组织所使用的名称、徽记、吉祥物等标志的保护，参照《特殊标志管理条例》的规定施行。

二、奥林匹克标志

2001年，中国获得国际奥委会投票选定的2008年奥运会主办权。为了加强对奥林匹克标志的保护，保障奥林匹克标志权利人的合法权益，促进奥林匹克运动发展，给奥运会举办提供一个良好的环境，2002年，国务院通过了《奥林匹克标志保护条例》（以下简称《条例》），对奥林匹克标志专有权的主体、客体、奥林匹克标志专有权的权利内容以及侵权行为的法律责任都做出了详细具体的规定。《条例》的出台，为奥运标志管理作出了规范，全国上下开始了奥运专用标志的整治活动。2018年，国务院对《条例》进行了修订。

《条例》所称奥林匹克标志是指：

（一）国际奥林匹克委员会的奥林匹克五环图案标志、奥林匹克旗、奥林匹克格言、奥林匹克徽记、奥林匹克会歌；

（二）奥林匹克、奥林匹亚、奥林匹克运动会及其简称等专有名称；

（三）中国奥林匹克委员会的名称、徽记、标志；

(四)中国境内申请承办奥林匹克运动会的机构的名称、徽记、标志;

(五)在中国境内举办的奥林匹克运动会的名称及其简称、吉祥物、会歌、火炬造型、口号、"主办城市名称+举办年份"等标志,以及其组织机构的名称、徽记;

(六)《奥林匹克宪章》和相关奥林匹克运动会主办城市合同中规定的其他与在中国境内举办的奥林匹克运动会有关的标志。

奥林匹克标志权利人,是指国际奥林匹克委员会、中国奥林匹克委员会和中国境内申请承办奥林匹克运动会的机构、在中国境内举办的奥林匹克运动会的组织机构。国际奥林匹克委员会、中国奥林匹克委员会和中国境内申请承办奥林匹克运动会的机构、在中国境内举办的奥林匹克运动会的组织机构之间的权利划分,依照《奥林匹克宪章》和相关奥林匹克运动会主办城市合同确定。奥林匹克标志权利人依照本《条例》对奥林匹克标志享有专有权。未经奥林匹克标志权利人许可,任何人不得为商业目的使用奥林匹克标志。

《条例》所称为商业目的使用,是指以营利为目的,以下列方式利用奥林匹克标志:

(一)将奥林匹克标志用于商品、商品包装或者容器以及商品交易文书上;

(二)将奥林匹克标志用于服务项目中;

(三)将奥林匹克标志用于广告宣传、商业展览、营业性演出以及其他商业活动中;

(四)销售、进口、出口含有奥林匹克标志的商品;

(五)制造或者销售奥林匹克标志;

(六)其他以营利为目的利用奥林匹克标志的行为。

利用与奥林匹克运动有关的元素开展活动,足以引人误认为与奥林匹克标志权利人之间有赞助或者其他支持关系,构成不正当竞争行为的,依照《反不正当竞争法》处理。国务院市场监督管理部门、知识产权主管部门依据本条例的规定,负责全国的奥林匹克标志保护工作。县级以上地方市场监督管理部门依据本条例的规定,负责本行政区域内的奥林匹克标志保护工作。

奥林匹克标志权利人应当将奥林匹克标志提交国务院知识产权主管部门,由国务院知识产权主管部门公告。奥林匹克标志有效期为10年,自公告之日起计算。奥林匹克标志权利人可以在有效期满前12个月内办理续展手续,每次续展的有效期为10年,自该奥林匹克标志上一届有效期满次日起计算。国务院知识产权主管部门应当对续展的奥林匹克标志予以公告。取得奥林匹克标志权利人许可,为商业目的使用奥林匹克标志的,应当同奥林匹克标志权利人订立使用许可合同。奥林匹克标志权利人应当将其许可使用奥林匹克标志的种类、被许可人、许可使用的商品或者服务项目、时限、地域范围等信息及时披露。被许可人应当在使用许可合同约定的奥林匹克标志种类、许可使用的商品或者服务项目、时限、地域范围内使用奥林匹克标志。

未经奥林匹克标志权利人许可,为商业目的擅自使用奥林匹克标志,或者使用足以引人误认的近似标志,即侵犯奥林匹克标志专有权,引起纠纷的,由当事人协商解决;不愿协商或者协商不成的,奥林匹克标志权利人或者利害关系人可以向人民法院提起诉讼,也可以请求市场监督管理部门处理。市场监督管理部门处理时,认定侵权行为成立的,责令立即停止侵权行为,没收、销毁侵权商品和主要用于制造侵权商品或者为商业目的擅自制造奥林匹克标志的工具。违法经营额 5 万元以上的,可以并处违法经营额 5 倍以下的罚款,没有违法经营额或者违法经营额不足 5 万元的,可以并处 25 万元以下的罚款。当事人对处理决定不服的,可以依照《行政复议法》申请行政复议,也可以直接依照《行政诉讼法》向人民法院提起诉讼。进行处理的市场监督管理部门应当事人的请求,可以就侵犯奥林匹克标志专有权的赔偿数额进行调解;调解不成的,当事人可以依照《民事诉讼法》向人民法院提起诉讼。利用奥林匹克标志进行诈骗等活动,构成犯罪的,依法追究刑事责任。

奥林匹克标志除依照本条例受到保护外,还可以依照《著作权法》《商标法》《专利法》《特殊标志管理条例》等法律、行政法规的规定获得保护。

2019年2月，国家知识产权局依据《条例》的规定，对北京2022年冬奥会和冬残奥会组织委员会提交的"北京2022年冬奥会会徽"等14件奥林匹克标志和"北京2022年冬残奥会会徽"等4件残奥会标志予以公告。北京2022年冬奥会和冬残奥会组委会自公告之日起享有对上述标志的专有权，有效期10年。

公告的冬奥会标志包括14件：

（1）第A000001号

图4-1 冬奥会标志

（2）第A000002号

冬奥

（3）第A000003号

冬奥会

(4) 第 A000004 号

北京 2022 年冬奥会和冬残奥会

(5) 第 A000005 号

北京 2022 年冬奥会

(6) 第 A000006 号

北京 2022

(7) 第 A000007 号

第 24 届冬季奥林匹克运动会

(8) 第 A000008 号

北京冬奥组委

(9) 第 A000009 号

北京 2022 年冬奥会和冬残奥会组织委员会

(10) 第 A0000010 号

THE 2022 OLYMPIC AND PARALYMPIC WINTER GAMES

(11) 第 A0000011 号

XXIV OLYMPIC WINTER GAMES IN 2022

(12) 第 A0000012 号

BEIJING 2022 OLYMPIC WINTER GAMES

(13) 第 A0000013 号

BEIJING ORGANISING COMMITTEE FOR THE 2022 OLYMPIC AND PARALYMPIC WINTER GAMES

(14)第 A0000014 号

BEIJING 2022

公告的残奥会标志共 4 件,分别是:

(1)第 A0000015 号

图 4-2 冬残奥会标志

(2)第 A0000016 号

北京 2022 年冬残奥会

(3)第 A0000017 号

第 13 届冬季残奥会

(4)第 A0000018 号

XIII PARALYMPIC WINTER GAMES IN 2022

2020 年 1 月,国家知识产权局对北京 2022 年冬奥会和冬残奥会组委会提交的北京 2022 年冬奥会和冬残奥会吉祥物、志愿者标志等7件奥林匹克标志予以公告。北京2022年冬奥会和冬残奥会组委会自公告之日起享有对上述标志的专有权,有效期10年。

公告北京2022年冬奥会吉祥物标志3件,分别是:

(1) 第A000020号

图4-3 冬奥会吉祥物标志

(2) 第A000021号

冰墩墩

(3) 第A000022号

Bing Dwen Dwen

公告北京2022年冬残奥会吉祥物标志3件,分别是:

(1) 第A000023号

图 4-4　冬残奥会吉祥物标志

（2）第 A000024 号

雪容融

（3）第 A000025 号

Shuey Rhon Rhon

公告北京 2022 年冬奥会和冬残奥会志愿者标志 1 件：

第 A000026 号

图 4-5　冬奥会和冬残奥会志愿者标志

三、世博会、亚运会与进博会标志

(一) 世博会标志

2002年,中国获得2010年世博会的举办权。此次世博会的主题为"城市,让生活更美好"。2004年10月,国务院发布《世界博览会标志保护条例》。同年12月,国家工商行政管理总局下发了《世界博览会标志备案办法》,为上海世博会标志备案提供了法律依据。

《世界博览会标志保护条例》所称世博会标志,是指:

(1) 中国2010年上海世博会申办机构的名称(包括全称、简称、译名和缩写,下同)、徽记或者其他标志;

(2) 中国2010年上海世博会组织机构的名称、徽记或者其他标志;

(3) 中国2010年上海世博会的名称、会徽、会旗、吉祥物、会歌、主题词、口号;

(4) 国际展览局的局旗。

《世界博览会标志保护条例》所称世博会标志权利人,是指中国2010年上海世博会组织机构和国际展览局。中国2010年上海世博会组织机构为前述(1)、(2)、(3)项中的世博会标志的权利人。中国2010年上海世博会组织机构和国际展览局之间关于前述第(4)项中的世博会标志的权利划分,依照中国2010年上海世博会《申办报告》《注册报告》和国际展览局《关于使用国际展览局局旗的规定》确定。世博会标志权利人依照《世界博览会标志保护条例》享有世博会标志专有权。未经世博会标志权利人许可,任何人不得为商业目的(含潜在商业目的,下同)使用世博会标志。

所谓商业目的使用,是指以营利为目的,以下列方式使用世博会标志:

(1)将世博会标志用于商品、商品包装或者容器以及商品交易文书上;

(2)将世博会标志用于服务业中;

(3)将世博会标志用于广告宣传、商业展览、营业性演出以及其他商业活动中;

(4)销售、进口、出口含有世博会标志的商品;

(5)制造或者销售世博会标志;

(6)将世博会标志作为字号申请企业名称登记,可能造成市场误认、混淆的;

(7)可能使他人认为行为人与世博会标志权利人之间存在许可使用关系而使用世博会标志的其他行为。

侵犯世博会标志专有权的赔偿数额,按照权利人因被侵权所受到的损失或者侵权人因侵权所获得的利益确定,包括为制止侵权行为所支付的合理开支;被侵权人的损失或者侵权人获得的利益难以确定的,参照该世博会标志许可使用费合理确定。销售不知道是侵犯世博会标志专有权的商品,能证明该商品是自己合法取得并说明提供者的,不承担赔偿责任。任何单位或者个人可以向工商行政管理部门或有关行政管理部门举报违反《世界博览会标志保护条例》使用世博会标志的行为。世博会标志除依照《世界博览会标志保护条例》受到保护外,还可以依照《著作权法》《商标法》《专利法》《反不正当竞争法》《特殊标志管理条例》等法律、行政法规的规定获得保护。

(二)亚运会标志

1. 广州第16届亚运会

亚运会是亚洲地区规模最大的综合性运动会。2010年,第16届亚运会在中国广州举行。与奥运会和世博会不一样的是,《广州市亚洲运动会知识产权保护规定》不是由国务院颁发的,而是于2008年由广州市人民政府颁发的。2019年,广州人民政府对该规定进行了修订。

《广州市亚洲运动会知识产权保护规定》所称与亚运会有关的商标、特殊标志包括:

(1)亚奥理事会的名称、会徽、会旗、会歌、格言等;

(2)第16届亚运会申办机构的名称、申办标识、申办口号和其他标志;

(3)广州亚组委的名称、徽记、域名和其他标志;

(4)第16届亚运会的名称、会徽、吉祥物、口号、会歌、会旗、火炬、奖牌、纪念章、纪念品等。

以上各项名称包括全称、简称、译名和缩写。

《广州市亚洲运动会知识产权保护规定》禁止侵犯亚运会知识产权的行为包括：

（1）未经授权，在生产、经营、广告、宣传、表演、展览和其他活动中使用与亚运会知识产权相同或者近似的商标、特殊标志；

（2）伪造、擅自制造与亚运会知识产权相同或者近似的商标标识、特殊标志或者销售伪造、擅自制造与亚运会知识产权相同或者近似的商标标识、特殊标志；

（3）变相利用与亚运会知识产权相同或者近似的商标、特殊标志；

（4）未经授权，在企业、事业单位、社会团体、商户等名称中或者在网站、域名、地名、建筑物、构筑物、场所等名称中使用与亚运会知识产权相同或者近似的商标、特殊标志。

2. 杭州第19届亚运会

杭州2022年第19届亚运会组委会对亚运会会徽、口号、名称、吉祥物等进行特殊标志登记和著作权登记，他人未经授权许可，不得随意使用。2020年4月，国家知识产权局依据《特殊标志管理条例》对2022年第19届亚运会组委会提交的"2022年第19届亚运会"特殊标志登记申请予以核准，包括第T2020002号"2022年第19届亚运会"、第T2020003号"杭州亚运会"等12件。登记人为2022年第19届亚运会组委会，活动名称为2022年第19届亚运会，核准使用的商品和服务项目为《商标注册和服务国际分类》第1类至第45类,有效期限为4年。

(三)进博会标志

2018年,首届中国国际进口博览会(以下简称"进博会")在国家会展中心(上海)举行。举办进博会,是中国政府支持贸易自由化和经济全球化,主动向世界开放市场的重大举措,有利于促进世界各国加强经贸交流合作,促进全球贸易和世界经济增长,推动开放型世界经济发展。为了加强对进博会标志的保护,增强进博会标志使用的规范性,维护进博会的合法权益,2019年,进博会主办方根据有关知识产权法律法规,结合筹办工作实际,制定《关于规范使用中国国际进口博览会标志的规定》。根据该规定,进博会标志指:

(1)进博会名称。包括中文名称"中国国际进口博览会",中文简称"进口博览会""进博会"等,英文名称"China International Import Expo",英文缩写"CIIE"等。

(2)虹桥国际经济论坛名称。包括中文名称"虹桥国际经济论坛",英文名称"Hongqiao International Economic Forum"。

(3)进博会标识。为进博会对外公布的标识,由中间的地球、外侧的浅蓝色圆环、进博会中英文名称和英文缩写等部分组成。

(4)进博会吉祥物。主体形象为大熊猫"进宝",也包括"进宝"形象不同姿态和动态的2D、3D衍生形象。

(5)进博会主题口号。中文口号为"新时代,共享未来",英文口号为"New Era, Shared Future"。

中国国际进口博览局(以下简称"进口博览局")对进博会中英文名称及图形、标识和吉祥物形象向国家知识产权局申请注册商标，完成著作权登记和海关知识产权备案。进博会知识产权的使用应当有助于进博会的发展和筹备工作。未经进口博览局同意或许可，任何单位和个人不得擅自使用进博会标志。不得将进博会标识和吉祥物形象等进行拆分、歪曲、篡改等变形使用。任何单位和个人不得冒用进博会、虹桥国际经济论坛、进口博览局的名义提供商品或服务，以及举办会议、展览、广告宣传、征集赞助等活动。

未经进口博览局同意或许可，任何单位和个人不得将进博会名称及图形、标识、吉祥物形象等知识产权用于商品、商品包装或者容器以及商品交易文书上，或者用于广告宣传、展览以及其他商业活动中。任何单位和个人不得实施下列混淆行为，引人误认为与进博会、虹桥国际经济论坛、进口博览局存在特定联系：

(1) 擅自使用与进博会、虹桥国际经济论坛、进口博览局相同或者近似的名称及图形、标识、吉祥物形象；

(2) 擅自使用进博会、虹桥国际经济论坛、进口博览局等域名主体部分、网站名称、网页等；

(3) 其他足以引人误认为是进博会、虹桥国际经济论坛、进口博览局或与其存在特定联系的混淆行为。

为开展进博会相关筹办工作，促进进博会宣传推广等，需要使用进博会标志的,应向进口博览局提出书面申请,明确使用范围、地域和期限等内容,经进口博览局同意并取得授权后方可使用。其中,进博会主题口号不单独授权使用,应与进博会名称及图形、标识或吉祥物形象同时授权使用。被授权使用的单位或个人须在授权书载明的范围、地域、期限内使用。未经进口博览局同意或许可,不得转授权,不得在上海市以外的任何地区使用。

中国国际进口博览会城市服务保障领导小组办公室及其成员单位在本单位进博会筹备工作中及城市文明公益宣传等非商业活动中,可以使用进博会标志。任何单位或个人从事或参与进博会相关的一站式交易服务平台、常年展示交易平台、交易团采购商联盟、进口商品贸易中心、线上或线下交易中心等,使用进博会标志的,应当就使用行为取得进口博览局书面授权。前述单位或个人经进口博览局授权的,在使用中应当使用一站式交易服务平台、常年展示交易平台、交易团采购商联盟、进口商品贸易中心、线上或线下交易中心等名称的全称,不得仅使用"中国国际进口博览会"或其简称进行冠名。取得使用授权的单位或个人,应当加强标志使用的规范与管理,遵守进口博览局制定的标志使用规范。对违反授权书进行使用,以及其他侵犯进博会知识产权和商誉的行为,进口博览局有权撤销授权,依法追究侵权人的法律责任。

四、其他一些特殊标志

(一)国际雪联高山滑雪世界杯延庆站标志

2020年1月,国家知识产权局依据《特殊标志管理条例》对国际雪联高山滑雪世界杯延庆站组委会提交的"2019/2020国际雪联高山滑雪世界杯延庆站标志"(图4-6)的特殊标志登记申请予以核准。登记号为第T2020001号,登记人为2019/2020国际雪联高山滑雪世界杯延庆站组委会,活动名称为2019/2020国际雪联高山滑雪世界杯延庆站比赛,核准使用的商品和服务项目为《商标注册和服务国际分类》第1类至第45类,有效期限为4年。

图4-6 2019/2020国际雪联高山滑雪世界杯延庆站标志

(二)国家国际发展合作署等标识

2020年1月,国家知识产权局对国家国际发展合作署的"国家

第四章　形象认知:语言市场中的商业标记　469

国际发展合作署标识""中国政府对外援助标识(竖版)""中国政府对外援助标识(横版)"等标志予以登记备案,纳入官方标志保护。

国家国际发展合作署标识编号为官方标志 G2020001 号(图 4-7),形状为圆形,颜色为外交蓝,蓝色圆形徽章式样,中间为"中国结"图案和国家国际发展合作署英文简称"CIDCA",周围是"中国国家国际发展合作署"中英文字样。

图 4-7　国家国际发展合作署标志

中国政府对外援助标识(竖版)编号为官方标志 G202000 号(图 4-8),图形为正方形"中国结",标志整体为正方形结构,颜色为中国红,红色"中国结"配以"中国援助"中外文字样和"为了共同的未来"外文表述。

图 4-8　中国政府对外援助标识(竖版)

中国政府对外援助标识(横版)编号为官方标志 G2020003 号(图 4-9),图形为正方形"中国结",标志整体为长方形结构,颜色为中国红,红色"中国结"配以"中国援助"中外文字样和"为了共同的未来"外文表述。

图 4-9　中国政府对外援助标识(横版)

(三)《生物多样性公约》第十五次缔约方大会会标

2020 年 4 月,国家知识产权局依据《特殊标志管理条例》,对中华人民共和国生态环境部提交的 2020 年《生物多样性公约》第十五次缔约方大会会标(中文)(图4-10)特殊标志登记申请予以核准。登记人为中华人民共和国生态环境部,编号为第T2020016号,活动名称为2020年《生物多样性公约》第十五次缔约方大会,核准使用的商品和服务项目为《商标注册用商品和服务国际分类》第1类至第45类,有效期限为4年。

图4-10　2020年《生物多样性公约》第十五次缔约方大会会标(中文)

(四)第六届亚洲沙滩运动会会徽、吉祥物

2020年4月,国家知识产权局依据《特殊标志管理条例》,对2020年第六届亚洲沙滩运动会组委会提交的2020年第六届亚洲沙滩运动会会徽、吉祥物特殊标志登记申请予以核准。

2020年第六届亚洲沙滩运动会会徽登记编号为第T2020014号(图4-11),登记人为2020年第六届亚洲沙滩运动会组委会,活动名称为2020年第六届亚洲沙滩运动会,核准使用的商品和服务项目为《商标注册用商品和服务国际分类》第1类至第45类,有效期限为4年。

图4-11　2020年第六届亚洲沙滩运动会会徽

2020年第六届亚洲沙滩运动会吉祥物登记编号为第T2020015号(图4-12),登记人为2020年第六届亚洲沙滩运动会组委会,活动名称为2020年第六届亚洲沙滩运动会,核准使用的商品和服务项目为《商标注册用商品和服务国际分类》第1类至第45类,有效期限为4年。

图 4-12　2020 年第六届亚洲沙滩运动会吉祥物

(五)中国医疗保障官方标志

2020 年 4 月,国家知识产权局根据《商标法》《专利法》等有关规定,对国家医疗保障局"中国医疗保障官方标志"和"中国医疗保障徽标"标志予以登记备案,并纳入官方标志保护。

中国医疗保障官方标志编号为官方标志 G2020004 号(图 4-13)。形状为字形加文字。CHS 字形为蓝色,中文文字"中国医疗保障"以及英文文字"CHINA HEALTHCARE SECURITY"为灰色。中国医疗保障官方标志以中国医疗保障英文"CHINA HEALTH-CARE SECURITY"的缩写"CHS"为主形。主形下方中文字体"中国医疗保障"为方正粗黑简体,英文字体"CHINA HEALTHCARE SE-CURITY"为方正黑体简体。

图 4-13 中国医疗保障官方标志

中国医疗保障徽标编号为官方标志 G2020005 号（图 4-14）。形状为圆形加文字。CHS 字形为橙色，CHS 字形以外的部分为深蓝色及白色。中国医疗保障徽标以中国医疗保障英文 "CHINA HEALTHCARE SECURITY" 的缩写 "CHS" 为中心，"CHS" 字形设计与中国医疗保障官方标志一致，徽标外形为圆形。圆形下方中文字体 "中国医疗保障" 为方正粗黑简体，英文字体 "CHINA HEALTHCARE SECURITY" 为方正黑体简体。

图 4-14 中国医疗保障徽标

(六) 中华人民共和国成立 70 周年活动标志

2019 年,国家知识产权局发布公告称,依据《特殊标志管理条例》,对国务院新闻办公室提交的"中华人民共和国成立 70 周年活动标志"(图 4-15)的特殊标志登记申请予以核准,核准使用的商品及服务项目为《商标注册用商品和服务国际分类》第 1 类至第 45 类,有效期限为 4 年。该标志由国务院新闻办公室于 2019 年 6 月 3 日正式发布。国务院新闻办公室在庆祝活动标志的使用说明中,明确规定该标志用于各地各部门庆祝中华人民共和国成立 70 周年活动环境布置和群众性主题教育活动用品制作,并要求庆祝活动标志不得用于商业广告、制作商标或其他任何商业性用途,不得用于私人庆典和吊唁活动,而且以庆祝活动标志为元素制作的用品要与庆祝中华人民共和国成立 70 周年主题密切相关,不得乱用、滥用。

图 4-15 中华人民共和国成立 70 周年活动标志

第四节　广告用语及专名管理

一、广告用语规范

广告,顾名思义,就是广而告之,向社会公众告知某件事物的意思。随着商业社会的发展,我们的生活越来越多地被广告包围,手机、电视、报纸、杂志等媒介都充斥着各种各样的广告。商业性广告是以推销商品或提供服务为目的,以付费方式通过广告媒体向消费者或用户传递商品或服务信息的手段。在现代社会,商标逐渐成为商品广告和宣传的代言人。各大公司都大力投资广告,用广告方式传达品牌具有的独特、鲜明的个性主张,使产品得以与目标消费群建立某种联系,顺利进入消费者的生活和视野,达到与其心灵的深层沟通。通过对商标的广告,能够大力提升商标的品质保证和销售说服功能,在消费者心中树立某种印象和地位,使商标变成一个有意义的带有高附加值的符码。

不过,由于广告具有社会传播效能,因此各国对于广告活动的范围与措辞用语都有严格的规定。我国《广告法》对广告中的措辞用语以及禁止使用的语言文字有详细规定。《广告法》规定,广告中对商品的性能、功能、产地、用途、质量、成分、价格、生产者、有效期限、允诺等,或者对服务的内容、提供者、形式、质量、价格、允诺等有表示的,应当准确、清楚、明白。广告中表明推销的商品或者服务附带赠送的,应当明示所附带赠送商品或者服务的品种、规格、数量、期限和方式。法律、行政法规规定广告中应当明示的内容,应当显著、清晰表示。

广告不得有下列情形:

(一)使用或者变相使用中华人民共和国的国旗、国歌、国徽,军旗、军歌、军徽;

(二)使用或者变相使用国家机关、国家机关工作人员的名义或者形象;

(三)使用"国家级"、"最高级"、"最佳"等用语;

(四)损害国家的尊严或者利益,泄露国家秘密;

(五)妨碍社会安定,损害社会公共利益;

(六)危害人身、财产安全,泄露个人隐私;

(七)妨碍社会公共秩序或者违背社会良好风尚;

(八)含有淫秽、色情、赌博、迷信、恐怖、暴力的内容;

(九)含有民族、种族、宗教、性别歧视的内容;

(十)妨碍环境、自然资源或者文化遗产保护;

(十一)法律、行政法规规定禁止的其他情形。

上述第(三)项提到的极限用语是新广告法的一个较大特点。这些极限用语包括:国家级、世界级、最高级、最佳、最大、第一、唯一、首个、最好、精确、顶级、最高、最低、最具、最新技术、最先进科学、国家级产品、最便宜、最新、最先进、最大程度、最填补国内空白、绝对、独家、首家、最新、第一品牌、金牌、最先、顶级、独家、全网销量第一、全球首发、全国首发、世界领先、顶级工艺、最新科学、最新技术、最先进加工工艺、最时尚、极品、终极、顶尖、最受欢迎、王牌、冠军、第一(NO.1/Top1)、极致、永久、掌门人、领袖品牌、独一无二、绝无仅有、前无古人、史无前例、万能等措辞。

《广告法》还规定，如果广告内容涉及的事项需要取得行政许可的，应当与许可的内容相符合。广告使用数据、统计资料、调查结果、文摘、引用语等引证内容的，应当真实、准确，并表明出处。引证内容有适用范围和有效期限的，应当明确表示。广告中涉及专利产品或者专利方法的，应当标明专利号和专利种类。未取得专利权的，不得在广告中谎称取得专利权。禁止使用未授予专利权的专利申请和已经终止、撤销、无效的专利作广告。广告不得作贬损性的宣传，贬低其他生产经营者的商品或者服务。广告应当具有可识别性，能够使消费者辨明其为广告，也即不得进行所谓的"软文"广告。大众传播媒介不得以新闻报道形式变相发布广告。通过大众传播媒介发布的广告应当显著标明"广告"，与其他非广告信息相区别，不得使消费者产生误解。此外，《广告法》还对药品广告、保健品广告、农药兽药广告、交通工具中的广告、烟草制品广告、酒类广告、教育培训广告、招商广告、房地产广告、农作物种子广告等特殊广告的用语都进行了非常详尽的规范。

二、人名管理

在前面部分曾讨论过姓名权与商标权之间的冲突。姓名权是公民依法享有的一项重要的人格权,其本义是公民依法享有的决定和使用其姓名并排除他人干涉的权利。根据我国《民法典》第1012条的规定,自然人享有姓名权,有权依法决定、使用、变更或者许可他人使用自己的姓名,但是不得违背公序良俗。第1014条规定,任何组织或者个人不得以干涉、盗用、假冒等方式侵害他人的姓名权或者名称权。第1016条规定,自然人决定、变更姓名,或者法人、非法人组织决定、变更、转让名称的,应当依法向有关机关办理登记手续,但是法律另有规定的除外。民事主体变更姓名、名称的,变更前实施的民事法律行为对其具有法律约束力。第1017条规定,具有一定社会知名度,被他人使用足以造成公众混淆的笔名、艺名、网名、译名、字号、姓名和名称的简称等,参照适用姓名权和名称权保护的有关规定。

由于每个人的名字不仅是一个"个性"的问题,这个名字还要在社会中使用,因此它也涉及社会管理、社会交往的问题。目前,我国关于姓名登记的法律法规主要还是1958年《中华人民共和国户口登记条例》。该条例规定,公民变更姓名,依照下列规定办理:(1)未满18周岁的人需要变更姓名的时候,由本人或者父母、收养人向户口登记机关申请变更登记;(2)18周岁以上的人需要变更姓名的时候,由本人向户口登记机关申请变更登记。随着社会经济的发展,追求有个性名字的社会需求越来越普遍。我们需要对姓名权进行更详细的立法,在保障姓名权这一重要民事权利的同时,又能确保起名行为不违背社会善良风俗和一般道德要求。

三、企业名称管理

企业名称是作为法人的公司或企业在以民事主体的身份参与民事活动(如签订合同、抵押贷款等)时需要使用的名称。与自然人名称相对,企业名称属于一种法人人身权,随法人存在而存在,随法人消亡而消亡。《民法典》第 1013 条规定,法人、非法人组织享有名称权,有权依法决定、使用、变更、转让或者许可他人使用自己的名称。企业名称必须经过核准登记才能取得。根据国家工商行政管理局 1991 年颁布的《企业名称登记管理规定》的规定,企业名称的构成包含四项基本要素:行政区划名称、字号(或商号)、行业或者经营特点、组织形式。

四、地名管理

1.《地名管理条例》

地名是人们赋予某一特定空间位置上的自然或人文地理实体的专有名称,是人们从事社会交往和经济活动广泛使用的媒介。每个人在每天的生活中都离不开地名。地名不仅是地理的标识,同时也是文化的传承。在某些特定情况下，地名甚至是一个国家领土主权的体现。在国际关系中，因地名引发的政治和外交问题不胜枚举。规范地名信息，不仅可以为经济社会发展提供便捷及时规范的服务，为公众参与政治经济和文化活动创造良好的条件，还可以为日益频繁的国际国内交流创造和谐的社会环境。

国务院于1986年颁布并实施了《地名管理条例》，对地名的使用进行了规范。经过30多年的经济社会发展，地名管理的形势和任务发生了很大变化。2022年，国务院公布了修订后的《地名管理条例》，内容由原先的13条扩展到44条。新条例对地名管理的外延进行了扩展，除地名命名更名事务外，增加了地名使用、地名文化保护等内容。新条例结合法治政府建设要求，吸收部门规章、地方性法规有关规定，遵循地名形成、演变规律，在地名规划、命名更名原则和规则、审批权限和程序、注销、公布备案等方面进行了细化完善，形成了相对完整、程序规范的管理体系。

2. 地理标志保护

地理标志是地名的一种，又称原产地标志。地理标志是鉴别原产于一成员国领土或该领土的一个地区或一地点的产品的标志，该标志产品的质量、声誉或其他确定的特性应主要取决于其原产地。TRIPs协定第22条第1款对于地理标志有明确的定义。地理标志是指标示某商品来源于某地区，该商品的特定质量、信誉或者其他特征，主要由该地区的自然因素或者人文因素所决定的标志。在我国，地理标志的保护主要有两条途径:一是向国家知识产权局登记注册为地理标志;二是向国家知识产权局申请注册为集体商标或证明商标。

2018年以前较长的一段时间,我国对于地理标志的管理比较混乱。其中,涉及原产地名称的,由对外贸易主管部门管理;涉及产品质量和技术标准的部分,分别由产品质量以及标准部门管理;注册为商标的,则由商标行政部门管理。国家质量监督检验检疫总局2005年颁发了《地理标志产品保护规定》,明确要求申请地理标志产品保护的,应依该规定经审核批准;另外,使用地理标志产品专用标志,必须依照该规定经注册登记,并接受监督管理。

2018年国家机构改革,将地理标志管理的职能统一到国家知识产权局。2020年4月,国家知识产权局发布了《地理标志专用标志使用管理办法(试行)》,对地理标志专用标志的使用进行了统一和规范。

地理标志专用标志是官方标志,体现庄严、权威的设计特点。设计选用的是最具代表性的自然地理和人文历史符号,以长城及山峦剪影为前景,以稻穗象征丰收,代表着中国地理标志卓越品质与可靠性。选用透明镂空的设计,增强了标志在不同产品包装背景下的融合度与适应性,便于企业在不同类型产品和各异包装中进行设计使用。以经纬线地球为基底,中文为"中华人民共和国地理标志",英文为"GEOGRAPHICAL INDICATION OF P.R.CHINA","GI"为国际通用的"Geographical Indication"缩写名称,以确保不同语言、文化背景的多层次消费群体均直观可读,表达了地理标志作为全球通行的一种知识产权类别和地理标志助推中国产品"走出去"的美好愿景。地理标志专用标志合法使用人可在国家知识产权局官方网站下载基本图案矢量图。地理标志专用标志矢量图可按比例缩放,标注应清晰可识,不得更改专用标志的图案形状、构成、文字字体、图文比例、色值等。

我国在2001年修正《商标法》时增设了地理标志方面的规定,体现于第16条第2款:"前款所称地理标志,是指标示某商品来源于某地区,该商品的特定质量、信誉或者其他特征,主要由该地区的自然因素或者人文因素所决定的标志。"我国《商标法》对地理标志所下的定义与TRIPs协定基本相同,即:地理标志是表明某一种商品来源于一成员方地域内或此地域内的一地区,并且该产品的特定品质、信誉或其他特征,主要与该地理来源相关联的标志。商标中有地理标志或者与地理标志相同或者近似,而其指定使用商品并非来源于该标志所标示的地区,容易导致相关消费者混淆误认的,不得注册。但是,已经善意取得注册的继续有效。根据我国《商标法》的相关规定,符合条件的地理标志可以申请注册为集体商标或证明商标来获得保护。

五、域名管理

正如前文讨论的,域名是一连串用点分隔的名字组成的互联网上计算机或计算机组的名称,是用于在数据传输时对计算机进行定位的标识。这一标识可以说是用户访问网站的一个重要途径与流量入口,对于网站运营来说极为重要。对于在互联网上提供经营活动的企业来说,必须要有合适的域名。良好的域名便于记忆和输入,因而能够发挥良好的市场推广作用。

由于域名注册没有词汇限制,使得域名出现关键词垄断功用。域名的关键词垄断功用包括:(1)行业词汇垄断。行业词汇具有唯一性,而".COM"和".CN"等域名后缀的行业全拼也具有唯一性,这导致一旦拥有某个行业全拼域名,就有建设某行业网站的最优域名条件。这一点与商标注册规则不同。商标法为了防止行业垄断行为的出现,一般都禁止注册行业词汇作为商标。(2)通用词汇垄断。注册商品或服务的通用名称为主流后缀的域名,能够更直接表达网站提供的商品或服务,具有很强的垄断性。这一点与商标的注册规则也不同。商标法一般也禁止注册商品或服务通用名称词汇作为商标。(3)自然词汇垄断。大量的自然词汇注册为主流后缀域名后,也有很多用途,比如描述性用途,可以作为网站的名称,以及相应商品或服务的描述性名称等。①

因此,从语用视角来看,域名资源成为一种有限的语用资源。一个好的域名一旦被他人抢先注册后,其他人往往无法获得,或者

---

① 参见高志明:《域名的财产权利客体属性分析——以域名的功用为视角》,载《科技与法律》2017年第4期。

需要花费高额代价进行收购。这些都表明,对域名的管理需要更加严谨和规范。原国家信息产业部(现工业和信息化部)2002年颁发了《中国互联网络域名管理办法》,2004年进行了修订。2017年,工业和信息化部通过并公布《互联网域名管理办法》,同时废止了《中国互联网络域名管理办法》。《互联网域名管理办法》共六章58条,对互联网域名管理中的基本问题进行了规定。2018年8月,国务院办公厅公布了《关于加强政府网站域名管理的通知》,进一步健全政府网站域名管理体制,规范政府网站域名结构,优化政府网站域名注册注销等流程,加强域名安全防护及监测处置工作。此外,最高人民法院对于计算机网络域名的纠纷与争议也发布了相应的司法解释。

第五节 语言企业商标分布态势

一、语言企业商标总体分布①

下文对我国部分语言企业商标分布态势进行统计分析。针对语言企业的重要申请人截至 2020 年 4 月的商标数据进行了检索,共检出商标约 14 万余件。从商标的法律状态来看,已注册商标约 10 万件,占比 70% 左右;已经无效的商标约 3 万件,占比 20% 左右;正在申请注册的商标约 1.9 万件,占比 13% 左右(图 4-16)。

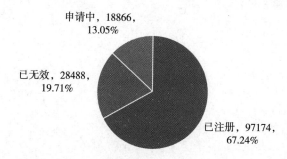

图 4-16 语言企业商标法律状态分布

---

① 本部分商标检索与分析数据主要由中国专利信息中心郎玉涛、魏君,国家知识产权局专利局专利审查协作北京中心蒋群承担完成。

从商标类型上看,分为普通商标与特殊商标。其中,普通商标是指在正常情况下使用未受到特别法律保护的绝大多数商标,是与驰名商标相对应的一种商标。特殊商标包括驰名商标、联合商标、防御商标、地理标志与集体商标。对语言文化产业企业的商标类型进行统计后发现,普通商标约 6 万件,占比 40% 左右;特殊商标约 8.5 万件,占比 60% 左右(图 4-17)。

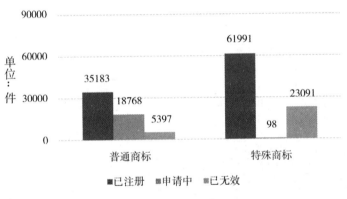

图 4-17 语言企业商标类型分布

(一)语言企业商标申请布局

语言企业中商标申请排名 TOP20 的企业,参见表 4-1。在语言企业中,龙头企业的商标集中度较高。另外,从企业的地域分布看,北京企业 10 家(占比 50%),广东企业 7 家(占比 35%),浙江 2 家,上海 1 家。

表 4-1　语言企业商标申请排名 TOP20

排名	申请人	商标数量	省市
1	百度在线网络技术（北京）有限公司	4376	北京
2	腾讯科技深圳有限公司	4000	广东
3	阿里巴巴集团控股有限公司	3502	浙江
4	华为技术有限公司	2474	广东
5	盛趣信息技术（上海）有限公司	2410	上海
6	北京奇艺世纪科技有限公司	2136	北京
7	网易（杭州）网络有限公司	2113	浙江
8	北京奇虎科技有限公司	1793	北京
9	小米科技有限责任公司	1414	北京
10	中国联合网络通信集团有限公司	1376	北京
11	中国平安保险（集团）股份有限公司	1273	广东
12	北京达佳互联信息技术有限公司	1242	北京
13	优酷网络技术（北京）有限公司	1130	北京
14	北京嘀嘀无限科技发展有限公司	1008	北京
15	北京百度网讯科技有限公司	973	北京
16	北京大米未来科技有限公司	836	北京
17	维沃移动通信有限公司	809	广东
18	亚马逊技术服务（深圳）有限公司	809	广东
19	OPPO广东移动通信有限公司	804	广东
20	广州华多网络科技有限公司	795	广东

（二）语言企业商标申请趋势

2010 年至 2019 年，语言文化企业的商标年均增长率为 21.35%，处于一个明显的快速上升通道之中（图 4-18）。

二、重点语言企业商标实力分析

下文我们选择主要的语言企业，对其商标实力布局进行分析。

检索到安徽科大讯飞公司商标数据约 40 条，注册商标名称为声动炫铃、语音个性手机铃声等,以及灵犀语音助手、E 教通等。在检索到的安徽科大讯飞商标中,主要覆盖第 42 类科技服务类,第 38 类通信服务类等。

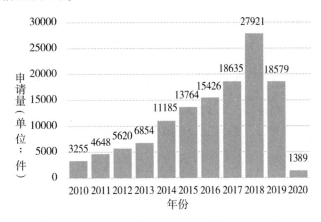

图 4-18　2010—2020 年语言企业商标申请趋势

检索到北大方正集团约 300 条数据,注册商标名称为北大资源、PKU RESOURCES、方正印捷网络印刷平台、方正智慧、云端悦读、方正印捷网印资源、北大资源集团 PKU RESOURCES GROUP PKU、云端读报、方正随身书、FOUNDER 等。在检索到的北大方正商标中,主要覆盖第 38 类通信服务类,第 41 类教育娱乐类,第 42 类科技服务类等。

检索到中译语通公司商标数据约 230 条,注册商标名称为 MERCUBE、LITX、卓英、DATA GALAXY、AI ZERO AI、JOVE ARCH、AI ZERO AI、找翻译 FINDYEE、YEEKIT、译见、YEECAPTION、YE-

ECLOUD 等。在检索到的中译语通商标中，主要覆盖第 38 类通信服务类，第 41 类教育娱乐类，第 42 类科技服务类等。

检索到苏州思必驰公司商标数据约 50 条，注册商标名称为语言精灵、AIHOME、AISTAR、AIROBOT、DUI AISPEECH、问答精灵、知识精灵、聊天精灵、对话精灵、AISPEECH、会话精灵、TALKING GENIE、闲聊精灵等。在检索到的苏州思必驰商标中，主要覆盖第 38 类通信服务类，第 41 类教育娱乐类，第 42 类科技服务类等。

检索到北京声智公司商标数据约 170 条。注册商标名称为 SOUNDAI、嗨小曼、AZERO、声智、达瓦、聆卡、FFVK、SOUNDPI、小曼丫头、MICROSOUND、声智科技、NDATA、嘿声智、嗨小智、嘿小声、你好小声、你好小曼、你好声智等。在检索到的北京声智商标中，主要覆盖第 38 类通信服务类，第 41 类教育娱乐类，第 42 类科技服务类等。

检索到云知声公司商标数据约 40 条。注册商标名称为语言精灵、AIHOME、AISTAR、AIROBOT、DUI AISPEECH、问答精灵、知识精灵、聊天精灵、对话精灵、AISPEECH、会话精灵、TALKING GENIE、闲聊精灵等。在检索到的云知声商标中，主要覆盖第 38 类通信服务类，第 41 类教育娱乐类，第 42 类科技服务类等。

检索到传神联合公司商标数据约 50 条。注册商标名称为微译、兼职客、兼职哥、人人译、一起译、LUGUOGE、路过客、传神、GJDS、一起、唯译、KJDS、TRANSN、拍拍译等。在检索到的传神联合商标中，主要覆盖第 38 类通信服务类，第 41 类教育娱乐类，第 42

类科技服务类等。

检索到汉王科技公司商标数据约 210 条。注册商标名称为嗅嗅、E SMELL、SMELL ID、FACEOK、全能拍、BODYID、人脸通、鼻祖、领嗅、云嗅、HANVON FACEID、汉王 FACEID、云识别、BODYID、智远科技等。在检索到的汉王科技商标中，主要覆盖第 38 类通信服务类，第 41 类教育娱乐类，第 42 类科技服务类等。

检索到外研社商标数据约 220 条。注册商标名称为丽声、为阅读 爱阅读、星工场、家庭阅读季、领先阅读、译点通、ITRANS、金书签、阅读公社、理想树、对流、博雅双语等。在检索到的外研社商标中，主要覆盖第 38 类通信服务类，第 41 类教育娱乐类，第 42 类科技服务类等。

检索到广东小天才公司商标数据约 100 条。注册商标名称为快乐小天才、快乐小天使、伙聊、STUDY OS、问、报平安、小布、智能答疑、云老师、IMOO、乐问、CLOUDTEACHER、MASTERCLOUDS、天才小子、天才兔、酷沃奇、CAKOO、水保、OKII、逻辑宝、爱眸、乡音易改、学吧、CAWATC 等。在检索到的广东小天才数据中，主要覆盖第 38 类通信服务类，第 41 类教育娱乐类，第 42 类科技服务类等。

第五章 语言知识产权保护与监测体系

第一节 标准健全的知识产权管理体系

无论是提供语言产品或服务的语言企业,还是从事语言研究的高校或科研机构,都应当建立起一套融语言研发、信息搜寻、组织管理、资产经营、国际化发展、市场监测与风险防控为一体的综合性的知识产权动态管理体系,实施正确的知识产权管理策略,掌握利用知识产权进行市场竞争的技巧,有效地保护知识产权和应对危机,从而在市场竞争中获得持久性的竞争优势。

一、知识产权管理标准

为了帮助市场主体提升知识产权管理能力和水平,我国从2013年起先后颁发了《企业知识产权管理规范》《科研组织知识产权管理规范》与《高等学校知识产权管理规范》。

《企业知识产权管理规范》以企业知识产权管理体系为标准化

对象,旨在指导企业建立科学、系统、规范的知识产权管理体系,帮助企业积极应对全球范围内的知识产权竞争态势,全面提升企业知识产权管理能力。《企业知识产权管理规范》提供了一种基于过程方法的企业知识产权管理模型,用于指导企业策划、实施、检查、改进知识产权管理体系。其主要内容包括:(1)"范围",明确了标准使用的组织;(2)"规范性引用文件",说明了标准引用其他标准的相关内容;(3)"术语和定义",界定了标准中提及的知识产权、过程、产品、体系、管理体系、知识产权方针、知识产权手册的定义;(4)"知识产权管理体系",规定了企业知识产权管理体系的主要内容;(5)"管理职责",规定了管理者及管理部门的职责权限;(6)"资源管理",规定了企业知识产权资源管理的要求,包括人力资源、基础设施、财务资源、信息资源的管理要求;(7)"基础管理",规定了知识产权生命周期过程的管理要求,包括获取、维护、运用和保护的知识产权管理流程,以及合同和保密措施管理环节的知识产权要求;(8)"实施和运行",规定了企业生产经营环节的知识产权管理要求,包括立项、研发、采购、生产、销售和售后等各个环节,突出了全流程管理理念;(9)"审核和改进",规定了知识产权管理的检查和改进要求,包括审核和改进的总体要求,以及内部审核、分析与改进阶段的管理要求。

《科研组织知识产权管理规范》规定了科研组织策划、实施、运用、检查、改进知识产权管理体系的要求。该规范主要适用于中央或地方政府建立或出资设立的科研组织的知识产权管理。其他性质的科研组织可以参照执行。《科研组织知识产权管理规范》指导科研组织依据法律法规，基于科研组织的职责定位和发展目标，制定并实施知识产权管理战略。科研组织可以根据自身需求、创新方向及特点等，在实施过程中对标准的内容进行适应性调整，建立符合实际的知识产权管理体系，以保证标准实施的适宜性和有效性。《科研组织知识产权管理规范》针对科研组织的项目管理特点，指导科研组织建立、运行并持续改进知识产权管理体系。其主要内容包括：(1)"范围"，明确了标准使用的组织；(2)"规范性引用文件"，说明了标准引用其他标准的相关内容；(3)"术语和定义"，界定了标准中提及的科研组织、知识产权、管理体系、知识产权方针、知识产权手册、员工、知识产权记录文件、科研项目、项目组、专利导航、知识产权专员的定义；(4)"总体要求"，规定了建立、实施、运行知识产权管理体系的总体要求，包括管理体系建立的总体要求，以及知识产权方针和目标、知识产权手册和文件管理等方面的要求；(5)"管理职责"，规定了管理者及管理部门的职责权限，包括最高管理者、管理者代表、知识产权管理机构、知识产权服务支撑机构、研究中心、项目组的知识产权管理职责权限；(6)"基础管理"，规定了科研组织和知识产权基础管理的内容，包括人力资源、科研设施管理、合同管理、信息管理四个方面的管理要求；(7)"科研项目管理"，规定了科研组织针对科研项目的知识产权管理要求，包括科研项目在分类、立项、执行、结题验收等阶段知识产权管理的基本要求;(8)"知识产权运用",规定了科研组织在知识产权运用环节的管理要求,包括评估与分级管理、实施和运营、许可和转让、作价投资等方面的内容;(9)"知识产权保护",规定了科研组织为防止被侵权和知识产权流失应开展的工作,包括建立标识、版权、专有信息等保护制度,以及知识产权纠纷应对机制等;(10)"资源保障",规定了科研组织知识产权管理的基本保障要求,包括软硬件条件保障和财务保障要求;(11)"检查和改进",规定了科研组织知识产权管理体系持续改进的要求,包括检查监督和评审改进的要求。

《高等学校知识产权管理规范》主要适用于我国各类高等学校的知识产权管理,其他教育组织可以参照执行。《高等学校知识产权管理规范》指导高等学校基于自身状况和发展战略,将知识产权有效融合到高等学校的科学研究、社会服务、人才培养、文化传承创新当中。高等学校根据自身发展需要、创新方向及特点等,在实施过程中可对该标准内容进行适应性调整,建立符合实际的知识产权管理体系,实现全过程的知识产权管理,提高科技创新能力,促进科技创新成果的价值实现。《高等学校知识产权管理规范》规定了高等学校的文件管理、组织管理、基础管理,以及知识产权获取、运用、保护、检查和改进等要求。其主要内容包括:(1)"范围",明确了标准适用的组织;(2)"规范性引用文件",说明了标准引用其他标准的相关内容;(3)"术语和定义",界定了标准中提及的知识产权、教职员工、科研项目、项目组、知识产权专员、专利导航等定义；(4)"文件管理"，规定了高等学校知识产权文件的管理要求，包括知识产权文件的类型和文件控制要求；(5)"组织管理"，规定了管理者及管理部门的职责权限，包括校长、管理委员会、管理机构、服务支撑机构、学院（系）、项目组、知识产权顾问的知识产权职责权限；(6)"资源管理"，规定了高等学校知识产权资源管理的内容，包括人力资源、财务资源、资源保障、基础设施、信息资源等方面的管理要求；(7)"知识产权获取"，规定了高等学校在知识产权获取环节的管理要求，包括自然科学类科研项目、人文社会类科研项目以及其他方面的知识产权获取管理要求；(8)"知识产权运用"，规定了高等学校在知识产权运用环节的管理要求，包括分级管理、策划推广、许可和转让、作价投资等方面的内容；(9)"知识产权保护"，规定了高等学校在知识产权保护环节的管理要求，包括合同管理和风险管理两方面的内容；(10)"检查和改进"，规定了高等学校知识产权管理体系持续改进的要求，包括检查监督、绩效评价、改进提高的要求。

现行的知识产权管理标准主要借鉴了 PDCA（Plan-Do-Check-Act）的科学管理理念，提出基于过程方法的知识产权管理模型。这一模型指导策划、实施、检查、改进知识产权管理体系，满足知识产权管理需求，实现激励创造、灵活运用、全面保护和系统管理的知识产权目标。语言企业与语言研究机构可以参照这一标准，建立起贯穿研发创新、产品销售、市场推广全业务,以及资源管理、实施和运行的生产经营全流程知识产权管理体系,促进语言企业或研究机构将知识产权管理与实际研发、生产经营活动相结合,通过多途径和渠道运用知识产权,实现对企业和科研机构创新成果的有效保护与市场盈利预期目标。

二、知识产权管理体系[①]

知识产权管理体系是以企事业单位经营发展为目标,确定企事业单位知识产权方针和目标,以及实现该目标的过程的相互关联或相互作用的要素集合,是企事业单位诸多管理体系的重要组成部分。

(一)知识产权管理体系概述

语言企业或科研机构要建立起知识产权管理体系,将国家标准的要求融入语言企业、科研组织或高等院校的日常管理工作之中,并通过体系的持续运行与改进,实现全过程知识产权管理,增强企业、科研组织或高等学校的语言创新能力,提升知识产权质量和效益,防范知识产权风险,促进语言创新成果和知识产权价值的实现。

语言知识产权管理体系是语言生产主体(企业、科研组织、高等学校)管理体系的重要组成部分,该体系作为一个整体过程,包括知

---

① 本部分主要参考国家质检总局、国家标准化管理委员会《企业知识产权管理规范》(GB/T 29490-2013)。

识产权管理的策划、实施、检查和改进等环节。市场主体利用资源将输入转化为输出的任何一项或一组活动,均可视为一个过程。语言生产主体知识产权管理体系的输入是市场主体经营发展对知识产权管理的需求,一般包括:

a) 开发语言新产品,研发语言新技术;

b) 提高语言产品附加值,扩大市场份额;

c) 防范知识产权风险,保障投资安全;

d) 提高生产效率,增加经济效益。

通过持续实施并改进知识产权管理体系,输出的内容一般包括:

a) 激励创造知识产权,促进技术创新;

b) 灵活运用知识产权,改善市场竞争地位;

c) 全面保护知识产权,支撑企业持续发展;

d) 系统管理知识产权,提升企业核心竞争力。

知识产权管理体系的过程方法覆盖:

a) 策划:理解语言生产主体知识产权管理需求,制定知识产权方针和目标;

b) 实施:在语言生产主体的业务环节(产品的立项、研发、采购、生产、销售和售后)中获取、维护、运用和保护知识产权;

c) 检查:监控和评审知识产权管理效果;

d) 改进:根据检查结果持续改进知识产权管理体系。

(二)知识产权管理机构与职责

一般来说,语言生产企业或科研机构中的最高管理决策者应当担任知识产权管理的第一责任人,通过以下活动实现知识产权管理体系的有效性:

a) 制定知识产权方针;

b) 制定知识产权目标;

c) 明确知识产权管理职责和权限,确保有效沟通;

d) 确保资源的配备;

e) 组织管理评审。

管理决策者应批准、发布语言企业或科研机构的知识产权方针,并确保方针的实施:

a) 符合相关法律法规和政策的要求;

b) 与企业经营发展情况或科研机构研发情况相适应;

c) 在企业或科研院所内部得到有效运行;

d) 在持续适宜性方面得到评审;

e) 形成文件,付诸实施,并予以保持;

f) 得到全体员工的理解。

管理决策者应确保:

a) 理解相关方的要求,对知识产权管理体系进行策划,满足知识产权方针的要求;

b) 知识产权获取、维护、运用和保护活动得到有效运行和控制;

c）知识产权管理体系得到持续改进。

管理决策者应针对企业或科研院所内部有关职能和层次，建立并保持知识产权目标，并确保：

a）形成文件并且可考核；

b）与知识产权方针保持一致，内容包括对持续改进的承诺。

管理决策者应批准建立、实施并保持形成文件的程序，以便：

a）识别和获取适用的法律和其他要求，并建立获取渠道；

b）及时更新有关法律和其他要求的信息，并传达给员工。

管理决策者应在企业、科研院所管理层中指定专人作为管理者代表，授权其承担以下职责：

a）确保知识产权管理体系的建立、实施和保持；

b）向管理决策者报告知识产权管理绩效和改进需求；

c）确保全体员工对知识产权方针和目标的理解；

d）落实知识产权管理体系运行和改进需要的各项资源；

e）确保知识产权外部沟通的有效性。

企业或研究机构应建立知识产权管理机构并配备专业的专职或兼职工作人员，或委托专业的服务机构代为管理，承担以下职责：

a）制定企业或科研院所知识产权发展规划；

b）建立知识产权管理绩效评价体系；

c）参与监督和考核其他相关管理机构；

d）负责企业或科研院所知识产权的日常管理工作。

管理机构负责落实与本机构相关的知识产权工作,建立沟通渠道,确保知识产权管理体系的有效运行。

(三)知识产权管理体系建构

知识产权管理体系的构建一般可包括环境确定、调查诊断、框架构建、文件编写、教育培训、实施运行、评价改进等步骤。

(1)环境确定

在构建知识产权管理体系之前,应当了解国家、地区知识产权政策环境与行业竞争态势,结合自身发展目标和实际状况,明确构建知识产权管理体系所欲实现的目标。

(2)调查诊断

企业或科研院所管理决策者应当组织管理人员,深入相关部门,就知识产权管理架构现状、相关部门工作以及涉及知识产权工作的现状进行调查,并通过书面记录、录音、拍照等方式进行保存。通过调查发现自身存在的问题与不足,找出知识产权工作的重点,制定符合标准的知识产权管理方案。

(3)框架构建

在前期调查诊断并发现问题的基础上,建立知识产权管理体系框架,形成知识产权管理工作管理机构、方针、目标及其他体系文件等方面的规划,并在领导层面和工作层面达成共识。

(4)文件编写

针对调查诊断结果,编制形成若干知识产权管理体系文件,用以规范各项知识产权工作。知识产权管理体系文件主要包括知识产权目标、知识产权管理制度文件和记录表单，具体来讲，一般包含方针、目标、手册、程序文件、记录文件等。

(5) 教育培训

组织各相关部门对编制完成的体系文件进行培训学习，确保相关人员能够了解并遵守新颁布的关于知识产权工作的新要求。培训的目的是让体系涉及各岗位人员都清楚该岗位在体系中承担的职责，以保证构建的体系顺畅运行。

(6) 实施运行

应设定适当的体系实施运行周期，使得知识产权相关的各岗位和环节能够进入知识产权管理体系设定的流程规范，开展各项知识产权活动。在体系实施运行阶段要加强对记录文件的检查，以确保各种知识产权事务按照新的体系要求进行运行。

(7) 评价改进

评价改进是保障和提升知识产权管理体系有效性的重要环节。应当设定适当的周期，对知识产权管理体系及其运行控制过程进行检查，明确检查的内容，将实际情况与规范所设定的目标进行对比，及时纠正知识产权管理体系制定和实施过程中存在的问题与不足。评价改进的方式应根据实际情况设定，包括但不限于内部审核、管理评审、外部审核和例行检查等。

三、知识产权管理内容[1]

知识产权管理主要包括文件管理、资源管理、基础管理、风险管理、合同管理、流程管理等内容。

(一) 文件管理

知识产权管理体系文件应包括：

- 知识产权方针和目标；
- 知识产权手册；
- 本标准要求形成文件的程序和记录。

(1) 文件控制

知识产权管理文件是企业实施知识产权管理的依据,应确保：

a) 发布前经过审核和批准,修订后再发布前重新审核和批准；

b) 文件中的相关要求明确；

c) 按文件类别、秘密级别进行管理；

d) 易于识别、取用和阅读；

e) 对因特定目的需要保留的失效文件予以标记。

(2) 知识产权手册

编制知识产权手册并保持其有效性,具体内容包括：

a) 知识产权机构设置、职责和权限的相关文件；

---

[1] 本部分主要参考人力资源和社会保障部人事考试中心组织编写：《2020 知识产权专业知识与实务(中级)》,中国人事出版社 2020 年版,第 8—14 页。

b）知识产权管理体系的程序文件或对程序文件的引用；

c）知识产权管理体系过程之间相互关系的表述。

（3）外来文件与记录文件

编制形成文件的程序，规定记录的标识、贮存、保护、检索、保存和处置所需的控制。对外来文件和知识产权管理体系记录文件应予以控制并确保：

a）对行政决定、司法判决、律师函件等外来文件进行有效管理，确保其来源与取得时间可识别；

b）建立、保持和维护记录文件，以证实知识产权管理体系符合本标准要求，并有效运行；

c）外来文件与记录文件的完整性，明确保管方式和保管期限。

(二) 资源管理

（1）人力资源

明确知识产权工作人员的任职条件，并采取适当措施，确保从事知识产权工作的人员满足相应的条件。

组织开展知识产权教育培训，包括以下内容：

a）规定知识产权工作人员的教育培训要求，制订计划并执行；

b）组织对全体员工按业务领域和岗位要求进行知识产权培训，并形成记录；

c）组织对中、高层管理人员进行知识产权培训，并形成记录；

d）组织对研究开发等与知识产权关系密切的岗位人员进行知

识产权培训,并形成记录。

通过劳动合同、劳务合同等方式对员工进行管理,约定知识产权权属、保密条款;明确发明创造人员享有的权利和负有的义务;必要时应约定竞业限制和补偿条款。

对新入职员工进行适当的知识产权背景调查,以避免侵犯他人知识产权;对于研究开发等与知识产权关系密切的岗位,应要求新入职员工签署知识产权声明文件。

对离职的员工进行相应的知识产权事项提醒;涉及核心知识产权的员工离职时,应签署离职知识产权协议或执行竞业限制协议。

明确员工知识产权创造、保护和运用的奖励和报酬;明确员工造成知识产权损失的责任。

(2) 基础设施

根据需要配套相关资源,以确保知识产权管理体系的运行:

a) 软硬件设备,如知识产权管理软件、数据库、计算机和网络设施等;

b) 办公场所。

(3) 财务资源

设立知识产权经常性预算费用,以确保知识产权管理体系的运行:

a) 用于知识产权申请、注册、登记、维持、检索、分析、评估、诉讼和培训等事项;

b) 用于知识产权管理机构运行；

c) 用于知识产权激励；

d) 有条件的企业可设立知识产权风险准备金。

(4) 信息资源

编制形成文件的程序，以规定以下方面所需的控制：

a) 建立信息收集渠道，及时获取所属领域、竞争对手的知识产权信息；

b) 对信息进行分类筛选和分析加工，并加以有效利用；

c) 在对外信息发布之前进行相应审批；

d) 有条件的企业可建立知识产权信息数据库，并有效维护和及时更新。

(三) 基础管理

(1) 知识产权获取

编制形成文件的程序，以规定以下方面所需的控制：

a) 根据知识产权目标，制订知识产权获取的工作计划，明确获取的方式和途径；

b) 在获取知识产权前进行必要的检索和分析；

c) 保持知识产权获取记录。

(2) 知识产权维护

编制形成文件的程序，以规定以下方面所需的控制：

a) 建立知识产权分类管理档案，进行日常维护；

b）知识产权评估；

c）知识产权权属变更；

d）知识产权权属放弃；

e）有条件的企业可对知识产权进行分级管理。

（3）知识产权运用

编制形成文件的程序，以规定以下方面所需的控制：

a）促进和监控知识产权的实施，有条件的企业或科研院所可评估知识产权对产品销售的贡献；

b）知识产权实施、许可或转让前，应分别制订调查方案，并进行评估。

投融资活动前，应对相关知识产权开展尽职调查，进行风险和价值评估。在境外投资前，应针对目的地的知识产权法律、政策及其执行情况进行风险分析。

企业或科研院所在合并或并购中应满足以下要求：

a）企业或科研院所在合并或并购前，应开展知识产权尽职调查，根据合并与并购的目的设定对目标企业或科研院所知识产权状况的调查内容；有条件的企业或科研院所可进行知识产权评估。

b）企业或科研院所在出售或剥离资产前，应对相关知识产权开展调查和评估，分析出售或剥离的知识产权对本企业或科研院所未来竞争力的影响。

参与标准化工作应满足下述要求：

a）参与标准化组织前，了解标准化组织的知识产权政策，在将包含专利和专利申请的技术方案向标准化组织提案时，应按照知识产权政策要求披露并作出许可承诺；

b）牵头制定标准时，应组织制定标准工作组的知识产权政策和工作程序。

参与或组建知识产权联盟及相关组织应满足下述要求：

a）参与知识产权联盟或其他组织前，应了解其知识产权政策，并进行评估；

b）组建知识产权联盟时，应遵守公平、合理且无歧视的原则，制定联盟知识产权政策；主要涉及专利合作的联盟可围绕核心技术建立专利池。

(四) 风险管理

编制形成文件的程序，以规定以下方面所需的控制：

a）采取措施，避免或降低生产、办公设备及软件侵犯他人知识产权的风险；

b）定期监控产品可能涉及他人知识产权的状况，分析可能发生的纠纷及其对企业的损害程度，提出防范预案；

c）有条件的企业或科研院所可将知识产权纳入企业或科研院所风险管理体系，对知识产权风险进行识别和评测，并采取相应风险控制措施。

编制形成文件的程序，以规定以下方面所需的控制：

a) 及时发现和监控知识产权被侵犯的情况,适时运用行政和司法途径保护知识产权;

b) 在处理知识产权纠纷时,评估诉讼、仲裁、和解等不同处理方式对企业或科研院所的影响,选取适宜的争议解决方式。

(五) 合同管理

加强合同中知识产权管理:

a) 应对合同中有关知识产权条款进行审查,并形成记录;

b) 对检索与分析、预警、申请、诉讼、侵权调查与鉴定、管理咨询等知识产权对外委托业务应签订书面合同,并约定知识产权权属、保密等内容;

c) 在进行委托开发或合作开发时,应签订书面合同,约定知识产权权属、许可及利益分配、后续改进的权属和使用等;

d) 承担涉及国家重大专项等政府支持项目时,应了解项目相关的知识产权管理规定,并按照要求进行管理。

编制形成文件的程序,以规定以下方面所需的控制:

a) 明确涉密人员,设定保密等级和接触权限;

b) 明确可能造成知识产权流失的设备,规定使用目的、人员和方式;

c) 明确涉密信息,规定保密等级、期限,以及传递、保存及销毁的要求;

d) 明确涉密区域,规定客户及参访人员活动范围等。

(六) 流程管理

立项阶段的知识产权管理包括：

a) 分析该项目所涉及的知识产权信息，包括各关键技术的专利数量、地域分布和专利权人信息等；

b) 通过知识产权分析及市场调研相结合，明确该产品潜在的合作伙伴和竞争对手；

c) 进行知识产权风险评估，并将评估结果、防范预案作为项目立项与整体预算的依据。

研究开发阶段的知识产权管理包括：

a) 对该领域的知识产权信息、相关文献及其他公开信息进行检索，对项目的技术发展状况、知识产权状况和竞争对手状况等进行分析；

b) 在检索分析的基础上，制定知识产权规划；

c) 跟踪与监控研究开发活动中的知识产权，适时调整研究开发策略和内容，避免或降低知识产权侵权风险；

d) 督促研究人员及时报告研究开发成果；

e) 及时对研究开发成果进行评估和确认，明确保护方式和权益归属，适时形成知识产权；

f) 保留研究开发活动中形成的记录，并实施有效的管理。

采购阶段的知识产权管理包括：

a) 在采购涉及知识产权的产品过程中，收集相关知识产权信息，以避免采购知识产权侵权产品，必要时应要求供方提供知识产

权权属证明;

b) 做好供方信息、进货渠道、进价策略等信息资料的管理和保密工作;

c) 在采购合同中应明确知识产权权属、许可使用范围、侵权责任承担等。

生产阶段的知识产权管理包括:

a) 及时评估、确认生产过程中涉及产品与工艺方法的技术改进与创新,明确保护方式,适时形成知识产权;

b) 在委托加工、来料加工、贴牌生产等对外协作的过程中,应在生产合同中明确知识产权权属、许可使用范围、侵权责任承担等,必要时,应要求供方提供知识产权许可证明;

c) 保留生产活动中形成的记录,并实施有效的管理。

销售和售后阶段的知识产权管理包括:

a) 产品销售前,对产品所涉及的知识产权状况进行全面审查和分析,制定知识产权保护和风险规避方案;

b) 在产品宣传、销售、会展等商业活动前制定知识产权保护或风险规避方案;

c) 建立产品销售市场监控程序,采取保护措施,及时跟踪和调查相关知识产权被侵权情况,建立和保持相关记录;

d) 产品升级或市场环境发生变化时,及时进行跟踪调查,调整知识产权保护和风险规避方案,适时形成新的知识产权。

第二节　高效及时的知识产权监测体系

语言企业或科研院所应在标准健全的知识产权管理体系基础上,通过持续有效的运行,建立起一套高效的知识产权监测与保护体系,寻找研发方向与空白,监测市场竞争动态,发现潜在侵权行为,保障自身的竞争优势。这一体系应当着眼于"线上、线下"两个维度,设置市场监测的三盏指示灯,覆盖从获权到维权的四个环节,采取自力(技术措施)、民事、行政、刑事、仲裁(调解)等五种纠纷解决机制。

一、"线上、线下"两个维度

语言产品与服务,主要表现为语言符号的产品与服务,天然具有契合数字网络空间传播的特点,因此,在构建知识产权监测与保护体系的时候,要从线上、线下两个维度展开,不仅要注重线下的监测体系,更要注重线上的监测体系。随着网络技术发展,各种知识产权管理与共享平台开始大量出现。这些平台中,既有综合性的平台,也有专门的管理平台、托管平台等。有的是偏重某一方面的专业化平台(例如无讼、知产宝专注于知识产权判例分析,智慧芽偏重专利领域),有的是偏重知识产权行业新闻传媒的平台(如IPR-daily)。其中比较有代表性的有阿里巴巴、中细软、广州奥凯、猪八戒及腾讯等。语言企业或科研机构可以根据自己所提供的语言产品或服务的需要选择相应的平台,构建网络化、专业化的管理体系与在线知识产权保护体系。

(一)阿里巴巴

阿里巴巴作为国内重要的网络平台,构建了一种开放的"淘宝"式的知识产权服务平台。把"知识产权服务"作为商品放在淘宝上出售,淘宝负责展示商家信息,促成交易。不少知名知识产权服务机构开始入驻获客,拓展市场。

阿里巴巴非常重视知识产权的保护,通过其掌握的云计算、人工智能、区块链等技术,构建起了"技术赋能+多元共治"的阿里巴巴知识产权保护平台,搭建起海内外品牌新品发布全链条保护环境,使得品牌可以放心经营(见图5-1)。

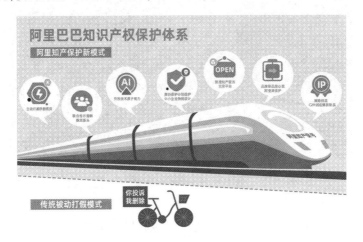

图5-1 阿里巴巴知识产权保护体系

2020年,阿里巴巴发布了《2019阿里巴巴知识产权保护年度报告》,向全社会开放以知识产权保护科技大脑为代表的核心技术。这是一套阿里在20年间积累的海量线上线下打假特征库及打假经验聚合而成的算法技术系统。这套系统的样本数据总量相当于100多个中国国家图书馆馆藏量,仅积累的打假图片样本量就超过100多亿张(见图5-2)。知识产权保护科技大脑已覆盖开店、商品发布、营销活动、消费者及权利人评价等各个商业环节,成为阿里巴巴数字经济治理体系的核心竞争力。

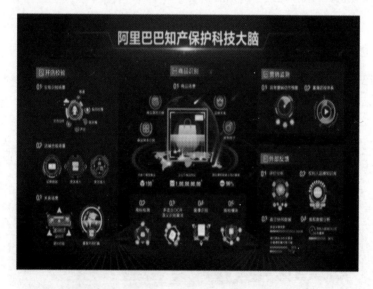

图5-2 阿里巴巴知识产权保护科技大脑

2018年,阿里巴巴率先发布图书版权保护计划,通过主动与出版社及民营书商深度合作,共同进行盗版图书线上防控,打击线下盗版窝点。截至 2019 年,图书版权保护计划成员单位已增至上百家。2017 年,淘宝网发布《淘宝网关于出售假冒商品实施细则》等规则变更公示通知,推出了出售假冒商品"三振出局"的概念(见图 5-3)。

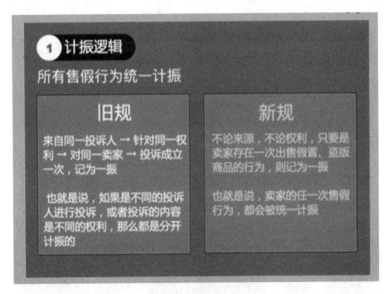

图 5-3　阿里巴巴售假行为的计振逻辑

如果淘宝上的商家扣分(计振)达到红线,则会被判定出局(见图 5-4)。

阿里巴巴通过从共识走向共治的不断探索,提倡全社会"像治理酒驾一样治理假货",创新和完善知识产权保护体系,让知识产权成为数字经济时代商业增长的加速器和经济发展的助推器。阿里巴巴提供了一个权利人共建平台,语言企业或语言科研机构可以加入阿里巴巴打击侵犯知识产权计划,通过诚信投诉账号等措施,打击侵权假冒行为,构建良性的知识产权生态圈。

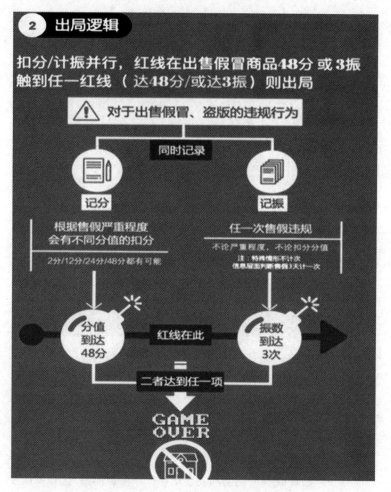

图 5-4 阿里巴巴售假行为的出局逻辑

(二)中细软

中细软集团有限公司(以下简称"中细软")是专业的大型综合性知识产权服务机构,定位从最初的围绕商标代理服务,发展到涉及商标、专利、版权的知识产权科技服务云平台,再发展到创新科技服务云平台。通过确权、交易、管理、金融四大板块知识产权服务,为企业及个人解决商标、专利、版权等知识产权问题,形成包括知识产权申请、检索、监控、运营(交易和特许)、管理、信息情报、数据分析、评估、抵押贷款、成果转化、软件研发、宣传培训在内的完整的知识产权生态群落(见图5-5)。

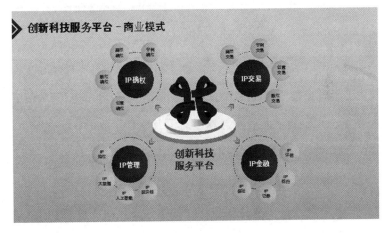

图5-5 中细软创新科技服务平台

中细软构建了以商标服务为切入点,以各类后续服务为增值的服务模式,通过在线平台先为客户提供便捷的商标注册服务,在与客户建立起首期联系后,再提供各类后续延展法律服务(见图5-6)。

图5-6 中细软私人律师定制

通过网络平台,中细软为客户打造私人定制的各类后续知识产权服务套餐组合,包括从风险预警到收益点运营、竞争分析、政策分析等方方面面,以满足客户对竞争对手及整个行业的软实力分析、知识产权布局分析等不同需求(见图5-7)。

(三)广州奥凯

广州奥凯信息咨询有限公司(以下简称"广州奥凯")以"提供信息与情报的全面解决方案,推动科技创新与知识产权战略实施"为使命,一直专注于为企业、高校、政府及科研机构提供更专业更完善的信息情报解决方案,包括知识产权咨询研究服务、国际高端知识产权数据库服务、知识产权信息化建设服务等(见图5-8)。

第五章 语言知识产权保护与监测体系 519

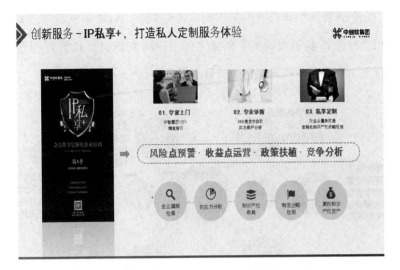

图 5-7 按客户需求提供的后续知识产权法律服务

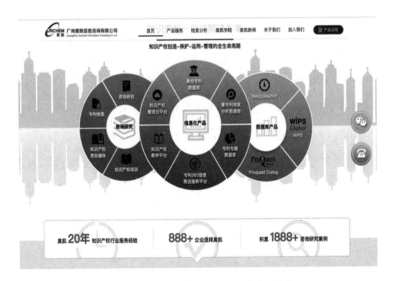

图 5-8 广州奥凯的知识产权服务

广州奥凯结合自身多年咨询服务经验,于 2008 年全面开发知识产权全流程管理系统"智慧之光——高校知识产权管理云平台",为中国高校提供知识产权管理服务(见图 5-9)。

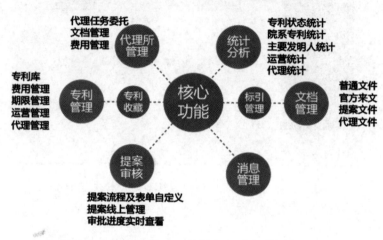

图 5-9　智慧之光——高校知识产权管理云平台

此外,广州奥凯还构建了包含高校课程系统的知识产权教学平台,开发了颇具特色的专利检索分析教学软件与知识产权教学软件(见图 5-10)。知识产权教学软件是为广大教师和学生提供的知识产权线上教学平台,采用流程引擎技术,以知识产权实务模拟为核心,配合丰富的案例库、教材库、视频库、考试模块、课程中心等辅助教学功能,实现高仿真场景的模拟教学。

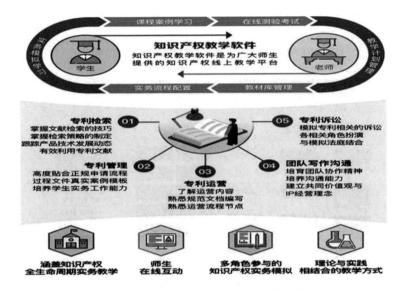

图 5-10　广州奥凯知识产权教学软件

(四) 猪八戒

重庆猪八戒网络有限公司(以下简称"猪八戒")是国内知名的独角兽企业,基于全球创新人才大数据和企业创新服务需求大数据的积淀,变革平台商业模式,先后并购路标网、思博网、快智慧、合创等业内知名公司,形成了包括专利、商标、版权、教育、项目五大核心业务的知识产权服务平台。

猪八戒是中国最大的服务众包平台,构建了完善的知识产权服务全产业链布局,形成了涵盖线上线下的立体服务网络。猪八戒依托行业大数据,整合行业资源构建数据大平台,推出分行业知识产权产品优惠套餐及针对基础量较大的行业的定制套餐,便利客户选择(见图5-11、5-12)。

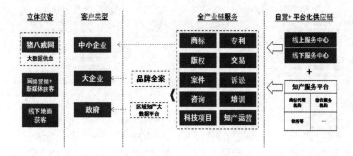

图 5-11 猪八戒知识产权服务业务

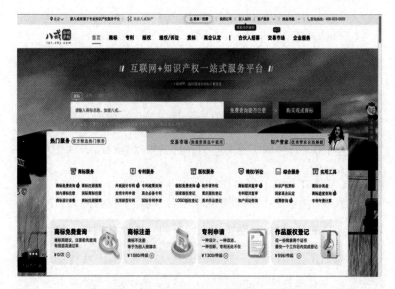

图 5-12 猪八戒知识产权服务平台界面

猪八戒秉持数据海洋+钻井平台,多元化发展的发展战略,从商标、专利、版权和电子存证开始,陆续推出数字版权平台(美术、软件、文字、音乐等作品领域)、域名服务(域名注册、域名交易、域名备案等)、天蓬网(从服务众包转型中高端企业服务,主打一站式企业品质服务平台)等,整合竞争对手,加深知识产权服务的专业化(见图5-13)。

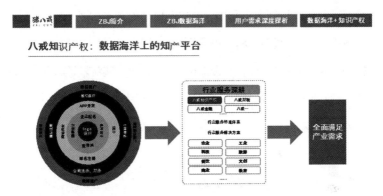

图 5-13 猪八戒"数据海洋+钻井平台"战略

(五)腾讯

腾讯注重知识产权保护,实施积极的知识产权保护政策:一方面,成立专门的知识产权维权团队,通过监测、取证、投诉、诉讼等方式,全力维护腾讯自有的知识产权;另一方面,充分尊重第三方权利人的知识产权,并开设专门的投诉平台和投诉渠道,积极处理用户在使用腾讯服务过程中存在的侵犯他人知识产权的问题。

2017年,腾讯上线知识产权平台,通过为用户提供便捷的侵权投诉入口,及时发布知识产权相关资讯,为用户提供更为优质的知识产权资源,维护权利人的合法权益。腾讯知识产权保护平台利用先进的技术监测系统多点布局取证,并通过整合各方权利主体资源,多管齐下,全方位维权(见图5-14)。腾讯在线投诉平台接入包括微信、腾讯游戏、腾讯视频、腾讯网、应用宝、QQ音乐、微云、开放平台等产品的侵权投诉入口和知识产权保护流程指引,方便权利人和腾讯的多方位合作,便于权利人投诉维权(见图5-15)。同时,腾讯知识产权平台采用中英文双语版,帮助国外主体及时了解腾讯知识产权保护现状,便于权利人对网络不法用户的侵权行为进行维权。

图5-14 腾讯知识产权保护平台

图 5-15 腾讯在线投诉平台

此外,腾讯的微信业务也探索出一套行之有效的知识产权保护措施,即"主动保护和被动保护"与"事先防范和事后救济"相结合。该措施包括五个部分:侵权投诉系统、原创声明功能、品牌维权平台以及关键词保护机制和"洗稿"投诉合议规则。其中,原创声明功能比较具有特色。微信公众账号运营者可以通过这项功能进行原创声明,之后,系统会与微信公众平台内已经成功进行了原创声明的文章进行智能比对,比对通过后,系统会自动对文章添加"原创"标识。当其他用户在微信公众平台转发已标注"原创"标识的文章时,系统会自动为其注明出处。通过这些方式,可以提高网络文字作品的版权保护。

二、市场监测的"三只眼"

语言企业或科研机构应当构建自己的知识产权大数据监测系统，主要包括版权数据监测子系统、商标数据监测子系统和专利数据监测子系统，保持对市场研发、产品与竞争态势的实时监测，通过市场监测之眼、分析之眼、保护之眼这"三只眼"的综合效应，一方面了解市场研发与产品动态，防止自己未来的研发方向和产品落入他人知识产权的产品范围；另一方面防止其他人侵害自己产品或服务中的知识产权。

就版权数据监测子系统来说，以语料库建设为例，要规划语言资源入库流程，制定语言资源入库版权登记制度，搭建语言资源版权信息数据库。同时，要设计版权保护监测指标，构建版权保护监测体系，确立版权保护日常监测与应急机制，结合网络爬虫技术、关键字搜索、分布式集群处理等先进技术手段，开发版权监测软件系统，对互联网相关信息进行内容监测与版权保护预警。

就商标数据监测子系统来说，要设计商标检索方案，确立商标定期检索与数据收集机制，搭建商标信息数据库，构建商标数据监测体系及相应软件系统。既要尽快注册自己需要的商标，又要防范他人抢注自己意图使用或已经在使用中的商标。

就专利数据监测子系统来说，要确立专利定期检索与数据更新机制，搭建相关专利申请、授权信息数据库，开发专利预警分析软件系统,构建专利指标体系,定期提供专利预警分析报告,研究专利布局的规划。该系统既可用于规避侵犯他人专利权的风险,又有助于通过防御、许可、转让、诉讼等方式实现自主专利的价值。

同时,几个监测子系统之间要建立行之有效的沟通联系机制,深入挖掘可受知识产权保护的内容,逐步形成常态化的著作权登记、商标注册申请、专利申请三大板块的知识产权申请咨询服务模式,并且设立知识产权纠纷常设处理机构和应急处理机制。此外,通过与知识产权服务机构(包括知识产权代理机构、律师事务所等)建立合作网络和与知识产权政府主管机关、法院、高校等进行广泛交流,为前述知识产权的申请、维权、运营等事务提供高效、专业、畅通的合作沟通渠道。

在建立起知识产权大数据监测系统的基础上,可以根据不同的市场竞争态势与竞争对手的情况,采取不同的监测策略。通过设计评价指标体系,针对不同的竞争对手设置不同的指示灯。对于直接竞争对手,设置红色指示灯,密切予以观察监测。一旦出现侵权或可能侵权的行为,立即采取相应的措施。对于一般性竞争对手,设置黄色指示灯,定期予以观察监测。对于其他非市场竞争对手,设置绿色指示灯,采取普通巡航式的观察监测。

新技术的发展大大提升了知识产权市场的监测和保护能力,为知识产权服务机构提供了针对客户服务更有力的保护和调查工具。上海新诤信知识产权服务股份有限公司(以下简称"新诤信")构建的在线监测和维权服务平台模式,就重新定义了"互联网+商标"保护模式,能够帮助知识产权服务机构更有效地发现来自公开市场和供应链上不可见的风险,例如假冒、侵权、灰色市场、渠道违反销售政策等。视觉中国则研发了"鹰眼"图像网络追踪系统,利用自动全网爬虫、自动图像比对、授权比对自动生成报告等方式,自动处理海量数据,追踪并提供授权管理分析等版权保护服务。这些大数据抓取、鹰眼系统等新技术的出现,使得对市场整体的知识产权状况进行监测成为可能。

(一)新诤信

新诤信的业务聚焦于知识产权保护服务领域,首创性地提供在线维权、电子政务和商务服务,变传统"个案咨询"为"咨询顾问+维权外包+信息化产品"的服务外包模式(见图5-16)。

图 5-16　新诤信知识产权监测平台

新诤信应用 SAAS 模式自主研发"知识产权保护监测及维权平台"(IPRSEE)及"IPRM 影视监测平台",通过线上技术解决方案和线下专业服务团队相结合的服务体系,为客户提供整体知识产权保护解决方案(见图 5-17)。

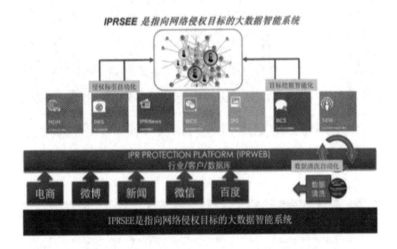

图 5-17 新诤信 IPRSEE 知识产权监测系统

新诤信鹰眼系统通过以"软件及服务(SAAS)"的互联网模式重新定义"互联网+商标"保护模式,对监测信息源的实时数据流进行收集和分析,帮助发现来自公开市场和供应链的不可见风险,如假冒品、侵权品、灰色市场等(见图 5-18)。

新诤信鹰眼系统利用互联网、人工智能、大数据等新技术,具备三大功能模块:监测之眼、分析之眼、保护之眼。因此,该系统被誉为"品牌保镖""互联网打假专家"(见图 5-19)。

图 5-18　新诤信互联网知识产权监测界面

图 5-19　新诤信互联网监测鹰眼系统

新净信开发运营的"易知客知识财富管理专家",为快速发展的科技型中小企业提供知识产权托管服务,目标在于形成以知识产权保护为业务核心的科技服务品牌(见图 5-20)。

图 5-20　新净信易知客知识财富管理专家

新净信建设的全国首个行政执法与刑事司法信息共享平台于 2005 年 3 月在上海市浦东新区人民检察院投入使用,推动了行政执法与刑事司法机关之间的资源共享,建立起"网上衔接、信息共享"这一重要工作机制。该机制由检察机关会同行政执法机关、公安机关、行政监察机关共同实行,旨在防止执法过程中以罚代刑、有罪不究、降格处理现象的发生,及时将行政执法中查办的涉嫌犯罪的案件移送司法机关处理。

(二) 视觉中国

视觉中国是中国领先的视觉影像产品和服务提供商。视觉中国的核心商业模式是"整合全球及本土优质的版权素材内容,以大数据、搜索与图像识别等技术为支撑的互联网智能服务平台",为上下游海量的供稿方与使用方提供基于"优质内容+智能技术"的高效交易服务。视觉中国号称拥有超过两亿张的正版图片。其图片来源有两部分,一部分来自世界图库巨头 Getty 的授权,另一部分来自签约摄影师上传的独家或者多家图库共享图片。其中,图片又分为创意类图片和编辑类图片。

视觉中国早期的盈利模式以图库授权为主,后来则出现了以诉讼推动销售图库的趋势。2013 年前后,视觉中国、全景网等开始起诉企业客户使用的图片侵权,企业客户则委托广告公司进行解决。通常的解决方式是广告公司出几十万购买图库版权,此前侵权的图片被计为合法购买。2019 年,视觉中国将人类历史上第一张通过人工技术成像的黑洞照片标注为其版权所有,从而引发业界和网民的广泛热议。从黑洞照片,到包括中华人民共和国国旗、国徽及知名企业商标、Logo 等在内的多张图片均被视觉中国纳入其版权图片库,导致舆论几乎一边倒地抨击视觉中国的做法,质疑其图片版权权属问题。尽管存在诸多争议,视觉中国的"鹰眼"系统仍然是行业内相对完善和领先的图片追踪与监测技术。这一技术使得图片维权变得容易,不管图片是否裁切、修改,只要通过唯一的识别代码,就可以找到侵权图片。

三、从"获权"到"维权"的四个环节

在知识产权保护体系的构建过程中,应当同时注重"获权—预警—监测—维权"四个环节。知识产权的获得与其他普通财产权的获得不一样的地方在于,一些知识产权的获得需要履行特定的审批程序,不符合法律规定的条件则无法获得审批。因此,语言企业或科研院所要对知识产权的获得予以专门的关注,在从事研发、生产的同时,还应根据自身的具体情况和需要,设立专门评判指标,收集数据,进行预警和监测。监控人员要随时采集本单位知识产权基本情况和所在行业的知识产权基本情况,以及与语言产品或服务贸易有关的历史与现状数据,研究主要竞争对手的知识产权布局,监控本单位知识产权是否被他人侵害及本单位行为是否有侵害他人知识产权的可能,收集国内外相关知识产权案例,采集和分析国内外知识产权法律和政策等数据与信息。当根据监测数据发现自己可能存在侵害他人知识产权的情况时,要积极采取措施,消除隐患。如果发现存在他人侵害自己知识产权的情形,也要积极应对,有效维权。

在"获权—预警—监测—维权"四个环节,知识产权的获得是后续各环节的前提条件。此处专门讨论知识产权获权中的问题。语言企业或科研院所在取得研发成果后,应当选择恰当的方式处理

研发成果,决定是否申请专利、注册商标。申请专利与注册商标都是履行国家行政机关的标准程序,不存在太多问题。版权作品根据我国《著作权法》的相关规定,采用自动产生原则,即作品创作产生后,在不需要履行任何手续的情况下就立即享有著作权并受到保护。这一方式具有一定的优势,同时也具有一些不足。最大的问题在于,作品权利的归属如何明确,在诉讼中如何证明。为了确保自己的利益,语言企业或科研院所应当在作品创作出来后对之采取合理的措施,主要包括以下几个方面:

(一)明确权利归属

根据我国《著作权法》的规定,除另有规定外,著作权属于作者,即创作作品的公民。由法人或者其他组织主持,代表法人或者其他组织意志创作,并由法人或者其他组织承担责任的作品,将法人或者其他组织视为作者。如无相反证明,在作品上署名的公民、法人或者其他组织为作者。职务作品是指公民为完成法人或者其他组织工作任务所创作的作品。除法律规定的特殊情况以外,著作权由作者享有,但企业或者其他组织有权在其业务范围内优先使用。作品完成两年内,未经单位同意,作者不得许可第三人以与单位使用的相同方式使用该作品。《著作权法》规定的例外情形是,在下列情形下,作者享有署名权,著作权的其他权利由法人或者其他组织享有,法人或者其他组织可以给予作者奖励:

（1）主要是利用法人或者其他组织的物质技术条件创作，并由法人或者其他组织承担责任的工程设计图、产品设计图、地图、计算机软件等职务作品；

（2）法律、行政法规规定或者合同约定著作权由法人或者其他组织享有的职务作品。

因此，根据这些规定，语言企业或科研院所为了更好地管理自己的作品，可以统一与员工就职务作品的权利归属做出约定，避免以后因该作品权利归属发生纠纷。有了明确规定，即使发生纠纷，也能很好地维护企业或科研院所的利益。同时，也可以与员工就职务作品的使用方式做出约定。为了激励员工积极地进行创作，还可以规定对完成一定创作的作者给予物质上的奖励等。

除了职务作品，在语言企业或科研院所委托他人创作作品或者与他人合作创作作品的情形下，应通过合同约定的方式来事先明确著作权的权利归属。依照我国《著作权法》的规定，两人以上合作创作的作品，著作权由合作作者共同享有。没有参加创作的人，不能成为合作作者。合作作品可以分割使用的，作者对各自创作的部分可以单独享有著作权，但行使著作权时不得侵犯合作作品整体的著作权。概言之，委托作品在没有约定时，著作权属于受托人。合作创作的作品，若没有约定，则著作权属于合作双方。因此，如语言企业或科研院所在经营实践中需要委托他人或与他人合作完成特定作品的，在与受托人或合作人签订协议时应明确约定作品的著作权归属。

(二)注意保存创作档案、材料

包括我国在内的大多数国家对作品采取的是自动产生原则,无须像取得专利权、商标权那样经过审批或登记程序。因此,对于著作权人而言,其权利往往没有官方"登记""注册"或"公告"等外在表征,而是通过在作品的载体上署名或者标注著作权标记的形式来表现。然而,这种权利的表征方式没有足够的公信力。为了避免日后因著作权的归属或者侵权而发生纠纷,语言企业或科研院所在作品创作完成后,应当保存自己独立创作作品的思路、素材等相关档案或资料。当纠纷发生后,应向法庭提供这些资料,以证明自己对该作品的权利。

(三)采取必要的技术防范措施

语言企业或科研院所应采取必要的技术防范措施保护其作品(如软件和数据信息等)的著作权。语言企业或科研院所可采用一定的设备、产品和方法来控制与受著作权保护的作品的接触,以此来保护著作权人的权利,比如采取有效措施,防止任何人在未经授权的情况下使用、复制或传播受著作权保护的作品。语言企业或科研院所对其作品或者相关的信息采取的技术措施,首先应当具备有效性。有效性是指著作权人用以控制作品的技术措施具有技术上的可行性,即权利人能够通过接触控制或保护程序,让使用作品的行为受到控制,从而实现其保护目的。其次,相关的技术措施应当具有合法性。权利人采取的技术保护措施只能是防御性的,而不能是攻击性的。具体而言,技术措施可以给侵权行为制造障碍,但是不能超出制止侵权行为所必需的限度;技术措施只能被用来保护法律赋予的权利,而不能超出法律规定的范围,不能妨害社会公益。比如权利人不能在其软件或者信息系统中植入病毒,以攻击未经授权的非法用户。最后,技术措施的目的应当在于行使著作权,出于其他目的(如不正当竞争)而采取的技术措施,不得受到法律的保护。

(四)添加和完善权利管理信息

使用数字管理系统对软件进行保护。所谓数字版权管理(DRM)系统,是指在数字环境下,通过不同技术保护工具,管理和保护著作权资料。DRM 系统可以是一个设有密码的简单电子数据表或数据库,或者是有强大加密特征的复杂系统。DRM 系统允许数据拥有者以安全特征的方式来限制使用者对数据资料进行复制与访问。DRM 系统中的著作权信息由元数据来描述。元数据为数据信息提供包含一定含义的名字,但这些元数据单独看上去似乎没有任何含义。这使得权利信息容易被识别。

通常,软件以代码为准而划分成两种形式:源代码(计算机读取的代码)和目标代码(人工识别的代码)。尽管这两种形式的代码都可以通过著作权的形式来进行保护,但使用者很容易通过修改源代码的方式改变该软件。因此,通常情况下,软件开发者都要通过协议的方式禁止他人复制或者将源代码转让给第三方,以此来限制使用者接触源代码。语言企业或科研院所也能够以开放源代码的形式将软件源代码进行公开。开放源代码是指向社会公开软件程序的机器识别代码,供任何使用者使用、修改和重新分配。这种软件程序通常是作为政府合作项目而得以开发,并通过开放源代码许可,供公众免费获取。当然,开放源代码并不代表该软件所有人对软件放弃著作权,任何人使用开放源代码都必须遵守开源软件协议的规定。

(五)进行著作权登记

除上述措施外,语言企业或科研院所还可以对其作品进行著作权登记。虽然著作权遵循自动生成原则,不需要履行任何手续即可受到保护。但是,为了能够在诉讼中为自己拥有权利提供初步证据,著作权人也可以自愿将其作品向有关机关进行著作权登记。目前,我国著作权作品的登记主要由国家版权局根据《作品自愿登记试行办法》进行。

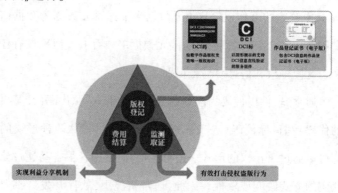

图5-21 中国版权保护中心数据版权(DCI)登记

中国版权保护中心著作权登记部是承担各类作品(计算机软件除外)著作权登记的业务部门。其登记和服务的具体内容包括:(1)各类作品(计算机软件除外)著作权登记;(2)各类作品(计算机软件除外)授权事项(许可、转让)登记;(3)录音、录像制品登记。此外,受国家版权局委托,该部门还办理著作权(计算机软件除外)质押合同登记手续。

中国版权保护中心软件著作权登记部是承担软件登记的业务部门。其主要业务职能包括:(1)办理计算机软件著作权登记;(2)办理计算机软件著作权专有许可合同和著作权转让合同登记;(3)办理计算机软件著作权登记事项变更/补充登记等业务;(4)负责软件著作权登记案卷、登记簿的建立,对外提供阅览查询服务。此外,受国家版权局委托,该部门还办理计算机软件著作权质押合同登记手续。办理软件著作权登记申请时,申请人应提交中国版权保护中心统一制定的"计算机软件著作权登记申请表"或"计算机软件著作权变更或补充登记申请表";办理软件著作权的转让、许可时,应相应地填写"计算机软件著作权转让、专有许可合同登记申请表"。

四、保护知识产权的五种手段

语言企业或语言科研院所在构建知识产权保护体系时,应当根据自己的实际需要,从知识产权执行的快捷性、成本花费、打击力度等方面进行考量,灵活运用自力救济(技术措施)、民事诉讼、行政保护、刑事举报、仲裁、调解等多种知识产权保护手段,及时制止侵权,全方位维权。

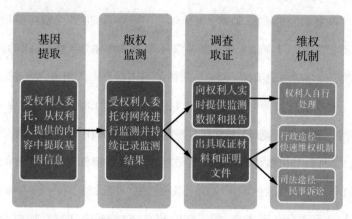

图5-22 中国版权保护中心网络维权工作流程

自力救济(技术措施)是指知识产权权利人可以自行采取措施,要求涉嫌侵权的当事人停止侵权行为。民事诉讼是指知识产权权利人在知识产权受到侵害的时候,向法院提起侵权之诉,要求国家司法机关予以保护。行政保护是指知识产权权利人或相关人在权利受到侵害的时候,请求被控侵权人所在地或者侵害行为发生地相应的知识产权主管机关进行处理的保护手段。刑事举报是指知识产权权利人或其他相关人在发现可能存在侵害知识产权的犯罪行为时,向国家公安检察机关进行举报。仲裁是指发生争议的双方当事人根据其在争议发生前或发生后所达成的协议,自愿将争议提交中立的第三方进行裁断争议的解决制度。调解是指在有关组织、机关、机构的主持下,对当事人之间的争议进行裁断以达成解决方案的活动。

由于知识产权客体具有信息传递性、共享性等特征,使得知识产权难以以自力救济措施获得保护。不过,随着网络技术的逐渐发展,知识产权保护的技术措施也得到了较大的发展。其中一个比较重要的方面就是在线取证公证技术的发展。在知识产权保护过程中,证据的获取与固定是一个较大的难题。存证技术公司在一定程度上可以解决证据的真实性问题,但难以解决证据的关联性与合法性及证据的表征问题。而公证职能结合电子存证技术,可以很好地解决证据的真实性、合法性、关联性问题。

法信公证云(厦门)科技有限公司(以下简称"法信公证云")定位于"证据专家"的角色,使用区块链技术建立了国内首个公证行业专用平台,改变了以前取证公证难的问题。从检测、调查到取证、证据固定与公证,新技术的出现从根本上改变了知识产权服务业提供服务的能力与方式。法信公证云研发了"中国知识产权公证服务平台"和"电子数据保管平台"等,为全国公证机构面向当事人在线受理、电子数据保管、电子签约、知识产权保护等在线公证服务提供云模式的平台服务及整体解决方案(见图5-23)。

知识产权诉讼中,证据的获取与固定是核心关键。在证据固定过程中,区块链技术可以产生较好的效果。法信公证云就是利用区

图 5-23　中国知识产权公证服务平台

块链技术,创新了知识产权服务模式——定位于"证据专家"的角色,基于"公证职能+科技赋能",提供涵盖原创保护、安全交易、维权服务的一站式知识产权综合法律服务。中国知识产权公证服务平台创新地推出了原创公证预登记模式,由权利人在平台自主提交原创作品至指定公证机构保管,证明创作在先的事实(见图5-24)。此举具有灵活方便、成本低廉的特点,有助于权利人第一时间获得公证保护。

在知识产权维权服务方面,法信公证云以公证为核心,通过提供专业化的取证工具,建立线上线下一体化的取证模式,解决当前知识产权维权过程中的取证难、公证成本高、及时性与便捷性差等瓶颈,并联合公证服务机构为权利人提供高效、便捷、低成本的知识产权维权取证与公证服务(见图5-25)。

第五章 语言知识产权保护与监测体系 543

图 5-24 中国知识产权公证服务平台预登记服务

图 5-25 知识产权维权公证服务

通过维权监测，面对批量化且容易消逝的侵权线索，权利人可以利用平台提供的自助取证工具，针对侵权事实证据，实现即时取证，随时随地便捷地获取公证法律服务。同时平台对接线下各地公证机构，可实现线上线下一体化的公证取证服务，让证据更加真实、准确、全面、充分。

法信公证云创新了线上取证工具。当事人通过电子数据保管平台的网页取证、见证实录以及手机录屏工具，可随时自主将侵权的静态页面与PC端、移动端动态行为提交公证机构服务器，完成证据保全，并在线申请出具公证书，从而解决互联网易删除、易篡改的难题。这项服务可以用于新媒体、电商、娱乐行业的视频、图片、文字维权。

法证公信云也对线下取证进行线上创新。权利人使用"公证云APP"的手机拍照/录像、通话录音、现场录音等功能，自助对线下现场侵权证据进行固定，并实时提交公证机构服务器存储，实现线下取证线上化，同时可在线申请公证书，从而节约取证成本，提高维权效率。这项服务可适用于音乐取证、店招类侵权取证场景。

结　语

　　语言是思想之舟,人类交流的媒介。语言是按一定语法构成的符号系统,包括语音、词汇和语法三大系统。语言是一种社会现象,是人类进行思维逻辑运用和信息交互传递的工具。语言又是财富之舟。在现代社会,语言不仅是人类重要的文化资源,还是一种稀缺的经济资源。80%的人类信息以语言文字为载体,没人能离得开语言文字。语言资源能够带来巨大的红利。与语言相关的经济活动不断增多,语言逐步成为经济增长的一个新的重要因素,并催生出语言产业这一新的经济形态。语言经济所涉行业多、范围广,覆盖科技、经济、社会生活等众多领域。语言产业不破坏自然环境,不产生工业污染,是一种绿色环保的经济形式,符合国家经济调整的大趋势。

　　一国的语言经济主要由语言产业与语言市场共同构成。语言产业,与语言行业的含义大体相同,是指以生产或经营语言产品为主的同类企业的总和。细分而论,语言产业可以分为满足语言内容需求的产业和满足语言能力需求的产业。语言产业形态大致包括语言培训、语言翻译、语言测试、语言出版、字幕编辑、语言速录、语言创意(广告、品牌命名)等。随着信息技术和互联网的发展,以字体标准和设计、语义和模态分析、语音识别、人机对话、机器翻译、大数据处理、手机语言辅助软件、特殊群体辅助器具等围绕语言开发为主的技术和产业正在兴起。一些与民生有关的新兴语言产业(如语言康复、语言会展、语言"话疗"等)也逐渐涌现,一个覆盖全面的语言产业领域已经形成。

近年来,语言产业中的知识产权争端与纠纷越来越多,往往成为社会关注的热点。越来越多的声音开始呼吁进一步加强和完善知识产权制度,保障语言经济的良性发展。知识产权主要从两个方面为语言产业的良性发展提供制度保障:

(一)为语言成果提供产权保护

语言成果需要借助知识产权制度明确其产权归属,从而成为可交易的商品。知识产权对语言文字形式的成果提供相应的产权保护。归纳起来,包括以下几类:

1. 对语言文字作品提供版权保护

语言产品中的文字作品、口述作品以及相声、曲艺等作品,属于版权保护的主要客体之一。同时,随着新技术的发展,一些新的语言文字形式也成为版权保护的客体,包括计算机软件、计算机字体字库、影视配音字幕等。现代版权法的保护还延及与语言文字作品相关的演绎权,包括翻译权与汇编权。翻译权对于语言产业来说相对比较重要,因为翻译本身就构成了一个庞大的语言文字产业。此外,汇编权也具有同样重要的意义。现代语言产业中有不少部分(如语料库等的建设)都离不开汇编权的保护。

2. 对语言技术进行专利保护

语言技术不仅是语言产业发展的强大动力,同时其本身也是语言产业的组成部分。语言技术是指运用或处理语言的技术,除了软性的语言软件、语言教学法等,大部分体现为硬性的语言设备或语言工具。从内容上看,大致可以分为:语料(字词、语段、语篇、语义群)技术;语形技术,如文字输入、语形识别、文字复制等;语音技术,如语音识别、语音合成等;语义技术,如机器翻译、自动文摘、人机对话等。

语言技术产品包括传统产品和现代产品。传统产品是以声波、光波作为依托的语言技术产品,如通过印刷、雕刻、书写而成的技术产品。现代产品是以电波作为依托的语言技术产品,如与广播、电视、电影相关的语言技术,与网络、计算机相关的现代语言技术。特别是与计算机软件、计算机硬件和各种运行配件相关的现代语言技术产品,是经济属性最强的"硬产品"。[①] 不管是语言技术,还是语言技术产品,只要符合专利法规定的标准,都可以获得专利权的保护,并通过专利权而形成独占性垄断地位,获得市场竞争优势。

---

① 参见李宇明:《语言产业研究的若干问题》,载《江苏师范大学学报(哲学社会科学版)》2019年第2期。

3. 对语言符号标记提供商标与专名保护

对于一些具有区别性的文字与标记符号,在满足条件的情况下,可以注册为商标,受到商标权的保护。此外,还有其他一些法律法规对特定的语言文字符号进行保护。比如,《地名管理条例》对特定地名进行保护,某些地名甚至还可以依法注册为地理标志。在我国,奥运会标志及世博会、亚运会等特殊标志也有专门的条例进行规范。同时,我国还有姓名登记管理和企业名称登记管理方面的规定,它们对公民姓名及企业名称等语言文字的使用进行保护、规范与限制。不过,这几类语言文字标记的管理规范还不属于典型意义上的知识产权法的范畴。

4. 其他

此外,《反不正当竞争法》第 6 条中涉及的几种不正当竞争行为,其中便包括了三类使用他人标志性文字符号标记足以让人产生混淆的行为。该法对此进行了明确规定,要求经营者不得实施下列混淆行为,引人误认为是他人商品或者与他人存在特定联系:(1)擅自使用与他人有一定影响的商品名称、包装、装潢等相同或者近似的标识;(2)擅自使用他人有一定影响的企业名称(包括简称、字号等)、社会组织名称(包括简称等)、姓名(包括笔名、艺名、译名等);(3)擅自使用他人有一定影响的域名主体部分、网站名称、网页等。

(二)形塑语言经济的结构与方向

知识产权主要从两方面影响着语言经济的结构与方向:

1. 知识产权决定着语言市场的产品形态与竞争结构

随着数字网络技术的发展,文化产业发生了较大变化。以影视改编行业为例,其中影响较大的当属网络文学 IP 改编剧的兴起。IP 改编剧,是指在有一定粉丝数量的国产原创网络小说、游戏、动漫等基础上创作改编而成的影视剧。这些小说、游戏、动漫因为背后庞大的粉丝群体及其不俗的消费能力,已经成为影视 IP 极为重要的来源。

IP 是基础资源,具有"种子功能",利用版权的影响力在动漫、手游、话剧、玩具甚至主题公园之间转化,衍生出文学、动漫、影视等领域的精品,形成丰富的产业链条。这一链条一般以作为语言文字产品的网络小说为起点,利用版权的不同权能构建起不同类型的产品形态,从纸面的平面印刷形态延展到不同国家语言的版本;通过对三维形象角色进行保护延展到影视产业和衍生周边产品;通过版权保护延伸到对有声读物的保护,形成有声读物产品,冲击"耳朵经济"。从"书籍出版—游戏软件—影视作品—其他衍生产品"的全面辐射,形成包括从版权交易到影视内容的制作发行,再到游戏、电商、实景娱乐、玩具等实体物品的销售,以及艺人经济、粉丝经济等一系列衍生领域的开发,进而构建起一个整体优化升级的产品生态体系。其实质是通过对影视产业版权的保护,充分挖掘 IP 具有的丰富内涵和巨大潜力,由过去单一粗放的模式走向系统化、全产业化的模式。

知识产权也形塑着语言产业的竞争结构。现代市场经济基本上可以称得上是品牌经济。所谓品牌经济,也是符号经济,是以品牌这一标记符号作为载体,统筹整合各类科技创新资源及经济、社会和文化等要素,牵引经济集约化发展的一种经济形态。在这种经济形态下,市场上的竞争都展现为品牌的形式,要么是品牌间互相的竞争,要么是品牌内的竞争。一个简单的语言符号蕴含着巨大的财富,所代表的不仅是信用与质量的保证,同时还是身份、地位与品位的象征。借助知识产权的保护,品牌展现出巨大的威力,不仅对一个国家内部市场,而且对全球范围的市场进行区分和切割。也正是看到了这些语言文字符号所具有的作用,人们如今更加注重对这些语言文字符号的使用,促成了与之相关的产业(如广告业、品牌命名业等)的发展。

2. 知识产权本身也创造了巨大的语言服务需求,开辟了一个新的语言市场

随着经济发展,以知识产权为核心的语言产业纷纷涌现。以品牌命名产业为例,这一产业几乎就是依赖于商标法而产生的。美国命名公司出现于二十世纪七十年代末,在二十世纪九十年代中后期得到迅猛发展。一些著名品牌如 Acer(弘基)、Lucent(朗讯)、Citibank(花旗银行)、Sprite(雪碧)等,都是美国命名产业的杰作。据调查,1999 年全美所有品牌命名总量约 600 万次,年产值总计高达 150 亿美元,占同时期美国广告业总产值的 6%。美国《财富》杂志

认为命名业是美国增长最快的新产业之一,相关业务已延伸到了国际市场。①

现代语言信息处理产业密布着计算机软件与信息处理技术,属于完全依赖于专利与版权保护的专利密集型与版权密集型产业。此外,由于专利申请必须提供一个标准格式的技术背景说明书与权利要求书,往往需要聘请专门的代理人员进行撰写。仅2018年,全球专利申请总量便高达670万件。这构成一个庞大的语言撰写市场。同时,为了能够在他国生效,还需要向国际组织申请,并指定生效国家,或者直接向特定国家申请。但不管哪种方式,都需要将专利文件翻译成指定的他国语言;若在多国申请,还需要翻译成多国语言。这样一来,专利文件的翻译又构成了一个庞大的语言翻译市场。

我国《国家中长期语言文字事业改革和发展规划纲要(2012—2020年)》提出,要充分挖掘、合理利用语言资源的文化价值和经济价值,结合文化产业发展,注重开发语言资源,支持发展语言产业,为社会提供多样化语言服务。为了确保语言经济的良性发展,我们必须进一步完善语言产业中的知识产权法律体系,提高知识产权治理效能。

要进一步完善立法。尽快修改《著作权法》,形成更加精简完善的权利体系。及时跟踪、研究语言产业中的新情况、新问题,根据

---

① 参见赵世举主编:《语言与国家》,商务印书馆2015年版,第84页。

实际需要和研究成果,研究制定语言行业知识产权管理规范、语言产业知识产权集体管理规定、语言行业知识产权使用收费标准等语言产业配套知识产权法规、规章。

要进一步加强监管。尽快建立语言行业知识产权巡查制度,对主要语料库等语言平台、听书网等专业网站、语言博物馆等大型展会、重大赛事以及社会反响强烈的案件进行巡查。加强对视听节目、文学、游戏网站、考试网站、翻译网站的语言知识产权监管,督促网络服务提供者承担相应的注意义务。鼓励单位或个人运用大数据、云计算、物联网等信息技术加强在线语言词库等知识产权监管防范能力。加强语言行业自律,构建线上线下两分、"获权—预警—监测—维权"四维的知识产权保护体系。

要进一步优化服务。国家部门应向全社会及时免费公开语言行业中知识产权申请、授权、执法、司法判决等信息,鼓励语言行业建设符合自身需要的知识产权信息库。支持并规范语言产业知识产权集体管理组织的行为。对语言能力障碍者等弱势群体的知识产权获取、应用与保护提供便利条件。培育和发展语言行业市场化知识产权信息服务,提供语言行业优质的知识产权公共服务平台,满足社会不同层次对语言行业知识产权信息的需求。

要进一步提升意识。国家应进一步提升全社会尊重原创和知识产权保护的意识。鼓励社会公众和新闻媒体对侵犯语言行业中知识产权的行为开展社会监督,鼓励并扶持语言行业民间知识产权维权组织,形成专业性的民间知识产权维权体系。语言行业平台既要规范知识产权运营,合法合理维权,又要以规则意识为支撑,不得过度主张权利。国家主管部门需要厘定清晰的规则,有效化解语言行业平台与使用者之间的张力,促进语言经济的健康良性发展。

图表索引

图 1-1　2009—2019 年全球语言服务业产值情况图 / 008

图 1-2　濒危语言的程度 / 023

表 1-1　语言产业的主要产业形态 / 010

图 2-1　中国网络音频产业图谱 / 210

图 2-2　《九层妖塔》中涉案书法作品 / 240

图 3-1　1999—2018 年样本专利申请数量与授权数量 / 347

图 3-2　1999—2018 年样本授权专利转让趋势 / 351

图 3-3　1999—2018 年样本涉诉授权专利数量 / 351

图 3-4　我国语言技术专利申请集中领域 / 367

图 3-5　2010—2020 年语言技术专利申请趋势分布 / 368

图 3-6　语言技术专利类型分布 / 369

图 3-7　微软语言处理技术专利 IPC 分类图 / 390

图 3-8　谷歌语言处理技术专利 IPC 分类图 / 392

图 3-9　阿里巴巴语言处理技术专利 IPC 分类图 / 393

图 3-10　科大讯飞语言处理技术专利 IPC 分类图 / 394

图 3-11　腾讯语言处理技术专利 IPC 分类图 / 395

图 3-12　百度语言处理技术专利 IPC 分类图 / 397

图 3-13　北大方正语言处理技术专利 IPC 分类图 / 398

图 3-14　京东语言处理技术专利 IPC 分类图 / 399

表 3-1　1999—2018 年样本 10 个主要技术方向的专利授权量 / 349

表 3-2　1999—2018 年样本被引频次专利（前 10 名）/ 350

表 3-3　语言技术分解表 / 352

表 3-4　语言处理技术专利检出数 / 366

图 4-1　冬奥会标志 / 456

图 4-2　冬残奥会标志 / 458

图 4-3　冬奥会吉祥物标志 / 459

图 4-4　冬残奥会吉祥物标志 / 460

图 4-5　冬奥会和冬残奥会志愿者标志 / 460

图 4-6　2019/2020 国际雪联高山滑雪世界杯延庆站标志 / 468

图 4-7　国家国际发展合作署标志 / 469

图 4-8　中国政府对外援助标识（竖版）/ 470

图 4-9　中国政府对外援助标识（横版）/ 470

图 4-10　2020 年《生物多样性公约》第十五次缔约方大会会标（中文）/ 471

图 4-11　2020 年第六届亚洲沙滩运动会会徽 / 472

图 4-12　2020 年第六届亚洲沙滩运动会吉祥物 / 473

图 4-13　中国医疗保障官方标志 / 474

图 4-14　中国医疗保障徽标 / 474

图 4-15　中华人民共和国成立 70 周年活动标志 / 475

图 4-16　语言企业商标法律状态分布 / 486

图 4-17　语言企业商标类型分布 / 487

图 4-18　2010—2020 年语言企业商标申请趋势 / 489

表 4-1　语言企业商标申请排名 TOP20 / 488

图 5-1　阿里巴巴知识产权保护体系 / 513

图 5-2　阿里巴巴知识产权保护科技大脑 / 514

图 5-3　阿里巴巴售假行为的计振逻辑 / 515

图 5-4　阿里巴巴售假行为的出局逻辑 / 516

图 5-5　中细软创新科技服务平台 / 517

图 5-6　中细软私人律师定制 / 518

图 5-7　按客户需求提供的后续知识产权法律服务 / 519

图 5-8　广州奥凯的知识产权服务 / 519

图 5-9　智慧之光——高校知识产权管理云平台 / 520

图 5-10　广州奥凯知识产权教学软件 / 521

图 5-11　猪八戒知识产权服务业务 / 522

图 5-12　猪八戒知识产权服务平台界面 / 522

图 5-13　猪八戒"数据海洋+钻井平台"战略 / 523

图 5-14　腾讯知识产权保护平台 / 524

图 5-15　腾讯在线投诉平台 / 525

图 5-16　新诤信知识产权监测平台 / 528

图 5-17　新诤信 IPRSEE 知识产权监测系统 / 529

图 5-18　新诤信互联网知识产权监测界面 / 530

图 5-19　新诤信互联网监测鹰眼系统 / 530

图 5-20　新诤信易知客知识财富管理专家 / 531

图 5-21　中国版权保护中心数据版权(DCI)登记 / 538

图 5-22　中国版权保护中心网络维权工作流程 / 540

图 5-23　中国知识产权公证服务平台 / 542

图 5-24　中国知识产权公证服务平台预登记服务 / 543

图 5-25　知识产权维权公证服务 / 543